卓越涉外法治人才培养系列教程

丛书主编 ◎ 苗连营

国际公法
案例教程

主　编 ◎ 马　冉
副主编 ◎ 贺　辉　黄洁琼
　　　　韦家蓓　葛韦言

知识产权出版社
全国百佳图书出版单位
—北京—

图书在版编目（CIP）数据

国际公法案例教程/马冉主编；贺辉等副主编.—北京：知识产权出版社，2025.2.—（卓越涉外法治人才培养系列教程/苗连营主编）.—ISBN 978-7-5130-9706-2

Ⅰ.D99

中国国家版本馆 CIP 数据核字第 20240T2L99 号

内容提要

本书从国际司法机构、区域条约机构与司法机构、联合国专门机构、国内外法院的司法实践中，选取具有代表性或新近发生的 40 个案例进行编撰，针对其涉及的主要法律问题，基于相关国际法基本知识、基础理论，就不同机构的推理层次与裁决逻辑进行详尽分析，并结合我国涉外法治建设的实践进行一定程度的延伸。本书基本遵照"马工程"教材《国际公法学》（第三版）的体例，涵盖了国际法学的主要领域，以期为读者了解国际法实际运用过程中的新发展、新问题提供更有价值的专业资料。

责任编辑：李芸杰　　　　　　　　　　责任校对：潘凤越
封面设计：戴　鹏　　　　　　　　　　责任印制：刘译文

卓越涉外法治人才培养系列教程

国际公法案例教程

主　编◎马　冉

副主编◎贺　辉　黄洁琼　韦家蓓　葛韦言

出版发行：知识产权出版社有限责任公司	网　　址：http://www.ipph.cn
社　　址：北京市海淀区气象路 50 号院	邮　　编：100081
责编电话：010-82000860 转 8739	责编邮箱：liyunjie2015@126.com
发行电话：010-82000860 转 8101/8102	发行传真：010-82000893/82005070/82000270
印　　刷：天津嘉恒印务有限公司	经　　销：新华书店、各大网上书店及相关专业书店
开　　本：787mm×1092mm　1/16	印　　张：18
版　　次：2025 年 2 月第 1 版	印　　次：2025 年 2 月第 1 次印刷
字　　数：392 千字	定　　价：79.00 元
ISBN 978-7-5130-9706-2	

出版权专有　侵权必究

如有印装质量问题，本社负责调换。

编 委 会

主　　编　马　冉　郑州大学法学院教授
副 主 编　贺　辉　郑州大学法学院副教授
　　　　　　黄洁琼　郑州大学法学院讲师
　　　　　　韦家蓓　上海锦天城（郑州）律师事务所合伙人、执业律师
　　　　　　葛韦言　河南自由贸易试验区郑州片区人民法院院长、分党组书记
参编人员（按章节编写顺序排序）
　　　　　　刘　绚　郑州大学法学院2023级硕士研究生
　　　　　　李　帆　郑州大学法学院2022级硕士研究生
　　　　　　舒　涵　郑州大学法学院2022级硕士研究生
　　　　　　吴晓洒　郑州大学法学院2021级硕士研究生
　　　　　　宋　佳　郑州大学法学院2023级非法学法律硕士研究生
　　　　　　陈　元　郑州市中级人民法院民三庭副庭长、四级高级法官
　　　　　　刘平安　郑州市中级人民法院四级高级法官
　　　　　　孙玉娜　郑州大学法学院2023级非法学法律硕士研究生
　　　　　　鲁孟凯　郑州大学法学院2021级硕士研究生
　　　　　　张译丹　郑州大学法学院2021级非法学法律硕士研究生
　　　　　　丁　亮　郑州市中级人民法院审判委员会委员、民三庭庭长、三级高级法官
审 稿 人　马　冉　贺　辉　黄洁琼　韦家蓓
统 稿 人　马　冉　贺　辉　黄洁琼　葛韦言

总 序

习近平总书记指出:"加强涉外法治建设既是以中国式现代化全面推进强国建设、民族复兴伟业的长远所需,也是推进高水平对外开放、应对外部风险挑战的当务之急。"涉外法治工作不仅是全面依法治国的重要组成部分,也是统筹"两个大局"在法治领域的具体体现。作为中国特色社会主义法治体系的重要组成部分,涉外法治事关全面依法治国的实现,有利于更好地在法治轨道上全面建设社会主义现代化国家。

涉外法治人才在涉外法治建设中具有源头性、基础性和战略性的地位和作用。涉外法治的建设离不开涉外法治人才的培养。党的二十届三中全会通过的《中共中央关于进一步全面深化改革 推进中国式现代化的决定》更进一步强调,加强涉外法治建设,建立一体推进涉外立法、执法、司法、守法和法律服务、法治人才培养的工作机制,完善以实践为导向的法学院校教育培养机制。教育部高等教育司《关于开展2024年度普通高等学校本科专业设置工作的通知》也支持高校面向涉外法治领域布局相关专业,有的放矢培养国家战略人才和急需紧缺人才。加强涉外法治人才培养是系统工程,高校是人才培养的主阵地,要充分发挥高校在涉外法治人才培养中的"主力军"作用,大力推进涉外法治人才培养的教育改革和要素配置,加强制度设计和资源协同。学科体系、教学体系、课程体系和教材体系是涉外法治人才培养的核心要素,这些要素解决的是培养什么样的涉外法治人才的问题,需要合理配置,统筹考虑。

郑州大学法学院一直以来高度重视涉外法治建设和涉外法治人才培养。特别是2023年12月入选全国首批涉外法治人才协同培养创新基地(培育)名单后,学院打破学科院系壁垒、整合相关校内外资源,重构人才培养方案,联合共建单位的特色涉外法治资源,组织出版这套"卓越涉外法治人才培养系列教程"。该系列教程坚持以实践为导向,以其独特的编纂理念与方法,力争为涉外法治人才培养的困境提供破局之策。该系列教程以精炼的知识要点为引领,化繁为简,有效帮助学生搭建所学知识的思维框架。采用经典案例,通过介绍基本案情,提炼存在的主要法律问题及其法律依据,同时对案例进行理论和实操分析,以针对性地回应所学知识,并设置思考题,鼓励、启发学生持续性学习。一些具有丰富实践经验的涉外实务部门专家也参与了该系列教程的编写,所选案例均改编自司法实践中的真实案例。

当今世界正经历百年未有之大变局，我国正以前所未有的广度和深度参与国际竞争和全球治理。无论是推动贸易和投资自由化、便利化，建设更高水平开放型经济新体制，还是积极参与全球治理体系改革和建设，都对涉外法治人才的实践能力和综合素质提出了更高要求。郑州大学法学院将以该系列教程的出版为契机，致力于培养出一批政治立场坚定、专业素质过硬、通晓国际规则、精通涉外法律实务的涉外法治人才，为中国式现代化的稳健前行筑牢人才基石，为全球法治的进步与发展中的中国智慧、中国方案贡献郑大力量。

需要说明的是，由于编者的能力和水平有限，教程中的错讹之处在所难免，敬请诸位方家批评指正。

是为序。

苗连营
郑州大学法学院院长、教授
2024 年 8 月 23 日

前 言

为加深和加强学生对国际法知识点的理解，以及对国际法规则、原则的了解与运用能力，更好地应和我国当下大力培养涉外法律人才的现实需求，我们组织编写了这本《国际公法案例教程》。本书获得了郑州大学法学院卓越涉外法治人才培养系列教程建设项目的经费支持，主要供法学专业在校本科生和硕士研究生结合马克思主义理论研究和建设工程（简称"马工程"）教材之《国际公法学》（第三版）对照使用。

国际公法因主要调整国家间关系而经常给人以宏观与抽象的错觉，实则其蕴含的精妙法理与在适用过程中体现出来的逻辑层次，已得到越来越广泛的承认与关注。近年来，国际性争端解决平台日益活跃，与国际性立法进程进展缓慢形成了鲜明对比。在国际局势日趋复杂多变的今天，国际法到底能为国际社会带来什么，更多地取决于争端解决过程中国际法发挥的作用。对处于现代化建设新征程中的中国来说，在国际范围内如何维护国家利益、保护中国公民的海外合法权益，在国内层面如何构建完善的对外关系法、以适当的方式适用国际规则处理涉外关系，都需要对国际法及其实际运用进行更深入的研究。

与其他同类别国际法案例教材相比，本书的主要特点表现为以下4个方面：首先，案例来源范围更广泛，不仅包括国际法院这一最典型的国际争端解决机构的裁判实践，还包括国际海洋法庭、欧洲人权法院、国际常设仲裁法院、国际刑事法院等国际性或区域性司法或准司法平台，以及人权条约机构、大陆架界限委员会等非司法性但拥有一定争端解决职能的机构的案例，以期让读者了解到更多的相关国际实践；其次，为体现"涉外"特色，在"第二章 国际法与国内法的关系""第五章 国际法上的国家"与"第十一章 空间法"三章中选取了我国国内新近审结的适用国际条约的典型案例，以期更好地满足读者了解国际公法在我国国内适用情况的需求；在"第四章 国际法的主体""第五章 国际法上的国家""第七章 国际法上的个人""第十二章 国际环境法"四章中选取了国外法院适用国际法规则的案例，以期为读者展示国际公法在世界不同国家领域内适用的多样图景。再次，案例选取上更关注新近案例，例如，"第八章 国际人权法""第十章 国际海洋法""第十五章 国际责任法""第十六章 国际争端解决法"等章节选取了国际法院新近审结的案例，力图体现最新的国

i

际法适用特点；另在一些基础理论章节，例如，"第三章　国际法的基本原则""第六章　国际组织法""第十三章　条约法"中，力图选取更新颖的案例为读者了解国际法基本原理的运作提供更多的鲜活素材。最后，本书以2022年12月出版的"马工程"教材《国际公法学》（第三版）为编写体例（仅无该书"第一章　国际法的性质与发展"和"第十九章　国际人道法"对应内容），一是辅助读者使用"马工程"教材，二是结合该教材具体章节中对国际法原理的深入阐释与发展趋势的展望，在相关案例的选取与阐释过程中力图体现相应的广度与深度，且对前后不同章节中相关的案例也进行了一定的关联性分析。

本书案例具体分为"基本案情""主要法律问题""主要法律依据""拓展分析"和"思考题"等。"基本案情"部分主要对所选案例的基本事实与争端解决过程进行简要介绍；"主要法律问题"部分对所选案例涉及的主要争议点，特别是与所在章的主题相关的法律问题进行相应分析；"主要法律依据"部分将所选案例主要依据的国际法规则或国内法规明确列出；"拓展分析"部分根据不同案例的具体情况，或对其涉及的法律问题进行更为深入的分析，或对其体现出来的新发展趋势、提出来的新问题进行延伸性分析，同时尽量就所选案例对我国的启示进行针对性分析；"思考题"部分根据上文分析提出具有启发性的问题，以提升学生思考问题和解决问题的能力。

本书主要由郑州大学法学院国际法专业的教师与硕士研究生共同撰写完成，也得到了实务部门人员的支持，具体分工如下：

第一章	国际法的渊源	黄洁琼　刘　绚
第二章	国际法与国内法的关系	马　冉　李　帆
第三章	国际法的基本原则	
	案例一	马　冉　李　帆
	案例二	马　冉　黄洁琼　李　帆
第四章	国际法的主体	马　冉　舒　涵
第五章	国际法上的国家	马　冉　李　帆
第六章	国际组织法	马　冉　舒　涵
第七章	国际法上的个人	
	案例一	黄洁琼　刘　绚
	案例二	贺　辉　黄洁琼　马　冉
	案例三	黄洁琼　刘　绚
第八章	国际人权法	黄洁琼　宋　佳
第九章	国家领土法	
	案例一	黄洁琼　宋　佳
	案例二	黄洁琼　马　冉
	案例三	贺　辉　吴晓洒
	案例四	黄洁琼　宋　佳

第十章　国际海洋法
　　　案例一　　　　　　　　　　　贺　辉　马　冉
　　　案例二　　　　　　　　　　　贺　辉　陈　元　吴晓洒
　　　案例三　　　　　　　　　　　贺　辉　刘平安　吴晓洒
第十一章　空间法　　　　　　　　　黄洁琼　孙玉娜
第十二章　国际环境法
　　　案例一　　　　　　　　　　　贺　辉　黄洁琼　马　冉
　　　案例二　　　　　　　　　　　贺　辉　葛韦言　鲁孟凯
　　　案例三　　　　　　　　　　　贺　辉　葛韦言　张译丹
第十三章　条约法
　　　案例一　　　　　　　　　　　马　冉　舒　涵
　　　案例二　　　　　　　　　　　马　冉　贺　辉　舒　涵
第十四章　外交与领事关系法　　　　黄洁琼　贺　辉　鲁孟凯
第十五章　国际责任法
　　　案例一　　　　　　　　　　　黄洁琼　孙玉娜
　　　案例二　　　　　　　　　　　黄洁琼　贺　辉　孙玉娜
第十六章　国际争端解决法　　　　　马　冉　贺　辉　韦家蓓
第十七章　国际刑法　　　　　　　　贺　辉　马　冉　丁　亮

目　录

第一章　国际法的渊源 …………………………………………………………… 001

　　案例一　尼加拉瓜海岸 200 海里以外大陆架划界案（尼加拉瓜诉
　　　　　　哥伦比亚）／001

　　案例二　《防止及惩治灭绝种族罪公约》的适用案（冈比亚诉缅甸）／007

第二章　国际法与国内法的关系 ………………………………………………… 014

　　案例一　国际货物买卖合同纠纷案（美国甲公司诉中国乙公司）／014

　　案例二　航空旅客运输合同纠纷案（胡某诉中国甲航空公司）／019

第三章　国际法的基本原则 ……………………………………………………… 024

　　案例一　尼加拉瓜军事与准军事行动案（尼加拉瓜诉美国）／024

　　案例二　查戈斯群岛咨询意见案（查戈斯群岛从毛里求斯分离）／031

第四章　国际法的主体 …………………………………………………………… 038

　　案例一　国际刑事法院恩塔甘达案（检察官诉恩塔甘达）／038

　　案例二　气候变化诉讼案（荷兰地球之友等诉荷兰皇家壳牌公司）／043

第五章　国际法上的国家 ………………………………………………………… 048

　　案例一　中国与安哥拉刑事管辖权的协调与确立（黄某等绑架案）／048

　　案例二　主权豁免案（美国密苏里州滥诉中国案）／053

第六章　国际组织法 ……………………………………………………………… 064

　　案例一　欧洲人权法院贝赫拉米案（贝赫拉米诉法国）／064

　　案例二　国际民用航空组织理事会管辖权案（巴林、埃及、沙特
　　　　　　和阿联酋四国诉卡塔尔）／070

第七章　国际法上的个人 ······ 076

　　案例一　哈布雷引渡案（比利时诉塞内加尔）／076
　　案例二　孟晚舟引渡案（加拿大总检察长代表美国诉孟晚舟）／081
　　案例三　艾哈迈杜·萨迪奥·迪亚洛案（几内亚诉刚果）／087

第八章　国际人权法 ······ 093

　　案例一　联合国人权事务委员会荷兰不明国籍儿童申诉案（Denny
　　　　　　诉荷兰）／093
　　案例二　《制止向恐怖主义提供资助的国际公约》和《消除一切形
　　　　　　式种族歧视国际公约》的适用案（乌克兰诉俄罗斯）／097

第九章　国家领土法 ······ 106

　　案例一　边界争端案（布基纳法索诉尼日尔）／106
　　案例二　尼加拉瓜在边境地区开展的某些活动纠纷案（哥斯达黎
　　　　　　加诉尼加拉瓜）和在哥斯达黎加沿圣胡安河修建公路纠
　　　　　　纷案（尼加拉瓜诉哥斯达黎加）／111
　　案例三　白礁岛、中岩礁和南礁的主权归属案（马来西亚诉新加坡）／117
　　案例四　联合国大陆架界限委员会巴伦支海划界案（挪威与俄罗斯）／123

第十章　国际海洋法 ······ 130

　　案例一　印度洋海洋划界案（索马里诉肯尼亚）／130
　　案例二　国际海洋法庭印度洋海洋划界案（毛里求斯诉马尔代夫）／137
　　案例三　菲律宾单方南海仲裁案（菲律宾诉中国）／142

第十一章　空间法 ······ 150

　　案例一　保险人代位求偿权纠纷案（甲财产保险北京分公司诉乙
　　　　　　国际货运代理南京分公司）／150
　　案例二　航空运输人身损害责任纠纷案（赵某诉卡塔尔甲航空公司）／155

第十二章　国际环境法 ······ 160

　　案例一　南极捕鲸案（澳大利亚诉日本）／160
　　案例二　气候变化诉讼案（荷兰环保组织 Urgenda 基金会诉荷兰政府）／172
　　案例三　空中除草剂喷洒案（厄瓜多尔诉哥伦比亚）／179

第十三章 条约法 · 184

案例一 投资仲裁案（尤科斯诉俄罗斯）／184
案例二 伊朗若干资产案（伊朗诉美国）／189

第十四章 外交与领事关系法 · 198

案例一 贾达夫案（印度诉巴基斯坦）／198
案例二 外交豁免和刑事诉讼案（赤道几内亚诉法国）／203

第十五章 国际责任法 · 212

案例一 乌拉圭河沿岸的纸浆厂案（阿根廷诉乌拉圭）／212
案例二 刚果（金）境内的武装活动案（刚果（金）诉乌干达）／218

第十六章 国际争端解决法 · 224

案例一 《消除一切形式种族歧视国际公约》的适用案（格鲁吉亚诉俄罗斯）／224
案例二 《消除一切形式种族歧视国际公约》的适用案（卡塔尔诉阿联酋）／233
案例三 违反对巴勒斯坦被占领土某些国际义务（临时措施）案（尼加拉瓜诉德国）／246

第十七章 国际刑法 · 251

案例一 国际刑事法院马赫迪破坏文化遗产罪案（检察官诉马赫迪）／251
案例二 约旦拒绝按照国际刑事法院请求协助逮捕和移交巴希尔上诉案（检察官诉巴希尔）／256

参考文献 · 264

第一章

国际法的渊源

本章知识要点

（1）国际法渊源的内涵与类别；（2）国际法渊源的位阶与强行法；（3）国际法的编纂。

案例一 尼加拉瓜海岸 200 海里以外大陆架划界案（尼加拉瓜诉哥伦比亚）

【基本案情】

2013 年 9 月 16 日，尼加拉瓜向国际法院提起以哥伦比亚为被告的诉讼，请求法院"最终确定尼加拉瓜和哥伦比亚之间距离尼加拉瓜海岸 200 海里以外地区大陆架的划界问题"，以及"在划定两国在尼加拉瓜海岸 200 海里以外的海洋边界之前，用于确定两国在大陆架主张重叠区域及区内资源使用方面的权利和义务的国际法原则和规则"。

本案中，尼加拉瓜提出其与哥伦比亚之间大陆架边界的坐标位于尼加拉瓜海岸基线起 200 海里以外，但在哥伦比亚大陆海岸基线起 200 海里以内的区域。尼加拉瓜认为，其主张的延伸大陆架权利与哥伦比亚主张的从圣安德列斯和普罗维登西亚（San Andrés and Providencia）[①] 海岸基线起 200 海里范围内的大陆架权利重叠。此外，尼加拉瓜还提请法院确认其在塞拉尼拉（Serranilla）、巴霍努埃沃（Bajo Nuevo）和塞拉纳（Serrana）的海洋权利，要求法院宣布"塞拉尼拉岛和巴霍努埃沃岛被包围（enclaved）并被授予 12 海里的领海，根据法院 2012 年 11 月的判决，塞拉纳岛被包围"。

该案是 2012 年领土和海洋争端案（尼加拉瓜诉哥伦比亚）的后续，[②] 涉及 2012 年判决所定边界以外两国各自大陆架区域内海洋边界的精确走向。尼加拉瓜以 1951 年生

[①] 归属于哥伦比亚，由群岛组成，坐落于加勒比海上，与尼加拉瓜临近。
[②] 在 2012 年领土与海洋争端案（尼加拉瓜诉哥伦比亚）判决中，国际法院认为尼加拉瓜未能证实其 200 海里以外大陆架与哥伦比亚的 200 海里以内大陆架重叠，因此没有支持尼加拉瓜 200 海里以外大陆架的划界主张。

效的《美洲和平解决条约》第31条①作为法院管辖权的依据，请求国际法院管辖。国际法院于2016年宣布其对该案享有管辖权且尼加拉瓜的主要诉请具有可受理性，并在审议尼加拉瓜和哥伦比亚之间大陆架划界有关的任何技术和科学问题之前，于2022年10月通过命令对本案涉及的主要法律问题作出了限定。2023年7月13日，国际法院作出最终判决，基于对沿海国基线200海里外大陆架划界习惯国际法的认定，驳回了尼加拉瓜的划界请求。

【主要法律问题】

本案主要涉及两个方面的法律问题：第一，在习惯国际法下，一国对从测算自身领海宽度的基线量起200海里以外大陆架的权利可否延伸到从另一国的领海基线起200海里以内；第二，在习惯国际法下，确定从测算领海宽度的基线量起200海里以外大陆架界限的标准是什么，且《联合国海洋法公约》（以下简称《公约》）第76条第2~6款是否反映了习惯国际法。

一、一国对领海基线起200海里以外大陆架的权利可否延伸到另一国的领海基线起200海里以内区域

（一）问题的初步性质②

国际法院认为，确定两国的权利之间是否存在重叠区域是任何海洋划界的第一步，因为划界的任务在于通过划定有关海域的分界线来解决重叠的权利主张。因此，第一个问题具有前置性，只有回答了这个问题才能确定法院是否可以着手进行尼加拉瓜所要求的划界，从而确定是否有必要审议为进行这种划界而产生的科学和技术问题。国际法院指出，由于哥伦比亚不是1982年《公约》的缔约国，当事各方应以习惯国际法为其论据的基础。因此，本案应适用有关专属经济区和大陆架的习惯国际法。

（二）适用于争议海域的习惯国际法③

关于适用于争议海域的习惯国际法，国际法院认为主要应在各国的实际做法和法律意见中寻找。多边公约旨在记录和界定源自习惯的规则，实际上在发展这些规则方面发挥着重要作用。之后，国际法院对《公约》规则的适用作了一番具体论述。

国际法院指出，《公约》是在第三次联合国海洋法会议上起草的，其目标是实现"海洋法的编纂和逐步发展"。在《公约》谈判结束之前，管理沿海国海洋地区，特别

---

① 《美洲和平解决条约》又名《波哥大公约》或《波哥大宪章》，由美国和拉丁美洲共21个国家于1948年4月30日在波哥大召开的第9届泛美会议上通过，1951年12月生效。该公约规定美洲国家组织的任务是：巩固美洲大陆的和平与安全，安排共同行动以对付侵略；就成员国间发生的政治、法律和经济问题寻求解决办法等。该公约第31条规定缔约国必须遵守国际法院的裁决来和平解决缔约国之间的争端问题。

② Question of the Delimitation of the Continental Shelf between Nicaragua and Colombia beyond 200 Nautical Miles from the Nicaraguan Coast (Nicaragua v. Colombia), Judgment of 13 July 2023, paras. 37-45.

③ Question of the Delimitation of the Continental Shelf between Nicaragua and Colombia beyond 200 Nautical Miles from the Nicaraguan Coast (Nicaragua v. Colombia), Judgment of 13 July 2023, paras. 46-53.

是大陆架和专属经济区的法律制度在某些方面已主要通过宣言、法律和条例反映在国家的实践中。《公约》的起草充分考虑了这些实践做法，对某些习惯规则的具体化作出了重大贡献。此后，有非常多的国家成为《公约》的缔约国。

《公约》序言中承认："各海洋区域的种种问题都是彼此密切相关的，有必要作为一个整体来加以考虑。"会议的谈判方法就是以此为前提设计的，其目的是通过一系列关于所讨论各种问题的临时和相互依存的案文达成协商一致的意见，从而形成一项全面和综合的案文，构成一揽子协议。

国际法院在提到有关判例时也指出，《公约》第56条[1]反映了沿海国在专属经济区内权利和义务的习惯规则，而第76条所规定的大陆架的定义构成习惯国际法的一部分。

（三）一国对大陆架的权利是否可以延伸到距另一国的领海基线起200海里以内[2]

在本案中，当事各方对于一国对其领海宽度的测量基线200海里以外的大陆架的权利是否可延伸至另一国基线200海里以内的问题意见不一致。国际法院指出，由于一方面是一国的延伸大陆架，另一方面是距另一国基线200海里以内的专属经济区，此问题的分析以"管辖专属经济区的制度和管辖大陆架制度之间的关系"为前提。

国际法院回顾，《公约》规定的专属经济区管辖机制只赋予了沿海国在其海岸200海里范围内勘探、开发、养护和管理自然资源的主权权利，明确了沿海国的某些义务（第56条）以及该区域内其他国家的权利和义务（第58条）。国际法院同时指出，《公约》第56条、第58条、第61条、第62条和第73条所规定的沿海国和其他国家在专属经济区的权利和义务反映了习惯国际法。如《公约》序言所述，管辖沿海国在其基线200海里以内的专属经济区和大陆架的法律制度是相互关联的。事实上，根据《公约》第56条第3款和第77条第1款和第2款，专属经济区内有关海床和底土的权利应按照管辖大陆架的法律制度行使，沿海国为勘探大陆架和开发其自然资源而对大陆架行使主权权利。在这方面，国际法院还详细援引了大陆架划界案（利比亚诉马耳他）的判决，指出尽管在没有专属经济区的地方可以有大陆架，但没有相应的大陆架就不可能有专属经济区。

国际法院指出，在当代习惯国际法中，大陆架是单一的，这意味着沿海国对其大

---

[1] 《公约》第56条："沿海国在专属经济区内的权利、管辖权和义务 1. 沿海国在专属经济区内有：（a）以勘探和开发、养护和管理海床上覆水域和海床及其底土的自然资源（不论为生物或非生物资源）为目的的主权权利，以及关于在该区内从事经济性开发和勘探，如利用海水、海流和风力生产能等其他活动的主权权利。（b）本公约有关条款规定的对下列事项的管辖权：（1）人工岛屿、设施和结构的建造和使用；（2）海洋科学研究；（3）海洋环境的保护和保全。（c）本公约规定的其他权利和义务。2. 沿海国在专属经济区内根据本公约行使其权利和履行其义务时，应适当顾及其他国家的权利和义务，并应以符合本公约规定的方式行事。3. 本条所载的关于海床和底土的权利，应按照第六部分的规定行使。"

[2] Question of the Delimitation of the Continental Shelf between Nicaragua and Colombia beyond 200 Nautical Miles from the Nicaraguan Coast (Nicaragua v. Colombia), Judgment of 13 July 2023, paras. 54-79.

陆架的实质权利在距其基线 200 海里以内和以外一般是相同的。但是，在离一国基线 200 海里以内的大陆架权利要求的依据与 200 海里以外的大陆架权利要求的依据不同。事实上，在习惯国际法中，正如《公约》第 76 条第 1 款所反映的那样，一个国家对大陆架的权利是以两种不同的方式确定的：（1）距离标准，即在其海岸 200 海里以内；（2）自然延伸标准，即在 200 海里以外，其外部界限将根据科学和技术标准确定。

之后国际法院进一步指出，确定 200 海里以外大陆架外部界限的实质性和程序性条件是第三次联合国海洋法会议最后几届会议期间达成妥协的结果，其目的是避免对国家管辖范围以外被视为"人类共同遗产"，并在《公约》中称为"区域"的海床和洋底及其底土的不当侵犯（《公约》第 1 条第 1 款）。《公约》第 76 条的谈判过程表明，谈判各国认为大陆架只能延伸到本应位于"区域"内的海域。《公约》第 82 条第 1 款就开发"沿海国对从测量领海宽度的基线起 200 海里以外的大陆架上的非生物资源"作出了通过国际海底管理局支付或摊款的规定。在一国的延伸大陆架从另一国的基线延伸到 200 海里以内的情况下，这种情况不符合本规定的目的。

国际法院注意到，在实践中，绝大多数向海洋法法庭提交意见书的《公约》缔约国都选择不在意见书中主张其延伸大陆架的外部界限，即距另一国基线 200 海里以内。国际法院认为，即使这种做法的部分动机可能是出于法律义务意识以外的考虑，但各国的做法表明了法律确信（opinio juris）。此外，国际法院还了解到，只有少数国家在其意见中主张享有延伸大陆架的权利，侵犯其他国家 200 海里以内的海洋区域，在这种情况下，有关国家对这些意见提出了反对。在少数非《公约》缔约国的沿海国中，国际法院不知道是否有沿海国曾主张延伸大陆架至另一国基线延伸 200 海里以内。作为一个整体，各国的做法可被认为是足够广泛和统一的，以便确定习惯国际法。此外，鉴于在很长一段时间内，这种国家做法可被视为一种法律确信的表达，而法律确信是习惯国际法的构成要素。事实上，这一要素可以通过"基于对足够广泛和令人信服的实践分析的归纳"来证明。

鉴于上述分析，国际法院得出结论，根据习惯国际法，一个国家对大陆架的权利，从其测量领海宽度的基线起 200 海里以外，不得延伸到另一个国家基线 200 海里以内。

二、领海基线起 200 海里以外大陆架界限的标准[①]

从国际法院对第一个问题的结论可以看出，无论决定一个国家有权享有的延伸大陆架外部界限的标准如何，其延伸大陆架均不得与距另一国家基线 200 海里内的权利范围重叠。在对同一海洋区域不存在重叠权利的情况下，国际法院不能进行海洋划界。因此，国际法院得出结论，没有必要处理本案第二个问题。

---

① Question of the Delimitation of the Continental Shelf between Nicaragua and Colombia beyond 200 Nautical Miles from the Nicaraguan Coast (Nicaragua v. Colombia), Judgment of 13 July 2023, paras. 80-82.

【主要法律依据】

(1)《美洲和平解决条约》第 31 条。
(2)《联合国海洋法公约》第 56 条、第 76 条。

【拓展分析】

一、对本案中认定习惯国际法的推理

在本案中，国际法院确定了两个需要解决的法律问题，而第一个问题的结论直接影响第二个问题是否还值得讨论。对于第一个问题，国际法院从两个方面进行了讨论。法院首先审查了"管辖专属经济区的制度与管辖大陆架的制度之间的关系"，然后讨论了"有关 200 海里外大陆架制度的某些考虑因素"，进而得出结论："一个国家对大陆架的权利，从其测量领海宽度的基线起 200 海里以外，不得延伸到另一个国家基线起 200 海里以内。"本案判决中，国际法院第一次回答了"一个国家对外大陆架延伸至另一个国家 200 海里以内形成权利重叠区域是否可能"的问题，实质上是对一国大陆架的外部界限在《公约》既有规定①上又增加了一条限制线，即相邻或相向国家领海基线起 200 海里的界限。因此本案对海洋法的发展影响重大，然而本案判决最重要的意义还在于国际法院通过推理就相关习惯国际法进行了识别认定。

通常来看，习惯国际法的一般识别规则为"两要素法"，即国家实践与法律确信。在本案中，由于哥伦比亚并非《公约》的缔约国，《公约》不能直接适用于本案，法院裁决应适用相关习惯国际法。在相关习惯国际法的识别方面，国际法院首先阐释了《公约》与习惯国际法的关系，认为《公约》的起草充分吸纳了各沿海国管理大陆架和专属经济区方面法律制度的实践，肯定了《公约》体现了习惯国际法，然后通过对《公约》规则和国家相关行为的整体性分析来进一步识别相关习惯国际法。

具体而言，在分析"有关 200 海里外大陆架制度的某些考虑因素"过程中，国际法院指出《公约》规定了建立外大陆架的实体性和程序性条件，其目的是"避免不当侵占国家管辖范围以外被视为'人类共同继承财产'的海床和洋底及其底土"，认为这反映了各国的某种法律确信，即认为外大陆架只能延伸到任何其他国家管辖范围外的区域。在分析国家的外大陆架主张时，国际法院指出"绝大多数"向联合国大陆架界限委员会提交划界案的《公约》缔约国都没有主张在其他国家海岸 200 海里范围内拥有大陆架的权利，并认为即使这种做法可能部分是出于法律义务感以外的考虑，但仍然表明了法律确信的存在。国际法院认为仅有极少数划界案是将 200 海里以外大陆架扩展至他国 200 海里界限以内，且都遭到了反对。此外，国际法院也不掌握有任何非《公约》缔约国主张外大陆架侵占另一国 200 海里内海洋权益的实例。现有国家实践被

---

① 根据《公约》第 76 条第 5 款的规定，沿海国的大陆架在海床上的外部界限不应超过从测量领海基线起 350 海里，或不应超过 2500 米等深线起 100 海里。

认为足够广泛和统一，且基于这些实践也足以推断出法律确信从而确定习惯国际法。

二、对本案中习惯国际法认定推理的批判

然而相较于习惯国际法在本案中的核心地位与当事双方提交的大量关于国家实践的证据，国际法院在判决中却仅用了非常短的段落（2023年判决第77段）来阐释对习惯国际法的识别思路，而且判决后随附的法官个别意见对此也提出了各自的反对意见。

首先，就国家实践来看，本案中国际法院主要依据的是哥伦比亚一方提交的论据材料，即《公约》缔约国按照《公约》第76条第8款向联合国大陆架界限委员会提交的划界案，其中所谓不将200海里外大陆架延伸至他国200海里内的"绝大多数"与采取相反行为的"极少数"国家分别为39个和4个。然而事实上，在他国200海里以内主张大陆架权利的国家远不止列出来的4个，根据Tomker（通卡）法官统计，大致有20个国家曾以不同方式表示外大陆架可以延伸至他国200海里范围内。由此，是否存在国际习惯所要求的通例是值得怀疑的。[①] 其次，就法律确信而言，通卡法官、薛悍勤法官、罗宾森法官和斯科特尼科夫法官认为，国家放弃对另一国在距其基线起200海里范围内权利作为己方外大陆架权利进行主张的做法本身很难推断出法律确信，因为这种放弃可能存在多种其他解释，例如，避免外交争端，避免对大陆架界限委员会审议程序的阻碍或严重延误，或因为特定区域可能不值得提出主张等。虽然不存在判定法律确信的具体标准，实践中也往往通过对国家行为的分析来推断法律确信，但如果没有证据表明国家的某种实践是因为它们感到习惯法规则要求这样做，那么这些实践即使作为一个整体，本身也不足以构成法律确信。[②]

三、对我国的启示

笔者认为，习惯国际法的确认从来都不是一蹴而就的，国际法院在本案中考察的国家实践不够全面，且对法律确信的认定缺乏应有的逻辑分析。另外，国家提交给联合国大陆架界限委员会的划界案本身并非定论，应根据该委员会按规则审议后作出的建议，国家再就大陆架界限进行划定，实践中国家与该委员会之间产生分歧并不少见。因此依据这些构不成最终定论的划界案来归纳国家实践，很难得出习惯之通例存在的结论，并不是对大陆架划界的最后定论。相比于实践之通例，法律确信的认定更为复杂。从实践角度看，证明习惯法存在的法律确信远比以缺乏法律确信来论证习惯法尚未形成要困难得多。因此本案中，国际法院即便承认国家不主张与他国200海里大陆架重叠的理由可能不完全都是出于法律义务，但仍然认定法律确信存在的做法，未免显得过于武断草率。

我国是陆海大国，由于自然地理及历史的原因，我国与邻国之间在海域方面的划

[①] 高健军. 外大陆架权利的新制约——国际法院"尼加拉瓜外大陆架案"批判[J]. 国际法研究，2024（02）：14.

[②] 高健军. 外大陆架权利的新制约——国际法院"尼加拉瓜外大陆架案"批判[J]. 国际法研究，2024（02）：15.

界与权益主张多有重叠。作为曾经向联合国大陆架界限委员会提交延伸至邻国 200 海里以内划界案的国家之一，[①] 很显然，将他国 200 海里界限作为己国外大陆架边界的做法不符合我国的利益。因此我国应特别注意本案中国际法院的倾向，尽可能在合适的场合表达我国的态度立场，反对本案判决中所谓外大陆架划界习惯国际法的成立，并注重以单边（国内立法）、双边（双边协商）与多边（参与对《公约》相关条款的解释适用）相结合的方式建立我国的国家实践与法律确信，为日后解决海域划界纷争打下坚实的基础。

【思考题】

（1）哪些因素会影响法官识别习惯国际法？

（2）习惯国际法识别的未来发展趋势如何？

案例二 《防止及惩治灭绝种族罪公约》的适用案（冈比亚诉缅甸）

【基本案情】

缅甸国内关于罗兴亚人的问题由来已久。罗兴亚族作为缅甸西部若开邦一个古老的、信仰逊尼派伊斯兰教的少数民族，其历史已超过 1300 年，自称是古代到孟加拉湾经商的阿拉伯人后代，从 8 世纪起就在缅甸定居。罗兴亚族所居住的若开邦与缅甸本部之间隔着若开山脉，交通不便，直到 18 世纪末还基本处于独立状态，这在一定程度上造就了罗兴亚族的封闭。又由于在宗教方面信仰的不同，罗兴亚族一直以来得不到缅甸政府和主流社会的认同。由于各种因素的影响，缅甸自 1948 年独立以来，其政府对罗兴亚族的政策经历了从"给予其入籍机会"到"排斥与否认其公民地位"的转变，直到丹瑞政府（1992 年上台）仍坚决否认罗兴亚族是缅甸的一个民族。1992 年 2 月 26 日，缅甸外交部公开声明："事实上，今天的缅甸有 135 个民族，所谓的罗兴亚人并不是其中之一。历史上，缅甸也从没有罗兴亚这个民族。"[②]

由于基本公民身份不被承认，罗兴亚族穆斯林的多方面权利都得不到保障，长期以来受到缅甸当局的围剿和驱逐。自 2016 年 10 月开始，缅甸北部若开邦罗兴亚人聚居区因治安案件引发动荡。2017 年 8 月，缅甸安全部队对长期遭受迫害的罗兴亚人发动了"清剿行动"，导致短期内 70 多万罗兴亚人跨越边境，逃到孟加拉国避难，形成了一个重大的难民危机和人道主义紧急情况。到目前为止，这些罗兴亚难民与之前多次

---

① 2012 年 12 月 14 日，中国政府向联合国大陆架界限委员会递交了《中国东海部分海域 200 海里以外大陆架划界案》。根据本案《执行摘要》，中国在东海冲绳海槽内选择了 10 个最大水深点，并以其直线连线作为中国东海部分海域 200 海里以外大陆架的外部界限。依据国际法，中国主张东海大陆架向东自然延伸至冲绳海槽。另外 3 个曾有过相同主张的国家分别为韩国、尼加拉瓜和索马里。

② 王梦平. 缅甸罗兴亚族问题简介 [J]. 国际资料信息，2009（07）：9.

难民潮中出逃的难民仍然居住在以孟加拉国考克斯巴扎尔地区为主的难民营中。联合国前人权事务高级专员扎伊德将罗兴亚人在遭驱逐过程中的经历描述为"危害人类罪教科书式"的案例。①

罗兴亚人主要信仰伊斯兰教，西非国家冈比亚则是一个以信仰穆斯林为主的国家。2019年11月11日，冈比亚代表伊斯兰合作组织向国际法院提起针对缅甸的诉讼，指控缅甸政府对境内罗兴亚人的行为违反1948年《防止及惩治灭绝种族罪公约》（以下简称《公约》），请求法院裁判并宣告缅甸违反《公约》规定的义务，要求缅甸停止种族灭绝行为并惩治实施行为的个人。同时，冈比亚还向国际法院提出临时措施请求，要求国际法院在审理本案的实体问题之前指示有关保护性的临时措施，以保全罗兴亚人群体依《公约》享有的权利。

国际法院于2019年12月10日至12日就临时措施问题开庭审理，并在2020年1月23日指示临时措施命令，同意冈比亚的部分请求，要求缅甸采取措施预防灭种行为、保全证据、按期向法院提交履行临时措施命令的报告等。②

2021年1月20日，缅甸就国际法院的管辖权与原告诉求的可受理性问题提出4项初步反对意见。2022年7月22日，国际法院作出判决，驳回缅甸的全部反对意见，确认了对本案的管辖权，并认定冈比亚的申请具有可受理性。

本案是国际法院历史上第一起原告将自身的诉权（或称"起诉资格"）完全建立在"对国际社会整体的义务"之上的案例，这与国际法院历史上其他适用"对国际社会整体的义务"（包括与《公约》有关的诉讼）的案件形成显著区别。③

【主要法律问题】

本案最引人注目的是原告冈比亚并非被告缅甸被诉行为的直接受害国，因此缅甸的反对意见也主要围绕冈比亚与其依据《公约》提出的"对国际社会整体的义务"这一诉由之间的关系展开。具体来说，主要涉及3个方面的法律问题：第一，国际法院对案件是否享有属人管辖权；第二，缅甸对《公约》第8条的保留是否能排除各国在国际法院对其提起诉讼的可能性；第三，冈比亚是否具有诉讼资格，即受违反《公约》行为影响之外的国家是否可以向行为国提出索赔，以确保《公约》得到遵守。

一、国际法院的属人管辖权与诉请的可受理性

缅甸在其第一项初步反对意见中主张法院缺乏管辖权，因为诉讼中的"实际请求方"是伊斯兰合作组织（OIC）这一国际组织，而根据《国际法院规约》第34条第1

---

① 联合国：《国际法院驳回缅甸抗辩，裁定对冈比亚诉缅甸危害人类罪一案有管辖权》，载《联合国新闻》2022年第7期（2022年7月22日）。

② 廖雪霞."对国际社会整体的义务"与国际法院的管辖——以"冈比亚诉缅甸违反《防止及惩治灭绝种族罪公约》案"为切入点 [J]. 国际法研究，2020（06）：26.

③ 廖雪霞."对国际社会整体的义务"与国际法院的管辖——以"冈比亚诉缅甸违反《防止及惩治灭绝种族罪公约》案"为切入点 [J]. 国际法研究，2020（06）：27.

款，国际组织不能作为国际法院诉讼当事方。

首先，对于该问题，国际法院根据《国际法院规约》和《联合国宪章》相关条款规定的要求，确立了其属人管辖权。《国际法院规约》第 34 条第 1 款规定："在法院得为诉讼当事国者，限于国家。"《国际法院规约》第 35 条第 1 款规定："法院受理本规约各当事国之诉讼。"同时，《联合国宪章》第 93 条第 1 款的规定："联合国各会员国为国际法院规约之当然当事国。"冈比亚自 1965 年 9 月 21 日以来一直是联合国会员国，自然也是《国际法院规约》的缔约方。因此，国际法院认为其拥有属人管辖权。

其次，国际法院确认了本案的请求方为冈比亚。在本案中，缅甸认为伊斯兰合作组织才是这起诉讼中的"实际请求方"，冈比亚事实上是作为一个"机关、代表或代理方"向国际法院提出诉求。对此，国际法院认为，一国可能已接受其作为成员的政府间组织关于将一起案件提交国际法院处理的提议，或可能已在提起这起诉讼方面寻求并获得该组织或其成员的资金和政治支持，此类事实并不减损该国作为向国际法院提起诉讼的请求方地位。本案中，作为《国际法院规约》和《公约》的缔约国，冈比亚有权以自身名义提起这起诉讼。因此，国际法院认定本案的请求方是冈比亚。[①]

此外，缅甸还辩称冈比亚代表一个不可能以自己的名义提出诉请的组织提起诉讼，构成程序滥用，因此冈比亚的诉求不可受理。国际法院指出，只有在例外情况下，程序滥用才能成为国际法院驳回基于有效管辖权的诉请的理由。而在本案中，缅甸也并没有提出足够相关的证据证明冈比亚滥用了程序。[②]

综上，国际法院对本案享有管辖权。

二、缅甸对《公约》第 8 条的保留排除各国在国际法院对其提起诉讼的可能性[③]

在第二项与第三项初步反对意见中，缅甸主张，诉诸国际法院问题须遵循《公约》第 8 条，该条规定："任何缔约国得提请联合国的主管机关遵照《联合国宪章》，采取其认为适当的行动，以防止及惩治灭绝种族的行为或第 3 条所列任何其他行为。"然而，缅甸于 1956 年 3 月 14 日交存的《公约》批准书对此条作出了保留，即"关于第 8 条，缅甸联邦作出保留，即该条不适用于本联邦"。据此，缅甸认为，该第 8 条中提及的"联合国的主管机关"包括国际法院，并且由于缅甸对该条款的保留，冈比亚无法在本案中有效诉诸国际法院。

对《公约》第 8 条中"联合国的主管机关"一词含义的解释，涉及对条约解释规则的运用问题。国际法院从两个方面解释了"联合国的主管机关"的含义。

首先，对第 8 条进行文义解释。根据第 8 条的规定，联合国的主管机关可"采取

---

① Application of the Convention on the Prevention and Punishment of the Crime of Genocide (The Gambia v. Myanmar), Judgment of 22 July 2022, paras. 35-46.

② Application of the Convention on the Prevention and Punishment of the Crime of Genocide (The Gambia v. Myanmar), Judgment of 22 July 2022, paras. 47-49.

③ Application of the Convention on the Prevention and Punishment of the Crime of Genocide (The Gambia v. Myanmar), Judgment of 22 July 2022, paras. 78-92.

其认为适当的行动",这意味着这些机关在确定为"防止及惩治灭绝种族的行为或第3条所列任何其他行为"而应采取的行动时行使酌处权。因此,该条款所设想的主管机关的职能不同于国际法院的职能。根据《国际法院规约》第38条第1款,国际法院的职能是"对于陈诉各项争端,应依国际法裁判之",并根据《国际法院规约》第65条第1款的规定对任何法律问题发表咨询意见。从这个意义上说,第8条可被视为在政治层面处理防止及惩治灭绝种族行为的问题,而非法律责任问题。

其次,对第8条进行体系解释。根据《维也纳条约法公约》第31条所反映的有关条约解释的习惯国际法,第8条的用语必须按其上下文,特别是参照《公约》的其他条款加以解释。因此,国际法院注意到了《公约》第9条,该条规定:"缔约国间关于本公约的解释、适用或实施的争端,包括关于某一国家对于灭绝种族罪或第3条所列任何其他行为的责任的争端,经争端一方的请求,应提交国际法院。"该条构成《公约》规定的国际法院管辖权的基础。在国际法院看来,《公约》第8条和第9条有不同的适用领域。第9条规定了在缔约国之间发生争端时诉诸联合国主要司法机关的条件,而第8条允许任何缔约国向联合国其他主管机关申诉。

因此,从第8条用语的通常含义并结合其上下文来看,该条款没有对诉诸国际法院问题作出规定,缅甸对该条款的保留与确定国际法院是否适当受理本案无关。

三、冈比亚的诉讼资格[①]

缅甸辩称,冈比亚未受到据称违反《公约》行为的影响,因此没有资格享有提出索赔的合法权利。在诉讼过程中,缅甸承认《公约》规定的某些义务具有"缔约国间的对一切义务"的性质,因此冈比亚有合法权利迫使缅甸遵守这些义务。然而,缅甸质疑冈比亚是否能够向国际法院提出申诉,因为冈比亚的法律利益未受特别影响。缅甸则认为,根据国际法原则,决定是否和如何援引另一国责任的权利应属于受害国,非受害国援引这种责任的权利是从属性的。在本案中,有一个国家对不利影响有直接利益,即孟加拉国,它有权根据《公约》援引缅甸国的责任。然而,孟加拉国对该公约的保留使其无法向国际法院提起诉讼。据此,冈比亚作为"受害国以外的国家"不能径直提出诉请。

对此,冈比亚认为,由于《公约》规定的义务是"缔约国间的对一切义务",《公约》的任何缔约国都有权援引另一缔约国违反其义务的责任,而不必证明其有特殊利益,冈比亚作为缔约国的这一事实足以确定其法律权利和在法院的诉讼地位。进而,冈比亚提到与或起诉或引渡义务有关的问题案(比利时诉塞内加尔),在该案中国际法院没有确认比利时是否特别地受到违反条约行为的影响,但也承认了比利时有资格就塞内加尔违反《禁止酷刑公约》规定的"缔约国间的对一切义务"向国际法院提出诉请。冈比亚提出,如果对违反"缔约国间的对一切义务"的行为需要有特别的利益,

---

① Application of the Convention on the Prevention and Punishment of the Crime of Genocide (The Gambia v. Myanmar), Judgment of 22 July 2022, paras. 93–114.

那么在许多情况下任何国家都无权对不法行为的实施者援引责任。

国际法院认为,《公约》的所有缔约国在确保防止和惩治种族灭绝行为方面有着共同利益。因此,任何国家,而不仅仅是受违反《公约》行为影响的国家,都可以向另一国提出索赔,以确保《公约》得到遵守。另外,国际法院还指出,一国无须证明据称违反《公约》规定义务的行为的任何受害者是其国民,从而驳回了缅甸关于冈比亚缺乏诉讼资格的主张。

【主要法律依据】

(1)《防止及惩治灭绝种族罪公约》第 8 条、第 9 条。
(2)《维也纳条约法公约》第 31 条。

【拓展分析】

一、"对一切义务"与强行法

"对一切义务"(obligations erga omnes partes)这一概念最早出现在 1970 年巴塞罗那电力公司案(比利时诉西班牙)的附带意见中,国际法院为区分以外交保护为代表的一国向他国单独承担的义务与一国向缔约国整体承担的义务,将后者称为"对一切义务"或"对国际社会整体的义务",表明履行此类义务属于整个国际社会的关切。① 鉴于该义务保护着国际社会共同的利益,所有国家均对履行该义务享有法律上的利益。

针对"对一切义务"的讨论常常难以脱离国际强行法的语境,这是因为国际强行法的目标是保护国际社会普遍认可的利益与价值,其规则是"对国际社会整体的义务"。对二者关系的探讨始自巴塞罗那电力公司案(比利时诉西班牙)之后,2001 年《国家对国际不法行为的责任条款草案》(以下简称《国家责任条款草案》)第 42 条第 2 款②、第 48 条第 1 款③分别确认了受害国及受害国之外的国家基于"对一切义务"而援引他国从事国际不法行为的国家责任。2005 年的《普遍权利和普遍义务决议》则沿袭了《国家责任条款草案》的上述规定。2006 年的《国际法不成体系问题专题结论草案》第 38 段从范围角度进一步说明了强行法与对世义务间的效力关联,由强行法规则所确立的义务具有对世性质,但并非所有的对世义务都是由强行法规则确立,具体列举如某些基本人权义务和涉及全球公地的义务则不是由强行法规则所确立的,由此逐

---

① Barcelona Traction, Light and Power Company Limited (Belgium v. Spain), Judgment of 1970, para. 33.
② 《国家责任条款草案》第 42 条第 2 款:"一国有权在下列情况下作为受害国援引另一国的责任:(b)被违背的义务是对包括该国在内的一国家集团或对整个国际社会承担的义务;而(一)对此义务的违背特别影响该国;或(二)彻底改变了由于该项义务被违背而受到影响的所有其他国家对进一步履行该项义务的立场。"
③ 《国家责任条款草案》第 48 条第 1 款:"受害国以外的任何国家有权按照第 2 款在下列情况下对另一国援引责任:(a)被违背的义务是对包括该国在内的一国家集团承担的、为保护该集团的集体利益而确立的义务;或(b)被违背的义务是对整个国际社会承担的义务。"

步确立了二者单向产生关系的主流观点。① 2022年国际法委员会第七十三届会议审议通过了有关强行法的专题报告，形成了最终的结论草案，其中第17条结合理论学说与司法实践，对强行法与"对一切义务"的关系从整体到具体至国家责任领域的关联性进行了论述，再次印证了二者间的单向产生关系。

二、国际法院的管辖与"对一切义务"

在本案中，国际法院表明了这样一个观点，即作为国际强行法的《公约》，其规定的义务是缔约国的"对一切义务"，《公约》的任何缔约国都有权援引另一缔约国违反该义务的国家责任，而不必证明其与相关利益有特殊关系，其作为缔约国这一事实足以确定其法律利益和在国际法院的诉讼地位。实际上，这一判决将国际法院的管辖与"对一切的义务"联系了起来。

国际法院的管辖基于两个因素的考量：一是国际法院本身的管辖权；二是申诉方的诉权，即申诉方是提起诉讼的适格主体。国际法院的管辖权是管辖的前提，基于"国家同意"，可从3种法律文件中找到依据：（1）当事国通过订立特别协议的方式将案件提交给国际法院；（2）依据现行国际条约中赋予国际法院管辖权的条款；（3）国家依据《国际法院规约》第36条第2款作出接受国际法院强制管辖的声明。而申诉方的诉权作为国际法院的管辖依据则主要源于司法实践的传统。1966年西南非洲案（利比里亚诉南非）的判决中确认，一国若要在国际法院主张他国承担违反国际法的国家责任，必须证明该国本身享有的权利或法律上的利益受到了他国的侵害，即该国与争端所诉事由之间有直接、紧密的联系。② 而2012年与"或起诉或引渡"有关的问题案（比利时诉塞内加尔）中，国际法院接受了依据《禁止酷刑公约》将"缔约国间对一切的义务"作为诉由，对非直接受害国的诉讼资格给予了认可。以此案为界，国际法院此后对"对一切义务"与诉权之间的关联性多持积极的态度。本案中，国际法院以15：1的投票结果，裁定对冈比亚就缅甸境内存在对罗兴亚群体的种族灭绝行为提起的诉讼具有管辖权，由此，国际法院对涉及"对一切义务"国际法问题的管辖态度可见一斑。国际法院通过司法实践使强行法与"对一切义务"之间的关系日益密切，结合前述国际法委员会2022年关于强行法的专题报告，可以发现禁止非法使用武力、禁止灭绝种族、民族自决权、国际人道法基本规则和禁止酷刑5项规则是法律编纂和司法实践公认的"交集"。③ 客观上来看，国际法院对"对一切义务"的积极管辖有利于与之重叠的强行法发挥实际效用。

然而，此类判决也被认为可能引发另一个问题而受到质疑，即由于"对一切义务"的存在，某一国际强行法规则的缔约国基于共同利益对违反该规则的国家行为享有诉

---

① 何志鹏，周萌. 强行法与对世义务间关系的动态演进机理探究 [J]. 南大法学，2024 (03): 124. 另外，该文章认为，目前学界对于两者的关系还有互不相关、互相重叠、彼此包含、等同4种观点。

② South West Africa Case (Liberia v. South Africa), Judgment of 1966, paras. 33-34.

③ 何志鹏，周萌. 强行法与对世义务间关系的动态演进机理探究 [J]. 南大法学，2024 (03): 127.

权，能够在国际法院援引该国的国际责任，这将显著降低国家间诉讼的门槛，助长国际法一些诉讼的公益性，并可能鼓励某些国家将争议解决当作政治工具。此外，还将提高司法的成本，最终损害国际司法的权威。[1]

在当前复杂多变的国际局势下，很难就哪种观点更符合司法实践的发展需要作出论断。首先，国家之间"政治问题司法化"已成为一种不可回避的趋势，应当直面这一现实，这对于处于百年未有之大变局之际渴望有所作为的中国而言尤其重要。其次，各界对于"国际法长期处于幼稚阶段"这一点存在共识，国际法的发展除了需要克服国际社会的无政府性，更要发展解决国家之间问题的能力，而这种能力一定是以强化法治的作用为基础的，而司法正是这一基础的重要体现。如今，国际司法正走向历史舞台的中央，蜕变的过程存在阵痛是不可避免的，绝不能因此而否定这一进步的过程。最后，国际社会的未来在于真正建立人类命运共同体，共识的建立、共同利益的维护无疑需要耗费巨大的成本，国际强行法的效力不依赖于外部集权组织的强制力保障实施，而在于国际社会主体对共同利益的维护，至于该主体出于何种目的而为之则应当在个案中加以甄别，以此来进一步巩固国际法治的权威。

【思考题】

（1）阐述国际法上"对一切义务"的发展历程。
（2）阐述国际强行法与"对一切义务"的关系。
（3）国际法院对于维护国际强行法的作用如何？

---

[1] 廖雪霞．"对国际社会整体的义务"与国际法院的管辖：以"冈比亚诉缅甸违反《防止及惩治灭绝种族罪公约》案"为切入点［J］．国际法研究，2020（06）：42．

第二章

国际法与国内法的关系

本章知识要点

（1）国际法的直接适用；（2）国际法的间接适用。

案例一 国际货物买卖合同纠纷案（美国甲公司诉中国乙公司）

【基本案情】

原告美国甲公司和被告中国乙公司分别是本案手套买卖关系中的买方和卖方。案外人丙是美国甲公司的主要客户，是本案手套买卖关系的下游买家，是美国一家专业医疗防护用品供应商。案外人中国丁公司是案涉手套的实际生产商。中国乙公司从中国丁公司处采购丁腈手套，并将购得的手套转售给美国甲公司。本案手套买卖合同的标的是一次性丁腈手套。

在新冠疫情期间，为向医疗用品专业供应商丙供应一次性丁腈手套，美国甲公司决定到中国进行采购。2021年1月21日，原、被告双方签订《手套买卖合同》，就合同标的物及其品质要求、买卖双方的权利义务等进行了约定。根据合同附件，货物将在2021年2月5日至2021年3月24日分9批共计20个集装箱（每个集装箱含手套30000盒）完成发运。其中，第1个、第2个集装箱货物应于2021年2月5日发运，第3个集装箱货物应于2021年2月12日发运。在合同实际履行过程中，美国甲公司向中国乙公司支付了第1个至第3个集装箱货物的全部货款合计945000美元。2021年2月9日，第1个集装箱货物完成出口报关。2021年3月1日，货物离境。但因第1个集装箱货物存在严重质量问题，美国甲公司及其下游买家丙根本无法将该笔货物供应给医院、卫生保健机构等手套最终用户。各方于2021年5月12日组织了视频会议，对第1个集装箱货物进行质量查验。对于所检验货物的来源及该货物所存在的质量问题，中国乙公司没有异议，且表示将尽快给出解决方案，但截至法院判决时也未有实际行动。而后，2021年10月7日的手套检测报告证实该批货物根本不是合同所约定的丁腈手套，其成分为聚氯乙烯，而非丁腈。中国乙公司之后也未按合同交付第2个以及第3

个集装箱货物。美国甲公司曾多次通过微信、电话等方式进行催促，但中国乙公司均不予配合。2021年5月20日，美国甲公司向中国乙公司发出律师函，以第2个、第3个集装箱货物始终未进行交付以及第1个集装箱货物存在严重的质量问题为由，通知中国乙公司解除《手套买卖合同》，并要求退还已支付的全部货款945000美元。同年5月22日，律师函被签收。双方工作人员还曾通过微信协商货款返还问题。

2022年，美国甲公司向北京市第四中级人民法院起诉，主张中国乙公司存在瑕疵给付、迟延给付等违约行为，请求法院宣告合同无效，判决中国乙公司返还货款和利息，并赔偿因中国乙公司违约而给其造成的损失。法院支持了原告诉求，于2022年5月20日作出判决，宣告案涉买卖合同无效，判令中国乙公司向美国甲公司返还货款945000美元并支付利息，赔偿美国甲公司实际损失18882.12美元。

【主要法律问题】

本案系营业地位于美国的甲公司与营业地位于中国的乙公司缔结的国际货物买卖合同引发的纠纷，属于涉外民商事案件。因涉外性质，本案在法律适用方面与国内合同纠纷的裁决逻辑不完全相同，涉及国际条约在国内的适用问题。

判决书中有两处涉及法律适用问题的内容。首先，在判决书"六、法律适用"部分，法院指出，双方当事人在本案《手套买卖合同》中约定，该合同根据《中华人民共和国合同法》订立。鉴于案涉合同签订于2021年1月，因此，双方在《手套买卖合同》项下的争议，应当适用2021年1月1日生效的《中华人民共和国民法典》（以下简称《民法典》），具体而言，主要是其中的第三编合同编的有关规定。此外，本案系国际货物买卖争议，甲公司注册地为美国，乙公司注册地为中国，双方营业地所在国均为《联合国国际货物销售合同公约》（CISG）的缔约国。根据该公约自动适用的相关规定，本案应主要适用该公约，该公约未规定的事项，应当适用《民法典》的有关规定。[1] 其次，法院对涉案事实进行梳理之后，基于对本案纠纷的性质认定，对法律适用中的准据法适用问题作出裁断：由于本案当事人营业地所在国中国和美国均为CISG的缔约国，本案不存在CISG第2条和第3条所规定的不适用情形，且在本案审理期间经询问，美国甲公司明确选择适用CISG作为确定其权利义务的依据，双方均未排除该公约的适用，因此，本案应当自动适用CISG（除我国声明保留的条款外）的规定。对于本案涉及CISG没有规定的情形，应依照《中华人民共和国涉外民事关系法律适用法》（以下简称《法律适用法》）第41条的规定，即当事人可以协议选择合同适用的法律。当事人没有选择的，适用履行义务最能体现该合同特征的一方当事人经常居所地法律或者其他与该合同有最密切联系的法律，鉴于本案被告住所地位于我国境内，则应适用中华人民共和国法律，且根据《最高人民法院关于适用〈中华人民共和国民法典〉时间效力的若干规定》第1条第1款对于《民法典》施行后的法律事实引起的

---

[1] （2022）京04民初294号判决书。

民事纠纷应适用《民法典》的规定，本案法律事实发生在《民法典》施行后，所以应适用《民法典》的相关规定。本案中，美国甲公司与中国乙公司基于真实意思表示签订了书面的《手套买卖合同》，其订立符合公约的规定。鉴于 CISG 第 4 条明确排除了该公约对于合同的效力、合同条款的效力以及货物所有权问题的适用，上述问题应适用国内法进行判定。①

一、CISG 的自动适用

由上可知，本案中，法院在明确 CISG 的适用法地位时遵循了以下思路：首先，法院审查了双方当事人之间是否存在对适用法律的约定，在确定没有此种约定的前提下再进一步探讨法律适用问题，体现了对国际商事争议领域最重要的原则——意思自治的尊重。其次，法院引入 CISG 是直接依据该公约的自动适用规则。根据 CISG 第 1 条第 1 款，营业地在不同国家的当事人之间订立的货物销售合同，在满足这些国家是缔约国或国际私法规则导致适用某一缔约国的法律的情况下，CISG 直接适用。很显然，本案符合自动适用规则的第一种情况。再次，法院考虑了 CISG 第 2 条、第 3 条②有关公约不适用的情形，这两条从合同售卖的目的、标的、方式等具体合同内容的角度作出了负面清单式规定。案涉合同属于标准意义上的待制造或生产的货物销售合同，不在排除适用范围之内。最后，法院结合本案实际情况，指出美国甲公司在案件审理期间对法院明确表示选择适用 CISG 作为法律依据，且双方均未作出排除该公约适用的意思表示。

二、CISG 未规定合同事项的准据法确定

对于该问题，法院首先确认了判断依据与具体国内法，然后明确了具体涉及哪些与本案相关的合同事项。首先，如前所述，法院基于《法律适用法》第 41 条引入最密切联系原则，又以本案被告住所地在我国境内为由，判定我国法律为适用法。鉴于《民法典》已实施的事实及我国关于该法适用时间方面的规定，确认《民法典》为具体准据法；其次，依据 CISG 第 4 条对合同事项排除适用的规定，法院认定对合同效力、合同条款的效力以及货物所有权等问题应适用我国法律，即《民法典》；最后，法院在判决书中还特别指出，案涉合同中提及《中华人民共和国合同法》，但因案件相关法律事实发生在《民法典》施行后，应适用《民法典》的第三编合同编。

---

① （2022）京 04 民初 294 号判决书。
② CISG 第 2 条："本公约不适用于以下的销售：（a）购供私人、家人或家庭使用的货物的销售，除非卖方在订立合同前任何时候或订立合同时不知道而且没有理由知道这些货物是购供任何这种使用；（b）经由拍卖的销售；（c）根据法律执行令状或其他令状的销售；（d）公债、股票、投资证券、流通票据或货币的销售；（e）船舶、船只、气垫船或飞机的销售；（f）电力的销售。" CISG 第 3 条："（1）供应尚待制造或生产的货物的合同应视为销售合同，除非订购货物的当事人保证供应这种制造或生产所需的大部分重要材料。（2）本公约不适用于供应货物一方的绝大部分义务在于供应劳力或其他服务的合同。"

【主要法律依据】

(1)《联合国国际货物销售合同公约》(CISG)第1条。
(2)《中华人民共和国涉外民事关系法律适用法》第41条。

【拓展分析】

本案收录于2023年12月28日最高人民法院发布的"涉外民商事案件适用国际条约和国际惯例典型案例",对于我国《民法典》实施之后如何在国内法院适用国际法具有启示意义。本案具体涉及CISG在我国法院的适用问题,以CISG为代表的国际民商事条约一直以来都是我国法院适用国际法的主要实践对象,无论是立法还是司法,我国都已形成了一定的经验,但也存在相应的问题。特别是《民法典》实施之后,我国面临涉外民商事领域适用国际法的新问题,更需要加强立法与司法方面的积极探索。

一、CISG适用条款解析及对本案判决的思考

CISG前6条对其适用作出了较为全面的规定,且条款之间具有一定程度的先后适用关系。其中第1条确立了CISG自动适用的根本原则,第2~6条皆从排除适用作为例外条件的角度对其适用范围进行了限定。按照CISG的设计,缔约国法院应首先依据CISG第1条第1款(a)项判断涉案合同当事方营业地所在国是不是CISG的缔约国,如果是,则依据CISG第2条、第3条从货物本身、销售方式等角度,以及根据CISG第4条、第5条从案涉具体合同事项角度判断涉案合同的争议问题是否属于CISG的调整范围。如果答案依然是肯定的,最后依据CISG第6条判断合同当事人是否有排除CISG适用的意思表示,才能最终确定CISG是否应适用。如果涉案合同不满足CISG第1条第1款(a)项的条件,即当事人营业地并不都在CISG缔约国,受案法院则应由其国内的国际私法规则来确定准据法,如果指向CISG缔约国法律,则CISG根据其第1条第1款的(b)项依然可以适用,随后再分别对照其第2条至第5条和第6条进行判断。另须注意的是,CISG允许缔约国在加入时对第1条第1款(b)项做保留,即如法院地的国际私法规则指向对此提出保留的CISG缔约国,那么CISG也不能适用。因此坚守条款的适用顺序非常重要,只有如此才符合CISG第1条第1款设置的自动适用的本意。[1]

CISG第1条第1款(a)项规定的主要目的是减少挑选法院,减少诉诸一国国际私法规则的必要,为有国际特征的交易提供适合的现代法律。缔约历史表明,在当事人营业地位于不同CISG缔约国的情况下,即使法院地的国际私法规则原本会指向第三国法律,CISG也应直接适用。[2] 如一案归属CISG的调整范围,缔约国法院不能先适用

---

[1] 刘瑛.论《联合国国际货物销售合同公约》在中国法院的适用[J].法律科学(西北政法大学学报),2019(03):191-201.

[2] United Nations Conference on Contracts for the International Sale of Goods, Vienna, 10 March-11 April 1980, Official Records, Documents of the Conference and Summary Records of the Plenary Meetings and of the Meetings of the Main Committee (1981), para. 15.

法院地国的国际私法规则，没有拒绝适用已纳入国内法体系的 CISG 的自由裁量权。

基于 CISG 的适用条款，尤其是第 1 条自动适用规则，本案法院适用公约的逻辑思路存在以下 3 个问题：一是对涉案合同没有进行法律选择的认定并非基于 CISG 第 6 条所规定的排除理由。二是颠倒了确认当事方无法律选择和适用 CISG 第 1 条第 1 款（a）项的考察顺序。如上所述，按照 CISG 适用条款的原意，应先对是否符合第 1 条第 1 款（a）项得出结论后，再考量 CISG 有关排除适用规定的情形。第 2 条至第 5 条可看作是有关合同本身的客观方面的排除理由，第 6 条涉及当事人意思自治，可看作是主观方面的排除事由。三是法院在法律适用分析中没有写明 CISG 第 1 条第 1 款，只是提及了"销售公约的自动适用规则"。归根结底，法院对当事人是否选择适用法律的考察没有基于 CISG 的相关规定，而是将意思自治视作 CISG 适用与否的前提，进而没有完全贯彻 CISG 的自动适用规则。但整体而言，本案一定程度上还是体现了 CISG 的优先适用性，对于 CISG 不涉及的合同事项，再根据国内冲突法规范确定准据法的实践具有广泛的指导意义。

二、《民法典》实施后我国法院适用国际民商事条约的依据

《民法典》作为我国调整民事关系的基本法，其重要性自不必赘述，但其删除了《中华人民共和国民法通则》（以下简称《民法通则》）（已失效）第 142 条的做法却广受质疑。该条原为涉外民事关系法律适用规定，对我国处理涉外民事关系发挥了至关重要的作用。该条第 2 款和第 3 款规定："中华人民共和国缔结或者参加的国际条约同中华人民共和国的民事法律有不同规定的，适用国际条约的规定，但中华人民共和国声明保留的条款除外。中华人民共和国法律和中华人民共和国缔结或者参加的国际条约没有规定的，可以适用国际惯例。"在我国宪法类法规对国际法在我国国内的地位未作出明确规定的前提下，该条款长期以来被认为是我国实际意义上的"国际条约地位条款"；司法实践中，该条更是成为我国法院适用以 CISG 为代表的国际民商事条约的基本法律依据。虽然《民法典》没有就涉外民事关系法律适用单独成编，导致我国处理民事法律关系中国际条约地位问题出现了法律真空。但是《民法通则》第 142 条所确立的处理涉外民商事案件中如何适用国际条约的一贯实践，没有理由不持续下去。有学者认为，这种实践是以原《民法通则》第 142 条为法律依据而形成的有关国际民商事条约适用的司法习惯。[①]

2023 年 12 月 5 日，最高人民法院审判委员会第 1908 次会议通过了《最高人民法院关于审理涉外民商事案件适用国际条约和国际惯例若干问题的解释》（以下简称《解释》），该解释自 2024 年 1 月 1 日起施行。《解释》共分为 9 条，体现了涉外民商事审判中适用国际条约与惯例应遵循的 3 项原则，即善意履行条约义务、尊重国际惯例、维护主权安全和社会公共利益。《解释》第 1 条对法院适用国际条约或惯例作出了明确

---

① 张普. 国际民商事条约在我国法院的可适用性及其适用模式 [J]. 河南财经政法大学报，2022，37（01）：105-116.

规定，即在《中华人民共和国对外关系法》第 30 条"国家依照宪法和法律缔结或者参加条约和协定，善意履行有关条约和协定规定的义务"的基础上，先明确《中华人民共和国海商法》《中华人民共和国票据法》《中华人民共和国民用航空法》《中华人民共和国海上交通安全法》等单行法调整的涉外民商事案件中，应依照各自的专门条款对国际条约予以适用，再规定对上述调整范围以外的涉外民商事案件应以"参照单行法规定"的方式适用国际条约。很显然，《解释》继承了原《民法通则》第 142 条的精神，延续了长期以来的实践做法。《解释》第 3 条对国际条约适用于当事人意思自治之间关系也作出了明确规定，即只有在国际条约允许的范围内，当事人才可以通过约定排除或部分排除国际条约的适用。由此可见，意思自治原则的适用应以所涉国际条约的规定为前提，而不能反向考虑两者之间的适用顺序。

本案严格遵循条约必须遵守的理念，准确适用 CISG 的各项规定，尤其是 CISG 与我国《民法典》有不同规定时，优先适用国际条约的规定。作为指导性案例，本案法律适用正确，CISG 优先适用的裁判过程说理充分，严格按照国际条约优先，再根据冲突法规范确定准据法，充分体现了指导性案例的权威性和示范性。

【思考题】

（1）CISG 在国内的适用逻辑是什么？
（2）如何完善涉外民商条约在中国的适用制度？

案例二　航空旅客运输合同纠纷案（胡某诉中国甲航空公司）

【基本案情】

2019 年 10 月 1 日，胡某拟搭乘中国甲航空公司名下 HU××××号航班从意大利罗马前往中国重庆。原定航班计划到达时间为 2019 年 10 月 2 日上午 6 点，实际到达时间为 2019 年 10 月 2 日下午 1 点 12 分，延误 7 个多小时。根据欧盟 2004 年公布的《关于航班拒载、取消或长时间延误时对旅客补偿和帮助的一般规定》（以下简称欧盟 261 号条例）的相关规定，胡某下飞机后通过电话方式向中国甲航空公司提出赔偿 600 欧元的要求，甲航空公司于 2019 年 10 月 8 日回电话确认胡某的确满足欧盟 261 号条例所规定的 4 个小时以上、3500 公里航程以上的赔偿条件，可给予一人 600 欧元的补偿，折算成人民币大概是 4693 元。胡某在电话中表示了同意，客服人员告知胡某后续会发送短信到其手机上，并说明申请赔偿的流程。

2019 年 10 月 9 日，中国甲航空公司向胡某出具了《不正常航班证明》，同日，中国甲航空公司向胡某手机发送短信，其中载明：您好！关于您 2019-10-01 的航班 HU××××的补偿申请我司正在处理，请通过下边的链接补充相关申请材料……随后，胡某按照链接的要求上传了身份证件、委托书等。但中国甲航空公司并未支付赔偿金，胡某遂提起诉讼，受案法院为重庆市自由贸易试验区人民法院。

被告中国甲航空公司未到庭参加诉讼，但在庭审前向法院递交书面答辩状称：第一，胡某未提供客票证明双方存在运输合同关系。第二，中国甲航空公司从未承诺过按照欧盟261号条例的标准支付赔偿金，中国甲航空公司已经提供了免费餐食和休息室并尽一切努力尽快恢复航班运行，不存在过错。第三，胡某购票时，中国甲航空公司已经向其告知了运输总条件，该运输总条件亦在官方网站上公示，其为运输合同的组成部分，双方并没有约定适用欧盟261号条例作为航班延误的赔偿标准。

原被告双方为支持己方观点，均提交了相应的证据，法院对此进行了真实性及关联性审查。经过审理，法院判决被告中国甲航空公司应当向原告胡某支付航班延误赔偿金4693元，并驳回原告胡某其他诉讼请求。[1]

【主要法律问题】

本案中国甲航空公司虽抗辩胡某不能证明双方存在运输合同关系，但双方争议事项均属于运输合同关系。法院查明本案案涉航班从意大利飞往中华人民共和国境内，属于国际航空运输。本案首先需要解决的是法律适用问题，明确法律适用是解决双方有关航空运输合同关系是否成立、中国甲航空公司是否应当为延误航班支付赔偿金及其他相关实体争议的前提。判决书中有关本案的法律适用问题的分析阐释主要涉及以下3个方面。

一、本案应当优先适用国际条约

本案所涉国际航班的出发地点是意大利，目的地是中国，两国均为1929年签订的《统一国际航空运输某些规则的公约》（以下简称《华沙公约》）、《修订1929年10月12日在华沙签订的统一国际航空运输某些规则的公约的议定书》（以下简称《海牙议定书》）、1999年签订的《统一国际航空运输某些规则的公约》（以下简称《蒙特利尔公约》）等有关国际航空运输的国际公约的缔约国。在此情形下，法院认为应当优先适用国际公约，并给出了两点理由：一是从国际公约的性质来看，国际公约是国家与国家之间就共同利益和对各国之间普遍认可的一般性法律原则的认可，也可以视为是国家与国家之间的意思合意，故应当优先于国内法适用。二是从国际公约与国内法衔接的原则来看，《民法通则》第142条与《中华人民共和国民用航空法》第184条[2]均制定了国际条约优先适用的规则，只有在国际条约中没有规定时，才适用我国法律的相关规定。结合本案案情，应当优先适用对我国与案涉其他相关国家均有效的国际条约，对条约作为本案准据法的确认，为下一步公正审理案件奠定了扎实的基础。

---

[1] （2019）渝0192民初16677号判决书。

[2] 《中华人民共和国民用航空法》第184条："中华人民共和国缔结或者参加的国际条约同本法有不同规定的，适用国际条约的规定；但是，中华人民共和国声明保留的条款除外。中华人民共和国法律和中华人民共和国缔结或者参加的国际条约没有规定的，可以适用国际惯例。"

二、本案应当适用《蒙特利尔公约》

鉴于对我国和意大利有拘束力的国际航空运输公约并不唯一，因此法院还需在《华沙公约》《海牙议定书》《蒙特利尔公约》等相关公约中确定应适用其中哪一公约。法院援引《蒙特利尔公约》第55条①的规定，在当事国同为《华沙公约》《海牙议定书》和《蒙特利尔公约》的缔约国时，《蒙特利尔公约》应当优先适用。鉴于此，本案应当优先适用《蒙特利尔公约》。法院进一步指出，《蒙特利尔公约》本身并没有允许排除其适用的规定，依据其第49条，如当事人借以航空运输合同的任何条款和在损失发生以前达成的任何特别协议违反本公约为由，则其对选择所适用的法律或变更有关管辖权规则的主张，均属无效。由此可见，本案双方当事人不可通过约定排除该公约的适用。

三、条约解释不同于条约适用

另值得注意的是，虽然中国甲航空公司与胡某是按照欧盟261号条例规定的赔偿标准进行协商，但并不代表本案将欧盟261号条例作为案件适用的法律。《蒙特利尔公约》第22条对因延误造成的赔偿规定了上限限额，但具体赔偿金数额还应结合案情予以确定。本案审理过程中，法院基于原告提供的电话录音，查明原被告双方曾以电话方式就依据欧盟261号条例进行赔偿的事宜做过沟通协商，并达成了一致。而且《蒙特利尔公约》第27条②允许当事人意思自治，但前提是不违反公约的规定。《蒙特利尔公约》虽然以恢复性赔偿为原则，但并没有禁止双方当事人自行约定赔偿金额。因此，双方当事人在旅客未举证证明实际损失的情况下，对延误损失进行协商一致的赔偿，没有违反《蒙特利尔公约》，同时也符合该公约"确保国际航空运输消费者的利益"的宗旨。综上，法院按照欧盟261号条例规定的标准进行赔偿，系在适用《蒙特利尔公约》规定的前提下，基于双方当事人通过电话沟通体现出来的意思自治，是对当事人就赔偿金额协商一致结果的确认。

欧盟261号条例系欧盟内部规定，我国也未通过任何形式明确表示接受该条例之规定。因此，尽管双方当事人均认为本案的赔偿金额应适用该条例，但人民法院无义务按照该条例的规定对本案的赔偿金额作出判断，只能将其作为条约解释的参考依据。这一立场严格区分了条约适用与条约解释的功能，进一步澄清了二者之间的关系，展示了高超的国际法理论水平和运用国际法的专业技巧。③

---

① 《蒙特利尔公约》第55条："在下列情况下，本公约应当优先于国际航空运输所适用的任何规则：一、该项国际航空运输在本公约当事国之间履行，而这些当事国同为下列条约的当事国：（一）1929年10月12日在华沙签订的《统一国际航空运输某些规则的公约》；（二）1955年9月28日订于海牙的《修订1929年10月12日在华沙签订的统一国际航空运输某些规则的公约的议定书》……"

② 《蒙特利尔公约》第27条："本公约不妨碍承运人拒绝订立任何运输合同、放弃根据本公约能够获得的任何抗辩理由或者制定同本公约不相抵触的条件。"

③ 刘敬东. 精准适用国际条约的典范：评胡某诉海南航空控股股份有限公司航空旅客运输合同纠纷案 [J]. 中国审判，2024（1）：22-23.

【主要法律依据】

(1)《中华人民共和国民法通则》第 142 条。

(2)《中华人民共和国民用航空法》第 184 条。

【拓展分析】

本案收录于 2023 年 12 月 28 日最高人民法院发布的"涉外民商事案件适用国际条约和国际惯例典型案例",为法院平衡国际条约与国内法的关系、准确选择应适用的国际条约提供了典型范例。

一、国际条约与国内法的适用关系

如前所述,法院首先从国际条约的性质入手,强调条约是国与国之间的合意,应优先于国内法适用。国际法与国内法的关系历来是国际法基础理论的重要内容,更是实践领域的焦点议题。1969 年《维也纳条约法公约》第 27 条"国内法与条约的遵守"中明确规定:"一当事国不得援引其国内法规定为理由而不履行条约。"即主权国家一旦批准加入某一条约,就须承担遵守该条约的国际法义务,应善意履行该条约的各项规定,确保国内法与条约的一致性,不能因前者而削弱后者在国内的效力。可以说,条约优先适用是各国必须坚守的法律原则,也是国际法律秩序稳定发展的基本前提。接着法院以《民法通则》第 142 条和《中华人民共和国民用航空法》第 184 条相似的规定为依据,从国际条约与国内法衔接的角度,总结概括出我国法院处理条约与国内法的适用关系的规则为"国际条约的适用优先于国内法的适用是我国针对国际条约适用顺序的一般性规定""国际条约中没有规定的,再适用我国法律的相关规定"。法院的阐释精准合理,不仅为本案选定条约作为准据法提供了必要前提,也对我国法院日后处理涉外民商事案件适用国际法具有直接的指导意义。

二、多个国际条约之间的适用顺序

国际经贸领域双边与多边条约的交错纵横早已形成了"意大利面碗效应",因此,如何确定调整同类法律关系的多个条约之间的适用顺序也是法院在准确适用国际法方面必须认真对待的问题。如前所述,本案在对可适用的国际航空运输领域的条约进行全面确认的基础上,精准援引《蒙特利尔公约》第 55 条有关其与《华沙公约》及《海牙议定书》之间适用安排的规定,确定《蒙特利尔公约》为最终适用的条约。《蒙特利尔公约》作为后订条约,以专门条款的方式将其与其他同一领域的条约之间的适用关系作出明确规定,对法院清晰裁断提供了指引。对于同为该条款提及的多个相关条约的缔约方,遵从后订条约的专门条款没有任何异议,这也符合《维也纳条约法公约》第 30 条①有关条约冲突与协调的精神。

三、《蒙特利尔公约》的强制适用

法院在确定最终适用的国际条约时，进一步指出，根据《蒙特利尔公约》第 49 条的规定，本案双方当事人不可通过约定排除该公约的适用，该条是对当事人意思自治的明确限制。由此，只要满足《蒙特利尔公约》第 1 条适用范围的规定，即案涉航空交通运输班次的出发地和目的地是该公约的缔约国，那么该公约就应适用。适用《蒙特利尔公约》，客观上与航空承运人的国籍、飞机的国籍、旅客和托运人的国籍和住所、经停地都没有关系，主观上也不能由当事人约定排除。在我国相关司法实践中，不乏法院仍然以当事人意思自治作为判断准据法的前提，这导致适用《蒙特利尔公约》确定当事人的责任究竟是当事人合意选择的结果还是公约优先适用的结果存在疑问，反映出我国法院普遍存在条约适用逻辑不清晰的问题。而本案在《蒙特利尔公约》的直接适用方面作出的阐释无疑为今后处理同类纠纷提供了指导性示范。

另外，《蒙特利尔公约》第 29 条有关损害赔偿的诉讼依据，以及第 26 条、第 47 条有关承运人的责任限额的规则都将该公约作为唯一适用的法律依据，使该公约在实体法意义上具有强制性与排他性。优先适用《蒙特利尔公约》是该公约的强制适用性质与现代化的国际航空运输规则特点共同作用的结果，不是冲突规范指引的结果，也不是当事人选择的结果。只要在《蒙特利尔公约》的调整范围内，法院就有义务直接适用公约，除非当事人另行选择了其他法律，并且这种选择符合公约要求。②

本案法院通过对案件定性，确定了应当适用国际条约及优先适用《蒙特利尔公约》。对于依法应当适用国际条约的案件，准确地选择所适用的条约并严格遵循《维也纳条约法公约》的规定对其进行解释，有助于加强涉外案件审判中国际条约适用的稳定性和可预见性。

【思考题】

（1）简述《蒙特利尔公约》的强制适用特征。
（2）简述国际法优先适用的法理内涵。

---

① 《维也纳条约法公约》第 30 条："关于同一事项先后所订条约之适用：一、以不违反联合国宪章第一百零三条为限，就同一事项先后所订条约当事国之权利与义务应依下列各项确定之。二、遇条约订明须不违反先订或后订条约或不得视为与先订或后订条约不合时，该先订或后订条约之规定应居优先。三、遇先订条约全体当事国亦为后订条约当事国但不依第五十九条终止或停止施行先订条约时，先订条约仅于其规定与后订条约规定相合之范围内适用之。四、遇后订条约之当事国不包括先订条约之全体当事国时：（甲）在同为两条约之当事国间，适用第三项之同一规则；（乙）在为两条约之当事国与仅为其中一条约之当事国间彼此之权利与义务依两国均为当事国之条约定之。五、第四项不妨碍第四十一条或依第六十条终止或停止施行条约之任何问题，或一国因缔结或适用一条约而其规定与该国依另一条约对另一国之义务不合所生之任何责任问题。"

② 谢海霞.《蒙特利尔公约》在我国法院适用的实证分析［J］.经贸法律评论，2020（02）：33-46.

第三章
国际法的基本原则

本章知识要点

（1）禁止以武力相威胁或使用武力原则；（2）不干涉内政原则；（3）国家主权原则；（4）民族自决权。

案例一　尼加拉瓜军事与准军事行动案（尼加拉瓜诉美国）

【基本案情】

自1983年末开始，美国通过提供军用物资及资金支持的方式扶持尼加拉瓜境内的反政府武装，后者与拉美雇佣军事组织共同行动，在尼加拉瓜的布拉夫、科林托、桑提诺等港口附近布雷，范围包括尼加拉瓜的内水和领海。这种布雷活动严重威胁尼加拉瓜的航行安全，并造成了重大人员伤亡事故和财产损失，其中包括第三国人员、船舶等损失。[①]

1984年4月9日，尼加拉瓜向国际法院提出申请，对美国政府指使美国军人和拉丁美洲国家国民在尼加拉瓜港口布雷、破坏尼加拉瓜的石油设施和海军基地、侵犯尼加拉瓜的领空主权以及在尼加拉瓜组织和资助反政府集团等军事和准军事行动提出指控，并要求判定此种行动构成非法使用武力和以武力相威胁、干涉其内政和侵犯其主权的行为。尼加拉瓜还请求国际法院指示临时保全措施，并针对上述行动给尼加拉瓜国民带来的损失给予赔偿。美国提出种种反对理由，认为因国际联盟秘书处档案中没有尼加拉瓜声称的其于1929年所作表示接受国际法院强制管辖的声明，尼加拉瓜不是国际法院的诉讼当事国，无法依照《国际法院规约》第36条第5款继续接受国际法院的强制管辖。另外，美国还认为其在1984年4月6日（尼加拉瓜提起诉求的前3天）已通知联合国秘书长，修订了其于1946年发表的关于接受国际法院强制管辖的声

---

① Military And Paramilitary Activities in and against Nicaragua (Nicaragua v. United States of America), Judgement Of 27 June 1986, para. 80.

明，即强制管辖在两年内不适用于"任何与中美洲国家的争端，或由中美洲发生的事件引起或同中美洲事件有关的争端"。该声明应立即生效，且在今后两年内继续有效。因此国际法院对此案不具有管辖权，应拒绝尼加拉瓜的申请。

1984年5月10日，国际法院发布命令，并指示了临时措施。其中一项措施要求美国立即停止和不采取任何限制进入尼加拉瓜港口的行动，特别是停止布雷活动。就美国的管辖权抗辩，国际法院认为尼加拉瓜1929年声明在程序上的瑕疵并不影响其通过签订《国际法院规约》意图依据该规约第36条将声明延续至国际法院时期的事实效力，且国际法院的出版物也早已把尼加拉瓜列为接受国际法院强制管辖的国家之列。美国1984年的声明载有时间方面的规定，因此无法立即生效，自然也不能阻碍国际法院依美国1946年的强制管辖声明行使管辖权。1984年11月26日，国际法院结束了案件初步阶段的审理，就国际法院是否具有管辖权和是否接受该案的先决问题以15票对1票作出了肯定判决。美国于1985年1月18日宣布退出此案的诉讼程序。国际法院根据《国际法院规约》第53条的规定继续对本案进行缺席审判。1986年6月27日，国际法院结束对案件实质问题的审理，就此案的实质问题作出了有利于尼加拉瓜的判决。

【主要法律问题】

就国际法基本原则的适用而言，本案主要涉及以下4个方面的法律问题。

一、美国的行为是否构成集体自卫

美国在尼加拉瓜进行的一系列行为是否构成行使集体自卫权而被正当化是本案中最大的实质争议焦点。根据禁止使用武力原则，对任何国家的领土完整或政治独立进行武力威胁或使用武力均为非法，除非有排除其非法性的情况，单独或集体自卫就属于该原则允许的例外情形。

本案中，针对尼加拉瓜的指控，美国力图以其实施集体自卫消除其行为的不法性。国际法院首先肯定了习惯国际法上存在自卫权利，继而审视了自卫权的内涵。国际法院认为，行使习惯法上的自卫权需满足以下条件：一国成为武力攻击（armed attack）的对象，该国必须宣称本国为武力攻击的受害者，受害国必须寻求帮助，自卫行为应具有必要性与相称性。[①]

首先，从美国采取的行动来看，尼加拉瓜的控诉大多针对的是美国对尼加拉瓜实际使用武力的行为。国际法院认为应归咎于美国政府的行为有：1983年年底至1984年年初对尼加拉瓜港口、石油设施和海军基地进行攻击；1984年年初在尼加拉瓜内水和领海埋设水雷。此外，国际法院还认定美国在尼加拉瓜边界附近进行军事演习构成了"武力威胁"。这些活动虽非美国政府直接参与，但行为人均受雇于美国，因此美国应对

---

① Military And Paramilitary Activities in and against Nicaragua (Nicaragua v. United States of America), Judgement Of 27 June 1986, para. 195.

上述活动负责，美国违反了禁止使用武力原则。[①] 另根据联合国大会第2625（XXV）号决议的规定，当所指内乱行为"涉及威胁或使用武力"时，这种参与不仅违反了不干涉内政原则，也违反了禁止使用武力的原则。因此国际法院认为，美国武装和训练反政府武装分子是对尼加拉瓜威胁使用武力或使用武力，但就美国提供的所有援助而言并非如此。例如，美国政府仅仅向反对派提供资金，虽然无疑是对尼加拉瓜国内事务的干预，但其本身并不构成使用武力。[②] 针对美国集体自卫的抗辩，国际法院又从萨尔瓦多、洪都拉斯和哥斯达黎加方面检视了尼加拉瓜的行为是否构成"武力攻击"。国际法院认定，1979年7月至1981年年初，的确存在军火经尼加拉瓜领土流入萨尔瓦多武装反对派的情况，但并不能据此认为后者获得了来自尼加拉瓜政府的"重大援助"，因为根据习惯国际法，向另一国反对派提供武器并不构成对该国的武力攻击。[③] 1982年、1983年和1984年，尼加拉瓜政府的确对洪都拉斯和哥斯达黎加进行了越过国界的袭击，但其行为烈度并不足以构成"武力攻击"，且在安理会对相关局势进行的讨论中，后两国并没有对尼加拉瓜提出任何明确的"武力攻击"的指控。[④]

其次，无论美国第一次据称是出于自卫时，还是在随后很长一段时间内，虽然萨尔瓦多确实正式宣布自己是武力攻击的受害者，并要求美国行使其集体自卫权，但都发生在美国开始对尼加拉瓜使用武力之后。1984年4月3日，萨尔瓦多出席联合国安全理事会的代表在控诉"尼加拉瓜公然干涉我们的国际事务"时，没有说萨尔瓦多遭受了武力攻击，也没有提到它要求美国行使集体自卫权。萨尔瓦多在1984年4月就尼加拉瓜对美国的控诉致函国际法院时也没有提到这一点。洪都拉斯与哥斯达黎加也没有提及向美国寻求集体自卫方式的帮助。[⑤] 同时，美国也从未就本案中涉及的集体自卫行为向安理会做过报告，虽然这并非有关自卫权行使的习惯国际法下的义务性要求，但国际法院认为美国不报告的行为与其宣称的所谓"行使《联合国宪章》第51条项下的集体自卫权"相矛盾。

最后，国际法院经过调查，认为当1981年萨尔瓦多武装反对派被政府军击退后，尼加拉瓜向前者提供的援助就不再对后者构成威胁，美国也就没有必要再通过袭击尼加拉瓜港口、石油设施等武力行动消除其对萨尔瓦多并不存在的威胁；而且，在尼加拉瓜已然停止被指控为"武力攻击"的行为后，美国对其以所谓集体自卫名义进行的

---

① Military And Paramilitary Activities in and against Nicaragua (Nicaragua v. United States of America), Judgement Of 27 June 1986, para. 227.

② Military And Paramilitary Activities in and against Nicaragua (Nicaragua v. United States of America), Judgement Of 27 June 1986, para. 228.

③ Military And Paramilitary Activities in and against Nicaragua (Nicaragua v. United States of America), Judgement Of 27 June 1986, paras. 229-230.

④ Military And Paramilitary Activities in and against Nicaragua (Nicaragua v. United States of America), Judgement Of 27 June 1986, para. 231.

⑤ Military And Paramilitary Activities in and against Nicaragua (Nicaragua v. United States of America), Judgement Of 27 June 1986, paras. 233-234.

武力行为在很长一段时间内仍在继续。① 可见，美国行动的规模要比其所抗议和针对的行动规模大得多，不符合相称性要求。

综上，国际法院得出结论，美国所谓的集体自卫请求不应获得支持，美国违反了禁止诉诸武力威胁或使用武力的国际法基本原则。

二、美国是否干涉尼加拉瓜内政

就习惯法中不干涉内政原则的内容而言，国际法院认为包括如下要素：所禁止的干涉针对的必须是各国根据国家主权原则有权自由决定的事项（如政治、经济、社会及文化制度，决定对外政策）；干涉使用的是强制手段，尤其是使用武力，而不论是军事行动这种直接的干涉形式，还是支持在另一国家的颠覆破坏活动等间接形式。本案中，首先，美国明确表明，美国打算在国家主权原则允许国家自由决定的事项上胁迫尼加拉瓜政府；其次，反对派本身的意图是推翻尼加拉瓜现政府。1983 年尼加拉瓜情报委员会的报告提到反对派"公开承认推翻桑地诺民族解放阵线政府的目标"。② 即使人们承认美国协助反对派的目的仅仅是阻止尼加拉瓜向萨尔瓦多的武装反对派供应武器，但难以令人相信只是为了遏制尼加拉瓜对萨尔瓦多的干涉，并不打算在尼加拉瓜实现政府的暴力更迭。国际法院认为，在国际法中，如果一国为了胁迫另一国，支持和协助该国境内的以推翻该国政府为目标的武装叛乱团伙，这相当于一国干涉另一国的国家事务，无论提供这种支持和援助的国家的政治目的是否同样深远。③ 相应地，此种干涉并不能因为干涉对象此前同样存在对第三国的不当干涉而获得合法理由，即采取胁迫行为的国家不能主张其对另一国的干涉是与被另一国非武装干涉的第三国一起进行的集体对抗行为。这好比是在遭到武力攻击的场合主张行使集体自卫权，但其实引起相应反抗措施的行动并未达到武装攻击的严重程度，不能算作武装进攻。国际法院认为，根据现代国际法，国家不具有对非武力攻击行动实施所谓"集体"对抗措施的权利。

另外，针对美国宣称的尼加拉瓜政府违反了其对尼加拉瓜人民、美国及美洲国家组织所作的某些庄严承诺的抗辩，国际法院认为，一个国家没有权利因为另一个国家奉行某种意识形态或者选择了某种政治制度就对其予以干涉，即不能进行所谓的"意识形态干涉"。

因此，国际法院认为，美国在 1984 年 9 月底之前通过财政支持、培训、武器供应、情报及后勤支持等方式，向尼加拉瓜反政府武装的军事和准军事活动提供援助，显然

---

① Military And Paramilitary Activities in and against Nicaragua (Nicaragua v. United States of America), Judgement Of 27 June 1986, para. 237.

② Military And Paramilitary Activities in and against Nicaragua (Nicaragua v. United States of America), Judgement Of 27 June 1986, para. 137.

③ Military And Paramilitary Activities in and against Nicaragua (Nicaragua v. United States of America), Judgement Of 27 June 1986, para. 241.

违反了不干涉内政原则。①

三、美国是否侵犯尼加拉瓜主权

国际法院认为,在另一国港口、领海内埋设水雷,应受制于该国有关内水、领海的法律管辖,内水与领海属沿海国主权管辖范围。依据国内法与国际法,外国船只确实享有进出港口的权利,在领海内享有无害通过的权利。如果这种权利因另一国埋设水雷而受到阻碍,那么海上交通和贸易自由将受到侵犯。这种干涉行为既损害了沿海国对其内水与领海的主权,也损害了外国船只享有的通行权,因而违反了国家主权原则。②

关于美国指控尼加拉瓜违反人权的抗辩,国际法院指出,美国使用武力不可能是监督或确保尊重尼加拉瓜人权的适当方法,也不可能因此对抗国家主权等基本原则。

四、美国是否违反人道主义原则

国际法院判定,美国在下述两方面违反了武装冲突中应遵循的人道主义法原则。首先,国际法院认为,现有证据虽不足以将反政府武装人员在尼加拉瓜军事或准军事行动中犯下的反人道行为归咎于美国,但美国的鼓励行为仍可根据人道法的一般原则进行判断。国际法院认为,根据《日内瓦公约》对人道主义原则的具体规定,各国不得采取以残暴手段当众杀害被捕的士兵、军官、法官及其他官员的行为,也不得怂恿、鼓励此类行为。美国对尼加拉瓜反政府武装人员违反上述人道法的行径是十分清楚的,但仍通过制作、发放心理操作手册的方式,教唆反武装组织从事违反人道主义原则的行为。③另外,国际法院还指出,美国在尼加拉瓜港口布雷,造成第三国船舶及其人员的人身、财产的损害。美国违反了 1907 年《海牙第八公约》④ 第 3 条规定的交战国布雷应及早通知各国政府和船主的义务。⑤

【主要法律依据】

禁止以武力相威胁或使用武力原则、不干涉内政原则、尊重国家主权原则。

---

① Military And Paramilitary Activities in and against Nicaragua (Nicaragua v. United States of America), Judgement Of 27 June 1986, para. 242.

② Military And Paramilitary Activities in and against Nicaragua (Nicaragua v. United States of America), Judgement Of 27 June 1986, paras. 251-253.

③ Military And Paramilitary Activities in and against Nicaragua (Nicaragua v. United States of America), Judgement Of 27 June 1986, paras. 254-256.

④ 《海牙第八公约》即《关于敷设自动潜水艇水雷的公约》(Convention of 1907 Relative to the Laying of Automatic Submarine Mines),1907 年 10 月 18 日签署。该公约的主要目的是在确保海上航行自由的同时,限制和规范自动潜水艇水雷的使用,以减轻战争的严重程度,并尽可能确保和平时期的航行安全。

⑤ Military And Paramilitary Activities in and against Nicaragua (Nicaragua v. United States of America), Judgement Of 27 June 1986, para. 215.

【拓展分析】

本案争议焦点集中于以习惯国际法为形式的法律适用与禁止使用武力等国际法基本原则的适用。前者是后者的前提，只有确定了本案适用的法律，才能对其具体内容结合本案事实进行适用性分析。

一、本案适用法的确定——美国 1946 年多边条约保留

在思考本案实质问题时，国际法院首先遇到了法律适用的难题。美国 1946 年提出了"多边条约保留"，即其依据《国际法院规约》第 36 条第 2 款接受的强制管辖排除对"由多边条约引起的争端"的适用，除非（1）受裁决影响的条约所有当事国也是国际法院当前审理案件的当事国；（2）美国特别同意国际法院的管辖。也就是说，提交给国际法院的案件若是由多边条约产生的争端，如果美国没有特别同意，那么只有在受国际法院判决影响的所有公约当事国是该案件当事国时，美国才接受国际法院对该案的强制管辖。国际法院认为，在美国声称其为萨尔瓦多的利益进行集体自卫的前提下，萨尔瓦多作为尼加拉瓜援引的《联合国宪章》与《美洲国家组织宪章》这两个多边条约的当事国，必然会受到国际法院裁决的影响。因此萨尔瓦多不是争端当事国却又会被国际法院裁决影响的事实有效阻止了上述两个多边条约成为本案的适用法。[①]

对美国提出的习惯国际法规则因被条约囊括就丧失习惯法效力的主张，国际法院表示反对，指出即使习惯国际法规则已经纳入了条约规定，但习惯国际法规则依然独立于条约而存在。具体到本案，即禁止使用武力、不干涉内政、尊重国家主权等原则，作为习惯国际法的一部分，仍具有拘束力。[②]

二、习惯国际法地位的确认

在澄清禁止使用武力等国际法基本原则的具体义务要求之前，应先对其习惯法地位进行确认。国际法院指出，关于禁止使用武力、不干涉内政原则等的法律确信，可以从争端双方和其他国家对联合国大会若干决议的态度，以及美国与尼加拉瓜都参加的一些国际组织和会议所通过的决议与宣言中推断出来。例如，《联合国宪章》、1928 年的《国内冲突中各国权利和义务公约》、1965 年《关于各国内政不容干涉及其独立与主权之保护宣言》，以及 1974 年联合国大会《关于侵略定义的决议》等重要国际文件都是确定习惯国际法规则存在的证据，特别是联合国大会第 2625（XXV）号决议即《关于各国依照联合国宪章建立友好关系与合作的国际法原则宣言》。国家对包含涉及基本原则的决议表示同意时即表达了对相关原则作为普遍适用的习惯国际法规则的承认。

[①] Military And Paramilitary Activities in and against Nicaragua (Nicaragua v. United States of America), Judgement Of 27 June 1986, paras. 42-45.

[②] Military And Paramilitary Activities in and against Nicaragua (Nicaragua v. United States of America), Judgement Of 27 June 1986, paras. 175-179.

三、本案裁决后续的影响与意义

本案美国只参与了 1984 年管辖权问题的初步阶段，而在 1986 年实质问题审判阶段缺席。本案是国际法院历史上第一次对一个大国进行缺席审判，也是第一次根据国际法基本原则对一个超级大国滥用武力、干涉别国内政的霸权主义行为予以否定。因此国际法院在本案中第一次对现代国际法的若干基本原则的法律地位、含义和约束力进行了深入剖析，且系统、全面地阐述了相应国际法基本原则具有公认习惯法的地位，不仅对如本案中涉及超级大国与弱小国家间政治关系的处理具有重要意义，也成为日后对国际法基本原则进行解读时经常援引的经典案例裁决。

本案在国际法方面的主要贡献，就是厘清了禁止使用武力或以武力相威胁原则与不干涉内政原则的具体界限。国际法院对使用武力这一抽象的概念进行了划分，包括最严重的武力使用形式，即武力攻击与其他不太严重的形式，如在另一国组织、煽动、协助或参与内乱和恐怖活动等涉及武力威胁或使用武力的行为。美国对尼加拉瓜港口等的攻击行为及在其内水、领海的布雷行为，严重程度显然已经达到武力使用的要求；但美国资助尼加拉瓜反政府武装组织的活动则更符合干涉内政的情形。相比于禁止使用武力原则针对行为判定标准的严格具体，不干涉内政原则规制的对象要更宽泛，其可以展现的具体形式也更多样。在国家冲突没有达到以武力相威胁或使用武力程度时，不干涉内政原则可以作为下限以约束国家的相关行为。作为禁止使用武力原则的合法例外，自卫权行使的前提条件与具体要求在本案裁决中也得以进一步澄清，无论是发起自卫行为所必需的实质性武力攻击、受害国身份的确认，以及主张集体自卫时受害国提起的帮助请求，还是行使自卫权所必须满足的必要性与相称性要求，都应有明确的事实依据，且达到相应的程度。

相比于真正使用武力，武力威胁的实施空间更为宽泛，特别是高科技的发展更加助推了军事威胁的可能性；而相比于武力或武力威胁，涉嫌干涉内政的行为在国家交往中发生的频率更高，且随着主权管辖范围的变迁与技术革新，干涉的具体形式也会有相应的发展。本案中，国际法院对包括武力威胁在内使用武力的级别划分，以及在论述不干涉内政原则针对的对象时对强制干预手段要素的强调，对我国识别他国国家行为、衡量自身行为提供了必要的标准与依据。

【思考题】

(1) 国家主权平等原则在国际关系中如何适用？
(2) 不干涉内政原则中"干涉内政"的判断标准是什么？

案例二　查戈斯群岛咨询意见案（查戈斯群岛从毛里求斯分离）

【基本案情】

查戈斯群岛位于印度洋中部，接受曾为英国殖民地——毛里求斯的管辖。查戈斯群岛最早于1638年被荷兰占领，在毛里求斯于1968年获得独立之前，先后被荷兰、法国和英国殖民统治。"二战"后，毛里求斯在各种非殖民化运动的影响下，也开启了其非殖民化进程。

查戈斯群岛问题牵涉英国与毛里求斯在20世纪60年代非殖民化进程中的复杂历史纠葛。1965年，英国在同意毛里求斯独立前，与毛里求斯自治当局谈判达成协议，以金钱补偿换取查戈斯群岛分离成为英国海外领地，用于与美国合作建立军事基地。毛里求斯于1968年独立并加入英联邦，20世纪80年代开始向英国提出查戈斯群岛主权诉求，双方长期谈判未果。2010年由于英国单方面宣布将在查戈斯群岛周围建立海洋保护区，毛里求斯根据《联合国海洋法公约》附件7相关规定向英国提起仲裁，2015年仲裁庭作出裁决，对毛里求斯诉求中实质涉及该岛领土主权的部分以无权管辖为由驳回。[①] 为促使毛里求斯彻底摆脱英国的殖民统治，在非洲联盟和不结盟国家的推动下，联合国大会（以下简称联大）于2017年6月22日通过第71/292号决议，决定根据《联合国宪章》第96条的规定请求国际法院就1965年查戈斯群岛从毛里求斯分离的法律后果发表咨询意见。[②] 2019年2月25日，国际法院以13∶1的多数表决通过咨询意见，认为查戈斯群岛从毛里求斯分离并非基于有关人民"自由和真实的意愿表达"，导致后者的非殖民化进程并未合法完成；英国对查戈斯群岛的继续管理属于不法行为，故而有义务尽快结束对查戈斯群岛的统治。联大随后就查戈斯群岛咨询意见相关的决议进行表决，联合国各成员国最终以116票支持、6票反对（澳大利亚、匈牙利、以色列、马尔代夫、英国和美国）高票通过了该73/295号决议，要求英国自该决议作出之日起6个月内结束对查戈斯群岛的殖民统治；各国和各国际组织不得以任何形式承认由英国建立的印度洋殖民领土具备国际法地位。[③]

【主要法律问题】

本案主要涉及两个方面的法律问题：一是在查戈斯群岛从毛里求斯分离的背景下，毛里求斯在1968年获得独立时，其非殖民化进程是否依法完成；二是英国对查戈斯群岛的继续管理在国际法上将产生何种后果。

---

① Legal Consequence of the Separation of the Chagos Archipelago from Mauritius in 1965, Advisory Opinion of February 25, 2019, paras. 25-26.
② United Nations General Assembly Resolution, A/RES/71/292.
③ United Nations General Assembly Resolution, A/RES/73/295.

一、毛里求斯在 1968 年获得独立时，其非殖民化进程是否依法完成

为此，国际法院先后解决了以下 4 个问题：

第一，相关的时间阶段。时期的确定是为了明确可适用的国际法规则，国际法院将相关的时间阶段界定在查戈斯群岛从毛里求斯领土分离出来的 1965—1968 年，故国际法院认为适用于本案的法律也必须产生于 1965—1968 年。但鉴于习惯国际法规则的确立是实践积累与认知形成的结果，国际法院认为应将在此之前通过的《联合国宪章》和 1960 年的联大第 1514 号决议《给予殖民地国家和人民独立宣言》纳入考虑范围。同时，国际法院认为在上述时期之后的法律文件，若其确认或解释了既存的规则或原则，也可以予以考虑。[①]

第二，适用于本案的法律规则。就可适用的国际法具体内容而言，国际法院认为核心应是非殖民化背景下的民族自决权。就民族自决权在 1965—1968 年的法律地位问题，提交法律意见的国家之间态度存在明显差异：一部分国家认为当时民族自决权尚未形成习惯国际法，而另一部分国家则认为自决权已经确定地成为一项习惯国际法。国际法院在强调应将民族自决权是否为习惯法问题置于联合国体系下考虑的基础上，首先重申了《联合国宪章》第 73 条载明的联合国各会员国有义务对非自治领土和人民"发展自治"，促使实现民族自决；继而根据 1969 年"北海大陆架案"中关于确定习惯国际法规则的经典论述，从国家实践和法律确信两方面分别进行了考察：在国家实践方面，国际法院认为联大通过的各项决议，特别是 1960 年第 1514 号决议代表了国家实践确立的关键时刻，该决议澄清了民族自决权的含义，有效推动了其后的非殖民化进程；在法律确信方面，国际法院指出尽管联大第 1514 号决议仅是建议性质，但该决议的内容及其具有规范属性的文字表述，以及通过时的历史背景均促使其对自决权的习惯国际法地位具有标志性的宣示作用。此外，1966 年《公民权利和政治权利国际公约》与《经济、社会及文化权利国际公约》的共同第 1 条再次确认了民族自决权，1970 年《关于各国依联合国宪章建立友好关系及合作之国际法原则之宣言》规定该权利是"国际法基本原则"之一，进一步确认了其习惯国际法的地位。[②]

第三，关于民族自决权的实现方式。国际法院尤其论述了行使自决权与尊重领土完整之间的关系。联大第 1514 号决议第 6 段规定："凡以局部破坏或全部破坏国家统一及领土完整为目的之企图，均与《联合国宪章》之宗旨及原则不相容。"国家实践和相关时期的法律意见都确认了非自治领土的领土完整权的习惯法性质，这是自决权的必然结果。各国一贯强调，尊重非自治领土的领土完整是行使国际法规定的自决权的一个关键要素。国际法院认为，非自治领土的人民有权就其整个领土行使自决权，管

[①] Legal Consequence of the Separation of the Chagos Archipelago from Mauritius in 1965, Advisory Opinion of February 25, 2019, para. 142.

[②] Legal Consequence of the Separation of the Chagos Archipelago from Mauritius in 1965, Advisory Opinion of February 25, 2019, paras. 146-155.

理国必须尊重其领土完整。因此，管理国对非自治领土的任何一部分的分离，除非基于有关领土人民自由表达的真实意愿，否则都违反自决权。①

第四，联大在非殖民化方面的职能。本案涉及毛里求斯与英国未解决的领土争端，为了避免国际法院的咨询意见之后变成国家借此规避原本应以司法途径解决国际争端的情况，国际法院指出，联大在结束殖民统治进程中一直发挥着积极作用，先后通过的第 2066 号、第 2232 号和第 2357 号决议分析了毛里求斯的非殖民化进程，通过敦促英国履行其国际义务是实现《联合国宪章》赋予其的监督职能，且《联合国宪章》第 1.2 条明确将"尊重人民平等权利及自决原则"作为联合国宗旨之一。本案涉及的非殖民化问题虽不可避免会触及领土争端，但本案是置于非殖民化的更广泛的框架下来讨论问题，非殖民化作为所有联合国成员都应履行的义务，因此要高于双边领土争端，非殖民化问题有更高的优先性。②

最后，国际法院基于查戈斯群岛从毛里求斯分裂时，英国仍对毛里求斯保持殖民统治的历史事实，指出应该对一方处于另一方控制背景下，双方达成协议中的同意问题进行严格审查。毛里求斯与英国缔结的《兰卡斯特宫协议》③ 中涉及查戈斯群岛分离的内容并非基于毛里求斯人民的自由、真实意愿，两者之间不可能平等地签订割让领土的国际协定。因此毛里求斯的非殖民化进程于 1968 年获得独立时未合法完成。

二、英国继续管理查戈斯群岛将产生的后果

国际法院在确认了第一个问题的结论后，根据国际法审查了英国继续管理查戈斯群岛所产生的后果。国际法院认为英国持续性管理查戈斯群岛的行为构成了国际不法行为，应承担相应的国际责任，尽快结束对查戈斯群岛的殖民统治，使毛里求斯以符合民族自决权的方式完成非殖民化进程。④ 至于实现毛里求斯非殖民化进程的方式，国际法院基于之前的分析，强调联大所应担负的职责，指出联合国各会员国应秉承尊重民族自决权是一项"对一切义务"的共识，采取单独或联合行动与联大合作以切实推进非殖民化进程。国际法院没有从英国因实施违法行为应进行赔偿的角度论述国家责任问题，也没有涉及与保护岛民有关的人权问题，只是突出了联大在确定查戈斯群岛如何实现自决权以及岛民如何安置方面的决定性地位。

---

① Legal Consequence of the Separation of the Chagos Archipelago from Mauritius in 1965, Advisory Opinion of February 25, 2019, para. 160.

② Legal Consequence of the Separation of the Chagos Archipelago from Mauritius in 1965, Advisory Opinion of February 25, 2019, paras. 85-90.

③ 1965 年 9 月，英国与毛里求斯在伦敦的兰卡斯特宫召开政府间毛里求斯制宪会议，正式商定后者未来安排。英国同意毛里求斯独立，但是要以查戈斯群岛为代价。双方最终以此达成了《兰卡斯特宫协议》(The Lancaster House Agreement)。

④ Legal Consequence of the Separation of the Chagos Archipelago from Mauritius in 1965, Advisory Opinion of February 25, 2019, paras. 177-178.

【主要法律依据】

（1）《联合国宪章》第 73 条。

（2）联大 1960 年第 1514 号决议《给予殖民国家和人民独立宣言》、1965 年第 2066 号决议、1966 年第 2232 号决议和 1967 年第 2357 号决议。

（3）《公民权利和政治权利国际公约》和《经济、社会及文化权利国际公约》共同第 1 条。

（4）《关于各国依联合国宪章建立友好关系及合作之国际法原则之宣言》。

【拓展分析】

一、非殖民化背景下的民族自决

本案涉及非自治领土在非殖民化进程中的民族自决权，作为国际法院发表的最新咨询意见，该案中的民族自决权问题跨越世纪，反映了不完全的自决进程在当代形成的"后殖民主义"客观现实，向国际社会提出了在不涉及新独立的主权国家的情况下，应如何进行殖民统治结束后的后续处理问题，以真正消除殖民影响、彻底实现民族自决权。为解决联大提出的第一个问题——毛里求斯的非殖民化进程是否完成，国际法院先后论证了本案相关的时间阶段、可适用的国际法规则以及联大的非殖民化职能；结合1965年查戈斯群岛被分离的背景，即毛里求斯还处于英国的殖民统治之下，两国无法平等地签订适格的分割领土的协议，查戈斯群岛的分离并非基于人民真实自由的意愿，得出毛里求斯在1968年独立时非殖民化进程并未完成的结论。关于联大提出的第二个问题——英国持续管理查戈斯群岛的国际法后果，国际法院通过回顾查戈斯群岛被分离后仍处于殖民状态，且查戈斯群岛土著居民在被不当驱逐后并没有得到原定的补偿等事实，认为英国的持续统治属于国际法上的不法行为，应尽快结束，并有义务按照联大决议的安排促使查戈斯群岛尽快实现非殖民化。

该案咨询意见明确将其核心议题——非殖民化背景下的民族自决权的实现与领土主权和民族自由表达的意愿密切联系起来，第一次回答了自决权与殖民地领土完整之间的关系，并强调非自治领土①人民真实意志的自由表达是判定管理当局分离其部分领土是否合法的关键因素。国际法院通过对联大第 1514 号决议第 6 段首次进行的解释，认为有关人民的自决权应参照整个非自治领土来界定，管理当局必须尊重该领土的完整性；当非自治领土的一部分被分离并入其他领地或建立新的殖民地时应严格审查是否存在真正的同意。国际法院将涉及毛里求斯与英国之间的双边领土争端问题置于非

---

① 联合国根据1965年第 2066 号决议将查戈斯群岛领土视为符合《联合国非自治领土宪章》第 11 章的非自治领土。非自治领土指各方面均不稳定的领土，其领土上的人民尚未完全自治，但《联合国宪章》的宗旨在非自治领土上同样适用。参见王淑敏，朱晓晗."查戈斯群岛咨询意见案"的国际法问题研究［J］. 大连海事大学学报（社会科学版），2018（03）：9-12.

殖民化进程的语境之下，以澄清与强化联大相关职能为出发点，结合史实，确认了民族自决权在解决查戈斯群岛归属问题上的法律地位，以及殖民宗主国对殖民地依法实现民族自决问题上应承担的责任。

然而国际法院对查戈斯群岛岛民的人权问题并没有提及，不仅没有强调分离领土和建立军事基地的行为有悖于岛民的意愿，甚至可以说是完全抛开了这一点，而且似乎还隐含认为在查戈斯群岛分离时，岛民不是民族自决权的适格主体。① 咨询意见管辖权相比诉讼管辖权更为有限，且岛民是否具有单独的国际法地位也并非完全没有争议，相比殖民宗主国与非自治领土就非殖民化进程中实现民族自决权而言，国际法院在查戈斯群岛岛民权利的问题上保持了一定程度的克制。

二、联合国大会决议与国际法院咨询意见的相互作用

根据《国际法院规约》第38条，国际法的正式渊源只有条约、国际习惯和一般法律原则3种形式，司法判例和权威公法学说可作为确定法律原则的"辅助资料"。除此之外，"辅助资料"的具体形式随着国际实践的发展日益丰富多样，但需要通过习惯国际法加以确认。例如，国际法院在"尼加拉瓜军事与准军事行动案（尼加拉瓜诉美国）"的判决中就确认了联大通过的"宣言"和"决议"可以作为确定不干涉内政等国际法原则的"辅助资料"。本案中，国际法院的咨询意见对联大决议在民族自决这一国际法基本原则内容的确定上发挥的实际法律影响也给予了肯定。

联大对查戈斯群岛争议给予了长久的关注。早在毛里求斯独立前夕，联大就通过了4项决议，一方面帮助毛里求斯独立，另一方面督促英国不得分裂毛里求斯。② 毛里求斯独立以后，联合国对查戈斯群岛争议的关注度降低，直到近年来英毛两国将相关争议提交国际机构进行解决。尤其是本案，毛里求斯依据《联合国宪章》和相关决议，将争议提交联大，主张其对查戈斯群岛的领土主权。之后，在回答联大提出的关于英国继续管理查戈斯群岛在国际法中的影响问题时，国际法院明确指出，英国有义务尽快终止对查戈斯群岛的管理，联大也将据此采取后续的政策和措施以推动和完成毛里求斯的非殖民化进程。③ 可见，国际法院的咨询管辖一方面协助联大完成其基于《联合国宪章》的职能，另一方面咨询意见中所包含的基本法律原则、国际法规则为联大的进一步政策制定、行动提供了参考，从而发挥了实际的法律作用。

---

① 本案咨询意见援引了一段西撒哈拉案咨询意见中的表述："自决原则是指考虑民族自由表达的意愿，联合国大会在某些情况下排除咨询某些领土范围内居民（inhabitants）的意愿，但自决原则的有效性并不受这种做法的影响。联合国大会排除咨询必要的两种情况是，某一人口群体不构成可主张自决的民族，或者联合国大会认为因某些特殊情况，该等咨询完全没有必要。"参见夏菡. 非殖民化进程中的民族自决权：基于对查戈斯群岛咨询意见案的分析[J]. 国际关系与国际法学刊，2020（09）：200-223.

② 夏菡. 非殖民化进程中的民族自决权：基于对查戈斯群岛咨询意见案的分析[J]. 国际关系与国际法学刊，2020（09）：205-206.

③ Legal Consequence of the Separation of the Chagos Archipelago from Mauritius in 1965, Advisory Opinion of February 25, 2019, para. 182.

三、对我国的启示

应该说国际法院对查戈斯群岛归属涉及的民族自决权的肯定以及对联大在推动非殖民化进程中重要作用的认可均无可厚非,然而其以咨询管辖触碰双边领土争端的做法也会带来隐性的消极影响,这种站在更高的非殖民化框架下考虑问题的方式,即可能会促使某些别有用心之人其将原本双边性质的争端包装成更高人权属性的一般性法律问题,从而绕过国家同意将双边争端提升至国际层面,影响和干预当事国外交磋商进程,甚至破坏国家的主权完整。因而,在国际问题出现泛司法化趋势的情况下,国际法院应该谨慎行使咨询管辖权,明确咨询程序和诉讼程序的区别,不应放任咨询程序被滥用。①

我国在联大请求国际法院发表咨询意见时投了弃权票,但向国际法院提交了书面意见,阐明了我国的立场,② 也获得了一定程度的肯定与支持,尤其是关于自决权的阐述。尽管这一案件并不直接牵涉中国的利益,但对于中国秉持反对外来干涉、维系民族统一的立场具有重要的现实意义。③ 该咨询意见作出后,外国有学者公开发文,声称依据查戈斯群岛咨询意见案中有关非自治领土自决权行使的结论,应对中国的喀喇昆仑走廊以及香港、澳门的归属问题进行重新审视,主张应基于所谓所涉地区人民真实意愿由联大判定当地非殖民化进程是否完成。④ 对此,我国有充足的理由予以回击:依照巴基斯坦与中国 1963 年签订的《中华人民共和国政府和巴基斯坦政府关于中国新疆和由巴基斯坦实际控制其防务的各个地区相接壤的边界的协定》而划给我国的喀喇昆仑走廊本就不在克什米尔的范围,而且在 1963 年时克什米尔也已经不是任何国家的殖民地,克什米尔问题是印巴之间的双边领土问题,与联大第 1514 号决议无关;⑤ 中国

---

① 宋岩. 国家同意原则对国际法院行使咨询管辖权的限制:兼论"查戈斯群岛咨询意见案"的管辖权问题 [J]. 国际法研究,2018(01):3-13.

② 中国政府在 2018 年 3 月 1 日的书面意见中表示,中方坚定支持联合国的非殖民化进程,充分理解和支持毛里求斯在非殖民化问题上的诉求,同时也敦促国际法院应恪守双边争端诉诸国际司法需征得当事国同意的原则。参见夏菡. 非殖民化进程中的民族自决权:基于对查戈斯群岛咨询意见案的分析 [J]. 国际关系与国际法学刊,2020(09):200-223.

③ 王淑敏,朱晓晗. "查戈斯群岛咨询意见案"的国际法问题研究 [J]. 大连海事大学学报(社会科学版),2018,17(03):9-12.

④ 印度有学者公开发文,声称根据"查戈斯群岛案"咨询意见,巴基斯坦与中国在 1963 年签订的《中华人民共和国政府和巴基斯坦政府关于中国新疆和由巴基斯坦实际控制其防务的各个地区相接壤的边界的协定》是"非法的",因为巴基斯坦依据该协定将原属克什米尔的喀喇昆仑走廊(约 5180 平方公里)划给了中国,而巴基斯坦认为克什米尔人民享有自决权,因此未经他们自由和真实的同意,巴基斯坦就不能将喀喇昆仑走廊划给中国,否则就是侵犯了克什米尔这块殖民地的领土完整。美国夏威夷大学马诺阿分校国际法教授卡罗尔·琼·彼得森(Carole Joan Petersen)撰文,认为联合国非殖民化特别委员会在 1972 年应中国的请求将中国香港和澳门从联合国非自治领土名单中删除不符联大第 1514 号决议,建议联大仿照"查戈斯群岛案"请求国际法院回答中国香港和澳门的非殖民化地位是否合法完成。参见朱利江. 在能动与克制之间:"查戈斯群岛案"中的国际司法政策探析 [J]. 当代法学,2020,34(02):140-151.

⑤ 朱利江. 在能动与克制之间:"查戈斯群岛案"中的国际司法政策探析 [J]. 当代法学,2020,34(02):140-151.

香港和澳门的情形与查戈斯群岛的情形完全不同，它们是被英国和葡萄牙基于不平等条约占领的中国领土的一部分，根本不属于国际法意义上的殖民地，联合国非殖民化特别委员会在1972年应中国的请求已将中国香港和澳门从联合国非自治领土名单中删除，表明联合国赞同中国将其视为主权范围内事项的基本观点。

非殖民化背景下对非自治领土归属起决定作用的民族自决权因为联大的一系列决议和国际实践已成为国际法基本原则之一，其与救济性分离有着本质区别。后者指在殖民主义之外，一国之内部分部族主张受到母国的重大不公正对待，在"内部自决"受阻的前提下，要求从母国分离的主张。因为科索沃独立咨询意见案对科索沃独立宣言有效性的认定，脱胎于民族自决的救济性分离被认为对国家主权构成了严重挑战。科索沃独立咨询意见案也因为对国家主权与领土完整作为国际法基本原则地位的忽视而广受诟病。如何协调民族自决与国家主权是当代非常突出的问题，之所以会如此，主要是因为民族自决在非殖民化进程结束后演变出的"内部自决"与"外部自决"在解决救济性分离问题时适用条件的模糊不清。一方面，国际法不支持但也未完全否定作为外部自决方式的"救济性分离权"的存在；另一方面，作为殖民地独立法律依据的民族自决在救济性分离过程中缺乏实在法规范。因此实践中多有直接将殖民地民族自决的要素直接适用于非殖民地从主权国家分离出去的情形，上述以查戈斯群岛咨询意见案质疑我国的观点即是如此。因此，我国有必要及时关注且积极参与相关咨询意见案，发表书面或口头意见，主动阐释我国立场，支持殖民地人民行使民族自决权的同时强调民族自决与救济性分离的区别，谋求更多国际法立法话语权。

【思考题】

（1）简述民族自决权的内涵。
（2）民族自决权在实践中如何适用？

第四章

国际法的主体

本章知识要点

(1) 国际法主体的概念与范围；(2) 个人的国际法主体地位。

案例一 国际刑事法院恩塔甘达案（检察官诉恩塔甘达）

【基本案情】

恩塔甘达（Ntaganda），据称是"刚果爱国联盟"和"解放刚果爱国武装"的副总参谋长和负责作战的司令，刚果（金）反政府武装"M23（3月23日）运动"[①] 的首领之一，外号为"终结者"。由于被控于2002—2003年在刚果（金）东部伊图里冲突地区以反政府武装首领的身份实施了包括谋杀、性暴力、强迫转移使平民流离失所等诸多严重罪行，国际刑事法院先后于2006年和2012年两次以13项战争罪和5项危害人类罪罪名对其发出通缉令。恩塔甘达在被起诉后，曾长期逍遥法外，成为非洲有罪不罚现象的象征，甚至还担任刚果（金）军队的高级指挥官。2013年3月，恩塔甘达由于形势所迫，主动进入美国驻卢旺达大使馆自首，并要求立即被引渡到荷兰海牙受审。

2014年6月9日，国际刑事法院第二预审分庭（以下简称第二预审分庭）一致确认对他的指控，将他提交审判。庭审于2015年9月2日开始，2018年8月30日结束。历时近3年的审判过程中，恩塔甘达的辩护律师为其作了无罪辩护，声称恩塔甘达自己也是武装冲突的受害者，他自己当初是在不满15周岁时被迫参加了武装团体。整个审判过程举行了248场听证会，对80名检察官提供的证人和专家、19名辩护律师提供的证人、3名参与庭审的被害人律师提供的证人，以及5名提交意见和关注的被害人进行了质证。共有2129名被害人在两名律师的代表下参与了庭审。在整个审判过程中，国际刑事法院第六审判分庭（以下简称第六审判分庭）发布了347项书面命令、257项

---

① M23是一个总部位于刚果（金）东部地区的反叛军事组织。

口头命令,审理的书面证据、目击证人证言和内幕证人证言达1791份,审查的检察官、辩护律师和被害人律师提供的书面文件达1400多页。2019年7月8日,恩塔甘达被判定为"无可置疑地"犯有共18项战争罪和危害人类罪。其中,战争罪罪行包括:谋杀和谋杀未遂、蓄意攻击平民、强奸、性奴役、命令平民流离失所、征召15岁以下儿童加入武装团体并利用他们积极参与敌对行动、故意攻击受保护的对象并破坏对方的财物等;危害人类罪罪行包括:谋杀和谋杀未遂、强奸、性奴役、迫害、强行转移和驱逐出境。审理法院认为,恩塔甘达对其中3项罪行的部分指控负有直接的责任,对其余罪行负有间接的责任。2019年11月7日,根据《国际刑事法院罗马规约》(以下简称《罗马规约》)第77条和第78条第2款有关除终身监禁外最长刑期不能超过30年的规定,第六审判分庭决定对其判处30年监禁的刑罚,且恩塔甘达从2013年3月开始在国际刑事法院被拘留的6年多时间将从30年监禁期中减除。裁决还表示,考虑到罪行的性质和严重性以及恩塔甘达本人的赔偿能力、背景因素等,除监禁外再处以罚款或没收收益是不适当的。恩塔甘达是国际刑事法院自2002年成立以来第4个被定罪的人,也是第1个因性奴役行为被判定为犯有战争罪和危害人类罪的人。

2019年9月9日,检察官根据《罗马规约》第81条提起上诉,认为第六审判分庭未将其指控的两起事件定罪,存在认定事实和适用法律错误;当日,恩塔甘达因认为判决整体存在适用法律错误及侵害其获得公正审判的权利而提起上诉,请求改判无罪。2019年12月9日,恩塔甘达又对第六审判分庭的量刑判决提起上诉,主张推翻全部量刑并应将监禁刑期降低至23年以内。2021年3月30日,国际刑事法院的上诉分庭确认了本案初审分庭的定罪和量刑结果。①

【主要法律问题】

个人作为国际法的主体,其主体内涵的丰富性与地位的不可动摇性自然不能与国家相提并论,但个人在国际刑法领域作为国际刑事责任承担者的实践已得到越来越多的认可,本案涉及的主要法律问题就是如何对战争犯个人进行具体法律责任的确定。

第六审判分庭首先强调了对恩塔甘达进行定罪量刑的目的。《罗马规约》的序言阐明:"整个国际社会关注的最严重犯罪,绝对不能听之任之不予处罚。"此外,在设立法院时,缔约国"决心使上述犯罪的罪犯不再逍遥法外,从而有助于预防这种犯罪"。因此,第六审判分庭认为报复和威慑是《罗马规约》序言中表明的惩罚的主要目的;但不应将报复理解为满足复仇的愿望,而应将其理解为国际社会对罪行的谴责。另外,出于威慑的考虑,刑罚应足以阻止被定罪者再犯,并确保那些可能考虑再犯类似罪行的人会因畏惧而不实施犯罪行为。② 第六审判分庭接着确认了恩塔甘达所犯的具体罪

---

① The Prosecutor v. Bosco Ntaganda, ICC-01/04-02/06, Case Information Sheet, para. 2.

② The Prosecutor v. Bosco Ntaganda, ICC-01/04-02/06-2442, Sentencing Judgment of 7 November 2019, paras. 9-10.

行，顺序如下：第一，危害生命；第二，性暴力，即强奸和性奴役；第三，侵犯财产或私人物品；第四，强迫转移使平民流离失所；第五，迫害行为；第六，命令解放刚果爱国武装征召 15 岁以下儿童并将其用于敌对行动。①

在法律结论部分，第六审判分庭先分析了恩塔甘达的行为符合危害人类罪和战争罪的构成要件。第六审判分庭认为，当一个人具有根据《罗马规约》第 30 条以及任何特别法规定的必要意图和认知，其行为满足犯罪的客观要件时，即被视为"作为个人"实施了犯罪。② 当某一个行为契合多种犯罪定义下的构成要件时，该行为可被分别评判为触犯多个罪名。具体至本案，恩塔甘达所实施的谋杀、强奸及性奴役等行为，经第六审判分庭审查确认，不仅满足了战争罪的构成要件，亦同时满足危害人类罪的构成要件，故分别构成战争罪与危害人类罪。③ 然后依据上述对其具体罪行的认定，第六审判分庭逐个细致分析了其作为直接行为人应负有的直接责任和作为间接共犯应负有的间接责任。④ 恩塔甘达作为个人直接实施的行为包括：作为危害人类罪和战争罪的谋杀以及作为危害人类罪的迫害。在分析掠夺行为时，第六审判分庭认为无法确定恩塔甘达亲自实施了挪用医疗设备和药品等物资的行为，故而认为其不承担这一罪行的个人刑事责任。如果物资是解放刚果爱国武装的士兵在第一次行动期间侵占的，那么相关事实将在恩塔甘达作为间接共同犯罪者的个人刑事责任范围内加以处理。⑤

此外，第二预审分庭采取了 3 个标准来衡量本案所涉罪行是否足够严重：第一，被指控的行为是不是系统性或规模巨大的，要注意国际社会因犯罪行为而产生的社会恐慌；第二，有关人员是否担任正调查情势中的最高领导职位；第三，根据这些人员自身和所属团体在整个相关情势中对犯罪所起的重要作用，他们作为最高领导人有可能承担最大责任。⑥ 但是上诉分庭不同意这些标准。上诉分庭认为第一个标准中"系统性或规模巨大"这一要求混淆了对战争罪和危害人类罪的管辖要求；而"引起社会恐慌"的要求取决于对犯罪的主观和偶然反应，而不是其客观严重性，《罗马规约》中并未提到这一点，预审分庭也没有解释其是从何得出的这一标准。对于后两个标准，上诉分庭认为它们是对《罗马规约》第 17 条第 1 款 d 项的错误解释，而且它们将一些罪犯排除在国际刑事法院的管辖之外。⑦

---

① The Prosecutor v. Bosco Ntaganda, ICC-01/04-02/06-2442, Sentencing Judgment of 7 November 2019, para. 30.
② The Prosecutor v. Bosco Ntaganda, ICC-01/04-02/06-2359, Judgment of 8 July 2019, para. 735.
③ The Prosecutor v. Bosco Ntaganda, ICC-01/04-02/06-2359, Judgment of 8 July 2019, paras. 1202-1208.
④ The Prosecutor v. Bosco Ntaganda, ICC-01/04-02/06-2359, Judgment of 8 July 2019, para. 659.
⑤ The Prosecutor v. Bosco Ntaganda, ICC-01/04-02/06-2359, Judgment of 8 July 2019, paras. 753-755.
⑥ Judgment on the Prosecutor's appeal against the decision of the Pre-Trial Chamber I entitled "Decision on the Prosecutor's Application for Warrants of Arrest, Article 58", ICC-01/04, 13 July 2006, para. 56.
⑦ Judgment on the Prosecutor's appeal against the decision of the Pre-Trial Chamber I entitled "Decision on the Prosecutor's Application for Warrants of Arrest, Article 58", ICC-01/04, 13 July 2006, paras. 68-75.

【主要法律依据】

《罗马规约》第 17 条、第 30 条、第 77 条、第 78 条、第 81 条。

【拓展分析】

国际法范围内对战争罪犯的审判和惩罚，始于"二战"结束后的纽伦堡法庭和东京法庭，相关实践在国际法上开创了追究个人战争刑事责任的新篇章，确立了一系列有关战争责任、战争犯罪和惩罚的国际法原则。国际刑事法院是第一个对国际犯罪追究个人刑事责任的常设性国际刑事法院，在国际法上具有里程碑意义。[1]《罗马规约》只赋予了国际刑事法院对以个人为主体的 4 类国际犯罪的管辖权。作为对各国国内司法制度的补充，国际刑事法院只对实施了灭绝种族罪、战争罪、危害人类罪和侵略罪的个人进行审判。其中，危害人类罪针对的是平时和战时对平民的谋杀、灭绝和奴役等行为，是国际公认的最严重罪行之一。联合国国际法委员会自 2015 年开始审议危害人类罪专题，2019 年通过《防止及惩治危害人类罪条款草案》（以下简称《条款草案》），联合国大会第六委员会也在 2019 年开始讨论是否以《条款草案》为基础制定公约。2023 年 4 月，联合国大会第六委员会继续召开会议讨论是否制定公约以及国际法委员会的《条款草案》。会议期间，不少《罗马规约》缔约国主张以《罗马规约》规定的危害人类罪为蓝本制定危害人类罪公约。我国虽然积极参加了国际刑事法院建立的整个谈判过程，但对国际刑事法院始终持谨慎态度。尽管我国目前尚不是《罗马规约》的缔约国，但始终重视打击严重国际罪行。[2]

"二战"后国际实践的不断发展，使建立在国际法与国内法、国家行为与个人行为、国际行为与国内行为之间二元对立基础上的传统国际法主体概念，日益显现出与国际社会发展现实不相符的弊端。国家、国际组织（政府间和非政府间）、跨国公司和个人都是国际关系的参与者，它们也在事实上成为国际法律秩序的参与者，并逐渐发挥类同于国际法律人格的功能和作用，而这进一步增强了国际法主体概念的开放性。[3] 国际法的主体从仅限于国家，逐步发展为国际组织、个人等非国家行为体也逐渐开始得到国际社会的认可。

传统国际法中，个人不承担国际罪行的法律责任，即便是发动战争、犯下滔天罪行、致使生灵涂炭的国家领导人和军队指挥官，也不需要承担责任。他们只需要把责任推到国家这个抽象的实体上，自己则悄然隐身于国家这个巨大的保护伞之后，这自然显失公平。因此，将个人作为国际法主体，直接由罪魁祸首本人承担责任，才能在真正意义上让个人对法律有所畏惧和忌惮，而不是无法无天、胡作非为。这有利于从

---

[1] 杨之易，李滨. 国际刑事法院被害人信托基金的赔偿功能研究 [J]. 华北水利水电大学学报（社会科学版），2024，40（03）：90-98.

[2] 马新民. 当前国际法形势与中国外交条法工作 [J]. 国际法学刊，2023（04）：1-41，155.

[3] 王立君. 国际法基本范畴的再认识：基于系统论的反思 [J]. 江西社会科学，2023，43（11）：132-149.

源头上减少犯罪，避免有罪不罚的现象，有利于保持国际秩序的和谐与稳定。

此外，在本案中，除了有恩塔甘达这种以施害者的身份出现的自然人，更多的个体则是作为受害者出现的，多达1120位被害人参与了本案预审阶段有关确认指控的诉讼。被害人被分为两个利益不同的小组，一组为既是被害人又是曾参与犯罪的140名儿童兵，另一组为受武装攻击的980名被害人，由两名律师分别作为两组被害人的共同法律代理人。① 《罗马规约》和《国际刑事法院诉讼程序和证据规则》并未规定被害人参加诉讼的具体方式，各分庭通过对各案的裁定，规定了被害人在参加诉讼的不同阶段享有的诉讼权利，它们除了些许差异，基本是一致的，使被害人在分庭的控制下有意义地参加诉讼，有助于法庭公正审判程序的进行，② 这也有助于更好地保护被害人的人权。

在传统的国际法中，个人通常被视为客体。随着国际社会的发展，个人在国际社会交往中的参与度越来越高。在政治、经济和文化等多个领域，都可以看到个人的身影。个人凭借着自身独特的价值成为国际社会中难以替代的角色。尤其是20世纪以后，随着国际法的现代化和人本化发展，个人的主体性逐渐提升。《联合国宪章》和一些国际公约关于保障基本人权的规定使个人成为国际法的关注对象。国际人权法领域确立了国家对于个人的权利予以认可和保护的国际义务。从欧洲共同体到欧洲联盟，个人在国际法庭上享有了诉讼权利；欧洲人权法院等国际人权司法机构使个人可以在国际司法体制中对抗国家。同时，国际人道法领域确立了个人的刑事责任制度。典型的实践有东京审判、纽伦堡审判、前南斯拉夫问题国际刑事法庭、卢旺达国际刑事法庭、国际刑事法院等。而在国际投资法领域，基于国际条约，投资者个人或以法人形式存在的个人取得了与国家共同参与国际仲裁的权利。从目前的国际现实来看，应当承认个人在国际法的某些领域具有有限的国际法主体资格。当前，虽然对于个人能否成为国际法的主体还存在着争论，但是国际法应当以人为根本，以人的利益为出发点和最终目标，确是国际法人本化发展的必然要求和发展趋势。③

我国已经加入了近30项国际人权公约，充分表明了我国对外开展人权合作的积极态度，也向国际社会彰显了我国促进人权、保障人权的坚定信心和决心。个人的国际法主体地位的提升有利于我国更加全面地保障人权，促进国际人权交流合作。

【思考题】

(1) 个人在国际法上的地位变化呈现出什么趋势？
(2) 国家为什么是国际法的基本主体？

---

① The Prosecutor v. Bosco Ntaganda, ICC-01/04-02/06-449, Decision on victims' participation in trial proceedings, 6 February 2015, para. 1.
② 凌岩. 被害人参加国际刑事法院诉讼的方式 [J]. 国际法研究, 2017 (04)：109-128.
③ 何志鹏. 国际法要论 [M]. 北京：北京大学出版社, 2023：143.

案例二　气候变化诉讼案（荷兰地球之友等诉荷兰皇家壳牌公司）

【基本案情】

自工业革命开始以来，人类一直在大规模地使用能源，主要途径是燃烧化石燃料（煤、石油和天然气）。这一过程会不断地产生二氧化碳。作为主要的温室气体，二氧化碳与其他温室气体一起将地球散发的热量困在大气中，这便造成了温室效应。当大气中的二氧化碳越多，温室效应就越强。这反过来又加剧了全球气候变暖。联合国政府间气候变化专门委员会在2018年作出的《全球升温1.5℃特别报告》（SR15报告）指出，如果以目前的水平继续增长，全球温度可能在2030年至2052年上升1.5℃。那时，人类和自然面临的气候相关风险将高于现在。[①] 报告还指出，《巴黎协定》[②] 缔约方的"国家自主贡献"不足以限制全球气候变化升温1.5℃，只有在全球二氧化碳排放量开始大幅下降的情况下，这个目标才有可能实现。[③]

作为经济全球化的主要驱动力，跨国公司为世界经济发展所带来的积极影响有目共睹，但另一方面，它们也是导致气候危机的原因之一。荷兰皇家壳牌公司（Royal Dutch Shell，以下简称RDS）是一家依据英格兰和威尔士法律成立的上市公司，其总部位于荷兰海牙。自2005年壳牌集团（Shell Group）重组之后，RDS始终是壳牌集团的头号控股公司，负责制定壳牌集团的总体政策，后者负责实施和执行。[④] 壳牌集团包括自营性公司和服务性公司，前者负责经营能源业务，后者负责协助公司业务。此外，RDS还是全球1100多家独立公司的直接或间接股东。作为赫赫有名的跨国石油巨头，RDS拥有用于生产和交易石油、天然气或其他能源的资产、基础设施和相关许可证。[⑤]

2018年4月4日，荷兰非政府间环境保护组织地球之友致信RDS，要求其对现行政策以及其声称符合《巴黎协定》规定的气候目标承担责任。5月28日，后者表示地球之友的说法没有依据，并且法院不是讨论能源转型问题的适当场所，地球之友的做法不具有建设性。2019年2月12日，地球之友等相关者再次致信RDS要求其承担责

[①] Milieudefensie et al. v. Royal Dutch Shell plc., Case No. C/09/571932/HA ZA 19-379, paras. 2.3.5.1-2.3.5.2.

[②] 《巴黎协定》（The Paris Agreement）作为已经到期的《京都议定书》的后续，是由全世界178个缔约方共同签署的气候变化协定，于2015年12月12日在第21届联合国气候变化大会（巴黎气候大会）上获得通过，于2016年11月4日起正式实施。该协定对2020年后全球应对气候变化的行动作出了统一安排，长期目标是将全球平均气温较前工业化时期上升幅度控制在2℃以内，并努力将温度上升幅度限制在1.5℃以内。2016年4月22日，时任中国国务院副总理张高丽作为习近平主席特使在《巴黎协定》上签字。同年9月3日，全国人大常委会批准中国加入该协定。

[③] Milieudefensie et al. v. Royal Dutch Shell plc., Case No. C/09/571932/HA ZA 19-379, para. 2.3.5.4.

[④] Milieudefensie et al. v. Royal Dutch Shell plc., Case No. C/09/571932/HA ZA 19-379, para. 2.5.1.

[⑤] Milieudefensie et al. v. Royal Dutch Shell plc., Case No. C/09/571932/HA ZA 19-379, paras. 2.2.1-2.2.3.

任。3月26日，后者再次予以拒绝。① 随后，以地球之友为首的7个环保组织和授权地球之友进行集团诉讼的17379位个人②通过援引《荷兰民法典》第6章第162条规定的"不成文注意义务"③，要求海牙地区法院判定RDS有义务通过其为壳牌集团制定企业政策的方式，为防止危险的气候变化作出贡献，并要求RDS按照国际规则和标准，在2030年前将其二氧化碳排放量相较2019年的水平削减45%。④ RDS赞同有必要通过实现《巴黎协定》的目标和减少全球二氧化碳排放来应对气候变化，但其认为实现这些目标所需的能源转型需要整个社会的共同努力。RDS反对地球之友提出的索赔，它认为这样做缺乏法律依据。并且，解决方案不应由法院提供，而应由立法者和政界提供。⑤ 2021年5月26日，法院最终支持了原告的诉讼请求，判令RDS控制二氧化碳排放总量，承担具体的减排责任。

本案是世界上第一例由法院以国际人权法为依据，对跨国公司追究气候责任的判决，是气候变化诉讼中真正的里程碑。⑥

【主要法律问题】

跨国公司在国际社会和国际关系中日益活跃并发挥重要作用的同时，也被认为是诸多重大环境事故的罪魁祸首和全球环境的主要污染者，针对跨国公司应成为国际法主体、承担相应的国际责任的讨论也在不断发展。⑦ 本案体现了跨国公司的国际法主体地位日益提升的现状。

从整体上看，法院首先分析了本案的可受理性，梳理了适用的法律；其次阐述了RDS的减排义务；再次剖析了RDS的政策、制定政策的目的、追求的目标及索赔的可行性；最后阐明了法院的结论和诉讼费用。⑧ 在分析过程中，涉及跨国公司的国际法主体地位的问题主要包括以下3个方面的内容。

第一，从诉讼地位上看，跨国公司RDS作为本案的被告，被要求依据国际法承担气候变化的责任，这是对跨国公司国际法主体资格的间接肯定。以往的气候变化诉讼中，大多数案件的被告为国家这一传统国际法主体。随着近些年气候变化，诉讼被告的类型也日渐多样化，以跨国公司为代表的非国家行为者（non-state actor）越来越多

---

① Milieudefensie et al. v. Royal Dutch Shell plc., Case No. C/09/571932/HA ZA 19-379, paras. 2.6.1-2.6.2.
② Milieudefensie et al. v. Royal Dutch Shell plc., Case No. C/09/571932/HA ZA 19-379, paras. 2.1.1-2.1.8.
③ 该条对"侵权行为"的定义包括3个类型：对权利的侵犯、对法律义务的违反、对不成文法中认定的"恰当的社会行为"（proper social conduct）的违反。
④ Milieudefensie et al. v. Royal Dutch Shell plc., Case No. C/09/571932/HA ZA 19-379, para. 3.2.
⑤ Milieudefensie et al. v. Royal Dutch Shell plc., Case No. C/09/571932/HA ZA 19-379, para. 4.1.2.
⑥ 杜中华. 以人权法强化公司气候侵权责任的失败尝试？——对荷兰皇家壳牌公司案的批判性研究 [J]. 人权研究, 2022（03）：36-57.
⑦ 刘冰玉, 汤希灵. 以跨国公司为被告的气候变化诉讼困境与归责路径探究 [J]. 学习与探索, 2024（03）：156-167.
⑧ Milieudefensie et al. v. Royal Dutch Shell plc., Case No. C/09/571932/HA ZA 19-379, para. 4.1.5.

地被当成导致气候变化的责任者而被诉诸法庭。联合国人权理事会主持拟定的《在国际人权法中对跨国公司和其他商业企业的活动进行监管的具有法律约束力的文书》第三次修订草案指出，企业在发展的同时需要尊重气候和环境。[①]

第二，从法律依据上看，法院通过国际法和软法性规范来论证RDS在《荷兰民法典》中的不成文注意义务。为证明RDS的注意义务，法院援引了《联合国工商企业与人权指导原则》，并指出它是获得了广泛认可的权威性国际软法文件。它不创设任何新的权利，也不创设具有法律约束力的义务。[②] 法院依据该文件分析了公司在气候问题上的人权责任与国家在此问题上的责任之间的区别，并且指出前者独立于各国履行其人权义务的能力和意愿而存在。因此，RDS仅仅监测事态发展并遵循国家所采取的措施是不够的，它有自己独立的责任。[③] 法院进一步援引《公民权利和政治权利国际公约》《欧洲人权公约》以及《经济合作与发展组织跨国企业准则》等国际法文件，明确指出公司应该基于其义务积极采取行动。[④] 另外，《巴黎协定》也是公司不成文注意义务的来源。首先，仅靠国家这一单一主体无法解决气候问题。联合国政府间气候变化专门委员会指出，就算把成员国对2030年的减排目标加在一起，依然远远不足以实现《巴黎协定》的目标；其次，虽然《巴黎协定》中设定的目标并不具有强制约束力，但它表达了一种广泛的共识，该共识构成衡量RDS是否应通过其公司决策方式进行二氧化碳减排的核心依据；最后，能源转型是涉及全球的结构性问题，不可能由RDS独立解决，但RDS应该贡献自己的一份力量。考虑RDS是化石燃料市场的主要参与者，且二氧化碳排放量巨大，引起了部分地区的气候变暖，给当地居民的人权造成了严重和不可逆的后果和风险，因此RDS应当承担相应责任。[⑤]

第三，从判决结果上看，法院支持了地球之友等原告的请求，判令RDS按照国际规则和标准，在2030年前将其二氧化碳排放量相较2019年的水平削减45%。法院判决跨国公司直接承担气候变化责任，可见跨国公司的国际法主体地位有所提升。法院认为，气候变化的形成过程具有全球性；荷兰地区因气候变化而发生的环境损害是由二氧化碳在全球排放造成的后果之一，无法确定RDS在此过程中的具体排放量，但是每一个排放主体均对损害后果的形成有所"贡献"。据此，无论其排放行为系直接实施抑或是通过间接方式参与，各排放主体均应对该后果承担责任。法院为了明晰该责任的法律性质，通过对壳牌集团经济行为的分类进行延展分析，将其区分为自身的经济行为和其终端用户等所发生的关联经济行为。由于RDS是壳牌集团最大的控股公司，壳牌集团则处于RDS的绝对控制之下，故而法院认为RDS基于壳牌集团自身经济行为

---

① 刘冰玉，汤希灵．以跨国公司为被告的气候变化诉讼困境与归责路径探究［J］．学习与探索，2024（03）：156-167.

② Milieudefensie et al. v. Royal Dutch Shell plc., Case No. C/09/571932/HA ZA 19-379, para. 4.4.11.

③ Milieudefensie et al. v. Royal Dutch Shell plc., Case No. C/09/571932/HA ZA 19-379, paras. 4.4.12-4.4.13.

④ Milieudefensie et al. v. Royal Dutch Shell plc., Case No. C/09/571932/HA ZA 19-379, para. 4.4.14.

⑤ Milieudefensie et al. v. Royal Dutch Shell plc., Case No. C/09/571932/HA ZA 19-379, paras. 4.4.26-4.4.38.

而产生的减排义务性质，应当是一种对于结果的义务（obligation of result）。与之相对的，对于壳牌集团的终端用户等所发生的关联经济行为产生的减排义务，RDS 只能采取必要行动消除可能的风险，因此，对应的减排义务性质是一种过程的义务（obligation of best-efforts）。① 本案是法院首次以预防气候变化带来的危险为由，判令能源企业控制二氧化碳排放总量，承担具体的减排责任。②

【主要法律依据】

(1)《荷兰民法典》第 6 章第 162 条。
(2)《巴黎协定》。
(3)《公民权利和政治权利国际公约》。
(4)《欧洲人权公约》。

【拓展分析】

由国际法的演进历史可知，国际法主体是一个不断发展的概念，是传统的国际私法主体不断广泛且深入地参与到国际公法关系，从而逐渐获得对其国际法律人格者地位承认的过程。政府及政府间国际组织为代表的传统公法主体，跨国公司、个人③为代表的传统私法主体，在新的国际秩序中已经或多或少地突破了过去那种公法私法泾渭分明的状态。④

本案在全球气候变化诉讼发展史上具有无可争议的重要地位。海牙地区法院充分运用国际环境法和一系列具有软法性质的国际文件，在一定程度上突破了国家对于国际法在国内适用问题上的既有实践，触及了包括如何协调国际发展中的能源需要和遏制气候变化的减排要求间的矛盾等根本问题。⑤

跨国公司的产业链遍布全球，在多个领域都能看到它们活跃的身影。例如，《联合国海洋法公约》附件 3 第 8 条规定国际海底区域内资源开发采取"平行开发制"，可以由像跨国公司这样的私人主体和国际海底管理局共同开发。这意味着跨国公司能够作为独立的个体参与国际活动。但是，由于跨国公司的国际法主体资格存在争议，所以在《联合国海洋法公约》等国际环境公约的制定过程中，其只能以非国家行为者的身份参与。它们只能通过其母国政府来间接地表达自己的意见和诉求，并不能直接参与

---

① 杜中华. 让跨国公司为气候变化负责：评"地球之友等诉荷兰皇家壳牌案"[J]. 法理：法哲学、法学方法论与人工智能, 2022, 08 (01)：393-403, 412-413.
② 郝海青, 朱甜. 气候变化诉讼语境下中国能源企业环境责任探究：以"荷兰皇家壳牌集团案"为切入点[J]. 重庆理工大学学报（社会科学）, 2023, 37 (02)：137-146.
③ 从原文上下文义可看出，这里的"个人"指的是自然人。严格来讲，法律意义上的个人既指自然人也指法人。参见《国际公法学》编写组. 国际公法学[M]. 3 版. 北京：高等教育出版社, 2022：124.
④ 葛森. 全球化下的国际法主体扩张论[J]. 政法学刊, 2018, 35 (06)：38-44.
⑤ 刘冰玉, 汤希灵. 以跨国公司为被告的气候变化诉讼困境与归责路径探究[J]. 学习与探索, 2024 (03)：156-167.

公约的谈判。这种沟通方式不仅增加了交流的成本，而且降低了交流的效率和准确性，导致受公约影响而需要调整经营策略，且公约需要依托其执行和落实的跨国公司自身，事实上只能在有限的范围内影响公约的制定。

实践中也不乏赋予跨国公司直接参与国际环境争端解决的创新性尝试。1993年，国际法院成立环境事务专门法庭。2006年之后，依据修订后的《国际法院规则》，如诉讼过程中涉及跨国公司或诉讼结果与跨国公司有直接的利益关联，则跨国公司有权出庭并发表意见。这是继国际投资争端解决中心（ICSID）允许跨国公司直接提起针对东道国的投资纠纷的仲裁之后又一支持跨国公司这一"准"国际法主体的实践。[1]

我国作为世界第二大经济体，是世界上最大的能源生产国与消费国，以化石能源为主的能源结构亟待从根本上进行改进。而改进的过程中，能源企业每一个生产环节都潜藏着比一般企业更大的环境风险，因此在双碳目标[2]稳定推进的当前，我国能源企业遭遇气候变化诉讼风险的概率就会变大，一旦遭遇了气候变化诉讼，其应对气候变化诉讼的成本就会增加，进而也会影响到企业的声誉和股价等，动摇其市场地位。[3] 我国能源企业应当积极作为，把握企业低碳转型战略的节奏和方向，降低气候变化诉讼法律风险。

【思考题】

（1）跨国公司国际法主体地位的未来发展趋势如何？
（2）国际法主体的不断扩张反映出了哪些问题？

---

[1] 潘永建. 跨国公司环境责任的法律规制研究：以企业社会责任原则为视角 [D]. 上海：上海交通大学，2017：189.
[2] 我国于2020年9月明确提出的2030年"碳达峰"与2060年"碳中和"目标。
[3] 陈宇，杨翠柏. 论《能源法》环境保护价值及实现进路：以完善企业环境责任规范为视角 [J]. 西南大学学报（社会科学版），2016，42（03）：52-59.

第五章

国际法上的国家

本章知识要点

（1）管辖权；（2）豁免权。

案例一　中国与安哥拉刑事管辖权的协调与确立（黄某等绑架案）

【基本案情】

2010—2011年，被告人黄某等13人在通过劳务、商务等方式获取签证，出国至安哥拉滞留务工期间，相互结伙或伙同陈某、余某等人，为勒索财物，采取持枪、强行抓绑等暴力、胁迫手段，先后绑架肖某等9人，并向被害人亲友、员工勒索巨额赎金。被告人共作案8起，涉案总价值117万美元，折合人民币约7683426元。

被告人黄某等9人先后于2012年7月29日至11月5日被抓获归案，奚某被抓获归案的同日，公安机关抓获陶某。顾某、夏某于同年8月26日由江苏省海门市公安局接公安部指令至北京首都机场押回海门市看守所羁押。汪某在公安机关进行第一次讯问时，未如实供述自己的犯罪事实。张某于2013年4月9日持他人护照入境时被北京边检站查获归案。在安哥拉，顾某曾因非法监禁、抢劫罪，夏某因盗窃、非法监禁、伪造假币及宝石罪，均被安哥拉内政部国家刑侦局查办，分别于2011年3月22日、4月11日被安哥拉总检察院派驻国家刑侦局检察官办公室命令拘捕，于同年3月24日、4月28日执行拘捕关押，其间在安哥拉罗安达省法院普通犯罪第八法庭与一名叫费尔南多的当地被告人一起接受审判，至回国前未被判决。在审理期间，杨某等4人分别通过家属各退赃人民币20000元，张某、曹某分别退赃人民币25000元、4000元，杨某在侦查期间被公安机关扣押赃款人民币992.5元。

江苏省南通市人民检察院认为，被告人黄某等13人相互或伙同他人以勒索财物为目的绑架他人，应以绑架罪追究各被告人刑事责任。

江苏省南通市中级人民法院经审理，以绑架罪对黄某等13名被告人分别判处5年至 15 年有期徒刑，并处剥夺政治权利或罚金。① 夏某、顾某、汪某不服一审判决向江苏省高级人民法院提出上诉，后在二审审理中，汪某申请撤回上诉。江苏省高级人民法院经二审开庭审理，于 2014 年 5 月 30 日裁定准许上诉人汪某撤回上诉。驳回上诉人夏某、顾某的上诉，维持原判。②

【主要法律问题】

本案属于犯罪行为发生在外国而犯罪主体与受害人均为我国公民的跨国刑事案件，涉及以管辖权为代表的程序问题与犯罪行为本身认定的实体问题。就管辖权而言，本案主要体现了我国法院在进行涉外刑事管辖时的属人原则。

一、涉外刑事管辖中的罪质问题

《中华人民共和国刑法》（以下简称《刑法》）第 7 条第 1 款规定："中华人民共和国公民在中华人民共和国领域外犯本法规定之罪的，适用本法，但是按本法规定的最高刑为三年以下有期徒刑的，可以不予追究。"黄某等被告人均是我国公民，实施的绑架犯罪索取赎金数额巨大，严重损害了我国公民在安哥拉的国际形象，社会影响恶劣。经 2009 年《中华人民共和国刑法修正案（七）》修正的《刑法》第 239 条规定，绑架罪轻者处 5 年以上 10 年以下有期徒刑，并处罚金；重者则处 10 年以上有期徒刑或者无期徒刑，并处罚金或者没收财产。因此，我国对本案被告涉嫌的绑架犯罪具有刑事司法管辖权。

二、涉外刑事司法管辖中的谦抑性问题③

《刑法》第 10 条规定："凡在中华人民共和国领域外犯罪，依照本法应当负刑事责任的，虽然经过外国审判，仍然可以依照本法追究，但是在外国已经受过刑罚处罚的，可以免除或者减轻处罚。"该条对我国法院行使涉外刑事司法管辖权设置了自我谦抑性的限定条件，体现了对他国属地刑事司法管辖权的尊重。对发生于中国领域外的犯罪，是否追究被告人的刑事责任需要根据具体情况确定：对外国已经审判且已受过刑罚处罚的情形，中国法院行使司法管辖权时可以免除或减轻对被告的处罚；对未经外国审判，或虽经审判但未受过刑罚处罚的情形，中国可以依据《刑法》规定或在承担条约义务的范围内进行刑事管辖，具体包括刑事侦查、审查起诉、审判等。

根据 2012 年通过的《最高人民法院关于适用〈中华人民共和国刑事诉讼法〉的解释》（已失效）第 8 条规定："中国公民在中华人民共和国领域外的犯罪，由其入境地或者离境前居住地的人民法院管辖；被害人是中国公民的，也可由被害人离境前居住地的人民法院管辖。"本案中，黄某等 3 人离境前及入境后均在江苏省南通市被抓获，另户籍资料显示在逃的陈某也是南通市通州区人。因被告属共同犯罪，且黄某等 3 人

---

① （2013）通中刑初字第 0027 号判决书。
② （2014）苏刑三终字第 0017 号判决书。
③ 杜开林，彭锐. 中国公民在中国领域外犯罪的管辖与审判 [J]. 人民司法，2014（22）：21-26.

是首要犯罪分子，故江苏省南通市中级人民法院对本案享有管辖权。

【主要法律依据】

（1）《中华人民共和国刑法》第 7 条。

（2）《最高人民法院关于适用〈中华人民共和国刑事诉讼法〉的解释》（2012）第 8 条。

【拓展分析】

作为国家的一项基本权利，管辖权是指国家根据国际法对特定的人、物和事件进行管理或施加影响的权力，反映了国家主权平等原则和不干涉内政原则。[①] 以国家行使管辖权的职能范围来说，通常包括立法、执法与司法，本案主要涉及国家的刑事司法管辖权，具体指一国法院能否对某一犯罪主张管辖的权利，是国家管辖权中与公法关联最多的一类。

本案的行为地和结果地都发生在安哥拉境内，安哥拉对本案享有最优先的属地管辖权，这是国家领土主权的体现。此外，由于本案是中国公民针对中国公民实施的有组织的绑架犯罪，我国可以凭借国籍主张属人管辖权。鉴于本案涉及我国公民海外利益保护的现实问题，以及本案犯罪行为在国际社会带来的严重负面影响，我国对其行使刑事管辖权以重塑社会秩序就显得十分必要。一般国际法虽确立了属地管辖、属人管辖、保护性管辖和普遍性管辖的基本分类，但对于管辖权冲突的协调并没有形成实质性规则，国家通常通过单边、双边或多边的协调方式解决彼此之间的管辖权冲突问题。单边协调指一国通过国内法以自我约束的方式限制本国的管辖权；双边或多边协调则指通过制定双边或多边条约（多表现为刑事司法协助协定、引渡条约等）的方式平衡国家间利益、解决管辖权冲突。

刑事司法管辖权冲突通常发生在对具有跨国事由的犯罪行为进行管辖权确定的场合，对特定国家来说，即涉外刑事司法管辖权的确认与实现问题。我国现行《刑法》第 6 条至第 9 条[②]确立了一般国际法意义上的 4 类管辖原则，即属地管辖原则、属人管

[①]《国际公法学》编写组. 国际公法学［M］. 3 版. 北京：高等教育出版社，2022：133.

[②]《刑法》第 6 条："【属地管辖权】凡在中华人民共和国领域内犯罪的，除法律有特别规定的以外，都适用本法。凡在中华人民共和国船舶或者航空器内犯罪的，也适用本法。犯罪的行为或者结果有一项发生在中华人民共和国领域内的，就认为是在中华人民共和国领域内犯罪。"

《刑法》第 7 条："【属人管辖权】中华人民共和国公民在中华人民共和国领域外犯本法规定之罪的，适用本法，但是按本法规定的最高刑为三年以下有期徒刑的，可以不予追究。中华人民共和国国家工作人员和军人在中华人民共和国领域外犯本法规定之罪的，适用本法。"

《刑法》第 8 条："【保护管辖权】外国人在中华人民共和国领域外对中华人民共和国国家或者公民犯罪，而按本法规定的最低刑为三年以上有期徒刑的，可以适用本法，但是按照犯罪地的法律不受处罚的除外。"

《刑法》第 9 条："【普遍管辖权】对于中华人民共和国缔结或者参加的国际条约所规定的罪行，中华人民共和国在所承担条约义务的范围内行使刑事管辖权的，适用本法。"

辖原则、保护管辖原则、普遍管辖原则，对含有涉外因素的犯罪行为同样适用，第10条、第11条[①]则对涉外刑事司法管辖权的行使进行了限制。一般来说，涉外刑事诉讼的管辖分为4种情况：一是我国公民在境内对外国人犯罪；二是外国人在境内犯罪；三是我国公民在境外犯罪；四是外国人在境外对我国国家和公民犯罪。基于属地优越性，实践中前两种情况一般依据属地管辖原则由我国法院管辖；第三种情况依据属人管辖原则，我国法院也有管辖权，但往往与犯罪行为发生地的属地管辖产生冲突，如本案；第四种情况较为特殊，针对我国公民在国外受到外国人侵害的情形，我国法院可依据体现保护管辖原则的《刑法》第8条行使管辖权，但须满足依据我国《刑法》最低刑为3年以上有期徒刑，且按照犯罪地法律也应被认为是犯罪（"双重犯罪"）的条件。上述我国现行《刑法》对涉外刑事司法管辖权的一般性规定，在不同案例中对不同情况还需要结合其他相关因素进行管辖权的确定。本案中，如前所述，我国法院拥有属人管辖权，因此与安哥拉属地管辖权之间的冲突无法凭借单边协调，即我国《刑法》的规定获得解决，此时就需要考虑双边或多边协调的可能。

虽然安哥拉因国内法治建设不足，惩治犯罪能力有限，与我国之间并未产生实际的管辖权冲突。但抛开这一现实因素，单纯从法律规则协调的角度来看，我国与安哥拉之间基于属人与属地管辖权之间的冲突，存在双边协调的依据。2006年6月20日，中国与安哥拉签订了《中华人民共和国和安哥拉共和国引渡条约》。根据该条约第1条，双方有义务在符合本条约规定的情况下，应对方请求，相互引渡在一方境内的被另一方通缉的人员，以便请求一方对其进行刑事诉讼管辖或者执行刑罚。该条约第2条第1款第1项规定："为进行刑事诉讼而请求引渡的，根据双方法律，对于该犯罪均可判处一年或者一年以上有期徒刑或者其他更重的刑罚。"很显然，本案涉及的绑架罪满足这一条件。该条约第3条"应当拒绝引渡的理由"[②]中涉及特定罪名、管辖权具体

[①] 《刑法》第10条："【对外国刑事判决的消极承认】凡在中华人民共和国领域外犯罪，依照本法应当负刑事责任的，虽然经过外国审判，仍然可以依照本法追究，但是在外国已经受过刑罚处罚的，可以免除或者减轻处罚。"
《刑法》第11条："【外交代表刑事管辖豁免】享有外交特权和豁免权的外国人的刑事责任，通过外交途径解决。"

[②] 包括："（一）被请求方认为，引渡请求所针对的犯罪是政治犯罪，或者请求方已经给予被请求引渡人受庇护的权利；（二）被请求方有充分理由认为，请求引渡的目的是基于被请求引渡人的种族、性别、宗教、国籍或者政治见解而对该人进行刑事诉讼或者执行刑罚，或者该人在司法程序中的地位将会因为上述任何原因受到损害；（三）引渡请求所针对的犯罪仅仅是军事犯罪；（四）在被请求方收到引渡请求时，被请求引渡人是被请求方国民；（五）根据任何一方的法律，由于时效已过或者赦免等原因，被请求引渡人已经被免予追诉或者免予执行刑罚；（六）被请求方已经对被请求引渡人就引渡请求所针对的犯罪做出终审判决或者终止司法程序；（七）根据任何一方的法律，引渡请求所涉及的案件属于受害人告诉才处理的案件；（八）请求方根据缺席判决提出引渡请求，并且没有保证在引渡后重新进行审理；（九）被请求引渡人可能被判处的刑罚与被请求方的宪法原则相抵触。"

行使的过程或结果因素等,第 4 条 "可以拒绝引渡的理由"① 中涉及被请求方正在进行诉讼程序或对被请求引渡人的人权保护等。将本案的实际情况与上述规定一一对照,即使没有安哥拉国内的特殊情况,安哥拉也应依照该条约将被告引渡给我国,由我国法院进行管辖。

由于本案案发地点在我国境外,如何审查判断证据、准确定罪量刑是我国法院实现管辖权时必然面临的现实问题。鉴于我国与安哥拉的引渡条约对一方到另一方境内取证、司法协助等未给出具体安排,为及时打击违法犯罪,2012 年 4 月,中国公安部和安哥拉内政部签署了《关于维护公共安全和社会秩序的合作协议》,为中安两国警方在安哥拉联合开展打击侵害在安中国公民权益的犯罪奠定了基础,为后续我国法院刑事司法管辖的顺利行使提供了必要的证据材料。本案个别被告人在安哥拉因同一犯罪事实曾被羁押侦查过一段时间,但是并未判决,后被押送回我国,这段羁押时间应当如何处理直接影响我国司法管辖权的实质内容。我国《刑法》对此尚无相关规定。最后,法院考虑两位被告人确实因同一犯罪事实在安哥拉被羁押过一段时间,其人身自由确实受到过一定程度的限制,从实事求是的角度出发,参照我国《刑法》第 10 条规定的精神,将之前被羁押的事实作为酌情从轻处罚的量刑情节予以考虑。法官这种在量刑环节通过自由裁量权保护当事人合法权益的方式,增强了我国司法管辖的人性化特征,也降低了与其他国家管辖权内容产生矛盾的可能性。

本案系公安部 "5·11 专案"② 的一部分,受到中央部委及社会各界的高度关注。作为我国实现涉外刑事司法管辖权的典型案例,有关管辖权的确立与行使,不仅对其后中安二次联合打击及其他类似案件的处理具有极强的示范作用,也对我国日后协调与他国刑事司法管辖权冲突具有一定的启示意义。中国与安哥拉两国签订的双边引渡条约与涉及执法合作的双边协定,为两国解决可能的管辖权冲突建构了良好的双边协调机制。

近年来,随着我国经济的高速发展,以及与世界其他国家与地区交往的频繁与深入,中国公民海外权益保护的问题日益突出,为有效维护在国外我国公民的人身安全和合法权益,必然需要我国涉外刑事司法管辖权的顺利实施。国际法只是从一般意义上确立了管辖权的分类标准,管辖权的具体实施更多是通过国内法的具体规定得以实现,不同的国内法发生冲突在所难免。实践中,各国通常不会仅依据单一原则来确立本国对于涉外刑事犯罪的管辖权。无论是国内法设定管辖权时的自我限制,还是双边或多边领域国家间的合作安排,都是处理管辖权冲突的可选方式。我国应更加注重国内刑事法规在涉外管辖方面的应用,通过国内与国际的协调,在维护本国主权的前提下,适当平衡其他国家的利益与国际关系,更好地保护我国公民的海外权益。

---

① 包括:"(一)被请求方根据本国法律对引渡请求所针对的犯罪具有管辖权,并且对被请求引渡人就该犯罪正在进行诉讼程序;(二)被请求方在考虑了犯罪的严重性和请求方利益的同时,认为由于被请求引渡人的年龄和健康或者其他个人原因,引渡不符合人道主义考虑。"

② 2012 年 5 月 11 日起,中国警方赴安哥拉就侵害中国公民犯罪情况开展调研。此后,中国警方又于 2012 年 7 月 17 日,派出 25 人专案组再赴安哥拉,与安哥拉警方联合打击侵害中国公民权益犯罪行动,即为 "5·11 专案"。

【思考题】

（1）国家管辖权原则有哪些？
（2）发生国家管辖权冲突时，应如何进行协调？

案例二　主权豁免案（美国密苏里州滥诉中国案）

【基本案情】

2020年4月21日，美国密苏里州时任检察长施密特以中华人民共和国、中国共产党、中华人民共和国国家卫生健康委员会、中华人民共和国应急管理部、中华人民共和国民政部、湖北省人民政府、武汉市人民政府、中国科学院武汉病毒研究所、中国科学院为被告向密苏里州东部地区联邦法院（以下简称法院）提起诉讼。原告诬称中国谎报国内新冠疫情数据，防控新冠疫情不力，造成密苏里州及居民在疫情中经济损失近数百亿美元，同时指控中国政府在美国大量采购并囤积防疫物品并向当地输出质量不佳的口罩，因而导致当地遭受严重的人员和财产损失。基于上述理由，原告请求法院判令中国9名被告赔偿密苏里州因疫情导致的所有经济和非经济损失。

在本案中，原告对9名被告区分为6个政府机构和3个非政府机构，并主张缺席审理。一审法院对中国9名被告是否根据《美国外国主权豁免法》(Foreign Sovereign Immunities Act, FSIA，以下简称《美国豁免法》)享有国家豁免权进行了独立审查，2021年10月15日和12月6日，中国国际私法学会以独立学术团体身份作为法庭之友提交了有关国家豁免的程序性意见及补充陈述，被法院接受。意见书指出：法院缺乏对案件的事项管辖权（subject matter jurisdiction），因为案件不适用《美国豁免法》的侵权例外和商业例外，而且外国政府及其代理或分支机构均享有豁免权。因此，中国国际私法学会请求法院驳回原告的起诉。[①] 此前，位于荷兰的"捍卫国际法律师联盟"(Lawyers for Upholding International Law)已于2020年9月25日也获准向法院提交了法庭之友意见书，同样驳斥了密苏里州的起诉理由，并认为这是一个不可审理的政治问题。[②] 2022年1月6日，法院发布命令暂停对中国的缺席审理。2022年7月8日，法院作出裁定，被告被指控的行为不属于《美国豁免法》项下管辖豁免的例外，法院对本案无属事管辖权（subject matter jurisdiction），驳回原告密苏里州的起诉，并强调原告不得以同一案由再次起诉。[③] 原告不甘心起诉失败，遂向美国联邦第八巡回法院上诉庭紧急提起了上诉。2024年1月10日，美国联邦第八巡回上诉法院作出上诉判决，推翻

[①] See Case：1：20-cv-00099-SNLJ Doc.#：34 Filed：10/15/21 and Doc.#51, Filed：02/14/22.

[②] See Case：1：20-cv-00099-SNLJ Doc.#：15-3 Filed：09/25/20.

[③] See Case：1：20-cv-00099-SNLJ, Memorandum and Order, Doc, 61, and Order of Dismissal, Doc. 62, Filed：07/08/22.

一审法院关于中国"囤积防疫物资"的判决并发回重审。2024年5月23日,密苏里州东部地区联邦法院发布命令,表示应原告密苏里州总检察长的申请正式启动本案的"证据开示"(discovery)程序,并将第一次"证据听证"(evidentiary hearing)的开庭时间确定在了2024年12月9日,就新冠疫情问题向中国追责的密苏里州滥诉中国案正式进入实体审理阶段。

【主要法律问题】

本案的法律问题复杂多样,且专业性很强,[1] 其中法院是否享有管辖权、被告的身份是否全都可认定为国家、被告的行为是否符合《美国豁免法》规定的商业活动及侵权例外等成为本案争议的焦点。

一、在被告未应诉的情况下法院对本案管辖权的审理

本案中,法院首先需要解决的问题是,在只有原告提交了诉状而被告并没有出庭或进行答辩的情况下,应如何确定审查范围以判断管辖权问题。一审法院通过对《美国豁免法》与相关判例的援引,认为在此情况下,法院应先假设原告在起诉状中提出的事实依据属实,然后考虑这些未经被告表示异议的事实指控是否足以初步证明存在对外国索赔的属事管辖权,即表面审查(facial review)。原告提出"证据开示"请求的同时还辩称,在诉讼初始阶段,被告未应诉,法院应只考虑起诉书中指控的事实。本案法院一方面同意原告将审查范围限于原告指控的事实的观点,另一方面指出《美国联邦民事诉讼法》允许法院对任何"不受合理争议"的事实进行"司法认知"(take judicial notice),但这些事实须满足在审判法院的属地管辖范围内被普遍知悉,或能够通过来源准确性和便利性检验的标准。[2]

就本案而言,法院重点考虑的"司法认知"包括前述中国国际私法学会等机构作为法庭之友提交的专家意见,以及《波士顿大学法学评论》于2020年发表的一篇关于疫情索赔可行性的评论性文章。[3] 总之,法院认为原告必须拿出足够多的事实证据来初步证明法院对本案拥有属事管辖权,即被告外国主体不能享有主权豁免。法院进一步指出,在中国政府没有出庭答辩的情况下,法院应当和可以审查的材料范围并不完整。在管辖权问题上只有原告起诉状中的事实证据及一些司法认知事实可供考量,又由于

---

[1] 其中包括但不限于:诉讼的主体问题(原告、被告、法院、第三方等)、送达方式和时效问题(《海牙公约》以外的送达方式的有效性问题、外交送达的效力问题、送达期限等)、国家和政府的主权豁免问题(国家、中央政府、政府部委、地方政府等)、执政党、军队、科研机构及其负责人等非政府实体的豁免问题(1976年《美国豁免法》的解释与适用)、美国法院的管辖权问题(管辖依据、管辖例外、同类案件的合并、法律与判例)、适用法律问题、事实与证据问题(病毒溯源调查、国际独立调查、国际卫生条例和世卫组织宪章的解释与适用)、诉由的可诉性问题、出庭与抗辩问题、缺席裁判问题(上诉抗辩问题、法庭之友)、判决的承认与执行问题(执行豁免、海外资产保全),等等。参见黄惠康.坚定维护"平等者间无管辖权"的国际法治原则——美国联邦法院驳回密苏里州滥诉中国案裁决述评[J]. 国际经济法学刊,2022(04):1-24.

[2] 参见《美国联邦证据法》第201条。

[3] Paul Larkin, Suing China Over Covid-19, 100 B. U. L. Rev. Onlne 91, 100 (2020).

法院并未能进行事实询问，因此目前进行"证据开示"是不成熟的。

原告进一步就举证责任进行争辩，主张其对《美国豁免法》项下的属事管辖权没有举证责任，并援引了一些被告寻求主权豁免而产生举证责任倒置的案例。法院对此明确表示反对，认为本案在不存在被告出庭主张其豁免权的情况下，应按照相关判例的要求，由法院主动对管辖权有无问题进行资格审查，且当原告坚持己方起诉不应被驳回时，其必须承担法院对本案有管辖权的证明责任。

二、9名被告都适用《美国豁免法》项下的主权豁免

本案9名被告中，有6名为国家、国家部委或地方政府，原告对于这6名被告享有主权豁免的资格没有意见，一审法院直接将中华人民共和国、中华人民共和国国家卫生健康委员会、中华人民共和国应急管理部、中华人民共和国民政部、湖北省人民政府、武汉市人民政府等判定为属于《美国豁免法》项下的外国及外国政府。争议的焦点在于另外3名被告的身份，即中国共产党、中国科学院武汉病毒研究所和中国科学院是否属于《美国豁免法》规定的"外国国家"。

法院在对《美国法典》第28编第1603条中有关"外国国家"的定义进行阐释的基础上，结合相关判例，对另3名被告进行了逐一分析。法院认为，《美国豁免法》将外国国家规定为3种类型，包括狭义的外国国家（a foreign state）、外国国家的政治分支机构（a political subdivision of a foreign state）与外国国家的代理或工具（an agency or instrumentality of a foreign state），并对最后一类的适用范围进行了进一步解释。根据《美国豁免法》，要成为外国国家的代理或工具必须满足下列3个条件：首先，必须是一个独立的法人，无论是公司法人还是其他法人；其次，必须是外国国家或政治分支的"机关"，或者该实体的"股份或其他所有者权益"的"大部分"必须由外国国家或其政治分支拥有；最后，不能是美国公民或根据任何第三国的法律创建的。[①]

在具体判断是否属于狭义外国国家或外国国家的政治分支机构时，法院首先引用了萨曼塔尔诉优素福案（Samantar v. Yousuf）中美国联邦最高法院的观点，即根据字面意思，"外国政府"意味着统治某一特定领土的政治体；接着提及在加伯诉波兰共和国案（Garb v. Republic of Poland）中，"政治分支机构"被美国联邦最高法院定义为包括地方自治团体在内的中央以下所有部门。就处理某一实体是不是可归于外国国家的代理或工具问题时，法院参考了第五巡回法院综合考虑的一系列因素，具体包括外国是否为国家目标而设立实体、外国是否对实体实施积极监管、外国是否要求实体聘用公职人员并为其支付薪资、实体是否在该外国法下享有专有权、实体相对于政府是否具有独立性、实体的所有权结构等。

具体至中国共产党在本案中的所谓被告地位，原告仅仅以美国法院曾经的一个判

---

① 黄惠康. 坚定维护"平等者间无管辖权"的国际法治原则——美国联邦法院驳回密苏里州滥诉中国案裁决述评[J]. 国际经济法学刊，2022（04）：1-24.

例[1]作为中国共产党不应享有主权豁免的依据,显然与事实不符,一审法院注意到原告在起诉书中指出,中国共产党对其他被告的行为起到了指导和控制的作用,法院在推定此事实主张属实的情况下,主动进行了"司法认知",最终提出认定中国共产党拥有《美国豁免法》中主权豁免地位的4点理由:第一,中国共产党对中国的控制可以看作是"管理特定领土的政治体";第二,党的总书记和国家领导人为同一人,同时指挥军队,中国共产党即是中国的核心内在部分,应当视为"外国国家";第三,考虑到中国共产党是中国的执政党,中国享有豁免身份,却将其执政党排除在享有豁免的主体范围之外,与《美国豁免法》限制主权豁免理论的目标不符;第四,即使中国共产党不属于"外国国家",法院管辖权的确立便只能以多样性管辖(diversity jurisdiction)为依据,[2] 将本案作为针对"外国公民或国民"(citizen or subject of a foreign state)的民事诉讼。而原告未能对一个控制国家和军队的政党如何被看作"外国公民或国民"提供合理的解释。针对原告认为中国共产党和中国国家是不同的实体,应分离开来看的观点,一审法院看不出这种技术上的分离如何具有决定性,认为相关问题在于中国共产党是否以外国国家的方式行事。[3] 法院最后裁定,中国共产党属于《美国豁免法》项下的外国或等同于外国国家,享有不受美国司法管辖的主权豁免地位。

关于中国科学院和中国科学院武汉病毒研究所,原告宣称它们是私人非政府实体(private, nongovernmental entities)。就前者而言,原告主要基于以下3个理由主张其非政府性质:首先,中国科学院是独立的非政府机构;其次,中国科学院作为科技初创公司的商业"孵化器",寻求将技术研究成果商业化,这些功能类似西方私人科研机构;最后,中国科学院自我定位为"智库",旨在强调其独立性,2016年中国科学院3名成员撰写的一篇文章广泛讨论了中国科学院履行非政府职能以确保其独立于政府的情况。就后者来说,中国科学院武汉病毒研究所是一个研究病毒学和相关课题的研究机构,作为商业活动的一部分,至少从2019年11月开始就从事冠状病毒的研究,其从属于中国科学院,二者的行为是一致的。法院对原告论点进行了仔细考量,认为鉴于中国科学院武汉病毒研究所和中国科学院的核心职能是与中国国家利益密不可分的政府职能,而非商业导向,这两个实体应属于外国政治分支机构;即使不属于外国政治分支机构,二者也应属于代理或工具,因为根据原告起诉状中内容,在病毒信息的时间、性质和范围方面,中国科学院武汉病毒研究所和中国科学院并非独立运作,而是

---

[1] Yaodi Hu v. People's Republic of China & Communist Party of China, et al. (案号:1:12-cv-1213).

[2] 美国联邦法院的管辖权主要有两种,一是联邦问题管辖权(federal question jurisdiction),二是多样性管辖权。前者针对的是原告根据联邦法律、条约或宪法提出的索赔主张,后者的确立需满足两项条件:首先,当事人之间必须有"公民多样性",这意味着原告必须与被告是美国不同州的公民,或者一方为美国公民,另一方为外国公民或臣民(citizens or subjects)。其次,该诉讼的"争议金额"必须超过7.5万美元。参见《美国法典》第28编第1332(a)(2)节。

[3] 黄惠康.坚定维护"平等者间无管辖权"的国际法治原则:美国联邦法院驳回密苏里州滥诉中国案裁决述评[J].国际经济法学刊,2022(04):1-24.

"听命"于作为外国国家的各被告。此外，法院通过司法认知直接援引美国国会关于中国组织机构的报告，该报告描述了中国国务院如何履行中国政府的行政职能，并在国务院直属机构图表中列出了中国科学院。没有必要确定中国科学院和中国科学院武汉病毒研究所是政治分支机构还是代理或工具，这两类都享有主权豁免，除非存在《美国豁免法》规定的主权豁免例外。[1]

综上，法院认定本案9名被告都属于"外国国家"，它们是中国官方政府的一部分、政治分支机构、政府代理或工具。只要不存在法定例外情形，根据《美国法典》第28编第1603节，《美国豁免法》保护9名被告免于密苏里州的诉讼。上诉法院认可了一审法院（即法院）的上述观点，尤其对中国共产党的身份予以了肯定，认为其在本质上是同样的统治中国的政治实体，因此属于《美国豁免法》下的"外国国家"。

三、被告的行为未满足《美国豁免法》的豁免例外要求

在明确了被告的主权豁免主体资格后，法院针对原告提出的应适用《美国豁免法》中商业活动例外和非商业侵权行为例外的主张，分别进行了回应。

（一）被诉行为不构成商业活动例外

根据《美国法典》第28编第1605（a）（2）节的规定，商业活动例外涵盖3种情况：在美国进行的商业活动；在美国实施的与外国政府在美国以外的商业活动有关的行为；在美国境外进行的与商业活动有关的行为，且该行为给美国造成了直接影响。原告认为本案涉案行为属于第3类情况，法院据此要求原告初步证明以下3点要求，即被告在美国境外从事了与商业活动有关的行为，该诉讼基于与该商业活动有关的行为，该行为在美国国内产生了直接影响。法院援引既往判例，对上述3点要求分别进行了解释，认为对外国政府的行为应比照该行为是否属于私人主体参与商业贸易交易的行为类型，应根据行为的本质而非目的、动机进行判断；应关注原告诉请的核心要旨来确认所谓"基于"要素的含义；"直接影响"意味着强调被诉行为产生的即刻影响，不得存在破坏被诉行为与在美国的影响之间因果关系的外部干扰因素。

本案中，原告认为被告的4项活动应适用商业活动豁免例外：武汉市及全国医疗卫生系统的运营，中国科学院武汉病毒研究所和中国科学院对病毒所做的商业化研究，通过运营传统媒体平台和社交媒体平台获取商业收益，生产、采购和进出口新冠肺炎疫情防控所需的个人防护装备等医疗设备等。[2] 法院认为由于中国允许私营经济体经营，尽管国家在任何时候都有监督和控制私营经济部门的责任，也很难判断上述4项活动是否属于《美国豁免法》项下的商业活动。因此只需假定所涉活动是商业活动，继续讨论这些活动是否满足上述3点要求中的另外两点。法院认为，指控的主要内容即原告受到伤害的实际行为是指被告在武汉及后来在中国境内未能控制病毒，而对中

---

[1] 黄惠康. 坚定维护"平等者间无管辖权"的国际法治原则：美国联邦法院驳回密苏里州滥诉中国案裁决述评［J］. 国际经济法学刊，2022（04）：1-24.

[2] See. Case：1：20-cv-00099 Doc.#：1 Filed：04/21/20, para.40.

国公民和全世界隐瞒病毒的传播性，并拖延、审查或隐瞒关于病毒的重要信息。这类行为不属于私人从事的"贸易、交通或商业"行为类型，因此不属于商业活动。此外，法院并不认为囤积个人防护设备是核心的不当行为（core misconduct），该行为造成伤害仅仅是因为被告对疫情处理不当。① 原告主张其诉讼请求与中国医疗系统的运行、病毒的研究、社交媒体平台的运营、防疫物品的生产和进出口等商业活动相关，并援引阿德勒诉尼日利亚联邦共和国案（Adler v. Federal Republic of Nigeria）中第九巡回法院的观点，即"基于"要素并非要求案涉行为本身必须是商业活动，只需要它们与商业活动存在关联即可。法院对此进行了批驳，认为机械地应用这一逻辑势必得出只要与商业活动有关的主权行为就可以根据《美国豁免法》起诉的结论，并援引美国联邦最高法院在沙特阿拉伯诉尼尔森案（Saudi Arabia v. Nelson）中的观点，认为这一情形属于有意规避《美国豁免法》的"语言花招"（semantic ploy），因此被诉行为与商业活动之间应当存在实质性的关联和清晰的因果关系。本案涉及的引起原告索赔诉求的行为是所谓中国未能将病毒控制在中国境内，这些行为显然与商业活动无关。关于构成控诉要旨的行为是否给美国国内带来直接影响的问题，法院认为，在原告控诉的行为与美国境内疫情蔓延之间存在若干干扰因素，法院无法断定被诉核心行为在美国国内产生了即刻、直接的影响。具体而言，一方面，从诉称的核心不当行为到新冠病毒到达美国之间已经间隔数周，因果间缺乏即刻性、直接性；另一方面，原告指控的经济损失及相应设施服务关闭等情况的发生，最根本还是因为密苏里州政府对于新冠疫情暴发后所采取的措施不得力，世界卫生组织没有就国际旅行发出警告，也并非中国授意。上述这些情况都可以被理解为干扰因素。

上诉法院就商业活动例外问题，对原告的诉由进行了类别划分。第一类是中国科学院武汉病毒研究所、中国科学院与中国医疗体系的商业运作，上诉法院认为即便这些被诉的行为属于商业行为，但同密苏里州发生的疫情蔓延之间的关系也是"遥远且衰减的"（remote and attenuated），彼此之间不存在直接的因果关系，无法认定被诉行为在美国产生了《美国豁免法》商业活动例外规则意义上的"直接影响"。第二类是所谓中国囤积防疫物资的行为，上诉法院基于原告的无端指责，在缺乏确实的事实依据基础上武断认定中国存在"反竞争行为"，且利用早于世界其他地方对病毒知识的掌握垄断了口罩等防疫物资的国际市场，因此对美国因疫情遭受的损害产生了直接影响。虽然上诉法院最后也表示，密苏里州未来必须证明中国确实操纵了全球个人防护装备市场，但其裁决表明目前这一证据上的不足已经不构成美国法院对中国行使管辖权的障碍。

（二）被诉行为不构成非商业性侵权

根据《美国法典》第 28 编第 1605（a）（5）节的规定，（任何）外国或其官员或

---

① 黄惠康. 坚定维护"平等者间无管辖权"的国际法治原则：美国联邦法院驳回密苏里州滥诉中国案裁决述评［J］. 国际经济法学刊，2022（04）：1-24.

雇员基于其职务行使的需要所实施的侵权行为或不行为在美国境内造成人身伤亡、财产损害或损失时，法院能够对此类金钱赔偿的诉讼进行管辖，不给予相关外国国家实体以豁免权。对于非商业性侵权行为例外，又存在两种"例外的例外"，一是被诉行为属于自由裁量权的范围；二是针对诬告、程序滥用、文字诽谤、口头诽谤、不实陈述、欺骗、干涉合同权利等的诉请，如起诉属于上述任何一种情况，美国法院均不予受理。第一项"例外的例外"旨在防止通过侵权诉讼对外国基于社会、经济、政治、政策考量的立法和行政决定进行司法的事后推测，即将外国一国的主权政策决定置于美国法院的管辖权限之外。原告认为，被告纵容新冠病毒的传播、阻止有关该病毒情况的信息传播，并垄断防疫物资的市场等行为违反其应当履行的注意义务。但法院认为原告指控的行为（何时发布信息、如何控制人员聚集等）在中国的法律、法规、政策中均无强制性规定，相反却反映出涉及判断的要素和选择的事项；这些政策决定是中国政府酌情作出的，正确与否不是法院考虑的内容。因此法院认为本案属于"例外的例外"，不构成非商业侵权行为例外。由于本案已适用了非商业侵权行为例外之裁量权例外，也就没有必要再考虑因恶意检控、程序滥用、诽谤、不实陈述、欺骗或干预合同权利而引起索赔的第二项"例外之例外"。①

四、与主权豁免相关的送达程序

《美国法典》第28编第1330（b）节规定，如果外国国家不能享有第1605节至第1607节的豁免，则美国法院在依据第1608节对外国国家送达后享有对人管辖权。② 由此可见，美国法院对外国国家管辖权的确立不仅需要原告在实体意义上能证明其请求属于第1605节至第1607节规定的豁免例外范畴，还需要在程序意义上对作为被告的外国进行合法送达。根据《美国豁免法》，对外国国家起诉时必须严格遵守法定的送达程序。《美国法典》第28编第1608（a）节要求按如下顺序送达给作为被告的外国国家和政治分支机构：（1）根据原告与被告对于送达的特殊安排送达；（2）若无特殊安排，依据美国与外国共同参加的关于司法文书送达的国际公约送达；（3）邮寄送达；（4）外交送达。《美国法典》第28编第1608（b）节对针对外国国家代理或工具的送达规定了3种送达方式，但没有第1608（a）节要求那么严格，而是强调外国国家代理或工具得到实际通知即可。因此，虽然某一具体实体到底是政治分支机构还是国家代理或工具的界定对最终管辖豁免权的享有并无大碍，但其性质的差异对所适用的送达方式却有实质影响。

本案中，法院采用了怀橡科技公司诉伊拉克案（Wye Oak Technology, Inc. v. Republic of Iraq）中的观点，即政治分支机构可解释为所有中央政府下设的机关，对其与国家代理或工具的划分则应以核心功能为标准，即如果某实体的主要活动或其核心功

---

① 黄惠康. 坚定维护"平等者间无管辖权"的国际法治原则：美国联邦法院驳回密苏里州滥诉中国案裁决述评［J］. 国际经济法学刊，2022（04）：1-24.
② 李庆明. 中国在美国法院的主权豁免诉讼述评［J］. 国际法研究，2022（05）：3-28.

能实质上是扮演政府角色,以管理为主,那么其会被视为政治分支机构;如果某实体的核心功能主要是商业性质的,则其会被视为"独立法人",亦即代理或工具。

依据《美国法典》第28编第1608(a)节的规定,中美之间仅有上述第(2)种送达途径可以适用,即公约送达方式。中美同为《海牙送达公约》(Hague Convention on Service)的缔约国,该公约成为两国之间相互送达司法文书的唯一可适用的条约。又由于中国政府在加入《海牙送达公约》时,对该公约规定的领事或外交送达、直接邮寄送达、主管人员直接送达、利害关系人直接送达等可替代送达方式做了保留,中美之间唯一有效的司法文书送达途径和方式是通过双方各自指定的中央机关(即各自的司法部)送达。①

本案中,由于密苏里州对中国共产党、中国科学院武汉病毒研究所和中国科学院的主体性质认定不清,导致了送达效力的法律问题。我国根据《海牙送达公约》第13条的规定,以侵犯主权和国家安全为由,拒绝司法送达。尽管原告通过向法院申请、向美国总统和国务院写信游说等方式,后通过电子邮件、外交送达的途径对我国相关实体进行了所谓送达,但鉴于我国对《海牙送达公约》的上述保留和我国依据公约通过各种方式表达出的拒绝态度,法院始终对原告是否完成了合法有效的送达表示怀疑,在认定本案所有被告都属于《美国豁免法》意义上的外国,并且《美国豁免法》规定的管辖豁免例外也不适用的情况下,法院认为再讨论送达程序问题已没有实际意义。②

【主要法律依据】

(1)《美国外国主权豁免法》。
(2)《美国联邦民事诉讼法》。

【拓展分析】

美国联邦地区法院关于密苏里州滥诉中国案的一审判决,是继20世纪80年代湖广铁路债券案后有关国家主权豁免问题的又一经典判例,在美国司法史上必将留下浓墨重彩的一笔,对于坚定维护"平等者间无管辖权"的国际法治原则也具有重要意义。③一方面,其对于美国国内就新冠疫情对中国发起的一系列诬告滥诉案具有直接的影响;另一方面,在现今国际局势中,作为影响中美两国关系的重要问题——主权豁免的相关案例,对中美冲突之法律"战争"无疑具有深刻意义。同时值得关注的是,

---

① 外国请求中国送达司法文书时,应首先将司法文书送达中国司法部,再由司法部转交最高人民法院,由最高人民法院审查后转交省级地方高级人民法院,省级地方高级人民法院再根据情况指定相关的中级人民法院送达;如遇送达不成功的情形,则须将该司法文书按照原路返回。参见黄惠康.坚定维护"平等者间无管辖权"的国际法治原则:美国联邦法院驳回密苏里州滥诉中国案裁决述评[J].国际经济法学刊,2022(04):1-24.

② See Case:1:20-cv-00099-SNLJ Doc, #:61 Filed:07/08/22 Page:38 of 38 Page ID #:2439.

③ 黄惠康.坚定维护"平等者间无管辖权"的国际法治原则:美国联邦法院驳回密苏里州滥诉中国案裁决述评[J].国际经济法学刊,2022(04):1-24.

国际法上的主权豁免原则一直以来并未形成确实有效的规则条款，尚未生效的《联合国国家及其财产管辖豁免公约》虽在一定程度上可以习惯法的形式，弥补国际法在这一领域的空白，但其效力始终未获得广泛认可。与之相对应，国家豁免的规则却在国内法层面获得了一定的发展，国内法院的相关司法实践成为研究外国主权豁免法律进展的主要来源。中美同是世界重要大国，因此有关两者之间的豁免之争是深入研究国际法之国家豁免原则必不可少的实践素材。

一、美国滥诉的霸权本质及其非正当性

美国的主权豁免实践深受本国法律与外交政策的影响。《美国豁免法》作为美国处理外国国家在美国联邦或州法院面临的豁免问题上的唯一依据，其"长臂管辖"的实质为管辖豁免例外在美国国内获得认可与实现设置了法律标准；时时处处以美国为优先的霸权主义与强权政治为法律上的"长臂管辖"提供了必不可少的政治基础，是美国对中国长期战略打压态势的反映。

新冠疫情是世界范围内百年不遇的公共卫生危机，又恰逢美国政治领域的重大事件——总统选举，美国非但没有发挥其大国应有的担当作用，只一味转移视线、转嫁矛盾，应和其国内早已有之的以有色眼镜看待中国的论调，借机对中国实施污名化。以疫情应对处置为由对中国进行诬告滥诉便是美国一系列针对中国的操作中的重要一环，而本案是其中影响最大、最恶劣的一个。本案中原告的官方立场及法院对《美国豁免法》的解读与适用具有一定的代表性。以送达为例，从2020年4月到2021年12月，仅是向被告进行送达就耗费了原告近20个月的时间，而密苏里州检察长之所以不遗余力地就送达进行各种尝试，正是源于《美国豁免法》将送达问题与对外国实施管辖权联系在一起。如前所述，在初步证据能够证明涉诉行为属于该法对豁免例外规定的范围时，完成合法有效的送达是判定法院对被告实体享有《美国豁免法》意义上的属人管辖的必备要件。本案中，重审法院已展开对起诉书中所谓中国囤积个人防疫物资指控的重审，而一审时没有确定的送达效力问题在重审时就这一具体指控来说，已被认定为送达完成，不再构成认定管辖权的阻碍因素。

国际法语境中以限制豁免论为主导的国家豁免原则及可在一定意义上看成是习惯法的《联合国国家及其财产管辖豁免公约》，虽然并没有完全禁止国家被另一国司法管辖的可能性，但作为豁免例外的条件都集中于国家行为本质的判断标准上，美国以其国内法形式将对具体实体国家身份的判定与送达这一程序性事项挂钩，实践中增加了所涉实体被管辖的可能性，体现了《美国豁免法》的"长臂管辖"特性。美国官方对此也并不讳言。美国国务院认为，《美国豁免法》是一部联邦"长臂管辖法"，理由是只要依据该法中的送达规定进行了有效送达，美国法院就对外国国家、政治分支机构、代理或工具拥有属人管辖权。美国法院依据《美国豁免法》还管辖并命令作为案外人的外国代理或工具提供证据。[①] 以国内司法诉讼程序来解决国与国之间的纷争，虽具有

---

① 李庆明. 中国在美国法院的主权豁免诉讼述评[J]. 国际法研究，2022（05）：3-28.

司法外观但极易因国内法规与实践的偏向性无法实现真正的公平公正；以各国法律地位平等为前提的国家豁免原则必然要求相关规则制度应充分尊重国家主体的意愿，严格奉行国家主权原则。因此美国因新冠疫情对中国的滥诉行为缺乏合理正当性。

另外，所谓新冠疫情传播责任也与公共卫生问题所具有的专业科学性背道而驰，任何一个处于全球化链条中的国家在全球公共健康危机面前恐怕都无法独善其身。美国试图以领土为标准对国际公共卫生合作义务与责任进行单方划分，要求中国过度承担全球化客观不利后果及其风险的义务，① 既不具有法律层面的合理正当性，也充分暴露了其霸权强横的行为本质。

二、本案的法律启示

湖广铁路债券案之后，我国政府、国有企事业单位及官员不时在美国法院被列为被告，如何应对一直是困扰我国理论与实务界的难题。国家豁免本身所具有的法律与政治双重属性使应对美国国内针对我国提起的诉讼时常面临异常复杂的局面。早期因我国一直坚定奉行绝对豁免理论，通常采取的是政治外交方式，主要由中国外交部（含中国驻美国大使馆）表明中国享有国家豁免的立场，并与美国国务院（含美国驻中国大使馆）进行外交谈判，要求美国国务院出面向美国法院提交驳回起诉的豁免建议或利益声明。② 然而实践表明，美国国务院越来越不愿意直接介入有关外国主权豁免的诉讼，也不倾向于向美国法院提交支持外国政府享有豁免权的书面意见。

以本案为代表的美国国内一系列针对中国的涉疫情诬告滥诉案，将《美国豁免法》的司法实践又推至一个新领域，虽然其昭然若揭的政治目的与精心包装的法律操作在国际法上很难获得合法性，但过程中对美国国内豁免法规的解释与适用无疑对中国提出了新的挑战。我国也在实践中不断总结经验教训，逐渐摒弃之前完全依赖政治外交方式的应对模式，更多地从法律角度回应美国的豁免滥诉行为。

由于《美国豁免法》对外国国家和政治分支机构，以及外国国家代理或工具分别适用不同的送达方式，司法实践中，针对某一具体外国实体的送达方式是否合法往往成为法院需要解决的先决问题。本案中，如前所述，中国政府通过各种方式拒绝司法文书送达的策略，起到了一定的效果，不但将本案的诉讼过程拖延至疫情尾声不那么敏感的时期，使法院在此问题上主动作出有利于我国的结论，而且有助于大量类似案件的原告考虑到时间和费用的高昂成本而自行撤诉，从而减轻我国的应诉压力。同时，本案一审过程中，中国国际私法学会的法庭之友意见，对于一审判决确实起到了积极的推动作用。特别是在中国共产党是否构成《美国豁免法》下的"外国国家"问题上，该意见从中国法和美国政府官方文件的角度对我国观点进行了论述，后被法院原则性采纳。然而，本案上诉法院对原告部分诉求发回重审的裁决表明，无论是《美国

---

① 江河，谢宝仪. 国家主权豁免的法理基础和外交实践：以"密苏里州诉中国案"为视域 [J]. 国际经济法学刊，2023（03）：1-15.

② 李庆明. 中国在美国法院的主权豁免诉讼述评 [J]. 国际法研究，2022（05）：3-28.

豁免法》还是美国法院的司法实践，都不禁止美国法院在外国反对外交送达的情况下仍然享有对相关案件的管辖权。对我国来说，接下来的缺席审理过程中可能涉及的"证据开示"等环节，原告的证据披露义务将大大减轻，而法庭之友也无法再像之前有关管辖权的程序性阶段那样享有当事方才能享有的诉讼权利与义务，面对原告歪曲事实、捏造证据的进一步行为时，我国应如何调整诉讼策略，以恰当有效的方式予以回击是亟待解决的新问题。

就本案涉及的主权豁免例外的实体问题，虽然原告提起的商业活动例外与非商业侵权例外均未获成功，但美国国内就《美国豁免法》进行修正以扩充豁免例外的实体依据的动向值得关注。2020年7月30日，美国参议院曾表决通过了《美国豁免法》的修正案，目的是在《美国法典》第28编第1605B条后增加1605C条，即"新冠病毒致损豁免例外"，且表明该修正案的效力及于修正案通过之前。美国曾有过的通过修正案方式以扩大美国法院对外国国家管辖权的实践[1]不得不促使我们对此保持高度警惕。

【思考题】

（1）如何理解"平等者间无管辖权"？
（2）如何认定国家豁免权案件中被诉主体的法律地位？

---

[1] 2016年美国国会通过的《美国对恐怖主义资助者实行法律制裁法》对"恐怖主义豁免例外"予以修正即为例证。该法允许恐怖主义受害者及其家属在美国联邦法院直接起诉"恐怖主义资助国"以获得民事赔偿，且"恐怖主义豁免例外"新增一种适用情形，即外国政府实施国际恐怖主义行为，或其官员、雇员或代理人在职权范围内的行为导致美国境内人身伤亡或财产损失的，不享受豁免权利。这意味着"恐怖主义豁免例外"适用对象不再局限于被列为"恐怖主义资助国"的国家，而是扩张到任何国家。该法通过后，"9·11"事件的受害者和家属即可依据该例外起诉涉嫌资助恐怖主义活动的沙特阿拉伯。参见龚柏华，丁伯韬.中国政府在美国被诉引用主权豁免抗辩的法律探析[J].上海政法学院学报（法治论丛），2020，35（06）：1-18.

第六章

国际组织法

本章知识要点

（1）国际组织的职权；（2）联合国及其专门机构。

案例一　欧洲人权法院贝赫拉米案（贝赫拉米诉法国）

【基本案情】

为应对科索沃危机，联合国安理会于1999年6月10日通过了第1244号决议，组建由成员国和相关国际组织组成的维和部队。维和部队实际上主要由北约部队组成，接受统一的指挥和控制。具体而言，维和部队分为4个多国部队，分别负责一定区域并分别由一个领导国负责指挥。法国负责米特罗维察市。[①] 2000年3月11日，贝赫拉米（Behrami）的两个儿子和小伙伴们在科索沃米特罗维察市的山上玩耍时，发现了1999年北约轰炸南联盟时投下的未爆炸的集束炸弹。因误认为它们是安全的，在玩耍的过程中，一个男孩将一枚集束炸弹抛至空中引发了爆炸，造成贝赫拉米二子一死一伤。基于联合国安理会第1244号决议设立的联合国科索沃临时行政当局（以下简称科索沃特派团）的警察对该案进行了调查，并得出这是一起"因轻率而犯下的非蓄意杀人案"的结论。2000年5月22日，地区检察官致函贝赫拉米，称证据表明本案是一场事故，不会提起刑事指控，但贝赫拉米有权在该信发出之日起8天内自行提起刑事诉讼。2001年10月25日，贝赫拉米向科索沃索赔办公室表示，法国没有遵守联合国安理会第1244号决议中关于清理未爆炸集束炸弹的规定。科索沃索赔办公室将其转给了法国部队派遣国索赔办公室，后者予以拒绝并指出，联合国安理会第1244号决议要求维和部队监督扫雷行动，直到科索沃特派团能够接管为止，而且自1999年7月5日以来，扫雷行动一直是联合国的责任。

[①] European Court of Human Rights（ECtHR），Behrami and Behrami v. France，Application Number 71412/01，Grand Chamber Decision，2 May 2007，para. 3.

随后，贝赫拉米依据《欧洲人权公约》第 2 条[1]向欧洲人权法院提起诉讼，指控法国在知情的情况下未及时清理负责区域未爆炸的集束炸弹从而造成人员伤亡。2007 年 5 月 2 日，欧洲人权法院作出判决，认为由于联合国对维和行动有最终控制权，所以不法行为应完全归属于联合国，由联合国承担相应的法律责任，而欧洲人权法院对联合国没有管辖权，故驳回起诉。

【主要法律问题】

本案涉及的主要问题是维和部队的不作为行为所造成的后果是由成员国还是联合国承担。欧洲人权法院在梳理事实与各方诉求的基础上，对该问题进行了分析并最终作出裁决。

在事实说明部分，除了介绍本案背景和案件经过，欧洲人权法院还列举了与本案相关的国际法和国际法实践，包括《联合国宪章》、联合国国际法委员会起草的《国际组织责任条款草案》、联合国安理会第 1244 号决议，科索沃维和部队相关文件以及在科索沃排雷行动的组织机构分工情况等资料。[2]

就双方诉求来看，贝赫拉米认为，发生事故的原因是法国维和部队未能标记和（或）拆除那些他们明知存在于其负责区域的未引爆的集束炸弹，这一不作为行为违反了《欧洲人权公约》第 2 条。[3] 根据属人原则，法国应当为其士兵的不作为行为负责，该责任不应当被归于北约或联合国。根据 1999 年 6 月 9 日维和部队、南斯拉夫联盟共和国（以下简称南联盟）与塞尔维亚签署的《军事技术协议》和联合国安理会第 1244 号决议，维和部队控制和管理科索沃的方式相当于一个国家的控制管理方式。既然维和部队知道有未爆炸的弹药并控制了现场，就应该防止公众进入。维和部队本身并不是国际组织，也并非国家，因此不具有独立的法律人格。维和部队不是国际法主体，不对其成员的作为或不作为承担国际责任。案发区域处于法国的控制之下，因此贝赫拉米认为，本案中法国应当承担责任。法国认为，维和部队是联合国安理会授权的维护和平的一种具体方式，安理会的决议构成了北约组建和指挥维和部队的法律依据。在这种情况下，维和部队的行为不能归咎于成员国，而应归咎于对涉及地域行使全面

---

[1] 《欧洲人权公约》第 2 条："1. 任何人的生命权应当受到法律的保护。不得故意剥夺任何人的生命，但是，法院依法对他所犯的罪行定罪并付诸执行的除外。2. 如果使用武力剥夺生命是迫不得已的情况下，不应当视为与本条的规定相抵触：（1）防卫任何人的非法暴力行为；（2）为执行合法逮捕或者是防止被合法拘留的人脱逃；（3）为镇压暴乱或者是叛乱而采取的行动。"

[2] European Court of Human Rights（ECtHR），Behrami and Behrami v. France，Application Number 71412/01，Grand Chamber Decision，2 May 2007，paras. 6-18.

[3] European Court of Human Rights（ECtHR），Behrami and Behrami v. France，Application Number 71412/01，Grand Chamber Decision，2 May 2007，para. 20.

有效控制的联合国。① 维和部队不具有独立的主体资格，② 但它受联合国的控制，而联合国是独立的国际法主体。本案中，联合国作为第三方参与了诉讼，主张虽然排雷行动属于联合国地雷行动协调中心的职责范围，但由于维和部队并未提供必需的位置信息，因而不作为行为不能归责于科索沃特派团，继而也不能归责于联合国。

欧洲人权法院的分析推理过程分为以下 3 个步骤：

首先，欧洲人权法院确定了维和部队和科索沃特派团二者之间谁应是排雷任务的承担者。欧洲人权法院注意到，安理会第 1244 号决议第 9 条（e）项规定，维和部队保留监督扫雷的责任，直到科索沃特派团接管为止。正如联合国向欧洲人权法院指出的那样，该决议第 11 条（k）项补充了这一规定。秘书长于 1999 年 6 月 12 日给安理会的报告证实，这项活动是人道主义活动（科索沃特派团第一支柱），因此科索沃特派团将设立联合国地雷行动协调中心，在此之前，由维和部队继续作为事实上的协调中心。在联合国地雷行动协调中心开始行动时，它受第一支柱副秘书长特别代表的领导。联合国向欧洲人权法院提交的相关文件证实，监督排雷的任务在事实上和法律上最迟在 1999 年 10 月，也就是在贝赫拉米案情涉及的引爆日期之前，由联合国地雷行动协调中心接管。维和部队仍然作为服务提供者参与扫雷工作，其人员代表科索沃特派团行事。综上所述，欧洲人权法院认为，监督扫雷属于科索沃特派团的任务范围。③

其次，欧洲人权法院确定了维和部队的扫雷行动与受到指责的科索沃特派团的不作为是否可以归属于联合国。在这一过程中，欧洲人权法院先通过审查维和部队和科索沃特派团的行为与《联合国宪章》第 7 章的关系，认为无论是维和部队还是科索沃特派团都是安理会根据《联合国宪章》第 7 章采取的行动，前者作为一支国际安全部队，由安理会授权给有意愿的组织和成员国（本案中具体为北约）组建并获得具体行动指挥权，联合国是授权组织，并不直接指挥开展行动；后者作为一个临时行政管理机构，由经授权的秘书长在"相关国际组织"（本案中具体为北约）的协助下建立，并与安理会协商决定负责人的任命，属于联合国附属机构，享有广泛的民政权力并监督维和部队的行动。因此《联合国宪章》第 7 章为安理会将停止武力、维护安全的权力授予维和部队，将进一步促进和平的民事和行政管理权力授予科索沃特派团提供了一个制度框架。然后在这一基础上，欧洲人权法院进一步分析指出，虽然第 7 章构成了上述安理会采取行动的法律基础，但这种授权必须有足够的限制，以便与《联合国宪章》规定的联合国集体安全机制的集中程度保持一致。更具体地说，就是使代表实体的行为能归属于联合国。因《联合国宪章》第 7 章第 43 条意义上的联合国部队并未

---

① European Court of Human Rights（ECtHR），Behrami and Behrami v. France，Application Number 71412/01，Grand Chamber Decision，2 May 2007，para. 26.

② European Court of Human Rights（ECtHR），Behrami and Behrami v. France，Application Number 71412/01，Grand Chamber Decision，2 May 2007，para. 25.

③ European Court of Human Rights（ECtHR），Behrami and Behrami v. France，Application Number 71412/01，Grand Chamber Decision，2 May 2007，paras. 35-37.

成立，联合国需要成员国（尤其是安理会常任理事国）和国家集团提供必要的军事手段来发挥其集体安全作用，且这种维护安全任务的多边性和复杂性又使一些具体任务的指挥权有必要授予特定军事人员。欧洲人权法院认为，关键问题是安理会作为集体安全的核心机构，是否保留"最终权力和控制权"（ultimate authority and control）。欧洲人权法院得出如下结论：安理会通过第1244号决议授权维和行动时保留了最终权力和控制权。原因如下：第一，《联合国宪章》第7章允许安理会向"会员国和有关国际组织"授权；第二，该权力是一种可授权的权力；第三，授权的具体内容在决议中已表明，科索沃特派团是决议确认的具体机构；第四，该决议对授权作出了充分而明确的限制；第五，决议要求驻军的领导向安理会报告，以便安理会行使全部的权力和控制。因此，安理会第1244号决议在科索沃形成了一套指挥系统，即安理会保留对安全任务的最终权力和控制，并授权北约（与非北约成员国协商）建立维和部队；北约则通过一个指挥链将军事命令传达到科索沃维和部队指挥官来完成其指挥任务。多国部队通常由一名来自主要派出国的军官指挥，而后者则由维和部队直接指挥。多国部队的行动根据北约制定的行动计划来进行，并且由科索沃维和部队的指挥官以维和部队的名义来执行。欧洲人权法院据此认为，维和部队是在合法地行使《联合国宪章》第7章安理会授予的权力，虽然其内部纪律与个体刑事责任仍由派遣国负责，但并不影响北约在科索沃维和行动中的行为原则上归属于联合国。与维和行动不同，科索沃特派团是根据《联合国宪章》第7章设立的联合国附属机构，但在同样意义上，不作为行为原则上也应归咎于联合国。[1]

最后，欧洲人权法院还审查了其是否有权基于属人原则审查任何可归因于联合国的不作为行为。由前文的分析可知，维和部队正在行使安理会根据《联合国宪章》第7章授予的合法权力，而联合国又具有独立于其成员国的法律人格，因此其不作为行为原则上应归咎于联合国。此外，联合国不是《欧洲人权公约》的缔约方，欧洲人权法院对联合国没有管辖权，故驳回起诉。[2]

【主要法律依据】

(1)《欧洲人权公约》第2条。
(2)《联合国宪章》第7章。
(3) 联合国安理会第1244号决议。

【拓展分析】

政府间国际组织的国际法主体资格虽然在国际法上已不存在争议，但在其与成员

---

[1] European Court of Human Rights (ECtHR), Behrami and Behrami v. France, Application Number 71412/01, Grand Chamber Decision, 2 May 2007, paras. 37–41.

[2] European Court of Human Rights (ECtHR), Behrami and Behrami v. France, Application Number 71412/01, Grand Chamber Decision, 2 May 2007, paras. 41–44.

国之间引起责任承担的行为归属问题，始终是争论的话题，成为国际组织法的焦点议题。联合国作为当今最具影响力的普遍性国际组织，维护国际社会和平与安全是其核心职能，《联合国宪章》第 7 章规定的集体安全机制在实践中往往表现为以安理会授权为法律基础的多国部队维持和平行动。维和行动的广泛多样使参与国家与联合国之间的关系复杂难辨，如何就其中的不法行为进行正确归属继而进行责任划分是兼具理论与实践意义的国际法问题，国际社会亟须相应的国际法规则予以解决。2000 年至 2011 年，国际法委员会对国际组织的责任专题进行了研讨，形成了《国际组织责任条款草案》，虽时至今日该草案仍未提交外交会议，但相关条文及其评注对研究以联合国维和行动为代表的国际组织与成员国之间的法律责任问题提供了参考依据。

事实上，欧洲人权法院在本案裁决中的事实说明部分对《国际组织责任条款草案》也进行了援引，具体提及了该草案 2004 年版本的第 3 条和第 5 条。第 3 条[①]是国际组织承担责任的一般原则，即一国际组织应对其每一国际不法行为承担国际责任；一国际组织的国际不法行为可以表现为作为，也可以表现为不作为，但须同时满足行为依国际法可归于该国际组织且该行为构成对该国际组织违反国际义务的条件。第 5 条[②]对交由一国际组织支配的一国机关或另一国际组织的机关或代理人的行为归属规定了"有效控制"原则，即如果在一个国际组织对于一个国家的机构或者另一个国际组织的机构或人员行使有效控制的情况下，则该国家的机构或者另一个国际组织的机构或者人员的行为应该视为该国际组织的行为。该草案评注指出该条款适用最典型的情形便是由国家派出的军事力量在联合国支配下执行维和行动。就有效控制程度的标准而言，联合国秘书长指出："在联合行动中，部队行动的国际责任确定有赖于根据部队派出国与联合国之间建立的关于维和行动的安排确定行动性的指挥与控制具体在哪一方。如果没有这种协定安排，责任的确定则要依据具体个案中一方在维和行动中行使有效控制的程度来决定。"[③] 本案中，欧洲人权法院以联合国是否对具体的维和行动行使了总体控制为标准，且关注了维和行动中的指挥与控制链条在个案中是否被明显违反，最终认定行为归属于联合国。同时欧洲人权法院在与贝赫拉米案合并审理的萨拉马提（Saramati）案[④]中，也贯彻了这一有效控制原则。此后，其他法院在审理类似案件中也面临着判断一个国际不法行为是否可归因于国际组织的问题，在其判决实质上均不同程度地参考与适用了 2007 年欧洲人权法院在本案最后决定中所得出的"最终有效控制

---

① 2011 年二读通过的《国际组织责任条款草案》中仍为第 3 条。
② 2011 年二读通过的《国际组织责任条款草案》中为第 7 条。
③ 郭旭阳. 联合国维和行动中不法行为的归责原则 [D]. 北京：外交学院，2017.
④ 维和部队认为萨拉马提威胁科索沃地区军事安全，对其予以拘留。萨拉马提根据实施拘留的指挥官国籍（挪威和法国）向欧洲人权法院提起诉讼，认为挪威和法国违反《欧洲人权公约》第 5 条预防性理由规定。而挪威和法国认为，两国指挥官在联合国指导下行动，联合国应为此案负责。参见王凌波. 论联合国维和行动之不法行为归因性：以欧洲人权法院 Behrami/Saramati 案为视角 [J]. 东北农业大学学报（社会科学版），2018，16（01）：71-79.

标准"。①

　　欧洲人权法院的上述司法结论一方面是对联合国独立国际法律人格地位及其安理会是集体安全机制中的核心力量的有利维护，且强调是否有明显的证据证明安理会授权至多国部队组成的维和军事力量后，在具体执行任务时，维和部队的指挥命令机制出现被参与国不当干预而被违反的情况，是更易于操作的判断标准；另一方面也体现出对维和行动实践中广泛存在的领导与指挥双重机制某种程度上的忽视。"派遣国的维和人员归联合国领导，为完成联合国交与的维和使命，听命于维和部队的总司令的统一指挥与协调。但每支派驻到不同区域的分遣部队同时又是各派遣国的国内机关，遵守本国部队的纪律规章，接受本国的刑事管辖，保持对本国部队的忠诚。"② 在这种情况下，仅从整体上考量安理会的总体控制权似乎很难满足具体行动中的实质有效标准，行为单一归属的结论难以让人完全信服。即使是《国际组织责任条款草案》也考虑到了多重归属的可能性，"一国际组织对一国际不法行为负有责任这一事实并不排除在同类情况下存在其他国际法主体的平等责任"③。而且，单一归属的做法使受害方很可能陷入无法获得救济的被动境地。如本案所示，欧洲人权法院没有受理贝赫拉米的诉讼请求的同时，国内法上也因为国际组织管辖豁免而不存在司法裁决的空间。④ 国际组织的责任问题，尤其是其与成员国之间的行为归属与责任划分问题还需要国际社会继续努力，制定具有拘束力的成文法依据。

　　2020年9月18日，我国国务院新闻办公室发布《中国军队参加联合国维和行动30年》白皮书。该白皮书指出："30年来，中国军队认真践行《联合国宪章》宗旨和原则，先后参加25项联合国维和行动，累计派出维和官兵4万余人次，忠实履行维和使命，为维护世界和平、促进共同发展作出积极贡献。"明晰成员国在执行国际组织决议的过程中的行为归属与责任划分问题，有利于我国更加积极地参加维和行动，为维护世界和平贡献中国力量。

【思考题】

（1）国际组织的法律人格遭到滥用会产生哪些后果？

（2）国际组织不法行为的归属原则是什么？

---

① 例如，海牙地区法 Srebrenica 案、荷兰上诉法院 Srebrenica 上诉案、英国上议院 Al-Jedda 案、欧洲人权法院的 Al-Jedda 上诉案等。参见郭旭阳. 联合国维和行动中不法行为的归责原则 [D]. 北京：外交学院，2017.

② Davis Brown. "The Role of the United Nations in Peacekeeping and Truce-Monitor: What are the Applicable Norms" Review Belge de Droit Internationale, vol.Ⅱ (1994) paras. 574-577.

③ 国际法委员会报告 A/66/10, para. 94.

④ 2000年8月18日联合国秘书长特别代表采纳了第2000/47号法令。该法令涉及科索沃维和部队、科索沃特派团及其工作人员在科索沃的法律地位、特权及豁免。该法令中授予科索沃维和部队人员因其行动导致的行政、民事、刑事责任，于科索沃地方法院具有管辖豁免，同时授予科索沃特派团人员在其职权范围内的行为具有管辖豁免。

案例二　国际民用航空组织理事会管辖权案（巴林、埃及、沙特和阿联酋四国诉卡塔尔）

【基本案情】

2017年6月5日，巴林、埃及、沙特和阿联酋四国（以下简称中东四国）以卡塔尔违反《利雅得协定》，未能遵守其在该协定项下"停止支持、资助或窝藏对国家安全构成威胁的个人或团体，特别是恐怖团体"的承诺为由，宣布与卡塔尔断交，并对卡塔尔实施海陆空封锁。在航空限制方面，中东四国禁止所有在卡塔尔注册的飞机降落或离开其机场，并剥夺飞越其各自领土，包括有关飞行情报区（Flight Information Region）[①]内领海的权利。甚至某些限制也适用于非卡塔尔注册但往返卡塔尔的飞机，这些飞机也必须事先获得中东四国民航当局的批准。[②]

2017年10月30日，卡塔尔向国际民用航空组织理事会（以下简称理事会）提交了两份争端处理申请，分别是根据《国际民用航空公约》（以下简称《公约》）第84条，指控中东四国关闭领空的措施违反了它们在《公约》项下的义务（以下简称申请A）；根据《国际航空过境协定》（以下简称《协定》）第2条第2节，声称巴林、埃及和阿联酋三国（以下简称中东三国）剥夺定期航班空中航行自由的行为违反了它们在《协定》项下的义务（以下简称申请B）。[③] 2018年3月19日，中东四国针对申请A在其向理事会提交的答辩状中，提出了两项初步反对意见：第一，理事会不具备裁决卡塔尔所提主张的管辖权，换言之，卡塔尔的主张不可受理。争端要求理事会"决定其管辖范围之外的事项，因为要裁断请求国采取的包括某些空域限制在内的反制措施是否合法，理事会必须裁断卡塔尔是否遵守了国际法规定的重要义务，而这些义务与《公约》完全无关，也不在该公约范围内"。第二，卡塔尔没有遵守《公约》第84条规定的理事会管辖权存在的必要前提条件，即在向理事会提出主张之前，应先试图通过谈判解决分歧。同日，中东三国针对申请B在其向理事会提交的答辩状中，也提出了两项初步反对意见：第一项反对意见的逻辑与中东四国提出的完全一致，即理事会缺乏《协定》规定的管辖权，因为当事双方所争执的真正问题涉及超出《协定》范围的事项，包括航空限制在内的措施都可以根据国际法定性为合法反措施；第二项反对意见指出，卡塔尔没有遵守《协定》第2条第2节中通过参引《公约》第84条规定的理事会管辖权存在的必要前提条件。2018年6月29日，理事会分别作出裁决，就针对

[①] 又称飞航情报区、飞行信息区，由国际民航组织划定，能够区分各个国家或地区在该区的航管及航空情报服务的责任区，是为提供飞航情报服务和告警服务而划定范围的空域。

[②] Bahrain, Egypt and United Arab Emirates v. Qatar, Judgment of 14 July 2020, para. 21.

[③] 因沙特未签署《国际航空过境协定》，所以卡塔尔的此项申请未将沙特列入其中。

两项申请初步反对意见均予以驳回。①

2018年7月4日,中东四国与中东三国分别向国际法院对"理事会于2018年6月29日就卡塔尔根据《公约》第84条对4个国家启动的程序所做决定"及"理事会于2018年6月29日就卡塔尔根据《协定》第2条第2节对3个国家启动的程序所做决定"提起上诉。2019年12月2日至6日,国际法院举行了关于两案案情实质的公开听证会。国际法院针对申请方提出的意见,审查了理事会之决定的程序合法性、事实认定与法律适用正确性等问题,最终认为理事会对其决定事项具有管辖权,且程序与实质决定均无错误,故而于2020年7月14日作出了两份判决,对两起上诉均予以驳回,并以15票对1票判决理事会有权受理卡塔尔于2017年10月30日提交的申请。②

【主要法律问题】

《公约》第84条规定:"如两个或两个以上缔约国对本公约及其附件的解释或适用发生争议,而不能协商解决时,经任何与争议有关的一国申请,应由理事会裁决。理事会成员国如为争端的一方,在理事会审议时,不得参加表决。任何缔约国可以按照第85条,对理事会的裁决向争端他方同意的特设仲裁庭或向常设国际法院③上诉。"《协定》第2条第2节规定:"如两个或两个以上缔约国对本协定的解释和应用发生争执而不能通过协商解决时,上述公约第18章关于上述公约的解释和应用发生争执时的规定应同样适用。"根据《协定》第1条第2节的规定,此处的"上述公约"指的就是《公约》,第18章即包含《公约》第84条的"争端和违约"章节。上述有关争端解决的条款对理事会的管辖权作出了明确规定:争议的主要问题需与《公约》或附件的解释或适用有关;国际法院被赋予上诉法庭的地位,即当事双方如果对理事会的"一审"裁决不满,可以上诉至特设仲裁庭或国际法院,在同一个程序框架中继续解决纠纷,避免当事方再度提起平行的诉讼程序,进而加剧管辖权竞合问题;在向理事会提出争端解决请求之前,当事双方应先通过谈判解决分歧。

被诉方对申请A和申请B提出的初步反对意见的实质内容基本一致,由此,本案涉及的主要问题是国际民用航空组织这一国际组织的理事会的管辖权问题,具体包括管辖范围与争端解决前置程序问题。

首先,需要确定当事方之间的争议是否分别与《公约》或附件的解释或适用、《协定》的解释与适用有关。巴林等国认为其对卡塔尔实施的航空限制实质是对卡塔尔违反《利雅得协定》支持敌对行为、扰乱国家安全行为的合法反措施,与《公约》的解释或适用无关,进而认为理事会无权审查卡塔尔的申请。卡塔尔承认双方的争端是广

---

① 参见国际法院文件A/73/4,第48-50页。
② 参见国际法院文件A/75/4,第33页。
③ 《国际民用航空公约》签订于联合国成立之前的1944年,联合国成立后,国际法院根据《联合国宪章》于1945年6月成立。1946年2月,联合国大会及安理会根据《国际法院规约》选举出首批法官,正式取代国际联盟于1922年设立的常设国际法院。

泛而复杂的（wide-range dispute），但没有任何国际法条文规定双方不可以将彼此之间分歧中的不同部分分别提交不同专业机构进行争议解决。事实上，在本案进行的同时，阿联酋也将其中涉及贸易保护的争端提交到了 WTO。[1] 国际法院认为，在理事会就案情进行的诉讼中，因实施反措施而提出的管辖权抗辩不影响理事会受理本案。关于航空限制构成合法反措施的论点，仅构成对案情实体问题的辩护理由，只在管辖权问题解决后才具有相关性。[2] 在实践中，国与国之间的争议往往广泛而复杂，因此涉及《公约》的争议很可能仅为整个争议事项中的一部分。但是，不能因为存在分歧的一方以《公约》之外的理由为其行为辩护，就削弱了理事会根据《公约》第 84 条所获得的管辖权。在中东三国提出上诉的争端事由是否符合《协定》第 2 条第 2 节规定的理事会管辖范围问题上，国际法院适用了同样的推理逻辑。[3]

其次，需要审查卡塔尔是否满足了《公约》第 84 条所规定的协商这一前置程序先决条件。针对巴林等国提出的卡塔尔未能就争端事项进行事前协商谈判的主张，卡塔尔也进行了相应的抗辩。卡塔尔提出，2017 年 6 月 5 日当事方之间断交，巴林等国在实施航空限制的同时，也阻断了一切与之进行协商的途径。因此考虑在本案的具体情况下，协商是徒劳的。如果协商或试图进行的协商无济于事或陷入僵局，则应认定为争议无法通过协商解决，而不能刻板地要求卡塔尔进行直接的、面对面的协商。而且卡塔尔还试图通过提交信函敦促理事会就案涉措施采取行动，在国际民航组织内部工作会议等多边场合与巴林等国进行沟通。国际法院认为，《公约》第 84 条规定了为确立理事会的管辖权而必须满足谈判这一前提条件。因此在根据第 84 条提出申请之前，缔约国必须作出真正的努力，与其他有关国家进行谈判。如果谈判或试图谈判无果或陷入僵局，则分歧"不能通过谈判解决"，理事会管辖权的先决条件也视为得到满足。且真正的谈判尝试可以在双边外交之外进行，[4] 当事方在有关国际组织等多边场合下进行的商讨或作出的努力也应被看作是协商谈判的努力。国际法院据此认为，卡塔尔满足了理事会管辖权的前置程序要求。

最后，巴林等国还从司法适当性（judicial propriety）的角度对理事会的管辖权提出疑问。上诉方辩称，如果本案以目前的形势进入案情实质阶段，理事会将有两种选择：一是理事会可以裁定与航空限制是否构成合法反措施有关的问题，特别是卡塔尔是否违反了其在民用航空以外领域的国际义务。然而，这将意味着上诉方必须在一个他们认为不具备适当条件裁定此类事项的平台上以反措施为由进行辩护；二是理事会可以拒绝听取以反措施为依据的辩护，但这将意味着理事会无法就其面前的所有事项

---

[1] 2019 年 1 月 28 日，阿联酋要求与卡塔尔就卡塔尔对从阿联酋有关进口、储存、分销、营销或销售货物的措施进行磋商，案号为 WT/DS576。后由于卡塔尔公开撤回有关措施，阿联酋认为不再有必要继续 DS576 的争端解决程序，没有必要组成专家小组，并恳请结束这一事项。

[2] Bahrain, Egypt, Saudi Arabia and United Arab Emirates v. Qatar, Judgment of 14 July 2020, paras. 48-50.

[3] Bahrain, Egypt and United Arab Emirates v. Qatar, Judgment of 14 July 2020, paras. 48-50.

[4] Bahrain, Egypt and United Arab Emirates v. Qatar, Judgment of 14 July 2020, paras. 89-90.

作出决定。因此，卡塔尔向理事会提出的申请是不可行的，因为解决卡塔尔的申诉必然要求理事会对其没有管辖权的事项作出裁决。理事会行使的任何此类管辖权都不符合管辖权的协商一致基础，因此不符合司法适当性。① 对此，国际法院认为，从主体上看，很难将司法适当性的概念适用于理事会。因为理事会是国际民航组织的行政机构，由理事会成员国所指定的代表组成，而不是以个人身份独立行事的个人组成。并且，理事会是集行政、司法、立法、监督等多种权能混一的常设机构，主要致力于提供技术和行政服务，其成员国代表大多不是精通国际法的专家。因此，主体的不独立和法律背景的欠缺使理事会在争端解决中也很难具有司法适当性。除《公约》第54条和第55条规定的执行和行政职能外，第84条还赋予理事会解决两个或两个以上缔约国之间关于《公约》及附件的解释或适用分歧的职能。然而，这并没有将理事会转变为一个适当意义上的司法机构。在任何情况下，如果理事会仅为了处理其管辖范围内的争端而审查民航事项以外的问题，理事会解决争端职能的完整性都不会受到影响。② 因此，尽管因司法适当性存疑而使理事会的司法职能存在争议，但理事会对关于《公约》及附件的解释或适用、《协定》的解释与适用产生的争议依然享有管辖权。

【主要法律依据】

（1）《国际民用航空公约》第84条。
（2）《国际航空过境协定》第2条。

【拓展分析】

"向组织化迈进"（move to institutions）是当代国际政治的主要发展方向，③ 国际民航组织作为国际民航领域的政府间国际组织，对构建与维护国际民航多边秩序发挥了主导作用。除制订或修订关于国际民用航空运输的技术标准或建议措施，以及安全保卫或空防安全的法规条款，对成员国进行安全监察等职能外，国际民航组织对民用航空争端解决机制的安排与运行也是其重要职能；然而，以本案为代表的理事会争端解决管辖权争议暴露出国际民航组织争端解决机制存在制度上的固有缺陷。

首先，虽然国际法院在其判决书中得出结论说，双方之间存在更广泛的争议并不阻碍国际民航组织理事会以《公约》第84条规定的管辖权为根据。但国际法院未能给国际民航组织在遇到类似情况时应该如何处理指明方向，因其未在判决书中释明在兼容《公约》的争议与其他政治/法律争端案中，国际民航组织理事会有限的"属事管辖权"该如何划界。④ 另外，《公约》第54条赋予了理事会行政权能，而第84条赋予了

---

① Bahrain, Egypt and United Arab Emirates v. Qatar, Judgment of 14 July 2020, para. 52.
② Bahrain, Egypt and United Arab Emirates v. Qatar, Judgment of 14 July 2020, paras. 60-62.
③ David Kennedy. The Move to Institutions [J]. Cardozo Law Review, 1987, 8 (05): 841-988.
④ 王璐瑶. 国际民航组织理事会之"司法职能"辨析：以"卡塔尔案"为例 [J]. 中国法学教育研究, 2021 (01): 215-232.

其司法权能，两者存在适用上的冲突。《公约》第 54 条第 14 款规定，理事会有权审议任何缔约国向理事会提出的关于《公约》的任何事项。《公约》第 84 条规定，理事会的管辖权限于《公约》及附件的解释或适用问题。两者的权限范围显然存在重叠，那么应如何协调理事会依据这两个条款所享有的审议处理权是一个严肃的法律问题，但理事会并未对第 54 条与第 84 条的适用关系作出过澄清与解释。一般意义上，政治性争端解决机制相较于法律性机制具有明显的广泛性与灵活性优势，且理事会成员国的代表绝大多数均非法律专业人士，缺乏司法中立性，导致理事会司法能力供给不足。因此理事会在实践中更倾向于选择适用第 54 条第 14 款的规定，从而避免适用第 84 条。在劫持航空器案（刚果诉卢旺达与乌干达）、加沙国际机场摧毁案（巴勒斯坦解放组织诉以色列）、侵犯古巴领空主权案（古巴诉美国）等案件中，在当事人未明确其提出争端解决请求法律根据的情况下，理事会均主动将案件识别为第 54 条第 14 款项下的争端，从而避免启动《公约》第 18 章的争端解决机制。[①] 本案在国际法院最终确认理事会的管辖权后，巴林等国在理事会的外交斡旋下，开始和卡塔尔谈判，让出一部分航道供卡塔尔使用。2021 年 1 月 5 日，第 41 届海湾阿拉伯国家合作委员会首脑会议在沙特西部城市欧拉举行，与会领导人在峰会上签署了《欧拉宣言》，中东四国宣布与卡塔尔恢复外交关系，开放海陆空边境。理事会即终止了案件审理程序。

　　一方面，理事会在涉及国家间航空纷争的处理过程中，主动扮演政治而非司法角色，采用外交手段寻求当事方之间的政治利益平衡，最终以调解或促成当事方间和解的方式化解矛盾，某种程度上也证明了理事会处理争端方面的有效性；另一方面，理事会从未对《公约》的解释与适用进行法律分析，导致相关事件的处理结果充满争议，其司法功能弱化在客观上也大大减损了国际民航组织的权威性。在规范性困境和裁判印证的基础上，国际民航争端解决机制改革的呼声随之产生。[②] 2018 年，国际民航组织启动《解决分歧规则》的修订工作，截至 2023 年已召开了 8 次专家小组会议，议题涉及"理事会的职能定位""外交谈判的条件""初步反对意见的理由扩大""理事会裁决的法律理由""第三人介入诉讼""代理人选任""诉讼期限""诉讼纪录的保密"以及"临时措施的适用"等。

　　进入 21 世纪以来，国家间航空领域不仅出现因侵犯领空或禁飞等仅关涉两国利益的争端，还出现因航空器碳减排、国家对国际社会的航空安保义务履行等关涉多国利益的争端，国际民航组织的司法争端解决机制的价值得到了越来越多的重视，如何更好地发挥该组织作为制衡航空强国单边行动、维护国际航空秩序的机构性作用也日益成为国际法关注的焦点。国际组织解决国际争端的功能，具有专业化程度高的优势。以国际规则为基础和平解决国际争议，才是国际社会的应循之道。

[①] 周亚光. 国际民用航空组织争端解决机制司法化改革论析 [J]. 法律科学（西北政法大学学报），2020，38（01）：152-160.

[②] 张鹿苹. 国际民用航空争端解决机制的改革路径及中国贡献 [J]. 江汉论坛，2021（12）：121-126.

作为国际民航组织的创始国之一，我国始终恪守《公约》的宗旨和目标。自 2004 年以来，我国曾 7 次当选国际民航组织一类理事国。我国航空业蓬勃发展，加之世界局势变幻莫测，日后我国与其他国家之间也存在就民用航空运输方面发生争议的可能性。国际民航组织框架下外交与法律的综合争端解决机制为我国提供了更多的选择空间。同时，我国也应关注国际民航组织争端解决机制的改革进程，积极参与《解决分歧规则》的修订工作，为国际法与全球治理作出贡献。

【思考题】

（1）国际组织的管辖权依据通常来自哪里？

（2）国际组织法律人格包含哪些主要内容？

第七章

国际法上的个人

本章知识要点

(1) 个人的国籍；(2) 外国人的法律地位与待遇；(3) 引渡和庇护；(4) 难民。

案例一 哈布雷引渡案（比利时诉塞内加尔）

【基本案情】

哈布雷在担任乍得总统的 8 年里，涉嫌犯有灭绝种族罪、战争罪等一系列侵犯人权的罪行。后因其所领导的政府被推翻，哈布雷逃往塞内加尔首都达喀尔并长期居住在该地。[①]

2000 年，乍得籍受害人在达喀尔地方法院提起诉讼，指控哈布雷犯有反人类罪、酷刑罪等，达喀尔地方调查法官在识别哈布雷身份后将其软禁。[②] 哈布雷提起上诉，请求达喀尔上诉法院判定达喀尔地方法院的初审判决无效，理由是初审判决没有法律依据，认为案件已过诉讼时效，并且还认为该判决违反了乍得的《宪法》《刑法》及《禁止酷刑公约》，最终得到了上诉法院的支持。此后，该案的受害人不服上诉法院的这一判决，又向塞内加尔最高法院申诉，而塞内加尔最高法院也以达喀尔调查法官没有管辖权为由驳回了受害人的申诉。[③]

受害人在塞内加尔未能获得法律救济，继而选择在比利时提起诉讼。在犯罪发生时，他们并未拥有比利时公民身份。但在起诉时，其中一名受害者获得了比利时国籍，

---

① Questions Relating to the Obligation to Prosecute or Extradite (Belgium v. Senegal), Judgment of 20 July 2012, para. 16.

② Questions Relating to the Obligation to Prosecute or Extradite (Belgium v. Senegal), Judgment of 20 July 2012, para. 17.

③ Questions Relating to the Obligation to Prosecute or Extradite (Belgium v. Senegal), Judgment of 20 July 2012, para. 18.

另外两名受害者同时具有比利时和乍得的双重国籍。① 比利时调查法官指控哈布雷可能单独或与他人共同犯有酷刑罪、种族灭绝罪、反人类罪和战争罪等，对其发出国际逮捕令，并向塞内加尔提出将哈布雷引渡到比利时受审的请求。

但是塞内加尔并未对比利时提出的引渡请求给出实质性的答复。鉴于两国均已承认国际法院的强制管辖权，于是比利时在2009年2月在国际法院提出了针对塞内加尔的诉讼。一方面，请求国际法院认定塞内加尔行为的违法性：（1）因塞内加尔没有将《禁止酷刑公约》第5条所规定的普遍管辖权条款纳入其国内法，授权其司法机关根据《禁止酷刑公约》第5条行使普遍管辖权，因此违反了其所承担的国际义务；（2）塞内加尔已经违反并继续违反《禁止酷刑公约》第6条第2款和第7条第1款的规定，且因没能对哈布雷涉嫌的酷刑罪、灭绝种族罪、战争罪和反人类罪提起诉讼或为对上述罪行提起诉讼的目的将其引渡给比利时，违反了国际习惯法上的义务；（3）塞内加尔不能以财政困难或其他困难为由，免除其国际义务。另一方面，要求塞内加尔：（1）为起诉的目的将哈布雷案提交塞内加尔主管机关进行审判；（2）如不起诉，则将哈布雷引渡给比利时。②

【主要法律问题】

本案涉及的主要问题包括：第一，国际法院的管辖权；第二，比利时的诉权；第三，塞内加尔是否违反了"或引渡或起诉"原则。

一、国际法院的管辖权

国际法院的管辖权涉及两个方面的诉请。首先，比利时提出塞内加尔没有将《禁止酷刑公约》第5条第2款的内容纳入其国内法，以便授权其主管机关行使普遍管辖权。对此国际法院认为，因起诉时塞内加尔已经修改了其本国的《宪法》《刑法》和《刑事诉讼法》，将《禁止酷刑公约》第5条第2款纳入了其国内法，因此这一争端已不复存在，不予管辖。其次，塞内加尔是否违反了《禁止酷刑公约》第6条第2款和第7条第1款项下的义务这一问题。对此，国际法院认为，比利时对此问题的主张遭到塞内加尔的积极反对，是一项在起诉时就存在的争端，根据该公约国际法院有管辖权。③

二、比利时的诉权

针对比利时的诉权问题，国际法院首先要解决的是比利时是否能作为利害关系国

---

① Questions Relating to the Obligation to Prosecute or Extradite (Belgium v. Senegal), Judgment of 20 July 2012, para. 19.

② Questions Relating to the Obligation to Prosecute or Extradite (Belgium v. Senegal), Judgment of 20 July 2012, para. 12.

③ Questions Relating to the Obligation to Prosecute or Extradite (Belgium v. Senegal), Judgment of 20 July 2012, para. 52.

享有诉权,因为在哈布雷引渡案中,受害者在犯罪发生时并不具有比利时国籍。在诉状中,比利时请求国际法院确认其诉讼请求的可受理性(admissible)。并在之后的口头辩论阶段,比利时依然主张其在本案中享有特殊的地位,因为该国主管法院已经根据《禁止酷刑公约》第 5 条行使了消极属人管辖权并向塞内加尔提出了引渡请求。同时比利时还声称,根据《禁止酷刑公约》,无论受害人的国籍如何,任何国家均有权要求各缔约国履行该公约项下的相关义务。因此,比利时认为自己有权以缔约国身份追究塞内加尔的责任,并且由于与哈布雷案具有特殊利益,① 其作为受害国也有权追究责任。

然而,塞内加尔坚持认为,由于罪行发生时所有受害人均不具有比利时国籍,因此,比利时无权就塞内加尔违反该公约所确立的"或引渡或起诉"原则援引国家责任。② 这一分歧凸显了比利时在国际法院的诉权(standing)问题。在判决中,国际法院首先考虑了比利时作为《禁止酷刑公约》缔约国,是否有权在国际法院提起诉讼,追究塞内加尔的国家责任。最终,国际法院认为作为《禁止酷刑公约》的缔约国,对"或引渡或起诉"原则的履行,比利时享有"共同利益"。因此,比利时可基于此"共同利益"享有诉权,且对于塞内加尔在哈布雷引渡案中是否遵守《禁止酷刑公约》相关规定这一问题,国际法院无须宣告比利时是否具有特殊利益。③

三、塞内加尔是否违反了"或引渡或起诉"原则

由于《禁止酷刑公约》第 6 条第 2 款和第 7 条第 1 款主要涉及缔约国如何履行"或引渡或起诉"义务,因此,国际法院将塞内加尔违反上述两个条款项下的义务概括为违反"或引渡或起诉"原则。判决分别对上述两个条款进行了审理,认定如下:

第一,塞内加尔违反了《禁止酷刑公约》第 6 条第 2 款的规定。《禁止酷刑公约》第 6 条第 2 款规定:"该缔约国应立即对事实进行初步调查。"比利时认为,如果一国决定行使管辖权,这一义务要求该国在将其提交主管机关进行起诉前就应该进行调查,并根据该条第 4 款的规定将案件的调查结果通知对案件有利害关系的国家,以便在必要时,对被指控的犯罪人提出引渡请求。没有任何证据表明塞内加尔已进行过初步调查,因此比利时认为塞内加尔违背了该公约第 6 条第 2 款项下的义务。④ 而塞内加尔坚持认为,调查的目的是获得有关案件的事实,但是并不必然导致起诉,因为检察官根据调查的最后结果也可能决定不予起诉。⑤ 在国际法院看来,《禁止酷刑公约》第 6 条

---

① 这一利益将比利时与禁止酷刑公约其他缔约国区别开来。
② Questions Relating to the Obligation to Prosecute or Extradite (Belgium v. Senegal), Judgment of 20 July 2012, para. 64.
③ Questions Relating to the Obligation to Prosecute or Extradite (Belgium v. Senegal), Judgment of 20 July 2012, para. 70.
④ Questions Relating to the Obligation to Prosecute or Extradite (Belgium v. Senegal), Judgment of 20 July 2012, paras. 79-82.
⑤ Questions Relating to the Obligation to Prosecute or Extradite (Belgium v. Senegal), Judgment of 20 July 2012, paras. 83-84.

第 2 款规定的初步调查，同其他调查一样，主管机关应作出调查事实、收集证据的行动。为此目的，该国应同有关国家寻求合作。国际法院查明，塞内加尔没有任何证据证明其曾对哈布雷进行过调查。因此，国际法院判定塞内加尔违反了《禁止酷刑公约》第 6 条第 2 款项下的义务。①

第二，塞内加尔违反了《禁止酷刑公约》第 7 条第 1 款中的"或引渡或起诉"原则。比利时认为，当犯罪嫌疑人在一缔约国境内时，该国有义务根据《禁止酷刑公约》第 7 条第 1 款的规定将案件移交给相关的法院，而没有义务等待另一国的引渡请求。然而，如果另一个根据《禁止酷刑公约》第 5 条拥有管辖权的国家要求犯罪嫌疑人所在国进行引渡，则该缔约国可选择将嫌疑人引渡至请求国，从而免除自己在原案件中的起诉义务。② 塞内加尔方明确表示，其认为《禁止酷刑公约》第 7 条规定的义务是其不可推卸的责任，并深信其已采取了相关措施，努力切实履行这些义务。所以塞内加尔认为该国没有义务将哈布雷引渡给比利时。③ 对此，国际法院最后支持了比利时的观点，认为根据《禁止酷刑公约》第 7 条第 1 款，无论是否有他国提出引渡请求，有关国家均应将案件提交主管机关以便起诉。这也是为什么《禁止酷刑公约》第 6 条第 2 款要求一国应自犯罪嫌疑人进入该国领土时就应对案件事实展开初步调查的原因。④ 事实上，国际法院基本没有审理比利时是否对塞内加尔提出过引渡请求，而仅仅审查塞内加尔在没有将哈布雷引渡给他国的情况下是否完全履行了《禁止酷刑公约》第 7 条中的起诉义务。

【主要法律依据】

《禁止酷刑公约》第 6 条第 2 款、第 7 条第 1 款。

【拓展分析】

引渡是指一国的主管机关应他国主管机关的请求，将在本国境内而被他国指控犯罪或判刑的人交给请求国审判或执行处罚的国际司法协助行为。国家对于引渡没有一般性的义务，通常通过条约对引渡的内容和程序予以明确规定。在没有条约的情况下，国家完全根据主权自主通过立法或其他方式决定引渡的条件、程序和后果。"或引渡或起诉"是该制度中的一项重要义务，旨在确保对特定国际犯罪的追究，不论罪行是否在引渡国境内发生，引渡国都有义务确保案件得到适当处理。

---

① Questions Relating to the Obligation to Prosecute or Extradite (Belgium v. Senegal), Judgment of 20 July 2012, paras. 87-88.

② Questions Relating to the Obligation to Prosecute or Extradite (Belgium v. Senegal), Judgment of 20 July 2012, paras. 87-88.

③ Questions Relating to the Obligation to Prosecute or Extradite (Belgium v. Senegal), Judgment of 20 July 2012, para. 93.

④ Questions Relating to the Obligation to Prosecute or Extradite (Belgium v. Senegal), Judgment of 20 July 2012, para. 94.

《禁止酷刑公约》第 7 条规定："缔约国如在其管辖领土内发现有被控犯有任何酷刑行为的人，如不进行引渡，则应将该案提交主管当局以便起诉；主管当局应根据该国法律，以审理情节严重的任何普通犯罪案件的同样方式作出判决。"该条的适用面临的主要问题是：（1）如何理解"起诉"；（2）"起诉"与"引渡"之间的关系如何。本案的重要意义在于对以上问题作出了回应和澄清，确立了一个基本观点，即在《禁止酷刑公约》中所确立的"或引渡或起诉"原则中，"引渡"和"起诉"并非先后顺序的关系，而是二者择一的关系。

在本案中，国际法院首先明确了《禁止酷刑公约》所规定的"引渡"和"起诉"其重要性并非等同。该公约第 7 条所规定的"将该案提交主管当局以便起诉"并不一定导致对犯罪嫌疑人提起刑事诉讼，是否提起刑事诉讼取决于主管机关所掌握的证据。另外，如果收到了他国的引渡请求，则犯罪嫌疑人所在国可因同意该引渡请求而解除"起诉"义务。因此，"起诉"应为该公约所规定的一项绝对义务，而"引渡"则是一可选项，即犯罪嫌疑人所在国可选择是否引渡。之后，国际法院将该公约第 7 条与第 6 条结合，从而明确了"引渡"和"起诉"的关系。该公约第 6 条规定，任何缔约国管辖的领土内如有被控犯有酷刑行为的人，该国应于审查所获情报后确认根据情况有此必要时，将此人拘留，或采取其他法律措施确保此人留在当地，并应立即对事实进行初步调查。该条明确，一旦缔约国发现其境内存在犯罪嫌疑人便应展开相关调查，这意味着缔约国的"起诉"义务并不以请求国的引渡请求为前提。

对《禁止酷刑公约》目的和宗旨的考察进一步明确了以上观点。《禁止酷刑公约》的目的是保障人权和惩治犯罪，其在序言中明确了这一点。可见，惩治犯有该公约所规定的罪行是该公约的重要目的之一，而实现这一目的的重要手段就是缔约国严格遵守"或引渡或起诉"原则。这一目的要求犯罪嫌疑人发现地国在具有合理怀疑的情况下立即对其进行有效的控制，而无论是否有其他国家提出引渡请求，否则便会出现在没有任何国家提出引渡请求时犯罪嫌疑人发现地国将不对该犯罪嫌疑人提起诉讼的情况。如此一来，该公约的目的将无法实现。

需要注意的是，"或引渡或起诉"原则中，"引渡"和"起诉"的关系因不同规定而不同。目前来看，"或引渡或起诉"条款存在 4 种类型：（1）松散型，即把引渡和起诉均规定为打击某一特定国际犯罪的措施，但并未在引渡和起诉之间建立联系，也没有把其中一者确定为另一者的替代措施；（2）针对国民型，即要求被请求国在以本国国民不引渡为理由拒绝引渡请求的情况下承担在本国境内起诉被请求引渡人的义务；（3）受司法管辖限制型，即不仅适用于被请求国的国民，而且还可以适用于处于被请求国境内的外国人，只要被请求国法律允许针对相关案件行使刑事司法管辖权；（4）无司法管辖障碍型，即要求针对所有涉嫌实施某一特定国际犯罪的人员，无论其属于被请求国国民还是外国人，一概实行"或引渡或起诉"，不允许有任何例外。为此目的，它配有专门的条款要求各国通过立法排除司法管辖方面的法律障碍，在必要时适用普遍管辖原则。① 目前，我国所加入的国际刑事公约大多数都存在"或引渡或起诉"条款，这些条款也存在不同的模式。在相关问题的研究中，应注重不同模式的区分。在司法实务中区分不同模式的同时，还应重视司法合作策略的一致性。

【思考题】

（1）如何理解"或引渡或起诉"原则？

（2）哈布雷作为前国家元首，在执政期间犯下罪行，其是否享有国家豁免权？

（3）哈布雷和受害人都不是塞内加尔公民，且犯罪地也不在塞内加尔境内，那么塞内加尔何以起诉哈布雷，而比利时又何以要求塞内加尔将其引渡？

案例二　孟晚舟引渡案（加拿大总检察长代表美国诉孟晚舟）

【基本案情】

2012年12月，汇丰银行与美国司法部就制裁伊朗的争议达成和解。汇丰银行支付了约10亿美元的罚款，并郑重承诺严格遵守美国对伊朗制裁的规定。但不久后，美国媒体披露，中国华为技术有限公司（以下简称华为）涉嫌通过其子公司Skycom向伊朗出售美国制造的计算机设备。汇丰银行立即对华为和Skycom展开深入调查。在调查期间，华为代表孟晚舟会见了汇丰银行高管，她强调华为与Skycom之间没有关联，并为此作出了保证和承诺。基于这一声明，汇丰银行在2014年的一次战略会议上决定继续与华为保持业务关系，并随后向华为及相关企业提供了总额15亿美元的贷款。然而，美国随后的调查显示，Skycom事实上仍由华为控制。基于这一调查结果，美方指控孟晚舟此前对汇丰银行的承诺和保证存在虚假陈述，涉嫌欺诈。②

2018年8月22日，美国纽约东区法院发布要求逮捕华为首席财务官孟晚舟的国际逮捕令；11月30日，应美国政府的要求，加拿大不列颠哥伦比亚省最高法院对孟晚舟发出了临时逮捕令；12月1日，加拿大警方在温哥华机场暂时扣留了意图转机的孟晚舟。2018年12月7日，加拿大不列颠哥伦比亚省高等法院就孟晚舟的保释申请举行听证会；12月11日，法院批准其保释，但其被要求在加拿大居住并接受严格的出行限制，等待引渡聆讯的结果。2019年1月28日，美国司法部正式起诉华为与孟晚舟，指控孟晚舟误导汇丰银行使后者在不知晓华为与伊朗交易真实情况下处理金融交易，从而违反了美国对伊朗的制裁法规。2019年1月29日，美国正式向加拿大提出引渡孟晚舟的请求；3月1日，加拿大正式启动引渡孟晚舟的程序。2019年3月3日，孟晚舟对

---

① 黄风. "或引渡或起诉"法律问题研究 [J]. 中国法学, 2013 (03): 183-184.

② 许冰冰. 基于保护性管辖原则审视长臂管辖权：以孟晚舟事件为例 [J]. 广西质量监督导报, 2021 (06): 250.

加拿大政府提起了民事诉讼，律师团指控加拿大边境服务局以及联邦警察在机场扣押孟晚舟时"严重侵犯"了其宪法权利。加拿大不列颠哥伦比亚省高等法院分别于2019年5月8日和2020年1月20日举行了两次听证会，专门审议和评估孟晚舟的引渡问题。其间，2019年9月23日，加拿大不列颠哥伦比亚省高等法院再次开庭审理。2020年1月20日至24日，第一阶段引渡听证会结束，法官宣布保留裁决权。2020年5月28日，加拿大不列颠哥伦比亚省高等法院作出判决，鉴于孟晚舟被指控的直接罪行为欺诈，《加拿大刑事法典》中也有关于欺诈罪的规定，法院认为美国引渡孟晚舟的要求符合双重犯罪原则的标准。同年7月23日，华为向加拿大法院申请中止将孟晚舟引渡至美国，加拿大法院公开了孟晚舟案的关键证据。2020年8月18日，加拿大不列颠哥伦比亚省高等法院就孟晚舟一案再次举行了庭审，双方争辩由此转入与案件有关的证据是否充分以及加拿大方是否存在程序滥用阶段。同年10月至12月，法院就该案多次举行听证会并再次开庭审理，对10多名关键证人就加拿大执法机构在逮捕孟晚舟过程中是否存在程序滥用进行质询。2021年1月29日，加拿大不列颠哥伦比亚省高等法院驳回了此前孟晚舟方提出的放宽保释条件的诉请。同年7月9日，加拿大法院还拒绝了孟晚舟方引入新证据。2021年8月9日，孟晚舟引渡案再次开庭，法庭就"司法补救措施"进行审理。同年8月18日，孟晚舟引渡案的终审程序顺利结束，但未立即宣布判决结果。2021年9月22日，孟晚舟与美国司法部达成了《延缓起诉协议》（Deferred Prosecution Agreement，DPA）。根据该协议内容，美国司法部同意延缓起诉孟晚舟，暂缓起诉期间为孟晚舟在加拿大逮捕之日起4年，即2018年12月1日至2022年12月1日。孟晚舟同意在暂缓起诉期间放弃快速审判的权利，并承诺遵守上述协议中的所有义务。暂缓起诉期内，孟晚舟如不违反协议条款，则针对她的指控在期满后将被撤销。2021年9月25日，孟晚舟乘坐中国政府的包机离开加拿大，抵达深圳宝安国际机场，结束了近3年的海外羁押生涯，回到祖国的怀抱。

【主要法律问题】

本案主要涉及以下两个方面的法律问题：第一，美国对孟晚舟的指控是否属于美国长臂管辖权的范围；第二，关于引渡的法律问题，如美国对孟晚舟提出的引渡请求是否符合"双重犯罪原则"。

一、美国的长臂管辖权原理及其在本案中的体现

长臂管辖权制度最早发端于美国的民事诉讼领域，即被告系法院地无固定住所之居民与法院地如果存在"不间断且具有因果式的联系"，同时原告提出的诉讼请求也与这种联系具有关联，则法院可以取得案件的管辖权。后来这一制度被美国刑事管辖领域所吸纳并不断扩充其适用形式，美国联邦法院首先对该制度予以明确肯定，其后美国各州均制定了长臂管辖法。[①]

---

① 甘勇. 论美国国际民事诉讼中的"商业活动管辖权"[J]. 国际法研究, 2016 (04): 105.

立法与司法实践表明，长臂管辖权的法理基础是效果原则（effects doctrine）和最低限度联系原则（minimum contacts doctrine）。具体而言，效果原则作为长臂管辖权的核心构成，指的是当某一行为虽发生在国外，但只要在美国境内产生了可感知的实质性效果（substantial effects），不论该行为人是否具备美国国籍或住所，亦不考虑其行为是否符合当地法律，只要该效果足以构成美国行使管辖权的合理基础，美国法院就有权针对由此引发的诉因（cause of action）行使管辖权。这一原则旨在确保美国法律能够保护其国家利益和公民权益，即使这些权益受到国外行为的影响。最低限度联系原则的内涵可表述为法院基于公平原则一般不能对非法院地的被告主张管辖权，例外是如果有证据证明该被告与法院地保持最低限度的联系，而这种联系是系统连贯的，法院主张管辖不会使诉讼结果违反公平公正和实质正义，则可予以准许。[①] 该原则为长臂管辖权的适用提供了程序正当的价值构造，具体判定时主要基于两个核心要素：首先，犯罪嫌疑人或被告是否在该司法管辖区进行了持续性的商业活动；其次，原告的诉因是否直接源于这些商业活动。至于犯罪嫌疑人或被告是否实际身处该司法管辖区，并非决定性因素。

根据美国对孟晚舟的指控，尽管她是中国公民且身处第三国加拿大，但因其所属公司或其个人行为对美国境内产生了实质性影响，且与美国司法管辖区存在最低限度联系，使美国法院得以行使长臂管辖权。美国的这一指控充分体现了其实施长臂管辖权的逻辑。首先，汇丰银行办理的相关金融业务使用美元结算，同时也借助美国的金融体系开展，无论如何便与美国产生了联系。其次，华为与伊朗开展业务的行为违反了美国制裁伊朗的法规，当然对美国利益造成了影响，符合效果原则。最后，因为华为与 Skycom 公司曾存在控股关系，所以作为伊朗的一家主要电信公司的 Skycom 公司就是华为的子公司或受华为实际控制。由此，子公司的不当行为应由母公司承担责任，即华为应为 Skycom 公司的所谓违法行为负责。上述对本案中涉及的美国长臂管辖主张进行的形式分析，旨在了解美国如何通过国内法实现域外管辖，并不代表美国的这一管辖权制度完全合理正当；恰恰相反，美国长臂管辖制度在国际法上极易与主权平等原则相悖，因为该制度不仅加剧了含有跨国因素的法律案件在国家行使管辖权方面的冲突，更核心的是，它有侵犯其他国家司法主权、损害第三国国民合法权益之嫌，从而对国际法律秩序构成了不容忽视的挑战。另外，本案中不容忽视的事实是美国对孟晚舟提出引渡请求的关键证据存在重大遗漏和误导，美方并无直接证据佐证其提出的欺诈指控。华为声称其自 2009 年起便不再控股 Skycom 公司，否认与伊朗存在交易，进而否认孟晚舟在对汇丰银行相关业务进行陈述时存在虚假情形，汇丰银行并未因此遭受实际损失，相关陈述说明与汇丰银行存在损失风险也无因果关系。因此，孟晚舟方认为将本案定性成针对银行的欺诈是不切实际的，美国无权监管一家外国银行和私

---

① 郭玉军，甘勇. 美国法院的"长臂管辖权"：兼论确立国际民事案件管辖权的合理性原则 [J]. 比较法研究，2000（03）：269.

人公民之间的在世界另一端的交易。

二、关于引渡的法律问题

引渡作为国际司法协助的重要制度,指的是一国根据另一国的请求,将其境内被请求国所追诉或判刑的个体移交给请求国,以便进行审判或执行刑罚的行为。引渡行为的实施通常以国际条约为依据,而在国际法层面,国家并无强制性的引渡罪犯义务,除非其通过签订条约承担了这一责任。在缺乏相关条约的情况下,国家是否选择引渡罪犯,完全基于其主权自主决定。

加拿大作为世界上较早制定国内引渡法的国家之一,其引渡法可追溯到1877年。根据1877年《加拿大引渡法》的明文规定,加拿大在缺乏双边引渡条约的情形下,禁止其主管机关提供引渡协助。此外,该法还明确指出,加拿大的主管机关不得基于多边国际公约开展引渡合作。随后,加拿大于1999年对其立法进行了修订,进一步明确了引渡程序。根据1999年《加拿大引渡法》,加拿大外交部长经司法部长批准,可与签订引渡条约的国家签订"特定协定",以便更有效地执行引渡请求。这一机制大大提高了加拿大在国际引渡合作中的灵活性和反应能力。基于这一法律框架,加拿大能够依据《加拿大引渡法》及国家间的引渡条约,对被另一国刑事指控的个体进行引渡。美国和加拿大于1976年签署了引渡条约,允许加拿大在某些情况下协助美国进行引渡。根据1999年《加拿大引渡法》的具体规定,另一国引渡请求的受理需同时满足以下两个条件:一是被请求人所涉及的刑事犯罪在请求国可能面临的刑罚至少为2年监禁;二是若该罪行在加拿大境内发生,依据加拿大法律同样应处以至少2年的监禁刑罚。如果请求国根据"特定协定"提出引渡请求,则所涉罪行在两国的刑期都应增加到5年以上。

具体至本案,对孟晚舟的引渡请求只有在符合上述"双重犯罪原则"的具体要求时才能被允许,即孟晚舟的行为必须在加拿大也构成犯罪,且满足相应的刑期条件才能从加拿大引渡至美国。孟晚舟律师团队起初除力图证明孟晚舟和华为并没有实施美方所指控的犯罪行为外,也就"双重犯罪"问题进行了辩护,主张加拿大并没有制裁伊朗的法规,美国依据国内制裁伊朗法规发起的指控在加拿大并无立法依据,如果加拿大对于不违反其法律和规定的行为进行引渡,就违反了《加拿大引渡法》和基本司法原则。但法院最终没有采纳孟晚舟律师团队的观点,而是依据孟晚舟所涉行为的具体内容,认定存在欺诈,继而判定"双重犯罪"成立。

除实体要件之外,引渡还包括诸多程序环节,两国之间引渡合作成功与否也与这些法定程序密不可分;从另一个角度来看,被请求引渡人在这些程序安排中享有一定的权利救济空间。根据加拿大和美国之间的引渡条约,如果美国要求加拿大临时逮捕孟晚舟,这一过程将遵循一系列法律程序。首先,加拿大总检察长必须根据条约提出逮捕请求。其次,由各专门法官对请求进行审查,以确保在签发临时拘留令之前满足某些法律条件。这些条件通常包括维护公共利益,确定逮捕对象目前在加拿大或正在前往加拿大的途中,请求方已决定对逮捕对象进行判刑、已决定适用强制措施、已签发逮捕令或临时逮捕令等。在引渡程序的后续阶段，美国必须在临时逮捕后 60 天内向加拿大提供指控的充分证据。收到证据后，加拿大必须在 30 天内作出引渡决定。在此过程中，被引渡者有权向法院寻求补救。最后，加拿大司法部长将根据法律程序，在认真考虑所有相关因素后，作出引渡或拒绝引渡的最终决定。[①] 由前述案情介绍可知，孟晚舟律师团队在加拿大国内引渡审查过程中通过提交证据、指出美国引渡请求的证据不足，以及加拿大方存在的滥用程序等方式为维护孟晚舟的个人权益进行了相应的法律服务。

【主要法律依据】

（1）《加拿大引渡法》第 3 条。
（2）《加拿大与美国引渡条约》第 2 条。

【拓展分析】

孟晚舟引渡案无疑是近年内涉及我国个人与公司在国际范围内如何维护自身权益的典型案例，特别是其又关乎美国与加拿大之间引渡法律合作的实施，为我国研究相关法律问题提供了绝佳素材。

一、美国长臂管辖制度对我国的启示

美国的长臂管辖权是其适用保护性管辖原则的一种具体表现形式，本案正是其按照自己的法律逻辑思维逾越国际法确立的主权管辖原则的实践演练。美国对华为及其相关人员指控中的核心依据即其国内制裁伊朗的法规，此国内法规是孟晚舟引渡案的法律根源。美国在联合国安理会取消制裁伊朗的决议早已实施且并未有新的相关决议背景下，单方面退出联合国安理会伊朗核协议[②]，后自行制定国内法强制要求其境外的外国公民与法人遵守其对伊朗的制裁法规，为其实施长臂管辖提供了必要的国内法依据，但这种具有"跨国法"性质的国内法显然侵犯了他国主权和相关个人的合法权益。

虽然在本案中，事实层面的证据不足使美国不论是基于最低限度联系原则还是效果标准原则，都不能主张管辖，其于本案行使长臂管辖权缺乏适正性和合理性；但本案体现出来的美国长臂管辖司法特征表明美国的长臂管辖正是美国实施全球司法霸权的手段，是其域外司法管辖权的有意扩张之举。本案并非孤例，美国挥舞所谓的长臂管辖法律大棒在许多领域、许多场合均有体现，这种霸权主义与单边主义的司法管辖倾向迫使我们不得不保持警醒，如何应对并有效维护我国公民及法人的合法权益是当

[①] 杨柳. 孟晚舟案的基本法律问题："人格混同""长臂管辖权"和"双重犯罪"[J]. 中共杭州市委党校学报，2020（04）：96.

[②] 联合国安理会在 2006 年至 2008 年通过了 3 项针对伊朗核计划并冻结有关人员和实体资产的决议。2013 年，伊朗与联合国安理会 5 大常任理事国及德国（即"五常+1"）进行了会谈，"五常+1"和欧盟承诺在伊朗履行义务的基础上，逐步解除 2006 年以来对伊朗的制裁。2015 年，联合国安理会通过第 2231 号决议批准了《联合全面行动计划》（JCPOA），即伊朗核协议。

下必须面对的棘手问题。

2021年6月10日，第13届全国人大常委会第29次会议表决通过了《中华人民共和国反外国制裁法》。该法是统筹推进国内法治和涉外法治的迫切需要，将有力打击境外反华势力和敌对势力的嚣张行径，有效提升我国应对外部风险挑战的法治能力，加快形成系统完备的涉外法律法规体系。与此同时，2023年修正的《中华人民共和国民事诉讼法》第276条第2款确立了基于"适当联系"的涉外民事诉讼管辖原则。适当联系原则不同于过于强调扩张性的"最低限度联系"原则，它体现了一种具有谦抑性与适度扩张性的管辖权模式。在涉外法治建设的背景下，维护国家利益毫无疑问是涉外法律制度发展的首要目标。就国际民事诉讼管辖权制度而言，中国法院在不违反国际法、符合国际法一般理论与实践的情况下，能够突破属地管辖与属人原则，基于适当联系原则行使管辖权毫无疑问符合中国的司法主权利益，也有利于进一步保护中国当事人的利益，因此将其纳入中国法律具有必要性。[①]

二、本案中有关"双重犯罪"的司法审查

从引渡的基本内涵来看，引渡本身是一国行政部门根据国际条约实施的行政行为，但由于引渡涉及对个人人身自由的限制和强行移交，因此大部分国家，尤其是英美普通法国家，都会在引渡过程中设置由司法机关进行的司法审查阶段。该阶段在形式上与一般的刑事审判程序类似，也都有控辩双方就具体的"刑事指控"展开辩论；但引渡的司法审查又因为不存在严格意义上的原告与被告而不同于常规的刑事审判。依照《加拿大引渡法》，主导引渡的机构是司法部，由其代表引渡请求国在司法审查阶段主要负责向法院证明引渡请求符合本国的法定要件。而法院审查的内容也并非被请求引渡人是否有罪，仅是对外国政府提交的引渡申请材料进行形式审查，判断检方是否提出了足以支持指控的"初步证据"（prima facie evidence）。"初步证据"是一个较低的标准，只要求检方能够提供证据，该证据无须经过审查法院辨认是否真实、可信；法官"假定"在证据成立的情况下，检方的指控能否自圆其说，表明可能有指控的犯罪发生，就应该判定检方的引渡请求通过司法审查。根据判例法，审查法官不能因为"自己认为"指控证据不足，或"在将来的审判中可能败诉"，就拒绝通过审查。[②] 法官在司法审查过程中通常拥有较大的自由裁量权，特别对于不曾遇到过的新问题，法官的自由裁量空间会更大。

本案中，美国对伊朗制裁的国内法规作为美国指控的主要法律依据，是否存在司法政治化问题？加拿大在不存在同样性质及内容的法规背景下，如何看待美国认定的孟晚舟"欺诈"行为对汇丰银行造成的经济或名誉上的损失或风险？这些都是司法审

---

① 郭镇源. 涉外民事诉讼管辖权中的适当联系原则：理论阐释与适用路径载[J]. 国际法研究，2024（02）：127-142.

② 满云龙："双重犯罪"裁定公布，孟晚舟引渡战役继续，北京大学国际法学院微信公众号2020年5月28日发文。

查法官作出最终决定必须考虑的问题。一方面，裁决书最终认定"双重犯罪"成立，即"欺诈"就是"欺诈"，与美国制裁伊朗没有太大关系，但孟晚舟是否真的有欺诈行为不属于加拿大司法审查的管辖范围。另一方面，法官也在一定程度上支持孟晚舟律师团队的观点，即如果不考虑美国制裁伊朗法规的因素，汇丰银行的损失或风险便难以证明。[1] 加拿大法官在判定是否构成"双重犯罪"时这种前后矛盾的操作逻辑难以自洽、令人费解。同时，为表明美国制裁伊朗的法规可作为评估"双重犯罪"的依据，裁决书指出："美国的经济制裁法律不是加拿大法律的一部分，但这些法律与加拿大的价值观在根本上并无冲突。"[2] 加拿大法官以价值观是否冲突来论证"双重犯罪"这一引渡实体要件的法理问题，是常规操作还是创新之举，也值得进一步关注。

三、对我国开展涉外业务的企业与个人的启示

本案中美国指控孟晚舟的国内法依据除了惯常的民商事及刑事法规，制裁法才是美国发起此次引渡请求的核心法律基础。在当今的全球地缘政治格局下，跨国界的经贸活动与国家间的政治外交关系日益密切。当企业或个人走出国门发展业务时，一是要注重对当地法律环境的认识，在日常运营中应严格遵循当地的法律法规、商业行为准则、企业道德标准，及内部制定的规章制度等规范体系；二是在遇到不公正待遇时，应有足够的勇气与智慧，以法律为武器，捍卫自身的合法权益。在本案加拿大的司法审查过程中，孟晚舟律师团队充分利用《加拿大引渡法》提供的救济途径，通过提出动议、寻找执法机构程序瑕疵、延长法院审理期限等方式，为维护孟晚舟的合法权益作出了有价值的努力。因此，企业和高管个人在拓展海外业务时可以考虑选聘商事领域和刑事合规领域的律师做法律顾问，全方位、多角度地为企业打造法律风险防火墙。

【思考题】

(1) 美国法院行使长臂管辖权的条件是什么？
(2) 如何看待美国与加拿大引渡合作中的"双重犯罪原则"？
(3) 中国企业与个人在开展涉外业务时应如何保护自身的合法权益？

案例三 艾哈迈杜·萨迪奥·迪亚洛案（几内亚诉刚果）

【基本案情】

几内亚公民艾哈迈杜·萨迪奥·迪亚洛（以下简称迪亚洛）于1964年移居刚果（1971—1997年改称为扎伊尔）。迪亚洛于1974年成立了一家进出口公司，名为Africom-Zaire公司，注册为私营有限责任公司（SPRL）。随后，他还参与成立了另一家名

---

[1] Ruling on Double Criminality, United States v. Meng 2020 BCSC 785, May 27, 2020, paras. 28, 39, 45.
[2] Ruling on Double Criminality, United States v. Meng 2020 BCSC 785, May 27, 2020, para. 85.

为 Africontainers-Zaire 公司的私营有限责任公司,专门从事货物集装箱运输业务。

在 20 世纪 80 年代末,Africom-Zaire 公司和 Africontainers-Zaire 公司与其业务伙伴之间的关系开始恶化。这两家公司采取了包括司法行动在内的多种措施,试图追回债务。然而,这些纠纷大部分都未能解决。1995 年 10 月至 1996 年 2 月,当局以迪亚洛的行为损害了本国的公共秩序为由,对迪亚洛实施了逮捕、拘留和驱逐措施,剥夺了其重要的投资、公司、动产、不动产以及银行账户等财产,并于 1996 年 2 月 2 日将其驱逐出刚果。1998 年 12 月 28 日,基于外交保护,几内亚向国际法院书记官处提出申请,就所称严重违反国际法、侵害几内亚国民迪亚洛的争端,对刚果提起诉讼。几内亚在法院延长后的时限内提交了诉状。

几内亚政府认为,刚果政府对迪亚洛的关押和驱逐出境违反了《维也纳领事关系公约》,据此要求代表迪亚洛展开对他个人及他所拥有的公司的外交保护,尤其是要保护迪亚洛在海外控制、经营公司的权利。作为补充,几内亚政府还要求对债务的追回展开外交保护。根据几内亚政府的主张,刚果政府违反了《维也纳领事关系公约》《世界人权宣言》和《公民权利和政治权利国际公约》。最后,几内亚方面认为,刚果没能够给予迪亚洛"最低公民标准"。作为反驳,刚果方面提出两个主要客观事实:第一,迪亚洛还没有用尽当地救济;第二,几内亚没有对迪亚洛所拥有的两个公司开展外交保护的权利,因为这两个公司并没有在几内亚注册成立。①

2007 年 5 月 24 日,国际法院作出初步判决,一方面,宣布几内亚的申请书中关于保护迪亚洛个人的权利以及他作为 Africom-Zaire 公司和 Africontainers-Zaire 公司合伙人的直接权利的部分可予受理,但关于在其所指控 Africom-Zaire 公司和 Africontainers-Zaire 公司的权利受到侵犯的情况下向迪亚洛提供保护的部分不可受理,其原因在于这两个公司的注册成立地均为刚果,几内亚不具有行使外交保护的正当性;② 另一方面,法院认为,对于具有可受理性的部分,刚果不能够证明其法律中存在相应的救济。③ 当事方提交国际法院要求的书状之后,2010 年 11 月 30 日,国际法院对案情实质作出判决。

【主要法律问题】

本案主要涉及两个方面的法律问题:第一,迪亚洛是否用尽了当地救济;第二,几内亚是否有权基于国籍原则对迪亚洛所拥有的两个公司开展外交保护。

---

① Ahmadou Sadio Diallo (Republic of Guinea v. Democratic Republic of the Congo), Judgment of 24 May 2007, paras. 13-15.

② Ahmadou Sadio Diallo (Republic of Guinea v. Democratic Republic of the Congo), Judgment of 24 May 2007, paras. 77-94.

③ Ahmadou Sadio Diallo (Republic of Guinea v. Democratic Republic of the Congo), Judgment of 24 May 2007, paras. 33-48.

一、迪亚洛是否用尽了当地救济

根据习惯国际法,外交保护的前置程序之一是寻求外交保护的外国人已经用尽了当地的救济措施,这一原则同时也反映在《外交保护条款草案》(以下简称《条款草案》)第14条上。

刚果称,只要迪亚洛没有试图用尽刚果法律中的当地补救措施,几内亚就不能对侵犯迪亚洛作为 Africom-Zaire 公司和 Africontainers-Zaire 公司的合伙人的直接权利问题实施外交保护。几内亚称,刚果拒绝迪亚洛入境的原因是他代表公司提起了诉讼。几内亚坚持认为,在这种情况下,指责迪亚洛未尽全力采取当地补救措施不仅明显不合理和不公平,而且是对用尽当地补救措施规则的滥用。几内亚指出,迪亚洛的被驱逐使他无法代表自己或公司采取当地补救措施。

国际法院在审理中明确指出,几内亚将迪亚洛作为合伙人的直接权利被侵犯的问题,视为其被驱逐的直接后果。国际法院裁定,刚果未能提供证据证明其法律体系中存在针对驱逐令的有效补救措施。此外,刚果没有提出证据证明存在应用于解决迪亚洛作为合伙人的直接权利被侵犯的补救措施。国际法院进一步指出,尽管双方确实讨论了刚果当地补救措施的有效性,但这些讨论仅限于 Africom-Zaire 公司和 Africontainers-Zaire 公司可能采取的补救措施,而非迪亚洛作为合伙人可能采取的补救措施。由于双方均未就迪亚洛为保护其合伙人直接权利应采取的补救措施的有效性进行辩论,因此,国际法院认为没有必要就此问题进行深入探讨。

基于上述分析,国际法院最终裁定,刚果提出的关于迪亚洛作为 Africom-Zaire 公司和 Africontainers-Zaire 公司合伙人的直接权利被侵犯问题,因未穷尽当地补救措施而不具有可受理性的反对意见,不能予以支持。[①]

二、几内亚是否有权基于国籍原则对迪亚洛所拥有的两个公司开展外交保护

在国际法中,一个国家对拥有其国籍的个人或法人行使外交保护的权利,受到国籍原则这一条件的限制。刚果基于国籍原则,对几内亚提出的关于迪亚洛作为 Africom-Zaire 公司和 Africontainers-Zaire 公司股东的直接权利行使外交保护的请求提出反对意见,认为几内亚不具备行使此类保护的合法资格。

尽管刚果承认,根据国际法,股东的直接权利受到侵害时,其国籍国可以行使外交保护,但刚果认为,这种保护的适用是极为有限的,并且本案并不满足这些条件。刚果指出,几内亚错误地将对公司的侵害视为对迪亚洛个人权利的侵害,远超出了现行国际法所允许的范畴,既无国际法院的判例支持,也缺乏国家惯例的认可。刚果进一步指出,几内亚实际上是在寻求国际法院授权以违反国际法的形式实施外交保护。刚果认为,这种替代性的保护策略实际上构建了一种歧视性的保护体系,导致了对股

---

① Ahmadou Sadio Diallo (Republic of Guinea v. Democratic Republic of the Congo), Judgment of 24 May 2007, paras. 68-75.

东的不平等对待。

几内亚坚称,其并非意图让国际法院在法律框架外援引公平原则。同时几内亚援引了国际法院在巴塞罗那电车案中的判决,即"当被要求履行责任的国家是公司的国籍国"时,出于公正的原因裁定,公司受国籍国保护的一般规则可允许例外。几内亚特别强调,本案适用替代性保护尤为恰当,因为Africom-Zaire公司和Africontainers-Zaire公司作为私营有限责任公司,其属人性特征显著,且两公司均由同一人依法控制与管理。此外,依据刚果法律,迪亚洛必须在刚果成立公司,这一事实进一步强化了其主张的合理性。

国际法院指出,关于外交保护问题,巴塞罗那电车案中强调的原则是"不是单纯受到影响的利益,而仅是被侵犯的权利涉及责任,因此针对公司权利且仅侵犯公司权利的行为不涉及对股东的责任,即使股东的利益受到影响"。同时,在巴塞罗那电车案判决之后,国际法院没有办法判断"公司的外交保护权属于其国籍国"这项一般规则是否有例外,允许股东自己的国籍国通过"替代"保护股东,并且也没有机会裁断此类案件的适用范围。

基于此,国际法院首先研究了几内亚援引的例外是不是习惯国际法的组成部分,并指出实践中只有在极少数情况下才会援引外交保护。同时,采取替代性保护办法是保护外国投资的最后防线,适用此种办法必须是在既不能依赖国际条约又无其他救济途径可用的情况下,国际法院指出,几内亚援引的情形并不属于此种情况。

国际法院随后探讨了习惯国际法中是否有其他替代性保护规则,如国际法委员会在《条款草案》中阐述的规则,"公司在该国开展业务的必要前提"[第11条(b)款]是该公司在据称实施了侵犯国际法行为的国家成立的情况下才适用。然而,国际法院认为,这一特定情境与本案并不吻合。迪亚洛1964年在刚果定居,因此Africom-Zaire公司和Africontainers-Zaire公司在刚果成立并在金沙萨贸易登记处注册是自然而然的。更重要的是,几内亚未能充分证明这些公司在该国作为刚果国籍的法律实体成立,是其创办者在相关经济部门开展业务的必要条件。因此,国际法院判断这两个公司的成立方式不符合《条款草案》第11条(b)款所述采取替代性保护的条件。

基于上述分析,国际法院不接受几内亚提出的行使替代性保护的外交保护主张。关于Africom-Zaire公司和Africontainers-Zaire公司的外交保护问题,国际法院认为应依据普通国籍规则解决。鉴于这些公司具有刚果国籍,刚果提出的不可受理反对意见,即几内亚无权就据称刚果的不法行为侵犯了这两个公司的权利为迪亚洛提供外交保护,理由充分,国际法院予以支持。[①]

【主要法律依据】

《外交保护条款草案》第3条、第9条、第11条、第12条。

---

① Ahmadou Sadio Diallo (Republic of Guinea v. Democratic Republic of the Congo), Judgment of 24 May 2007, paras. 77-94.

【拓展分析】

习惯国际法上,对于一国行使外交保护有两个公认的限制条件,即国籍原则和用尽当地救济规则。若未能满足这两个条件,一国不能代表本国国民向他国提出国际请求,行使外交保护权。如果该请求被提交至国际法院进行裁判,被请求国可以要求国际法院在审理实质问题之前驳回请求。本案中,刚果正是从国籍原则和用尽当地救济规则两个方面分别提出了初步反对意见,国际法院的判决及法理分析也围绕其展开。本案再次表明,准确理解和掌握这两个条件是用好外交保护制度的必要条件。

根据传统国际法理论,当国家行使外交保护时,其本国人权利在国外遭受的侵害被视作对国家权利的侵害。这一拟制理论使外交保护具有国家主权行为的性质,即国家在此不是作为私人的代理人行使私人对东道国的请求权,而是作为国际法主体行使其本身在国际法上的权利。在该理论的基础上产生了国籍原则。[1]

国籍持续原则要求受害人从受害之日到提出求偿之日均具有保护国的国籍。对这一原则的适用,《条款草案》第 5 条规定可作参考,该条规定:"1. 一国有权对从发生损害之日到正式提出求偿之日持续为其国民的人实行外交保护。如果在上述两个日期该人都持有该国籍,则推定该国籍是持续的。2. 尽管有第 1 款的规定,一国对在正式提出求偿之日为其国民但在受到损害之日不是其国民的人,可实行外交保护,但条件是该人曾具有被继承国的国籍,或者已丧失原国籍,并且基于与提出求偿无关的原因、以不违反国际法的方式已获得该国的国籍。3. 一人在受到损害时为其原国籍国国民,而不是现国籍国的国民,则现国籍国不得针对原国籍国就该人所受到的损害实行外交保护。4. 一国对于在正式提出求偿之日后获得被求偿国国籍的人不再享有为其实行外交保护的权利。"对法人的国籍要求,《条款草案》第 9 条规定:"为对公司行使外交保护的目的,国籍国是指公司依照其法律成立的国家。然而,当公司受另一国或另外数国的国民控制,并在成立地国没有实质性商务活动,而且公司的管理总部和财务控制权均处另一国时,则应将该另一国视为国籍国。"《条款草案》第 10 条规定:"1. 一国有权为从发生损害之日到正式提出求偿之日持续为该国或其被继承国国民的公司实行外交保护。如果在上述两个日期该公司都持有该国籍,则推定该国籍是持续的。2. 一国对于在提出求偿后获得被求偿国国籍的公司不再享有为其行使外交保护的权利。3. 尽管有第 1 款的规定,一国继续有权为在发生损害之日为其国民,但由于损害的原因,按照成立地国法律终止存在的公司行使外交保护。"

用尽当地救济规则使国家在进行外交保护前,要求受害人寻求并用尽加害国提供的救济办法及所有程序。《条款草案》第 14 条第 2 款规定,"当地救济"指受害人可以在被指称应对损害负责的国家,通过普通的或特别的司法或行政法院或机构获得的法

---

[1] 肖军. 对海外投资的外交保护:国际法院关于迪亚洛案(初步反对意见)的判决评析 [J]. 武大国际法评论, 2008(02):344.

律救济。在此基础上,国际法院首先认定,刚果针对迪亚洛的行为违反了国际义务,接着从外交保护的两个重要方面——迪亚洛的国籍以及是否穷尽当地救济,来确定几内亚是否有权行使外交保护。

针对当地救济,国际法院指出,尽管双方讨论仅限于Africom-Zaire公司和Africontainers-Zaire公司可能采取的补救措施,而非迪亚洛作为合伙人可能采取的补救措施,但刚果提出的关于迪亚洛作为Africom-Zaire公司和Africontainers-Zaire公司合伙人的直接权利被侵犯问题,因未穷尽当地补救措施而不具有可受理性的反对意见,不能予以支持。

针对国籍,国际法院没有办法裁断"公司的外交保护权属于其国籍国"这项一般规则是否有例外,允许股东自己的国籍国通过"替代办法"保护股东,并且也没有机会裁断此类案件的适用范围。故国际法院不接受几内亚提出的行使替代性保护的外交保护主张。关于Africom-Zaire公司和Africontainers-Zaire公司的外交保护问题,国际法院认为应依据普通国籍规则解决。鉴于这些公司具有刚果国籍,刚果提出的不可受理反对意见,即几内亚无权就据称刚果的不法行为侵犯了这两个公司的权利为迪亚洛提供外交保护,理由充分,法院予以支持。[①]

【思考题】

(1) 外交保护与人权保护有何关系?
(2) 国家如何对法人行使外交保护权?

[①] Ahmadou Sadio Diallo (Republic of Guinea v. Democratic Republic of the Congo), Judgment of 24 May 2007, para. 11.

第八章

国际人权法

本章知识要点

（1）国际人权法保护的权利类型和范围；（2）国际人权法保护的对象；（3）国际人权保护的监督机制。

案例一　联合国人权事务委员会荷兰不明国籍儿童申诉案（Denny 诉荷兰）

【基本案情】

Denny 是一个在荷兰出生但没有任何国籍的儿童。2016 年 11 月 23 日，Denny 通过他的母亲和律师向联合国人权事务委员会提交了一份申诉。这个案件触及了多个关于国籍获取、儿童权利和无国籍身份确定的重要法律问题。

Denny 的母亲于 1989 年在中国出生，但其并未在中国的户籍系统中进行出生登记。她在 2004 年被贩卖到荷兰后，曾设法逃脱并申请庇护，但她的申请被荷兰拒绝，上诉也未能成功，结果因无法证明自己的国籍，导致她的儿子也无法获得国籍，她和她的儿子 Denny 都被归类为"非法外国人"。

提交人 Denny 于 2010 年 2 月 18 日在荷兰乌得勒支出生，并在该市个人记录数据库中进行了登记。因为他的母亲无法提供任何国籍证明，Denny 在荷兰被记录为"国籍不明"。至申诉时，Denny 和他的母亲居住在荷兰一个专门为庇护失败者设立的自由受限中心，这些中心的条件通常非常艰苦，对居住者尤其是儿童的身心健康有严重的负面影响。Denny 和他的母亲在这种环境中生活了多年，面临被驱逐出境的威胁，他们的社会福利也受到限制，仅能领取少量津贴。为此，Denny 的母亲经多年努力，试图在民事登记处将提交人的国籍一项改为"无国籍"，以便他能够享受给予无国籍儿童的国际保护，包括获取出生国荷兰国籍的权利。

2012 年 7 月 12 日，提交人的母亲向荷兰乌得勒支市民事登记部门提出申请，要求在登记处将提交人登记为"无国籍"，而不是"国籍不明"，但是登记部门拒绝了这一请求。2015 年 3 月 26 日，提交人又向荷兰卡特韦克市提出申请，要求承认他为荷兰公民，荷兰卡特韦克市市长也拒绝了这项申请。提交人随后又向海牙法院寻求帮助，但是问题仍然没有得到解决。于是提交人最终向联合国人权事务委员会（以下简称委员会）寻求帮助，声称荷兰违反了《公民权利和政治权利国际公约》（以下简称《公约》）。

委员会在审理此案后确认，荷兰政府未能为 Denny 提供有效的国籍确定程序，侵犯了他应享有的儿童权利，特别是《公约》第 24 条规定的取得国籍的权利。委员会建议荷兰政府采取必要措施修订国内法，确立无国籍状态的确定程序，并为 Denny 及类似情况下的儿童提供必要的保护和补救措施。

【主要法律问题】

在本案中，委员会首先需要审议决定提交人来文是否符合《公民权利和政治权利国际公约任择议定书》（以下简称《任择议定书》）规定的受理条件；其次再审议本案的实质问题，即荷兰是否有为 Denny 及类似情况下的儿童确立国籍的义务。

一、提交人来文是否符合《任择议定书》规定的受理条件

根据《任择议定书》第 5 条第 2 款（子）项的要求，委员会已确定同一事项不在另一国际调查或解决程序审查之中。委员会注意到，提交人称，他已经用尽所有可用的国内补救办法。鉴于荷兰没有提出异议，委员会认为，《任择议定书》第 5 条第 2 款（丑）项的要求已经满足。

委员会注意到，提交人声称，缔约国现行法律的解释和适用导致其根据《公约》第 24 条享有的权利受到侵犯，并且委员会认为，审查缔约国是否违反了《公约》第 2 条第 2 款规定的一般义务与审查提交人根据第 24 条享有的权利是否受到侵犯并无差别。因此，委员会认为，提交人在这方面的申诉不符合《公约》第 2 条，根据《任择议定书》第 3 条不可受理。

综合以上讨论，委员会认为，就可否受理而言，提交人充分证实了其根据《公约》第 24 条第 3 款提出的申诉，因此着手审议实质问题。[1]

二、荷兰是否有为 Denny 及类似情况下的儿童确立国籍的义务

委员会首先指出，根据《公约》第 24 条，由于儿童的未成年地位，每一个儿童都应有权享受特别措施的保护。委员会还回顾，在影响儿童的一切决定中，必须将儿童的最大利益作为首要考虑，这是每一个儿童根据《公约》第 24 条第 1 款享受保护措施的权利中重要的一部分。委员会回顾其第 17 号一般性意见（1989 年），指出《公约》第 24 条第 2 款之目的在于避免儿童因无国籍而无法享受社会和国家提供的充分保护，但它未必使国家有义务授予每一名在其领土内出生的儿童其国籍。但委员会在该一般

---

[1] 联合国人权事务委员会. 人权事务委员会根据《任择议定书》第 5 条第 4 款通过的关于第 2918/2016 号来文的意见［EB/OL］.［2020-12-29］. https：//www.ohchr.org/en/press-releases/2020/12/netherlands-violated-childs-right-acquire-nationality-un-committee-finds.

性意见中还指出,国家必须在本国并与其他国家合作,采取一切适当的措施,确保每名儿童在出生时都有国籍。关于这一点,国内法不得因子女是婚生或非婚生或子女的父母无国籍,或根据父母两人或其中一人的国籍,而对国籍的取得加以歧视。

委员会还注意到,荷兰是《减少无国籍状态公约》的缔约国,该公约第 1 条至第 4 条规定缔约国必须确保每个儿童享有取得国籍的权利。另外委员会指出,根据《减少无国籍状态公约》,如果某国的主管当局拒绝承认某人为本国国民,则此人非该国国民。一国可以明确声明某人非本国国民,或者对确认某人是否该国国民的问询不予答复,该国即拒绝承认此人为本国国民。Denny 的母亲向中国当局请求确认国籍的情形恰恰符合上述规定,而荷兰并不承认 Denny 的无国籍状态。

委员会又注意到,联合国人权事务委员会根据《任择议定书》第 5 条第 4 款通过的关于第 2918/2016 号来文的意见指出,由于确定某人是否已取得国籍时经常出现困难,举证责任须由申诉人和缔约国主管当局分担,以获取证据并确定事实,查明此人是不是无国籍状态。该意见还指出,各国需要尽快确定国籍不明儿童的无国籍状态,以免儿童国籍长期不确定,就《减少无国籍状态公约》第 1 条和第 4 条的适用而言,这一期限以不超过五年为宜。这些儿童虽然被定为国籍不确定,但应与身为公民的儿童同等享有基本人权。委员会接着审议荷兰当局的具体做法发现,荷兰主管机关本身并未开展调查,以试图确认提交人的国籍或无国籍状态。荷兰国务委员会在 2014 年 5 月 21 日的决定中承认,缔约国缺乏身份确定程序,委员会表示这意味着立法有缺失,遗漏了有权受到保护的个人,包括儿童。此外,委员会注意到缔约国的声明,其在审查提交人的申诉之后认定并承认,提交人目前无法有效享有未成年人取得国籍的权利。

因此,委员会的结论是,现有事实显示,提交人根据《公约》第 24 条第 3 款享有的权利受到了侵犯。委员会还认为,未向提交人提供有效补救构成了侵犯提交人根据《公约》第 24 条第 3 款享有的权利。

委员会随后又针对荷兰定期报告的结论性意见提及的补救措施进行讨论。委员会关切的是,建立无国籍状态确定程序的立法草案没有规定向被认定的无国籍人员发放居留证,立法草案设想的无国籍状态确定程序,包括父母无国籍的儿童取得荷兰公民身份的标准,不符合国际标准。委员会建议缔约国审查和修订其立法草案,以确保被认定的无国籍人获得居留证,从而充分享有《公约》所载权利,确保无国籍状态确定程序完全符合国际标准,旨在减少无国籍状态,并在涉及儿童的案件中考虑儿童的最大利益。此外,委员会注意到,联合国儿童权利委员会在其关于缔约国根据《儿童权利公约》提交的报告中建议缔约国"确保在其领土出生的所有无国籍儿童,不论居留身份,都可以无任何条件地获得公民身份"。委员会还表示根据《公约》第 2 条第 3 款(子)项,缔约国有义务给予权利受到侵犯的个人提供充分赔偿,除此之外,缔约国也有义务向提交人提供适当补偿。缔约国还必须考虑委员会意见中的结论,审查其关于提交人要求在缔约国民事登记处登记为无国籍的申请的决定,并审查其关于提交人要求承认其为荷兰公民的申请的决定;缔约国还必须考虑儿童最大利益的原则和委员会意见中的结论，审查提交人的居住情况和居留证问题。[①]

因此，委员会得出结论：荷兰有义务确定 Denny 及类似情况下的儿童的国籍或无国籍状态，有义务采取一切必要步骤，以避免今后发生类似违反《公约》的情况，包括根据《公约》第 2 条第 2 款规定之义务审查其立法，以确保建立无国籍状态确定程序，并审查其关于公民身份申请资格的立法，以确保其立法和程序符合《公约》第 24 条的规定。

【主要法律依据】

（1）《公民权利和政治权利国际公约》第 24 条。
（2）《减少无国籍状态公约》。
（3）《儿童权利公约》。

【拓展分析】

Denny 并不是唯一一个陷入这种困境的人，荷兰的登记册中大约有 13000 名"未知"儿童，其中大多数出生在荷兰。联合国难民事务高级专员公署（难民署）2011 年的一项摸底研究表明，荷兰的登记册中有 90000 人被登记为国籍不明，其中包括 13000 名儿童，他们许多人在荷兰出生。截至 2016 年 9 月，荷兰共有 74055 人被登记为国籍不明，其中 13169 人为 10 岁以下儿童。在本案中，委员会的审理凸显了国际人权法在保护无国籍儿童权利方面的应用与挑战。本案中，委员会的判决依据包括《公约》第 24 条及《任择议定书》和其他国际公约的相关规定，特别强调了儿童享有获得国籍的权利及国家提供相应保护措施的义务。

根据《任择议定书》第 5 条的规定，个人在国内法律途径用尽后，可将其诉求提交至委员会。在本案中，委员会首先确认了申诉的可接受性，强调荷兰并未就 Denny 已用尽国内法律补救办法提出异议。这一点满足了《任择议定书》第 5 条第 2 款（丑）项的要求，即提交人已用尽所有可用的国内补救办法。委员会同时确定本案未在其他国际调查或解决程序中审查，因此满足了独立审理的条件。

《公约》第 24 条赋予每个儿童从出生起即享有获得国籍的权利。委员会强调，为避免儿童陷入无国籍状态，必须提供社会和国家的充分保护。在这一点上，荷兰作为《减少无国籍状态公约》的缔约国，根据该公约第 1 条至第 4 条的规定，有义务确保儿童在出生时拥有获得国籍的权利。然而，本案显示，荷兰的国内法并未有效落实这一国际义务，尤其是在确认无国籍状态方面存在程序上的缺陷。

委员会指出荷兰未能建立一个明确的无国籍状态确定程序，尤其指出荷兰当局未

[①] 联合国人权事务委员会. 人权事务委员会根据《任择议定书》第 5 条第 4 款通过的关于第 2918/2016 号来文的意见 [EB/OL]. [2020-12-29]. https://www.ohchr.org/en/press-releases/2020/12/netherlands-violated-childs-right-acquire-nationality-un-committee-finds.

对 Denny 的国籍状态作出积极调查,导致其长期处于国籍不确定的状态。这一做法违反了《减少无国籍状态公约》的相关规定,其中明确要求国家在儿童出生时就应确定其国籍。荷兰国务委员会承认缺乏有效的身份确定程序,说明存在立法上的遗漏,这些遗漏未能保护包括儿童在内的弱势群体。委员会建议荷兰审查并修订其立法,确保无国籍人士获得居留证,以充分享有《公约》所赋予的权利,符合国际标准,减少无国籍状态,并充分考虑儿童的最佳利益。

委员会的结论强调了国际法标准与国内法实施之间的一致性问题,也揭示了二者实际存在的差异。对荷兰而言,这不仅是对特定个案的裁决,更是对其整体国内法与国际人权标准一致性的审视。这要求荷兰政府不仅要修订现有法律,还需要在法律实践中加强对儿童权利的保护。

通过本案,可以看到委员会如何通过对国家义务的解释和指导,推动国家履行其国际法下的责任,保护儿童免受无国籍状态的影响。本案为理解国际人权法在国家层面的应用提供了重要的视角,特别是如何通过国际条约机构的裁决促进国内法的完善。

【思考题】

(1) 长期的无国籍状态对儿童健康和社会发展有什么不利影响?

(2) 在国际人权法框架下,国家应如何确保无国籍儿童享有与有国籍儿童同等的基本权利?

(3) 本案中,国际条约机构(联合国人权事务委员会)扮演了什么样的角色?如何理解国际条约机构的法律地位?

案例二 《制止向恐怖主义提供资助的国际公约》和《消除一切形式种族歧视国际公约》的适用案(乌克兰诉俄罗斯)

【基本案情】

2014 年初,包括乌克兰东部和克里米亚半岛发生了一系列冲突和政治动荡,乌克兰于 2017 年 1 月 16 日对此向国际法院提起诉讼。

乌克兰主张,俄罗斯在乌克兰东部未能采取适当措施阻止和压制恐怖主义资金筹集行为,尤其对俄罗斯支持的武装组织在该地区的活动提出了指控。乌克兰特别提到与自称为"顿涅茨克人民共和国"和"卢甘斯克人民共和国"的两个实体有关的武装团体在乌克兰东部的武装活动,违反了《制止向恐怖主义提供资助的国际公约》(以下简称《制止资助恐怖主义公约》)规定的义务。此外,乌克兰还指控俄罗斯自 2014 年控制克里米亚半岛以来,对克里米亚鞑靼族和乌克兰族群实施文化清除等种族歧视,剥夺他们的各种经济、社会和文化权利,从而违反了《消除一切形式种族歧视国际公约》（以下简称《消除种族歧视公约》）规定的义务。

乌克兰要求国际法院确认俄罗斯违反了以上两项公约的义务，并要求俄罗斯停止其违法行为，提供赔偿，并确保此类行为不再发生。乌克兰同时还请求国际法院采取临时措施，以在实体性判决作出之前保护其权利。2017年3月6日至9日，国际法院就采取临时措施问题举行了公开听审。2017年4月19日，国际法院发布指示采取临时措施的命令：关于克里米亚局势，俄罗斯应根据《消除种族歧视公约》规定的义务，避免维持或限制克里米亚鞑靼族保护包括克里米亚鞑靼人民理事会在内的代表机构的能力；确保提供乌克兰语教育。

2018年9月，俄罗斯方面提出"干净的手原则"（clean hands）试图驳回乌克兰的诉求，还对国际法院的管辖权与乌克兰诉请的可受理性提出异议。但国际法院在2019年11月8日的初步裁决中详细阐释了对本案享有管辖权的依据，并否定了俄罗斯就可受理性提出的反对意见。

随后国际法院详细审查了双方的主张和证据，特别关注乌克兰提出的种族歧视和恐怖主义资金筹集的具体主张以及双方对相关公约条款的解释问题。2024年1月31日，国际法院最终判决：俄罗斯没有采取措施对乌克兰指控犯下《制止资助恐怖主义公约》第2条列出罪行的人员及事实进行调查，违反了该公约第9条第1款规定的义务；俄罗斯2014年以后针对使用乌克兰语言进行的教学活动所做的改革，实为实行俄罗斯自身的教育体制，违反了《消除种族歧视公约》第2条第1款（子）项[1]及第5条第5款[2]规定的义务。

【主要法律问题】

国际法院结合本案案情对《制止资助恐怖主义公约》和《消除种族歧视公约》的适用条款进行了详尽的阐释，总结了多个有重要意义的法律问题，主要包括资助恐怖主义活动的资金的定义、恐怖主义资金筹集的行为要件、种族歧视的法律标准等。国际法院还考虑了乌克兰缺乏对相关地区的控制如何影响案件的证据标准和事实推断。本节主要介绍对适用本案所涉两个公约的案件具有管辖权所需满足的条件、资金的定义，以及种族歧视的法律标准等3个法律问题。

---

[1] 《消除种族歧视公约》第2条第1款（子）项："缔约国承诺不对人、人群或机关实施种族歧视行为或习例，并确保所有全国性及地方性的公共当局及公共机关均遵守此项义务行事。"

[2] 《消除种族歧视公约》第5条第5款："保证人人有不分种族、肤色或民族或人种在法律上一律平等的权利，尤得享受经济、社会及文化权利当中的享受教育与训练的权利。"

一、国际法院对本案拥有管辖权的条件

(一)《制止资助恐怖主义公约》第 24 条规定的程序性前提条件

1. 当事国之间的争端不能通过谈判解决[1]

国际法院认为,根据《制止资助恐怖主义公约》第 24 条第 1 款的要求,一国必须真正尝试通过谈判解决与另一个国家的有关争端,这是国际法院管辖权的第一个程序性前提条件。根据同一条款,如果争端"不能在合理时间内通过谈判解决",则谈判的前提条件得到满足。此外,谈判的主题事项必须与争端事由有关,而争端事由又必须关涉有关条约载列的实质性义务。

国际法院回顾,乌克兰于 2014 年 7 月 28 日向俄罗斯发出普通照会,声明根据 1999 年《制止资助恐怖主义公约》的规定,俄罗斯有义务根据其国内法视需要采取此类措施,以调查乌克兰方提交的资料中所述事实,并起诉参与向恐怖主义提供资助的人员。该普通照会还建议就《制止资助恐怖主义公约》的解释和适用问题进行谈判。俄罗斯于 2014 年 8 月 15 日通知乌克兰,该国准备就《制止资助恐怖主义公约》的解释和适用问题进行谈判。

在这次照会之后,乌克兰又发出了数十份照会;此外,双方在明斯克举行了 4 次会议。然而双方在谈判中取得的进展甚微,由此国际法院得出结论,认为该情况应被视为在合理的时间内,无法通过谈判解决争端。因此第一个前提条件已得到满足。

2. 当事国无法通过仲裁达成一致方案[2]

国际法院回顾,在双方就该争端开始谈判近 2 年后,乌克兰于 2016 年 4 月 19 日发出一份普通照会,称这些谈判已失败,并称根据《制止资助恐怖主义公约》第 24 条第 1 款,乌克兰要求俄罗斯按照双方共同商定的条款将争端提交仲裁。随后就仲裁安排进行了谈判,直到 6 个月期限届满,双方都无法就仲裁安排达成一致。因此,国际法院认为《制止资助恐怖主义公约》第 24 条第 1 款规定的第二个前提条件已满足。国际法院因此认为《制止资助恐怖主义公约》第 24 条第 1 款规定的程序性前提条件均得到了满足。

---

[1] Application of the International Convention for the Suppression of the Financing of Terrorism and of the International Convention on the Elimination of All Forms of Racial Discrimination (Ukraine v. Russian Federation), Judgment of 8 November 2019, paras. 66-70.

[2] Application of the International Convention for the Suppression of the Financing of Terrorism and of the International Convention on the Elimination of All Forms of Racial Discrimination (Ukraine v. Russian Federation), Judgment of 8 November 2019, paras. 71-77.

(二)《消除种族歧视公约》规定的程序性前提条件

1. 程序性前提条件之间的关系[①]

国际法院首先讨论了《消除种族歧视公约》第 22 条所规定的程序性前提条件之间的关系。

第 22 条所规定的程序性前提条件为争议不能以谈判或以本公约所明定的程序解决。国际法院据此对"双方不能以谈判的方式解决争议"与"双方不能以公约所明定的程序解决争议"这两个条件之间到底是累积性关系还是替代性关系进行了讨论。国际法院讨论了"对于不能以谈判或以本公约所明定的程序解决者"表述中的"或"字的含义。国际法院注意到,"谈判"和"本公约所明定的程序"之间出现的连词"或"是由"不能"一词引导的分句的一部分,因此是以否定方式表述的。虽然连词"或"在肯定句中出现时,通常应该解释为连接意思相反的表述,但当这个连词出现在否定句中时,则不能做同样的理解。

国际法院接着回顾了《消除种族歧视公约》第 22 条的上下文并指出,"谈判"和"本公约所明定的程序"是实现同一个目标即通过协议解决争端。这两个条件都落脚在双方缔约国有意愿寻求一致的方案以解决争端。由此推断,如果"谈判"和"本公约所明定的程序"被认为是叠加性的,则各国需要努力通过谈判达成一致同意的解决方案,在谈判没有取得成功之后,再将争端提交消除种族歧视委员会做进一步谈判,目的也是达成一致同意的解决方案。国际法院认为,第 22 条的上下文表明,要求已经谈判失败而未能达成一致解决方案的缔约国再通过条约机构进行一系列谈判是不合理的。

国际法院进一步指出,解释《消除种族歧视公约》第 22 条时,必须考虑其目标和宗旨。《消除种族歧视公约》第 2 条第 1 款规定,该公约各缔约国承诺"立即"消除种族歧视;第 4 条和第 7 条规定,缔约国承诺"立即采取积极措施"和"立即采取有效措施"以根除对种族歧视的煽动并打击导致种族歧视的偏见;序言则进一步强调,各国决心采取一切措施"迅速"消除种族歧视。这些条款表明,缔约国的目标是有效和迅速地消除一切形式的种族歧视。国际法院据此认为,如果第 22 条规定的程序性前提条件是叠加性的,可能会加大实现此等目标的难度。

因此,国际法院得出结论认为,"谈判"和"本公约所明定的程序"为替代性条件,即《消除种族歧视公约》第 22 条就国际法院管辖权规定了二者择其一的前提条件。

[①] Application of the International Convention for the Suppression of the Financing of Terrorism and of the International Convention on the Elimination of All Forms of Racial Discrimination (Ukraine v. Russian Federation), Judgment of 8 November 2019, paras. 99-113.

2. 双方是否试图通过谈判解决争端①

国际法院审视了《消除种族歧视公约》第22条中"谈判"的概念后指出：谈判不同于单纯的抗议或争论。谈判引发的不只是双方之间法律观点或利益的简单对立，或者一系列指控和反驳的存在，甚至不只是彼此交换各自的诉求和直接对立的反诉求。因此，谈判的概念有别于争端的概念，谈判是指至少需要争端一方真正地试图与另一方进行讨论，以期解决争端。国际法院还指出，只有在"谈判失败、变得徒劳或陷入僵局"的情况下，谈判这一前提条件才得到满足。

3. 不能以公约所明定的程序解决②

《消除种族歧视公约》第11条规定："本公约一缔约国如认为另一缔约国未实施本公约的规定，得将此事通知委员会注意。"所以，不能以公约所明定的程序解决即是不能通过消除歧视委员会的途径解决争端。由于双方之间的争端没有提交给消除种族歧视委员会，国际法院只审查双方是否试图通过谈判解决争端。

因此，国际法院对适用《消除种族歧视公约》的国家间争议享有管辖权需满足"双方已通过谈判解决争端"或"双方通过条约机构——消除种族歧视委员会解决争议"其中一个条件即可。

2019年11月8日，国际法院就管辖权与可受理性问题作出判决，驳回了俄罗斯的反对请求。国际法院认为包括双方之间持续了2年左右的谈判、外交信函和面对面会议等，足以证明双方的其他救济手段已经穷尽，因此根据《制止资助恐怖主义公约》第24条第1款以及《消除种族歧视公约》第22条的争端解决条款，国际法院对本案拥有管辖权的程序性先决条件均已经得到满足。

二、资助恐怖主义活动中的"资金"的定义

国际法院在解释《制止资助恐怖主义公约》中"资金"的定义时，强调了"资金"应包括所有形式的资产，无论是有形或无形、动产或不动产，以及任何证明资产所有权或权益的法律文件或证件。在这个基础上，国际法院进一步考察了这些资金是否与恐怖主义资金筹集有直接关联。在乌克兰对俄罗斯的指控中，关键在于是否可以证明俄罗斯知晓或应当知道其资金被用于或将被用于恐怖主义活动。国际法院在这方面需要界定哪些类型的资金行为属于《制止资助恐怖主义公约》定义下的恐怖主义资金筹集，包括是否只有金融资产被用作恐怖活动，或者更广泛的资金使用。

首先，国际法院审议了《制止资助恐怖主义公约》第1条第1款的条文。《制止资

---

① Application of the International Convention for the Suppression of the Financing of Terrorism and of the International Convention on the Elimination of All Forms of Racial Discrimination (Ukraine v. Russian Federation), Judgment of 8 November 2019, paras. 114-121.

② Application of the International Convention for the Suppression of the Financing of Terrorism and of the International Convention on the Elimination of All Forms of Racial Discrimination (Ukraine v. Russian Federation), Judgment of 8 November 2019, paras. 122-132.

助恐怖主义公约》第1条第1款对"资金"的定义一开始就提及"所有各种资产，不论是有形或无形资产、是动产或不动产，不论以何种方式取得"。国际法院指出，"资金"一词的使用表明其所涵盖的范围超出了传统的金融资产，还扩展到可交换或用于其他用途的广泛资产。例如，贵金属或矿物、艺术品、能源和数字资产可能都属于《制止资助恐怖主义公约》定义下的资金。此外，第1条中的定义专门指出"不动产"，这表明"资金"还可能包括提供土地或房地产。[①]

其次，国际法院考虑《制止资助恐怖主义公约》的其他条款，包括第8条、第12条、第13条和第18条中使用"资金"一词的上下文。国际法院认为，这些条款所提供的上下文表明，《制止资助恐怖主义公约》第1条第1款所使用的"资金"一词仅限于具有财政或货币性质的资源，而不包括用于实施恐怖主义行为的手段。国际法院在确定"资金"一词的含义时也考虑了《制止资助恐怖主义公约》的目标和宗旨。《制止资助恐怖主义公约》的序言表明，该公约的目标是处理"资助"恐怖主义的问题，而不是一般的恐怖主义问题。例如，序言部分指出，"向恐怖主义提供资助是整个国际社会严重关注的问题"，因此《制止资助恐怖主义公约》的目标不是一般地制止和防止对恐怖主义的资助，而是防止和制止一种特定形式的资助，即资助恐怖主义。[②]

鉴于上述情况，国际法院的结论是，《制止资助恐怖主义公约》第1条所界定和第2条所使用的"资金"一词是指为其货币和财政价值而提供或收集的资源，不包括用于实施恐怖主义行为的手段，如武器或训练营。因此，据称向在乌克兰境内活动的各种武装团体供应武器，以及据称为这些团体的成员组织培训，都不属于《制止资助恐怖主义公约》的实质性范围。

三、种族歧视的法律标准[③]

国际法院随后讨论与公民身份有关的措施的主张。国际法院首先需要确定俄罗斯在克里米亚实行的公民身份兑换制度及其他措施是否属于《消除种族歧视公约》第1条的范围。国际法院注意到，公民和非公民之间的差别待遇以及缔约国关于国籍、公民身份的法律规定本身被排除在《消除种族歧视公约》的范围之外，这就意味着，《消除种族歧视公约》并不关注给予国籍的理由或方式。但是，它们不能被理解为将任何在目的或效果上造成基于民族或族裔出身的歧视行为都排除在《消除种族歧视公约》

[①] Application of the International Convention for the Suppression of the Financing of Terrorism and of the International Convention on the Elimination of All Forms of Racial Discrimination (Ukraine v. Russian Federation), Judgment of 31 January 2024, paras. 40-53.

[②] Application of the International Convention for the Suppression of the Financing of Terrorism and of the International Convention on the Elimination of All Forms of Racial Discrimination (Ukraine v. Russian Federation), Judgment of 31 January 2024, paras. 86-147.

[③] Application of the International Convention for the Suppression of the Financing of Terrorism and of the International Convention on the Elimination of All Forms of Racial Discrimination (Ukraine v. Russian Federation), Judgment of 31 January 2024, paras. 276-288.

的范围之外。国际法院认为,乌克兰并没有确切地证明,在克里米亚适用俄罗斯公民身份制度等同于基于族裔血统的区别对待。乌克兰为了确定对克里米亚鞑靼人和乌克兰人种族出身的歧视,主要依据的是有关人员必须选择采用俄罗斯国籍或保留乌克兰国籍时所面临的困难。然而,国际法院认为,这些措施带来的法律后果是基于俄罗斯公民或外国人的国籍身份区别。对于俄罗斯境内居民的法律地位适用于俄罗斯行使管辖权指向的所有人,而不论其种族出身如何。虽然这些措施可能影响居住在克里米亚的大量鞑靼人或乌克兰人,但根据《消除种族歧视公约》并不构成种族歧视。基于这些理由,国际法院的结论是,乌克兰主张俄罗斯违反该公约下的义务的情况尚不能证实。

【主要法律依据】

(1)《制止向恐怖主义提供资助的国际公约》第 22 条。
(2)《消除一切形式种族歧视国际公约》第 24 条。

【拓展分析】

一、国际法院对于依据本案所涉及两个公约的案件的管辖权

在国际法的框架下,国际法院或专门的仲裁机构受理国家间争议的权力通常是基于具体的国际公约或条约。这种国际法院或专门的仲裁机构的管辖权,特别是在涉及如《制止资助恐怖主义公约》和《消除种族歧视公约》这类公约的情况下,往往需要满足一系列的程序性前提条件。这些条件的设计是为了确保只有在当事国已尽力但无法通过其他手段解决争端时,才由国际法院介入。

(一)《制止资助恐怖主义公约》

根据《制止资助恐怖主义公约》第 24 条的规定,国际法院或专门的仲裁机构受理案件的首要条件是当事国之间的争端必须首先尝试通过谈判解决。这一要求体现了国际法中的一个基本原则,即和平解决国际争端。谈判是解决争端的首选方式,因为它允许当事国保持对过程和结果的控制,同时有助于维持或改善双边关系。在本案中,乌克兰和俄罗斯就《制止资助恐怖主义公约》的解释和适用问题进行了多轮谈判,并且还通过照会的方式多次交流。尽管双方进行了多次会议,但谈判并未取得实质性进展,国际法院据此判定"合理时间内无法通过谈判解决争端"的条件已经满足。这里的"合理时间"是一个灵活的标准,通常取决于争端的复杂性和解决争端的紧迫性。

随后,如果谈判失败,当事国还需要尝试通过仲裁解决争端。在上述案例中,乌克兰在认定谈判失败后,尝试推动仲裁程序,但双方未能就仲裁的具体条款达成一致。在《制止资助恐怖主义公约》中,如果双方无法在 6 个月内就仲裁达成一致,则视为满足了通过仲裁解决争端的尝试。

只有当上述两个程序性前提条件均得到满足后,国际法院才具有受理争端的管辖权。这样的法律设计强调了通过和平方式解决国际争端的国际法原则，并确保国际司法机构作为解决国际争端的最后手段。这不仅有助于保护国家主权和促进国际合作，还有助于维护国际法的权威和有效性。通过这种方式，使国际法院和仲裁机构不仅是简单的争端解决工具，也是国际社会维护和平与公正的重要支柱。

（二）《消除种族歧视公约》

首先，《消除种族歧视公约》第22条规定了国家在未能通过谈判或公约明确的其他程序解决争端时，可以将争端提交给国际法院的条件。这里"或"字的使用，在法律语境中通常表示选择性，即当事国可以选择通过谈判或其他程序解决争端。然而，当"或"用于否定结构时，其解释具有复杂性，可能表明这些条件是并行的，也可能是替代的。在本案中，国际法院采用了《维也纳条约法公约》关于条约解释的规则，认为"谈判"和"本公约所明定的程序"是两种不同的途径，旨在实现同一目标，即和平解决争端。国际法院进一步解释称，如果将这些条件视为叠加性的，即当事国必须先进行谈判，谈判失败后再尝试公约提供的其他程序，这种解释将与公约迅速解决争端的目的相悖。因此，国际法院倾向于认为，这些条件具有可选择性，即当事国可以选择先行的解决方式，而不必一定遵循一个固定的程序序列。

在本案中，乌克兰和俄罗斯在尝试通过谈判解决关于种族歧视的指控未获成功后，乌克兰选择将争端提交给国际法院。这一过程中，乌克兰所进行的谈判尝试，包括通过多次外交照会和面对面会谈，足以显示其已经尽到了在提交争端前尝试和平解决的义务。国际法院的判断也体现了国际法中对和平解决争端的优先考虑。

总结来说，国际法院在判定其是否具有管辖权时，不仅会考察条约文本，还会根据国际法的基本原则和条约的目的及宗旨进行综合评估，以确保国际法院的决定能够促进条约所追求的长远目标的实现。

二、种族歧视的范围

国际法中关于种族歧视的关键文件之一是《消除种族歧视公约》。该公约第1条规定："本公约称'种族歧视'者，谓基于种族、肤色、世系或原籍或人种的任何区别、排斥、限制或优惠，其目的或效果为取消或损害政治、经济、社会、文化或公共生活任何其他方面人权及基本自由在平等地位上的承认、享受或行使。"这一定义提供了评估行为是否构成种族歧视的基础。在本案中，乌克兰与俄罗斯关于克里米亚的争端中涉及了公民身份的强制更换问题。根据描述，克里米亚的居民被要求选择接受俄罗斯国籍或保留乌克兰国籍。国际法院在评估此事时，需要考虑这一政策是否基于民族或族裔背景而有意识地区分对待不同群体。从国际法院的观点出发，尽管该政策可能对克里米亚鞑靼人和乌克兰人产生了不利影响，但国际法院认为此政策的法律后果基于国籍而非种族血统。这一点很关键，因为公约的种族歧视定义是基于"种族、肤色、世系或民族或人种"，而不单纯是国籍或公民身份。国际法院在裁判2019年卡塔尔诉阿拉伯联合酋长国案的过程中，讨论了阿联酋基于国籍采取的区别对待措施，国际法院在该案中表示:"种族歧视是基于种族、肤色、世系或民族等出生时固有的且不会随国家或法律改变的特征而采取的区别对待措施;而非基于如国籍之类的法律属性采取的区别对待措施。"以上两个案件都是基于国籍而非民族或血统的歧视行为,然而,这种解释也引发了广泛的法律和伦理问题。如果政策的实施效果无意中对某些族裔群体产生更大的负面影响,即使政策本身没有明确基于种族或民族的区分,这是否应当被视为种族歧视?这一点在法律实践中常常引起争议。在国际法中,行为的"效果"与其"意图"同等重要。如果一个国家的政策在实施中主要或显著地影响特定族裔或种族群体,即便没有直接的歧视意图,这种政策也可能构成"间接歧视"。间接歧视理论认为,表面上中立的法律或政策如果在实际效果上对某一特定族群造成了不利影响,则可能被认为是歧视性的。

国际法律和人权法领域中的非歧视原则并不仅限于防止基于种族的明显区分或排除。例如,欧洲人权法院和联合国人权委员会等机构在多个案例中已经确认,对国籍的不公平处理,如果在实际中根据族裔或民族身份间接导致差别对待,也可能构成违反公约的行为。

因此,在这种情况下,虽然国际法院最终认为俄罗斯的政策不属于种族歧视的范围,但这一决定在国际社会中可能仍有争议。特别是在评估类似情况时,应更加注意政策的实际效果及其对特定族裔群体的影响,这对于全面评估种族歧视的范畴至关重要。

【思考题】

(1)《消除种族歧视公约》如何认定种族歧视行为?
(2) 国际条约机构在监督与促进各国履行人权义务方面起到怎样的作用?
(3) 国际法院在审理国家间有关国际人权争端时面临何种挑战和限制?

第九章

国家领土法

本章知识要点

（1）国家领土的概念与构成；（2）领土的取得与变更；（3）领土主权及其限制；（4）边界和边境制度。

案例一 边界争端案（布基纳法索诉尼日尔）

【基本案情】

布基纳法索和尼日尔同为法属西非殖民地，独立前分别属于法国殖民地上沃尔特和尼日尔的领土。两国都于1960年获得独立，并在独立后努力确定双方的边界。1987年3月28日，布基纳法索和尼日尔通过尼日尔共和国政府和布基纳法索革命政府关于建立两国边界的协定（以下简称1987年协定），尝试以边界管理制度协定书的方式确定两国边界。该协定设立了联合划界技术委员会（以下简称划界委员会），负责确定边界的具体情况。划界委员会将参考法属西非总督1927年发布的命令以及1927年10月5日的澄清勘误表。如果命令不充分，则参照法国国家地理研究所1960年版地图所示得出的边界线走向。截至2001年，划界委员会确立了一条可分为3个部分的边界线。第一部分，也是最北的区域，从恩古马高地向南延伸至天文标记点Tong-Tong；第二部分，从天文标记点Tong-Tong延伸至泊头湾起始处；第三部分，也是最南端的区域，从泊头湾起始处延伸至梅克鲁河。双方对第一部分和第三部分的边界线问题达成一致意见，但对第二部分仍然存在分歧。[1]

2009年2月24日，两国在尼亚美签订布基纳法索和尼日尔共和国之间的边界争端向国际法院提起诉讼的特别协定（以下简称特别协定），于2009年11月20日生效。根据特别协定，两国同意将它们之间第二部分共同边界的争端提交至国际法院。

2010年7月20日，布基纳法索和尼日尔向国际法院提交了关于它们之间的边界争

---

[1] Frontier Dispute (Burkina Faso v. Niger), Judgment Of 16 April 2013, para. 28.

端的联合通知函，在该通知函中附有特别协定的《交换批准书议定书》以及2009年10月29日和11月2日的互换照会。根据特别协定第1条的规定，双方同意将它们的边界争端提交国际法院。特别协定第2条则说明案件的诉讼请求如下：确定两国之间从天文标记点 Tong-Tong 到泊头湾起始处这一段边界的走向；将双方就划界委员会在划定布基纳法索—尼日尔边界的工作中有关各段的结果所达成的共识记录在案。

【主要法律问题】

本案主要涉及两个方面的法律问题：第一，国际法院对根据特别协定审理的案件享有管辖权需要满足的条件；第二，如何确定争议地边界的起止点及其走向。

一、国际法院对本案的管辖权[①]

在审理当事双方之间关于从天文标记点 Tong-Tong 到泊头湾起始处这一段共同边界走向的争议之前，国际法院首先讨论了布基纳法索就两处标定的边界地段提交的请求。国际法院回顾，布基纳法索在其最后诉讼请求中的第1点和第3点中请求裁定，在北段从恩古马高地至天文标记点 Tong-Tong 以及南段从泊头湾起始处至梅克鲁河这两处划界地段，其与尼日尔的边界线走向是由连接了布基纳法索提供的坐标点所形成的线构成的，并且该坐标与划界委员会开展调查工作的联合特派团所记录的一致。国际法院还注意到，布基纳法索要求国际法院将这一边界线纳入其判决书的执行部分，以便当事双方均受其约束。国际法院另外指出，尼日尔在其最后的诉讼请求中只请求划出两国争端地段的边界，即从天文标记点 Tong-Tong 延伸至泊头湾起始处。尼日尔认为国际法院应在其判决书的说理部分中注意上述协定而无须在判决书的执行部分提及上述地段，因为双方已就这两处划界地段订立了协定。

国际法院认为，布基纳法索在其最后诉讼请求中的主张并不完全符合特别协定的规定，因为布基纳法索并未请求国际法院将当事双方关于以上两处地段边界划分的"一致意见记录在案"，而是请求依据划界委员会的结论划定边界。国际法院认为，双方订有协定以及将其记录在案与将特别协定的内容作为法院自身裁判的实质内容完全不同。国际法院认为，布基纳法索的请求从字面上看超出了特别协定所界定的法院管辖范围，因此可以驳回。然而，国际法院也承认其有权在尽可能保持当事双方的最终诉讼请求在特别协定所规定的管辖权范围内的前提下进行解释。国际法院解释，布基纳法索的最终诉讼请求意在将当事方之间的一致意见记录在案。

国际法院认为，仅凭目前的情况无法表明其可以受理布基纳法索的请求，仍需确认该请求是否符合国际法院依据《国际法院规约》所具有的司法职能，即"对于陈诉各项争端，依国际法裁判之"。在本案中，国际法院注意到当事双方并未声称在提起诉讼之日或之后在所涉两个地段的边界划定上存在争端。国际法院认为，本案的关键问题在于提起诉讼时是否存在争端；从国际法院的司法职能角度来看，将缔约方达成的

[①] Frontier Dispute (Burkina Faso v. Niger), Judgment Of 16 April 2013, paras. 41-59.

"一致意见"纳入具有法律约束力的文书并不重要。因此,国际法院认为,布基纳法索的请求超出了其司法职能范围。

因此,国际法院得出结论:在根据一项特别协定审理案件时,只有在当事方在其最后诉讼请求中提出的请求未超出该特别协定界定的范围,并且当事方的诉讼请求符合国际法院依据《国际法院规约》具有的司法职能时,国际法院才能对此具有管辖权。

二、涉案争议地边界的起止点及其走向

国际法院经过讨论,决定将双方争议边界路段分为以下4个部分进行审议:第一段是从天文标记点Tong-Tong到天文标记点Tao;第二段是从天文标记点Tao到Bossébangou村的西尔巴河（the River Sirba）;第三段是Bossébangou村的西尔巴河与Say平行线的交汇处;第四段是从以上交汇处到位于钦吉利巴以西1200米的地方,特别协定称之为"泊头湾道的起点"。

（一）从天文标记点Tong-Tong到天文标记点Tao[1]

国际法院指出,布基纳法索与尼日尔同意天文标记点Tong-Tong与天文标记点Tao的位置,但是双方对于两点之间的连接方式有不同的意见。布基纳法索认为应该以一条直线连接天文标记点Tong-Tong至天文标记点Tao;而尼日尔则主张用两个直线段连接上述标记点,第一个直线段是从标记点Tong-Tong至标记点Vibourié,第二个直线段则从标记点Vibourié到标记点Tao。国际法院针对双方不同主张就殖民地行政当局资料进行审议并指出,殖民地行政当局官员将上述命令解释为在争议地段连接天文标记点Tong-Tong和天文标记点Tao的一条直线。因此,布基纳法索和尼日尔在该争议地段的边界应是连接天文标记点Tong-Tong到天文标记点Tao的一条直线。

（二）从天文标记点Tao到Bossébangou村的西尔巴河[2]

国际法院首先讨论了该争议地段边界线的终止点问题。国际法院注意到,1927年命令明确规定殖民地间边界应延伸至西尔巴河。最后,国际法院认定边界线终止点位于Bossébangou村的西尔巴河。

国际法院接着讨论如何连接天文标记点Tao和Bossébangou村的西尔巴河以划出边界的问题。国际法院注意到,无法根据1927年命令确定如何连接天文标记点Tao和西尔巴河。该命令的语义不够明确,仅指出,"该线转向东南,穿过位于天文标记点Tao的泰拉多里机动车道……并到达位于Bossébangou村的西尔巴河"。布基纳法索认为,应当将这种语焉不详的情况解释为上述两点之间必须用一条直线连接。尼日尔认为,这种措辞模糊的情况符合1987年协定所指的"不够充分"的情形,因此所涉边界地段原则上必须采用法国国家地理研究所1960年版地图上的标线。此外,尼日尔主张这也是更优先考虑在关键日期即两国独立之日所看到的"有效控制"情况。

---

[1] Frontier Dispute (Burkina Faso v. Niger), Judgment Of 16 April 2013, paras. 72-79.
[2] Frontier Dispute (Burkina Faso v. Niger), Judgment Of 16 April 2013, paras. 80-99.

国际法院经过讨论指出，法兰西共和国1926年12月28日的总统令是发布1927年命令的一个重要依据。国际法院认为法属西非殖民地总督曾设法通过该总统令确定大区和州原有的边界，但是没有任何迹象显示争议地段的边界是一条直线，正如尼日尔所主张，在相关殖民地时期及独立日这一关键日期前，该村庄由尼日尔殖民行政当局管辖。

因此，国际法院得出结论：不应将1927年命令解释为在天文标记点Tao与Bossébangou村的西尔巴河之间的边界线是一条直线，即该命令对于该边界争议段的规定符合1987年协定所指的"不够充分"的情形，必须参照法国国家地理研究所1960年版地图上的标线。国际法院认为，一经断定该命令不够充分，并且只要其不够充分，"有效控制"原则便不会再在本案中起任何作用。

最后，国际法院裁定，对于从天文标记点Tao延伸至位于Bossébangou村的西尔巴河的边界地段，应采用法国国家地理研究所1960年版地图显示的标线。

（三）Bossébangou村的西尔巴河与Say平行线的交汇处①

国际法院继续讨论Bossébangou地区的边界线。国际法院认为，没有任何实际证据可证明Bossébangou区域的西尔巴河在殖民时期完全属于上沃尔特或尼日尔殖民地的任何一方。国际法院进一步指出，如果该边界线划至西尔巴河上而非河岸的任何一侧，则西尔巴河沿岸居民获取水资源的需求能得到更大的满足；除此之外，在西尔巴河这样类似的非航行河流上，边界线划至河上也只能满足有关边界所固有的法律保障要求。国际法院在后续调查中发现，沿着西尔巴河上游的边界以及在河流与经度和纬度线的交汇处出发和转弯，最后转弯是在Say平行线与西尔巴河相交的经度处，即坐标为北纬13°06′12.08″与东经00°59′30.9″处的上述相交点。因此，国际法院得出结论：根据1927年命令，Bossébangou区域边界线的终点位于西尔巴河的中线。

（四）从西尔巴河与Say平行线的交汇处到泊头湾道的起点②

国际法院指出，双方对于泊头湾这一点达成了共识。一旦确定了此交叉点，国际法院的任务便转向了确认这两点间应划定的界线。布基纳法索方面主张，1927命令已明确规定，该界线应为一条直线。尼日尔方面则主张两国间已经就一条更接近法国国家地理研究所1960年版地图所示的边界线达成了默示协议。对此，布基纳法索提出了异议，而国际法院在审理后认定，没有证据表明存在此类协议，并据此得出结论，1927年命令的内容明确且应当被遵循。

【主要法律依据】

（1）《国际法院规约》第38条。

---

① Frontier Dispute (Burkina Faso v. Niger), Judgment Of 16 April 2013, paras. 100-107.
② Frontier Dispute (Burkina Faso v. Niger), Judgment Of 16 April 2013, paras. 108-112.

(2) 布基纳法索和尼日尔共和国之间的边界争端向国际法院提起诉讼的特别协定第 6 条。

(3) 尼日尔共和国政府和布基纳法索革命政府关于建立两国边界的协定。

【拓展分析】

一、保持占有原则与边界的无形性原则

国际法院在本案中主要审理了"对适用特别协定的案件享有管辖权的条件"和"争议边界的起止点及走向"问题。在第一个问题中，国际法院得出结论：当事方在其最后诉讼请求中提出的请求未超出特别协定界定的范围，并且当事方的诉讼请求符合国际法院依据《国际法院规约》具有的司法职能时，国际法院才能对此具有管辖权。关于第二个问题，国际法院在讨论过程中提及了保持占有原则、有效控制规则，还揭示了特别协定与国际规则和原则在适用上的效力问题。

优素福法官在其意见中写道，保持占有原则和边界的无形性应被视为独立且不同的原则；前者是确定边界的指南，后者是对已确定边界的尊重。优素福法官指出，二者不应被视作相同或等同原则，必须根据两项原则不同的起源、目的、法律范围和性质对其作出区分。另外国际法院还解释了这两项原则能否在本案中发挥有效作用的问题。本案不同于先前法院审理的类似案件，因为当事双方于 1987 年就划定其共同边界签订了一份协定。国际法院仅需解释和适用该协定而无须确定哪些地段构成了拟适用保持占有原则的当事各方的殖民遗产，保持占有原则实际上在本案中不发挥任何作用。因此可以得出结论：当事双方就划定边界签订的特别协定在适用上效力优先于保持占有原则。

二、有效控制规则

本案中，在讨论天文标记点 Tao 至位于 Bossébangou 村的西尔巴河之间边界的走向时，国际法院和当事方都提及了有效控制规则。尼日尔主张 1927 年命令对该段边界的规定符合 1987 年协定所指的"不够充分"的情形，因此，尼日尔认为更应该优先考虑两国独立之日的有效控制情况。此外，尼日尔还称有必要脱离法国国家地理研究所 1960 年版地图以确定边界线的终止点。

国际法院基于尼日尔的主张审议相关证明材料后认为，正如尼日尔主张，在相关殖民地时期及独立日这一关键日期前，Bossébangou 村由尼日尔殖民行政当局管辖。但 1987 年协定明确指出，在命令及其更正可能不够充分的情况下，边界线走向应当如法国国家地理研究所 1960 年版地图所示。因此国际法院认为，1927 年命令对此争议边界段的表述符合"不够充分"之情形，此时应优先考虑 1987 年协定的补充性规定，而不应当适用有效控制规则。

综合国际法院的讨论及其结果可以看出，有效控制规则在适用上并非任意为之，如果争端双方之间存在有效条约或协定，完全可以据以确定领土的合法所有者，则条约或协定优先于有效控制。在 1994 年判决的利比亚诉乍得领土争端案中，国际法院判称，由于利比亚和法国 1955 年签订的《友好睦邻条约》规定了两国的边界，该条约是有效的，国际法院无须考虑利比亚对争议地区的有效控制是否具有持续性、和平性，是否得到他国的认可。

在此类案件中，国际法院审查的逻辑是：首先，如果是原属同一殖民国家、新独立的国家之间的领土主权争端，必然优先考虑保持占有原则；其次，如果存在可被证明的保持占有边界，即便一方主张有效控制，也会被认定为非法行为，不具有决定性；最后，只有当不能证明保持占有边界，保持占有原则无法适用时，才会考虑有效控制规则。由此可见，条约或特别协定和保持占有原则在领土争端解决中具有优先地位，它们构成有效控制规则的适用前提条件。[①]

【思考题】

(1) 国家之间解决领土争议的方式有哪些？
(2) 本案中两个当事国在独立后建立的边界管理和维护机制发挥了怎样的作用？
(3) 划分边界线的方法有几种？本案中国际法院运用了何种划分边界线的方法？

案例二　尼加拉瓜在边境地区开展的某些活动纠纷案（哥斯达黎加诉尼加拉瓜）和在哥斯达黎加沿圣胡安河修建公路纠纷案（尼加拉瓜诉哥斯达黎加）

【基本案情】

2010 年 11 月 18 日，哥斯达黎加在国际法院对尼加拉瓜提起诉讼，起因于尼加拉瓜修建了一条从圣胡安河到港头泻湖的运河，并在圣胡安河上进行了某些相关的疏浚工程，不仅可能对流向哥斯达黎加科罗拉多河的水流产生严重不利后果，也有进一步侵犯哥斯达黎加领土的可能，包括对该地区的湿地和国家野生动物保护区的破坏。哥斯达黎加认为尼加拉瓜这一行为不仅破坏了其领土完整，还违反了国际法上关于不使用武力的原则。哥斯达黎加请求国际法院及时采取临时措施，以保护其领土主权和领土完整性。

2011 年 3 月 8 日，国际法院发布临时措施命令，要求双方避免在争议地区采取任何可能加剧争端的行为。国际法院特别禁止尼加拉瓜在争议区域内开展军事或民用活动，但允许哥斯达黎加在特定条件下，派遣负责环境保护的文职人员。

2011 年 12 月 22 日，尼加拉瓜对哥斯达黎加提起反诉，指控其在两国边界区域进

[①] 宋岩. 国际法院在领土争端中对有效控制规则的最新适用：评 2012 年尼加拉瓜诉哥伦比亚"领土和海洋争端案"[J]. 国际论坛, 2013, 15 (02)：80-81.

行的建设活动对尼加拉瓜环境造成了重大损害。尼加拉瓜强调哥斯达黎加未经过适当的环境影响评估就修建了一条公路，严重影响了圣胡安河的生态系统。2013年，国际法院决定将两起案件合并审理，以提高审判效率并全面解决争端。

2015年12月16日，国际法院对合并后的案件作出裁决，确认哥斯达黎加对争议领土的主权，并裁定尼加拉瓜的疏浚活动违法，同时指出哥斯达黎加修建公路时未进行适当的环境影响评估也构成违法。

最终，国际法院于2018年2月2日裁定尼加拉瓜对其非法活动造成的环境损害予以赔偿。尼加拉瓜需向哥斯达黎加支付约378890.59美元作为赔偿，包括直接的环境损害赔偿、恢复湿地的费用以及因非法活动产生的其他费用。

【主要法律问题】

本案的事实根据是圣胡安河上、圣胡安河沿线或邻近地区实施的相关工程，即尼加拉瓜对该条河流的疏浚和哥斯达黎加在圣胡安河右岸沿线修建的道路。两起诉讼均涉及上述工程对当地环境和圣胡安河航行和出入的影响。在这方面，双方均提及圣胡安河沉积的风险，以及圣胡安河及其沿线的工程对脆弱的河流生态系统包括圣胡安河及其沿线的自然保护区环境的有害影响。国际法院基于以上事实与主张主要讨论了两个法律问题，分别是争议地的主权归属问题以及尼加拉瓜在哥斯达黎加领土上的非法活动造成的环境损害问题。

一、争议地区的主权归属问题[①]

国际法院首先回顾两起案件的地理背景，圣胡安河全长约205公里，发源于尼加拉瓜湖，汇入加勒比海。在科罗拉多河三角洲（或称为哥斯达黎加三角洲）的地方，圣胡安河分为两条支流：圣胡安河下游位于北部，在流经三角洲后约30公里的下游处汇入加勒比海；科罗拉多河位于南部，它是两条支流中较宽的河流，全部流经哥斯达黎加境内，在圣胡安河下游河口东南部约20公里的巴拉科罗拉多汇入加勒比海。位于科罗拉多河与圣胡安河下游之间的区域被广泛称为卡里洛岛。在该区域内有一个更小的区域（大约17平方公里），哥斯达黎加称之为波蒂略岛，尼加拉瓜称之为港头，位于原陶拉河以北。波蒂略岛北部有一座泻湖，哥斯达黎加称之为波蒂略泻湖，尼加拉瓜称之为港头泻湖。该地区包括两处国际重要湿地：加勒比东北湿地和圣胡安河野生动物保护区。

国际法院随后描述了当事双方之间争议的历史背景。国际法院注意到，继两国于1857年发生敌对行动之后，哥斯达黎加政府和尼加拉瓜政府于1858年缔结了一项《卡尼亚斯—赫雷斯条约》（又称《1858年边界条约》），确定了两国之间从太平洋到加勒比海的边界走向。该条约规定了尼加拉瓜对圣胡安河水域的所有权和司法权，但也确

---

① Certain Activities Carried Out by Nicaragua in The Border Area (Costa Rica v. Nicaragua), Judgment of 16 December 2015, paras. 65-99.

认哥斯达黎加出于商业目的拥有该河的自由航行权。尼加拉瓜在各种场合对该条约的有效性进行质疑后，哥斯达黎加和尼加拉瓜于 1886 年 12 月 24 日签署了另一项文书，据此，两国同意将《1858 年边界条约》的有效性问题以及其他各种"可疑解释"之处提交时任美国总统的格罗弗·克利夫兰仲裁。国际法院注意到，克利夫兰总统在 1888 年下达的裁决（以下简称克利夫兰裁决）中特别确认了该条约的有效性，并且在该裁决之后，1896 年哥斯达黎加和尼加拉瓜商定建立两个国家标界委员会。

国际法院首先讨论两项争议的起源，并指出，2010 年 10 月 18 日，尼加拉瓜开始疏浚圣胡安河以改善其适航性，同时在波蒂略岛北部地区进行建筑施工。国际法院注意到，哥斯达黎加声称尼加拉瓜在哥斯达黎加领土上修筑了一条渠道（当事双方均称该渠道为"运河"），就建造在圣胡安河与波蒂略泻湖之间的波蒂略岛上，而尼加拉瓜辩称其仅仅疏通了尼加拉瓜领土上一条现有的运河。国际法院还注意到，尼加拉瓜还向该区域派遣了一些军事部队和其他人员。国际法院随后解释称，2010 年 12 月，哥斯达黎加开始修建 1856 号胡安·拉斐尔·莫拉·波拉斯路（以下简称道路），道路在哥斯达黎加境内沿尼加拉瓜边境修建，计划全长 159.7 公里，从西部洛斯奇莱斯县一直延伸到东部科罗拉多河三角洲以外，其中 108.2 公里沿圣胡安河走向延伸。最后，国际法院注意到，2011 年 2 月 21 日，哥斯达黎加通过了"行政法令"，宣布边境地区进入紧急状态，坚持认为紧急状态免除了其在修建道路前进行环境影响评估的义务。

国际法院注意到，由于尼加拉瓜在争议领土上开展某些活动已无可争辩，为了认定其是否侵犯了哥斯达黎加的领土主权，有必要确定哪一国对该领土拥有主权。国际法院回顾，其在 2011 年 3 月 8 日临时措施命令中将"争议领土"界定为"波蒂略岛北部，即争议运河右岸、圣胡安河右岸直到加勒比海河口一段与港头泻湖之间大约 3 平方公里的湿地区域"。为了解决哪一方当事国对争议领土拥有主权的问题，国际法院审查了双方在《1858 年边界条约》、克利夫兰裁决以及其他相关裁决中所依据的相关条款和段落。国际法院认为，由此最终得出的结论是，《1858 年边界条约》第 2 条将边界指定为"圣胡安河右岸"，这必须在第 6 条背景下进行解读，该条规定："哥斯达黎加共和国对圣胡安河从河口至维耶荷城堡下 3 英里处之间的水域享有永久自由航行权。"亚历山大将军标定边界时注意到，《1858 年边界条约》认为该河在平均水况下是商业水道。国际法院认为，将第 2 条和第 6 条结合起来解读可知，这条河道右岸构成边界，因为假定该河道是"可航行的商业水道"。因此，哥斯达黎加的航行权与对右岸的主权息息相关，显然右岸直到河口已归属哥斯达黎加。国际法院注意到尼加拉瓜的论点，由于争议领土地理形态的自然变迁，亚历山大将军在第一份裁决书中提及的"第一航道"如今成为在港头泻湖南部的将河流与泻湖南端相连的水道，即在 2010 年为改善适航性而疏浚的运河。哥斯达黎加对此提出异议，声称这是一条人工运河。国际法院随后继续审查当事双方提交的证据材料。国际法院裁定，尼加拉瓜所凭借的卫星和航空图像不足以证明将圣胡安河与港头泻湖连接起来的一条自然渠道与该国疏浚的运河走向相同。国际法院还注意到，尼加拉瓜国家官员的书面证词是在哥斯达黎加提起诉讼之后编写的,对尼加拉瓜的系争点几乎没有任何证明作用。关于当事双方提交的地图,国际法院裁定,虽然这些地图总体倾向于支持哥斯达黎加的立场,但其重要性有限,因为它们都是小比例地图,未聚焦争议领土的细节。最后,关于有效控制问题,国际法院注意到,无论如何,有效控制的重要性有限,并指出它们不可能影响《1858年边界条约》及克利夫兰裁决和亚历山大裁决产生的主权权利。国际法院还注意到,一些证据表明尼加拉瓜声称该地区有一条在很长一段时期可通航的运河不足为信,尤其是,在运河河床上生长着枝干庞大、年代久远的树木,尼加拉瓜于2010年已将其清除。此外,双方专家一致同意,2010年疏浚的运河从2011年起不再将河流与泻湖相连,这一事实令人对尼加拉瓜开展疏浚活动前同一走向的可通航水道已存在数年产生怀疑。该运河几乎不可能是上文提及的可通航商业水道。

因此,国际法院断定,尼加拉瓜2010年疏浚的运河右岸不属于哥斯达黎加与尼加拉瓜之间的边界,哥斯达黎加拥有主权的领土延伸至圣胡安河下游右岸直至流入加勒比海的河口。因此,该争议领土的主权属于哥斯达黎加。

二、尼加拉瓜在哥斯达黎加领土上的非法活动造成的环境损害问题

本案对于领土归属的认定,是对尼加拉瓜在两国边界的活动是否违反其应承担的国际法义务进行判定的必要前提。在2018年的判决中,国际法院确定了因尼加拉瓜在哥斯达黎加领土上的非法活动造成的物质损失而应判给哥斯达黎加的赔偿金数额,这涉及国际法上"违反约定则伴随以适当形式作出赔偿的义务"这一既定原则。国际法院明确指出,对于不法行为造成的损害应作出充分赔偿的义务在多个案件中已得到确认,[①] 并指出赔偿金不应具有惩罚或惩戒性质。

国际法院详细讨论了跨界环境损害的可赔偿性,这是国际法院首次裁断对环境损害赔偿金的主张。国际法院通过援引先例,再次强调金钱赔偿仅是跨界环境损害责任承担的一种方式,应在恢复原状不可行或可能造成不当负担时才予以适用。在确定具体赔偿数额之前,应先考虑损害是否成立以及损害行为与损害后果之间是否存在因果关系。损害程度证据的不充分并不一定影响赔偿判决的作出。总之,国际法院认为,根据国际法,对环境损害及其导致的生态环境在提供产品和服务能力方面的损害或损失应予以赔偿,该类损失或损害在国际法上具有可赔偿性。赔偿范围包括补偿在环境恢复之前的期间内环境产品和服务的损害或损失,以及为修复受损环境而支付的费用。

在评估环境损害方面,国际法院概述了每一当事国提出的环境损害评估方法。哥斯达黎加政府采用了所谓的"生态系统服务法",[②] 而尼加拉瓜则提出了"生态系统服

---

① See Ahmadou Sadio Diallo (Republic of Guinea v. Democratic Republic of the Congo), Merits, Judgment of 2010 (II), para. 161; Avena and Other Mexican Nationals (Mexico v. United States of America), Judgment, of 2004 (I), para. 119; Gabcikovo-Nagymaros Project (Hungary/Slovakia), Judgment of 1997, para. 150.

② Certain Activities Carried Out by Nicaragua in the Border Area (Costa Rica v. Nicaragua) and Construction of a Road in Costa Rica along the San Juan River (Nicaragua v. Costa Rica), Judgment of 2 February 2018, para. 47.

务替代成本"或"替代成本"。① 国际法院指出，这些方法虽然被国家和国际机构用于环境损害评估，但并不是为此目的使用的唯一方法，且其用途不限于损害评估，也可用于为制定公共政策的目的而进行的成本效益分析。国际法院进一步确定了对环境造成的损害程度和应付赔偿金数额。国际法院在评估这些损害时考虑了直接和确凿的因果联系，并确定了哥斯达黎加应得的赔偿金数额，具体包括尼加拉瓜的活动给哥斯达黎加领土造成的跨界环境损害以及因环境损害而产生的若干附属性成本与费用（包括两个运河的重置土壤费用和湿地修复费用），还包括利息。

【主要法律依据】

（1）《联合国宪章》。

（2）《美洲国家组织宪章》。

（3）哥斯达黎加和尼加拉瓜《1958年边界条约》第1条、第2条、第5条、第9条。

（4）1888年3月22日克利夫兰裁决。

（5）1897年9月30日和1897年12月20日亚历山大裁决。

【拓展分析】

在本案中，国际法院主要面临的法律问题涉及主权归属、环境损害及相应的赔偿责任。这些问题涵盖了国际法中的边界划定、条约解释和执行，以及环境保护的义务。

国际法院首先解决的是圣胡安河及其周边地区的主权归属问题。依据《1858年边界条约》和随后的克利夫兰裁决及亚历山大裁决，双方对条约的解释存在分歧，尤其是对圣胡安河的控制权和航行权的理解不一。国际法院在审理中详细回顾了上述边界条约条款，尤其是该条约第2条和第6条，这两条的解读直接关系争议地区的主权界定。国际法院指出，条约解释应当遵循条约本身的文本、条约的目的和宗旨以及条约缔结时的背景。在本案中，国际法院依据条约文本和历史背景进行解释，强调了条约中关于航行权利的规定与边界划定的联系。国际法院通过历史文献和地图分析，辨析了"可航行的商业水道"的定义，以及此定义如何影响边界线的划定。在审理本案的过程中，国际法院除审视主要法律依据外，也审查了由哥斯达黎加提交的各项证据，包括地图、历史文件以及最近的卫星图像，这些都用来证明尼加拉瓜的行为确实涉及侵犯哥斯达黎加的领土。同时，尼加拉瓜方面则试图证明其活动是基于历史权利和实际控制。国际法院在裁决中特别强调了国际法院的角色是确保国际公正和维护法律秩序，指出在处理此类边界和领土争议案件时，国际法院必须严格依照国际法和相关国际条约进行裁判。本案裁决体现出国际法院在处理涉及边界领土争端时，对当事方提

---

① Certain Activities Carried Out by Nicaragua in the Border Area (Costa Rica v. Nicaragua) and Construction of a Road in Costa Rica along the San Juan River (Nicaragua v. Costa Rica), Judgment of 2 February 2018, para. 49.

交的所有证据材料以及相关双边或多边条约都给予了足够的重视。这对于我国在国际范围内就争议区域主张领土主权具有明显的启示意义,即应充分挖掘历史资料,采取国际法认可的主权权利行使行为、构筑设施,并采用科学技术手段予以证据固化。

在确定了哥斯达黎加对争议地区拥有主权后,国际法院进一步审理了因尼加拉瓜在该地区的非法活动造成的环境损害问题。尼加拉瓜的疏浚活动以及哥斯达黎加为应对该活动所采取的措施均可能对生态系统造成长期影响。在国际环境法领域,国家有责任防止其领土内的活动对其他国家造成显著环境损害。国际法院引用《拉姆萨尔公约》① 及其他相关国际法律文献,考察了双方行为的合法性及其对环境的潜在影响。国际法院审理后认定,由于哥斯达黎加就尼加拉瓜疏浚计划对己国湿地或科罗拉多河造成重大环境影响未提供充分有力的证据,因此,不能认定尼加拉瓜的边界非法活动违反了保护环境的实体性义务。② 对于尼加拉瓜反诉中提及的哥斯达黎加修建道路的行为,国际法院对其主张的水体形态变化、河流水质与生态系统的损害、对旅游和对河流沿岸居民身体健康的负面影响等具体损害内容进行了逐一分析,得出相关证据不足以认定存在严重的跨界环境损害的结论。③ 因此,国际法院仅就尼加拉瓜因侵犯哥斯达黎加领土开展活动造成的损害认定了跨界环境损害国际责任,而对尼加拉瓜疏浚工程和哥斯达黎加修建公路造成跨界环境损害的主张,未予以支持。可见,国际法院在分析"跨界环境损害国际责任是否成立"时,尝试从相关行为是否侵犯领土主权的角度展开论证,这提供了一种司法裁判思路。④

国际法院继而探讨了赔偿作为补救措施的适用性,包括赔偿的形式和计算方法,重点是恢复原状的可能性和费用。在确认尼加拉瓜需对其非法活动引起的损害承担赔偿责任后,国际法院面临的挑战是如何准确评估环境损害的程度以及如何公正地计算赔偿金。国际法院对哥斯达黎加为应对非法活动所支出费用进行了详细审查,包括监测费用、修复费用等。国际法院在赔偿金的计算中采用了实际损失和预防措施费用相结合的方式,同时考虑了因果关系的直接性和足够的确定性。国际法院避免了将赔偿金视作具有惩罚性的责任承担方式,更侧重于补偿性质的赔偿。

通过这些详细的讨论,国际法院不仅在国际边界争议的解决中扮演了核心角色,也在国际环境保护的法律框架下强调了国家责任的重要性。本案展示了国际法院在处理复杂的国际法问题时,如何平衡法律解释、国家责任和环境保护的需求。

---

① 1971年2月,在伊朗的拉姆萨尔召开了湿地及水禽保护国际会议,会上通过了《关于特别是水禽栖息地的国际重要湿地公约》,简称《拉姆萨尔公约》。

② Certain Activities Carried Out by Nicaragua in the Border Area (Costa Rica v. Nicaragua) and Construction of a Road in Costa Rica along the San Juan River (Nicaragua v. Costa Rica), Judgment of 16 December 2015, paras. 113-120.

③ Certain Activities Carried Out by Nicaragua in the Border Area (Costa Rica v. Nicaragua) and Construction of a Road in Costa Rica along the San Juan River (Nicaragua v. Costa Rica), Judgment of 16 December 2015, paras. 177-178.

④ 张士昌. 国际法院跨界环境损害救济的"守成"与"创新":哥斯达黎加与尼加拉瓜跨界环境损害纠纷案评析 [J]. 上海师范大学学报(哲学社会科学版), 2023, 52 (02): 61.

【思考题】

（1）当自然地理条件发生变化时，应当如何解释和应用历史上缔结的边界条约？
（2）如何判断一个国家是否对某领土形成有效控制和管理？
（3）在涉及环境保护的情况下，国家主权权利与环境保护义务之间应如何平衡？

案例三　白礁岛、中岩礁和南礁的主权归属案（马来西亚诉新加坡）

【基本案情】

白礁岛是一座由花岗岩构成的小型岛屿，其长度延伸至137米，平均宽度约为60米。该岛坐落于新加坡海峡东侧入口，与广阔的南中国海紧密相连，距离新加坡大陆向东大约24海里远。岛上标志性的建筑是一座19世纪中叶建造的霍士堡灯塔。与白礁岛相邻的还有两个显著的海洋地形，即中岩礁和南礁。中岩礁位于白礁岛南0.6海里，由两群相距250米的小型岩石组成，常年露出水面上0.6~1.2米。南礁在白礁岛西南2.2海里，仅在低潮时显现。

1979年12月21日，马来西亚公开的国家边界图中将白礁岛纳入其领海范围内。1980年2月14日，新加坡通过外交函件表达对马来西亚涉及白礁岛主权声明的反对，并要求马来西亚修正1979年版地图中的这一标注。随后，两国相互致信，并在1993年至1994年组织了多轮政府间会议，旨在解决此争议，但该岛主权归属问题仍旧悬而未决。双方首次会谈于1993年2月举行，其间还探讨了中岩礁和南礁的附属权利问题。由于双方会谈没有实质性突破，两国决定将该争议问题交付国际法院裁决。

1994年，新加坡政府与马来西亚政府共同决定将争议提交至国际法院。2003年2月6日，双方在马来西亚普特拉贾亚市签署了一项特别协定，标志着争议解决进程的正式开启。该协定的第2条核心内容为：请求国际法院对白礁岛、中岩礁、南礁等3个关键区域的主权归属作出明确裁决。该协定第6条明确规定，两国均无条件接受国际法院的裁决为对双方具有法律约束力的最终结果，彰显了双方解决争议的决心和对国际法程序的尊重。此外，该协定中还包含了双方就裁决程序应当遵循的具体规则所达成的一致意见。该协定自2003年5月9日起正式生效。随后，2003年7月24日，两国联合向国际法院通报了特别协定的存在、生效等内容，正式将此领土争端置于国际法院的审理之下。国际法院于2008年5月23日作出判决。国际法院判定，鉴于新加坡以主权者身份实施的某些行为以及马来西亚未对新加坡的行为作出反应，白礁岛主权归新加坡，而中岩礁归马来西亚，南礁因其地形特征归属于其领水所在的国家。

马来西亚政府于2017年2月2日向国际法院书记官处提交请求书，提及《国际法院规约》第 61 条①，请求国际法院复核白礁岛、中岩礁和南礁的主权归属判决。最后经双方当事国商定，马来西亚于 2017 年 2 月 2 日对新加坡提起的诉讼终止。2018 年 5 月 29 日，国际法院就申请复核 2008 年 5 月 23 日对白礁岛、中岩礁和南礁的主权归属案所作判决发布了一项命令，将诉讼程序的终止记录在案并指示将该案从国际法院案件总表中删除。

【主要法律问题】

本案中最核心的问题即白礁岛的主权归属。对于白礁岛，双方争议的焦点主要集中在三个方面：第一，白礁岛原始主权的归属；第二，英国人岛上建塔是否构成先占；第三，新加坡接管灯塔是否构成有效行使主权。

一、白礁岛原始主权的归属②

新加坡方面认为，在 1847 年以前，白礁岛作为一个荒无人烟且未被任何国家宣告主权的小岛而存在，而英国通过在岛上建设灯塔的行为，实质上确立了对该岛屿的实际控制与主权所属。然而，马来西亚方面的立场与此相左，他们坚持认为白礁岛并非无主之地，其原始的主权归属于历史悠久的柔佛王国，并且这一权利已依法传承给了现在的马来西亚政府。

首先，国际法院强调了一个历史事实，即自 1512 年以来，柔佛王国便是一个公认的独立主权实体，在东南亚地图上拥有明确界定的领土主权，这一点是不容置疑的。在深入分析双方当事人提交的大量证据与论点后，法庭揭示出，在 17 世纪至 19 世纪初这段漫长的时期内，国际社会普遍认同柔佛王国的疆域广泛覆盖了马来亚半岛的广阔区域，并且跨越新加坡海峡，延伸至海峡中的各个岛屿，白礁岛也被视为该王国领土不可分割的一部分。在此基础上，法庭进而转入核心议题，详细考察马来西亚关于其对白礁岛享有初始所有权的主张是否具备充分的法律支撑与历史依据，以此作为裁决的重要依据。

白礁岛因其在新加坡海峡中作为航行险地的地位，成为不可忽视的关键事实，这证明了该岛绝非未被发现的地域。考察柔佛王国的悠久历史，一个同样重要的事实是没有任何历史记录显示，曾有关于新加坡海峡岛屿主权归属的争议或争夺。这一历史空白为理解当前争议提供了重要的背景信息。法庭在分析中引用了常设国际法院在东格陵兰岛法律地位案中的裁决，该判决对于理解在无直接对立主张情况下的领土主权

---

① 《国际法院规约》第 61 条："一、声请法院复核判决，应根据发现具有决定性之事实，而此项事实在判决宣告时为法院及声请复核之当事国所不知者，但以非因过失而不知者为限。二、复核程序之开始应由法院下以裁决，载明新事实之存在，承认此项新事实具有使本案应予复核性质，并宣告复核之声请因此可予接受。三、法院于接受复核诉讼前得令先行履行判决之内容。四、声请复核至迟应于新事实发现后六个月内为之。五、声请复核自判决日起逾十年后不得为之。"

② Sovereignty over Pedra Branca/Pulau Batu Puteh, Middle Rocks and South Ledge (Malaysia/Singapore), Judgment of 23 May 2008, paras. 46–80.

问题具有深远的意义。常设国际法院在该案件中曾明确指出，虽然多数领土主权争议涉及两个或两个以上相互竞争的主权当事方，但在该案例中，直至1931年，除丹麦之外，没有任何其他国家对格陵兰岛提出过主权要求。这一判例强调了在缺乏有效对抗性主张的条件下，长期和平占有和管理领土的重要性，为白礁岛主权争议的法律分析提供了有益的参考框架。

国际法院指出，在东格陵兰岛法律地位案中，常设国际法院考虑到"国家领土没有沦为殖民地的部分的不可及性，丹麦—挪威君主自1721年至1814年所展现的持续管治行动，已足够构成对其领土主权的有力主张，且这种主权权利并不局限于实际殖民区域"，国际法院认为这一法律推理逻辑同样适用于当前案件。该案件焦点集中于一座荒无人烟、自然条件恶劣的岛屿，自16世纪初至19世纪中期，没有任何国家对该岛屿提出过有效的主权主张。国际法院进一步强调，如同在帕尔马斯岛案中明确的，国家对领土的主权权利并不意味着必须在"每一片土地、每一时刻"都实施物理上的、不间断的控制。

基于上述分析，法庭归纳认为，柔佛王国的历史领地广泛覆盖了新加坡海峡区域内的所有岛屿，白礁岛亦属于其疆域之内。法庭判定，柔佛王国拥有这些岛屿的主权，且一直以来未曾遭遇来自该区域任何其他政权的挑战或异议。在所有相关情形下，均满足了"连续且和平地行使其领土主权"的法律要求。据此，法庭最终断定，柔佛王国，即现今马来西亚的前身，对白礁岛保有着原始且合法的主权权利。

二、英国人岛上建塔是否构成先占

马来西亚的立场主要有二：第一，他们坚称白礁岛自始便隶属于马来西亚，非无主之地，因而不适用于先占；第二，他们指出英国在白礁岛上建造及运营灯塔的行为是在取得柔佛统治者同意的基础上进行的，英国从未表现出占有该岛的意图，也没有采取实质性的占有行动，修建灯塔的要求与实际占有岛屿是截然不同的两个概念，故不构成法律意义上的先占行为。

新加坡则从英国的实际行动和意图出发，认为英国殖民政府自1847年至1851年，通过在岛上的一系列积极作为和明确的占有意图，已经合法有效地确立了对白礁岛的主权。

国际法院在考察白礁岛殖民时期主权归属时，回溯到1824年，柔佛苏丹国遭遇英荷势力划分，两者界定各自的控制区，不过这一时期殖民势力的地理边界调整并未改变白礁岛的主权面貌。法庭分析了英国选取和建造灯塔的行为动机与过程，连同之后英国与新加坡对霍士堡灯塔及海峡照明体系的法定管辖，以及自1860年柔佛苏丹国启动的渔业管控措施等多方面考量，最终形成了判断：至少在1953年前，白礁岛的主权状况未发生本质变化，英国在岛上建灯塔的行为并不能被解读为构成先占的依据。[①]

[①] Sovereignty over Pedra Branca/Pulau Batu Puteh, Middle Rocks and South Ledge (Malaysia/Singapore), Judgment of 23 May 2008, para. 230.

三、新加坡接管灯塔是否构成有效行使主权

（一）初步分析

马来西亚方强调，新加坡接替英国管理霍士堡灯塔的行为，仅是担当了灯塔维护者的角色，并未从根本上改变白礁岛的法律地位。此外，马来西亚指出，早在1979年，其官方地图就已经明确标注白礁岛为其领土一部分。反观新加坡，直到1995年才首次在官方文件中将白礁岛纳入其领土范围，这表明新加坡在此之前并没有实施有效且连续的主权控制。相比之下，新加坡的论点立足于历史连续性与实际占有行为。新加坡主张，自1847年起至1979年的长达130多年间，新加坡通过对白礁岛的"公开、连续且众所周知"的控制，实际上已经确立了对该岛的主权。新加坡还强调，在此漫长时期内，马来西亚从未对白礁岛的主权归属提出异议，因此，基于历史实践与占有事实，新加坡应被认定为白礁岛的合法拥有者。

首先，自1953年起，在新加坡与马来西亚的一系列互动背景下，白礁岛的主权情况经历了实质性变化。具体而言，1953年6月12日作为转折点，柔佛州政府秘书长在回复给新加坡英属殖民政府的官方信件中，明确表示柔佛州并不拥有白礁岛的主权。法庭高度评价这封信件及其内容解释，视其为双方关于白礁岛主权问题的决定性共识。其次，法庭从两国随后在白礁岛上的活动轨迹中推导出主权变动的迹象。新加坡的一系列举措，如在岛上竖立国旗、部署军事通信设施、进行建设活动，以及在岛周边海域巡逻、调查沉船、授权马来西亚官员测量邻近水域等行为，都被视为明确表达主权归属的动作，有力地表明了新加坡对白礁岛的主权主张。

反观马来西亚，面对新加坡的一系列主权宣示举动，如在岛上空域飞行、设置军事联络设备、提议填海扩岛、在官方出版物和地图上将白礁岛标为新加坡领土，马来西亚并未采取任何反驳措施或提出异议，显示出对新加坡主权行为的默认态度。基于丰富的历史证据、国际法原则以及法律实践等多方面考量，国际法院综合分析后作出裁决：尽管柔佛州政府作为马来西亚前身，历史上曾对白礁岛享有主权，但由于长时间未在该岛实施任何主权行为，其原始主权权利已不足以对抗新加坡后来的实际控制与有效管理。因此，法庭最终判定白礁岛的主权归属于新加坡。

（二）禁止反言原则

禁止反言原则作为英美法体系中的一个核心概念与基本原则，其根源深植于衡平法之中，其核心内涵在于禁止任何一方当事人采取与其先前承诺相悖的行为，以免对另一方的合法权益造成损害。[①] 在国际法的框架下，这一原则同样发挥着重要作用，特别是在解决国家间领土争议的案件中。1962年，国际法院在裁决泰国与缅甸关于隆端寺的争端时，便援引了禁止反言原则，最终确认了柬埔寨对这座古老寺庙的主权，这一裁决生动展示了该原则在国际法领域的应用与价值。

---

① 王秀梅. 白礁岛、中岩礁和南礁案的国际法解读 [J]. 东南亚研究, 2009 (01): 21.

本案中，国际法院根据马来西亚在多份文献记录及实际行动中表现出的放弃白礁岛主权意向，采纳了禁止反言原则，不予支持马来西亚关于白礁岛的主权诉求。国际法院还提及新加坡针对白礁岛实施的一连串有效管理和控制举措，这些具体行动进一步支撑了法庭作出有利于新加坡的裁决。简而言之，若非马来西亚有过放弃主权的明确表示，仅凭新加坡对该岛屿的实际控制，可能不足以构成国际法上确立主权转移的充分条件。这凸显了在解决领土争端时，有效控制原则并非孤立适用的决定性因素，而需结合其他法律原则和历史情况综合考量。

【主要法律依据】

（1）2003 年 2 月 6 日马来西亚与新加坡特别协定第 2 条、第 4 条。

（2）有效控制原则、禁止反言原则。

【拓展分析】

在解决跨国界的领土争议中，有效控制原则是国际法院频繁援引的一项基本原则。其核心内涵在于，国际法院通过细致审视双方提交的关于实际管理和控制领土的证据，将争议区域判定给能够展示出更明显、更持续控制事实的一方。[①] 近年来，国际法院在裁决此类案件时，显现出了倾向于运用有效控制原则作为评判标准的趋势，这一倾向反映了在复杂的领土纷争解决实践中，国际法院愈发重视对领土实际支配情况的考量与确认。

国际法院最终支持新加坡拥有白礁岛主权的核心依据在于新加坡自 19 世纪 80 年代以来对白礁岛持续不断地实施有效控制，并在此过程中展现了主权行为。在诉讼程序中，新加坡代表强调，马来西亚未曾对白礁岛表现出任何主权行使的迹象，此刻试图与已合法确立主权的新加坡争夺岛屿，时机已失。新加坡强调的要点是，在长达 130 余年的时间里，新加坡对白礁岛的管控是既成事实且有效的，相比之下，马来西亚虽声称拥有主权，但实际上并未执行任何主权行为。基于这一现实情况，马来西亚无法依据有效控制原则在国际法框架下的领土争议中确立其对白礁岛的主权要求，而有效控制原则正是国际法庭频繁应用于此类领土纠纷裁决的关键法律原则。

一、构成有效控制的条件

在东格陵兰法律地位案的审理中，国际法院确立了有效控制的两项必备标准：（1）存在明确的控制意图，并且这一意图需通过持续的行为表现出来；（2）控制行为需通过一系列具体动作明确体现，这些行为应满足和平性、真实性、充分性和连续性四重标准。在直接表达控制意图不明确的场合，可通过国家的实际行动间接推断其内在意图。

---

① 黄德明，黄赟琴. 从白礁岛案看领土取得的有效控制原则 [J]. 暨南学报（哲学社会科学版），2009, 31 (05)：36.

具体而言,"和平的控制"意味着控制行为自始至终未遭遇来自他国明确的主权挑战,偶发的抗议行为不足以破坏控制的和平性,但长期且持续的抗议,若未得到适当回应,可能动摇和平控制的认定。

"真实的控制"强调的是真实且具实质性的控制实践,而非仅仅停留在声明或形式上的控制,无须达到对每一寸土地的微观管理,而应根据土地特性、人口分布等因素灵活评估。

"充分的控制"则要求国家的行动需在国际法框架内,为当地居民提供最基本保护,充分程度的判断需依据具体情况而定,但需确保控制行为在法律和社会层面的有效性。

"持续的控制"指的是控制行为在时间维度上的不间断性,尽管连续性的具体衡量会依据实际情况有所不同,但在判断有效控制时,持续性被视作最为关键的构成要素,体现了控制行为的连贯性和稳定性。

二、有效控制不同于先占

先占原则作为传统国际法中领土获取的基本规则,涉及国家对无人认领土地的声明与主权实践。这一原则明确指出,唯有国家才有资格作为先占行为的主体,且该行为必须体现为国家层面的正式行动。先占对象限定为无主地,意指那些未被任何国家拥有或已被原属国明确放弃的地域。有效先占的核心要素,要求国家不仅在口头上宣布主权,还需通过实际行动连续、稳定地在一段时间内展现对该土地的主权控制,并在面临争议时能提供行使主权的明确证据。这种控制实践可体现为具体的立法、司法及行政管理措施,如军事驻扎、升起国旗、明确边界等,或仅仅通过主权声明等形式,具体取决于所涉无主地的实际情况。

值得注意的是,白礁岛、中岩礁和南礁案件中应用的有效控制原则,与针对无主地的传统先占原则下的有效占领有所区别。先占在不宜居住地域的适用条件相对宽松,而在适合人类居住或开发的区域则更为严格。随着国际关系演进和国际法规则的完善,当今世界除南极和北极部分区域外,理论上已不存在未经主权归属界定的无主地。

三、对我国的启示

本案对有效控制原则的认可与运用再次表明该原则在解决领土争端中发挥着重要作用,分析国际法院在类似案例中的法律逻辑,为我国运用该原则维护我国权益提供了有益的参考,也为我国寻找支持己方立场与主张的证据提供了具体的指导思路。我国在钓鱼岛与南海诸岛领域与邻国之间存在着复杂的划界纠纷,我国在主张对相关地域的历史性权利时,应遵循国际法院在本案中承认的事实推理。一方面采取实际行动强化我国对这些地区的实际管理,表明我国的主权存在;另一方面还应明确对他国侵犯我国主权的行为坚决提出反对,亮明态度,展示对钓鱼岛及南海有关岛屿、岛礁的主权决心。

【思考题】

(1) 领土的划界有哪些原则？
(2) 禁止反言原则在国际法中如何使用？

案例四 联合国大陆架界限委员会巴伦支海划界案（挪威与俄罗斯）

【基本案情】

巴伦支海是北冰洋的一部分，位于挪威和俄罗斯大陆海岸以北。它的平均深度只有 230 米，完全被西北方向的挪威斯瓦尔巴群岛、北部和东部的俄罗斯弗朗茨约瑟夫地群岛和新地岛以及南部相邻的挪威和俄罗斯大陆海岸的 200 海里界限所包围。尽管巴伦支海的生态系统相对简单，但它的生产力很高。此外，巴伦支海还可能拥有丰富的碳氢化合物资源。挪威是唯一一个与俄罗斯接壤的北约成员国，而巴伦支海则位于两国交界处，地理位置非常重要。俄罗斯与挪威在该区域关于航道交通、油气、渔业等资源存在利益之争，前后进行了约 40 年断断续续的谈判。1957 年，挪威和苏联就北极地区的第一个海上边界达成了一致，双方约定该边界从陆地边界的北端向东北方向延伸，穿过瓦朗厄尔峡湾，终止于瓦朗厄尔峡湾的收敛线，并没有延伸到巴伦支海。直到 1963 年和 1968 年两国分别声称拥有大陆架的专有权之后，挪威和俄罗斯才于 1970 年就巴伦支海的海洋边界进行了非正式谈判。两国同意在《大陆架公约》第 6 条的基础上进行谈判，然而因双方的不同看法使谈判陷入停顿。

1977 年，随着 200 海里挪威专属经济区和 200 海里苏联渔业区的建立，谈判变得更加复杂。两国同意为大陆架和专属经济区划定单一的海洋边界，但仍然无法就边界线达成一致，后于 1978 年商定了一项临时捕鱼安排（灰色地带协议）。在接下来的几年里，正式谈判定期中止和恢复，又经历了苏联解体和《联合国海洋法公约》（以下简称《海洋法公约》）生效。挪威和俄罗斯分别于 1996 年和 1997 年批准了《海洋法公约》，从而略微修改了适用于大陆架和专属经济区划界的规则。尽管 1991 年官方宣布谈判将很快完成，但没有达成早期协议。[①]

2001 年 12 月 20 日，俄罗斯向联合国大陆架界限委员会（CLCS，以下简称界限委员会）提交了 200 海里外大陆架申请，界限委员会于次年回复，基本上认可申请案中的巴伦支海部分。2006 年 11 月，挪威向界限委员会提交涉及北冰洋、巴伦支海和挪威海 3 个区域的大陆架部分划界案，最终在 2009 年顺利地得到了界限委员会的认可，从

---

① 美国国际法学会. 挪威和俄罗斯就巴伦支海和北冰洋的海洋边界达成一致 [EB/OL]. [2010-11-10]. https://www.asil.org/insights/volume/14/issue/34/norway-and-russia-agree-maritime-boundary-barents-sea-and-arctic-ocean.

而使挪威在北极海域获得了将近23.5万平方公里的外大陆架海底区域面积。2010年俄罗斯与挪威签订《巴伦支海和北冰洋海洋划界与合作条约》，该条约赋予俄罗斯行使来自专属经济区管辖权的主权权利和管辖权，挪威可以在位于挪威大陆200海里以内和俄罗斯海岸200海里以外的海洋分界线以东地区行使这些主权权利和管辖权。该条约结束了挪威与俄罗斯长达40余年的海上边界争端。

【主要法律问题】

依据《海洋法公约》第76条"大陆架的定义"与附件2"大陆架界限委员会"，界限委员会应对沿海国提交的200海里外大陆架界限的情况及涉及科学技术方面的支持性证据资料进行审议，并就有关外大陆架划界事项向沿海国提出建议，也就是通常所说的大陆架划界案。然而，界限委员会的行动并非毫无限制，《海洋法公约》附件2第9条规定，界限委员会的行动不应妨害海岸相向或相邻国家间划定界限的事项。《委员会议事规则》附件1则对该要求进行了具体规定，其中第5条（a）款规定："如果已存在陆地或海洋争端，委员会不应审议和认定争端任一当事国提出的划界案。但在争端所有当事国事前表示同意的情况下，委员会可以审议争端区域内的一项或多项划界案。"由此可见，界限委员会虽非国际司法机构，但其对涉及争端事项的划界处理仍然首先遵从国家同意原则。本划界案即在一国（挪威）提出划界案后，另一争端当事国（俄罗斯）通过外交照会指出两国间存在划界争端，对由界限委员会设立小组委员会审议彼此之间的争端没有异议。

因巴伦支海特殊的地理位置，挪威与俄罗斯之间在该区域有关大陆架划界的争议及其处理对北极地区的法律地位及其开发利用意义显著。

一、关于如何根据《海洋法公约》第76条确定大陆架界限的问题

界限委员会指出，巴伦支海是位于挪威大陆和俄罗斯以北的一个大的浅水陆架区。它的北部和西部是弗朗茨约瑟夫地群岛和斯瓦尔巴群岛以及挪威海和格陵兰海的深水区域，东部是新地岛和喀拉海。巴伦支海中部则是在挪威大陆和斯瓦尔巴以及俄罗斯200海里边界之外并未被其完全包围的地区。由于该地区在这两个邻近的沿海国家200海里以外，因此界限委员会认为必须根据《海洋法公约》第76条确定大陆架的外部界限，随后再在两个沿海国家之间划界。随后，界限委员会指出本案中大陆架外部界限的划定应以大陆边缘外缘的位置为基础，同时考虑《海洋法公约》第76条第5款[1]规定的限制。

---

[1] 《海洋法公约》第76条第5款："5. 组成按照第4款（a）项（1）和（2）目划定的大陆架在海床上的外部界线的各定点，不应超过从测算领海宽度的基线量起三百五十海里，或不应超过连接二千五百米深度各点的二千五百米等深线一百海里。"

根据《海洋法公约》第76条第4款，① 存在两种确定外大陆架的方法，分别是沉积岩厚度界定法和距离界定法。沉积岩厚度界定法是指沿海国可以通过证明海底沉积物的厚度超过 1% 的陆地面积，来主张外大陆架。具体来说，沿海国需要提供地质数据，证明其大陆架上的沉积岩厚度符合这一标准。这要求沿海国进行详细的地质调查，以测量沉积物厚度。距离界定法是指沿海国可以通过证明海底区域距离大陆坡脚不超过 60 海里来主张外大陆架。这要求沿海国进行海洋地质调查，确定大陆坡脚的位置，然后测量从大陆坡脚向外延伸的距离。挪威和俄罗斯均需提供详细的地质和地貌数据，以证明其主张的外大陆架是本国陆地领土的自然延伸。挪威与俄罗斯均向界限委员会提交了包含地质、地貌和海底沉积物厚度的详细报告。这些数据包括海底地形测量、沉积物厚度测量和地质结构分析，以证明其主张区域符合自然延伸原则。界限委员会在其关于俄罗斯的意见书的建议中承认，位于挪威和俄罗斯联邦 200 海里界限以外的环孔内的整个海底和底土区域是这些沿海国大陆架的一部分。任何沿海国不得就巴伦支海环孔划定由长度不超过 60 海里的直线连接的固定点，根据《海洋法公约》第 76 条，这些直线可以界定大陆架的外部界限。界限委员会承认，挪威 2006 年 11 月 27 日提交的意见书中所载关于环孔的资料完全符合根据《海洋法公约》第 76 条第 8 款和附件 2 第 4 条提交的关于距挪威领海基线 200 海里以外大陆架的意见书的要求。只需要在挪威和俄罗斯联邦之间进行双边划界，以划定每个沿海国在环孔的大陆架的范围。②

界限委员会对两国的申请进行了审查后提出了建议。界限委员会的建议基于科学和技术评估，确认了部分主张区域的合理性。这些建议对沿海国的主张具有约束力，是沿海国大陆架主张合法性的基础。界限委员会建议挪威与俄罗斯达成协议，对环孔 200 海里以上的大陆架进行划界，同时保证两个沿海国共享巴伦支海这部分 200 海里以上的海床和底土，作为其陆地的自然延伸领土。界限委员会还建议挪威按照《海洋法公约》第 84 条的规定，在与俄罗斯签订的协议生效后，向联合国秘书长交存海图或地点地理坐标表，以示出 200 海里以外的大陆架划界线。

二、关于如何在北极争议区域内分配和管理资源开发权的问题

北极地区的矿产资源、油气资源以及渔业资源非常丰富，被称为"地球尽头的中东"，因此在本案中有关资源分配与管理的问题也是一个重要部分。根据《海洋法公约》，沿海国在其大陆架和专属经济区内拥有资源开发的主权权利，包括对海床和底土资源的勘探和开发权。这一规定为沿海国在其大陆架区域内行使主权提供了法律基础，

---

① 《海洋法公约》第76条第4款："4. (a) 为本公约的目的，在大陆边从测算领海宽度的基线量起超过二百海里的任何情形下，沿海国应以下列两种方式之一，划定大陆边的外缘：(1) 按照第7款，以最外各定点为准划定界线，每一定点上沉积岩厚度至少为从该点至大陆坡脚最短距离的百分之一；或 (2) 按照第7款，以离大陆坡脚的距离不超过六十海里的各定点为准划定界线。(b) 在没有相反证明的情形下，大陆坡脚应定为大陆坡坡底坡度变动最大之点。"

② 大陆架界限委员会. 大陆架界限委员会就挪威就北冰洋、巴伦支海和挪威海地区提出的划界案提出的建议摘要 [EB/OL]. [2024-06-29]. https://www.un.org/Depts/los/clcs_new/submissions_files/submission_nor.htm.

并要求这些权利的行使必须遵守国际法规则且须在环境保护和可持续发展的框架下进行。《海洋法公约》第76条和第83条不仅确立了大陆架的划界标准,还强调通过双边或多边协议解决重叠主张区域的资源开发问题,这为挪威和俄罗斯在北极争议区域内的资源分配和管理提供了明确的法律依据。

挪威与俄罗斯于2010年签署的《巴伦支海和北冰洋海洋划界与合作条约》进一步细化了双方在争议区域的资源开发权的分配和管理机制。该条约明确了两国在巴伦支海的边界,同时规定了双方在资源开发方面的合作机制,确保资源的共同开发和管理。通过该条约,双方同意在大陆架和专属经济区内合理分配资源开发权,强调合作开发跨界资源的必要性。具体而言,该条约规定双方需在发现资源时达成一体化协议,明确开采和分配的具体条款。这种合作模式被称为"挪威技术,俄罗斯资源",即利用挪威在海洋油气开采技术上的优势和俄罗斯丰富的资源,实现资源的高效开发和合理利用。在渔业资源方面,挪威和俄罗斯通过联合渔业委员会进行合作管理。该机制自1976年苏联与挪威达成灰色地带协议以来一直延续,负责协调和管理巴伦支海的渔业资源。联合渔业委员会定期召开会议,商定渔业配额和管理措施,确保渔业资源的可持续利用。该条约附件明确规定,现有的渔业合作机制将继续有效存续,除非任一方提出反对意见。这一机制确保了双方在渔业资源管理方面的长期合作和稳定。关于油气资源的开发与利用的问题,该条约规定了双方在其大陆架和专属经济区之间的油气资源共享和开发权。双方同意在跨界油气田的勘探和开采上进行合作,确保资源的合理分配和环境保护。该条约附件包括双方解决资源分配争端的条款,规定通过独立专家仲裁或特设仲裁法庭解决分歧的方法。这种争端解决机制不仅确保了该条约的有效实施,还为未来可能出现的资源争端提供了法律保障。环境保护亦是资源开发的重要组成部分。挪威与俄罗斯在条约中明确了在资源开发过程中必须遵循国际环境保护标准,以避免对北极脆弱生态系统造成不可逆转的破坏。双方同意采取预防性措施,保护海洋环境,确保在资源开发过程中实现可持续发展。具体措施包括严格控制污染物排放、监控生态系统健康状况以及制定应急响应计划,以应对可能发生的环境灾害。

三、关于扇形原则和中间线原则

扇形原则是一种基于地理纬度的划界方法,即毗连北极地区的国家拥有以该国海岸或某一纬线为底线,以北极为顶点,以从北极到该国东西两端的国界的两条经线为腰的扇形空间内的一切陆地和岛屿以及流动冰群。该原则假定极地国家的领土从其本土延伸至北极或南极点,形成扇形区域。这种划界方法具有一定的历史背景,在极地探险和早期国际法实践中得到了认可。依据扇形原则,极地地区应按照国家的实际控制范围进行划分。这一原则在《南极条约》公布之前的一些极地主权宣示中有所体现,但未在《海洋法公约》中予以明确规定,且在北极地区的实际应用相对较少。1926年4月,苏联根据上述原则,制定了有关法律。然而,苏联的这一单方面主张,遭到了美国、挪威等其他北冰洋沿岸国家的反对。[①] 其他北极国家如加拿大和挪威也在历史上提出过类似主张，但以上主张在国际法上都不具有普遍约束力。

中间线原则又称等距离原则，是一种基于距离的划界方法。该原则规定，从两国海岸线的基线向外测量，并以等距的中间线作为划界线。这一方法在国际海洋法中得到了广泛认可和应用，尤其在《海洋法公约》中被明确规定。中间线原则在《海洋法公约》第15条、第74条和第83条中得到明确规定。其中第15条适用于领海划界，第74条和第83条分别适用于专属经济区和大陆架的划界。这些条款规定，在没有特别协定的情况下，应优先考虑中间线原则，但在地理条件复杂的地区，中间线原则可能导致不公平的结果，需要结合其他因素进行调整，如海岸线的长度、地形特征和资源分布等，也可以根据公平原则进行调整，以达到公平的划界结果。[②] 中间线原则被广泛应用于全球各地的海洋划界案例中。国际法院和其他国际仲裁机构在多个案例中应用了中间线原则，如1969年北海大陆架案、1985年利比亚与马耳他大陆架划界案等。这些案例确立了中间线原则作为公平划界的重要方法之一。在挪威与俄罗斯巴伦支海划界案中，两国最终达成了《巴伦支海和北冰洋海洋划界与合作条约》，其中就包括了基于中间线原则的划界内容。

【主要法律依据】

《联合国海洋法公约》第76条、第84条。

【拓展分析】

一、关于北极地区的双边与多边合作机制

挪威与俄罗斯通过双边谈判解决了长期存在的巴伦支海划界争端。双方在《巴伦支海和北冰洋海洋划界与合作条约》中明确了海上边界，避免了潜在的军事冲突和法律争端。本案表明，双边合作机制为和平解决国际争端提供了一个有效的路径，通过直接对话和谈判，各方可以在尊重彼此利益的基础上达成共识，减少紧张局势发生，维护区域和平与稳定。《巴伦支海和北冰洋海洋划界与合作条约》不仅划定了海上边界，还规定了资源开发和管理的合作机制。通过双边协议，挪威和俄罗斯得以共同开发和管理跨界油气资源，确保资源的高效利用和合理分配。这种合作机制避免了资源争夺和开发冲突，促进了双方的共同利益，实现了资源开发的可持续性和长远利益。该条约中不仅明确了双方在资源开发过程中必须遵循国际环境保护标准，尽可能地减少对北极地区脆弱生态系统的破坏，还对挪威与俄罗斯通过联合研究和监控措施以共同保护巴伦支海的生态环境作出了相关要求。

双边和多边合作机制在解决国际争端方面，尤其是涉及复杂领土和资源问题的北

---

① 国际公法学编写组. 国际公法学 [M]. 3版. 北京：高等教育出版社，2022：261.
② 姬中辉. 俄罗斯与挪威巴伦支海海洋划界研究 [D]. 上海：上海社会科学院，2014.

极地区，具有重要意义。挪威与俄罗斯在本案中通过双边合作达成协议，为其他类似争端提供了有益的借鉴。但是北极地区涉及多个国家的利益和主权主张，单靠双边合作难以解决所有问题，需要进一步推动北极地区的多边合作。多边合作机制不仅可以通过国际组织和平台建立广泛的国际共识，制定共同的政策和标准，协调各方利益；还可以使各国在相对稳定的法律框架内共同制定和实施政策，确保北极地区的和平与稳定。例如，1973年，加拿大、丹麦等国与苏联签署了《北极熊保护协定》，旨在保护北极熊这一濒危物种。1990年，北极地区的有关国家成立了国际北极科学委员会。同年，北极地区相邻国家共同签署了《八国条约》，该条约主要规定了各国在北极地区的科学研究行为规范和环保责任，但未涉及领土和资源的分配问题。1991年，北极地区国家首脑会议发表了《保护北极环境宣言》，并制定了《北极环境保护战略》，以推动北极环境保护工作。1996年9月，芬兰、瑞典、挪威、丹麦、冰岛、加拿大、美国和俄罗斯8个北极地区国家在加拿大渥太华成立了北极理事会。北极理事会旨在保护北极地区的环境，并促进该地区在经济、社会和福利方面的可持续发展。2011年5月，北极理事会在格陵兰岛首府努克举行外长会议，会议通过了该机构成立以来第一份具有法律约束力的文件，即《北极空中和海上搜救合作协定》。[①]

本案对北极地区法律制度建设具有重要的借鉴意义。通过双边和多边合作机制，北极地区国家能够和平解决争端，实现资源的合理分配与管理，保护脆弱的生态环境，并促进区域内的经济与社会发展。双边合作机制通过直接对话和谈判，有效解决了具体的领土和资源争端；而多边合作机制则通过国际组织和平台，建立了广泛的国际共识，协调各方利益，共同应对跨国界的环境问题和发展挑战。为了实现北极地区的长期和平、稳定和可持续发展，未来的法律制度建设需要在双边和多边合作的基础上进一步完善。这意味着不仅要加强国家间的直接对话与谈判，还要充分利用国际组织和平台，推动各国在环境保护、资源管理和社会经济发展等方面的合作与协调。只有通过综合利用双边和多边合作机制，才能有效解决北极地区面临的复杂问题。

二、关于北极地区法律制度的讨论

从本案中可以看出，尽管《海洋法公约》和《生物多样性公约》等国际条约为北极地区的法律框架提供了一定的基础，但整体而言，北极地区的法律框架仍有很大的欠缺，这导致了各国在管辖权、资源开发和环境保护等方面存在较大的不确定性和法律真空。此外，北极地区法律制度在适用范围和执行方面也存在着明显的不足。现有的国际条约和协定主要集中在特定领域，如环境保护和资源开发，但对其他重要问题如航行安全和原住民权益等方面关注不足；尽管北极理事会在环境保护和科学研究方面取得了一定的成效，但其决议并不具有强制约束力，缺乏强有力的执行机制，这就使得北极地区法律制度在应对复杂而多变的挑战时显得力不从心。最后，虽然北极理事会等多边合作机制在一定程度上促进了北极地区国家之间的合作，但整体上，北极

---

① 国际公法学编写组. 国际公法学 [M]. 3版. 北京：高等教育出版社，2022：261.

地区的国际合作仍显不足。尤其在资源开发和环境保护方面,各国的立场和利益差异较大,导致合作效率低下,难以形成有效的区域性治理机制。①

针对北极地区法律制度的不足,北极地区国家可以借鉴《南极条约》模式,推动建立一个几乎可以涵盖北极地区所有法律问题的统一的北极地区法律框架。此外,还应加强执行机制建设以确保法律条款的有效执行,可以考虑设立一个独立的国际机构,负责监督和协调北极地区法律的执行。北极理事会等现有国际组织应发挥更大的作用,进一步加强北极地区国家之间的交流,推动区域性合作的深化和拓展。

【思考题】

(1) 北极地区的国家间争端可适用的法律依据有哪些?
(2) 为什么北极地区尚未形成如《南极条约》那样具有普遍适用效力的条约?
(3) 中国应怎样进一步加强在南北极地区事务中的战略地位?

---

① 李思润. 北极海域海洋保护区的法律制度分析与构想 [D]. 上海:上海交通大学,2020.

第十章

国际海洋法

本章知识要点

（1）海洋水域的划分；（2）不同水域的制度；（3）海洋底土的划分；（4）国际海峡、群岛水域。

案例一　印度洋海洋划界案（索马里诉肯尼亚）

【基本案情】

1924年7月15日，意大利与英国缔结条约，其中就有关两国在东非各自领土边界的某些问题作出规定，这些领土包括索马里所称的"意大利的朱巴兰殖民地"（位于现索马里境内）和英国的肯尼亚殖民地。根据1925年6月16日和26日英国与意大利之间互换的外交照会，意大利与英国殖民领土之间的边界最南段被重新划定。1925年至1927年间，英国—意大利联合委员会勘测并标示了边界。该委员会在完成这项工作后，将其决定记录在1927年12月17日签署的协定（以下简称1927年协定）中，该协定之后由英国政府与意大利政府于1933年11月22日互换照会（以下简称1933年换文）正式确认。

索马里和肯尼亚两国分别在1960年和1963年取得独立地位，两国在东非地区的一条陆地边界与东南方向的印度洋相接。这一海域据称蕴藏着大量的碳氢化合物，因此获得两国的关注。1982年12月10日，两国共同签署了《联合国海洋法公约》（以下简称《海洋法公约》）。1989年3月2日和7月24日，两国分别批准了《海洋法公约》，该公约于1994年11月16日对两国正式生效。2009年，索马里与肯尼亚达成谅解备忘录，同意通过谈判划定双方的海洋边界，但索马里后来又拒绝了该项谅解备忘录。2012年开始，肯尼亚通过向石油公司颁发勘探许可证的方式对相关区域进行开采，索马里对此提出抗议。为了明确两国在200海里以外大陆架的外部界限，索马里和肯尼亚均向大陆架界限委员会（以下简称界限委员会）递交了划界申请，请求界限委员会根据《海洋法公约》第 76 条第 8 款①提出专业建议。尽管之前两国曾反对界限委员会审议彼此的划界申请，但之后均撤回了反对意见。然而，截至判决之日，界限委员会也未就两国的划界申请发布任何建议。②

2014 年 8 月 28 日，索马里正式向国际法院递交了针对肯尼亚的诉讼请求书，案件聚焦于两国在印度洋海域的海洋空间划界争议。肯尼亚在 2015 年 10 月 7 日针对国际法院的管辖权以及该诉求的可受理性提出了初步异议。经过审理，国际法院在 2017 年 2 月 2 日的判决中驳回了肯尼亚的初步异议，并确认了国际法院对该案的管辖权，同时裁定索马里提交的请求书满足可受理性的要求。

按照国际法院于 2018 年 2 月 2 日作出的裁定，索马里在 2018 年 6 月 18 日前对肯尼亚的答辩提交了回应（reply），肯尼亚在 2018 年 12 月 18 日前对索马里的回应提交了反驳意见（rejoinder）。双方提交书面诉答状后，国际法院于 2021 年 3 月 15 日至 18 日就案情实质内容举行了公开听审。索马里代表团参加了听审过程，肯尼亚则没有参加。然而，根据肯尼亚在诉讼前期阶段提出的各项证据等材料，国际法院确信其已掌握了关于肯尼亚观点的所有必要信息。

2021 年 10 月 12 日，国际法院作出判决，在认定索马里和肯尼亚之间不存在既定海洋边界的基础上，首先适用《海洋法公约》第 15 条采用中间线原则划定了两国之间的领海边界，而后又采取 3 步划界法（three-stage approach）划分了两国的专属经济区和大陆架。

【主要法律问题】

本案涉及两个方面的法律问题：第一，两国之间包括领海、专属经济区与大陆架在内的海洋划界问题；第二，肯尼亚是否违反《海洋法公约》确定的国际义务问题。

一、两国之间的海洋划界问题

两国间的根本争议在于对海洋划界采取的方法不同。索马里主张两国之间不存在海洋边界，认为其海洋边界应与两国共同陆地边界的东南方向相同，因此，在所有海域内使用一条未经调整的等距线，可达到国际法要求的公平结果；而肯尼亚则认为，双方早已确定了一条沿南纬 1°39′43.2 纬线（以下简称纬线）的海洋边界，且已获得了索马里的默许。肯尼亚还指出，国际法院即使得出结论认定不存在海洋边界，也应按照纬线划定海域界限；即便国际法院采用索马里提出的等距/特殊情况法（划定领海界限）和等距/相关情况法（适用于领海以外海域），也应经过相应的调整才能达到公平的结果，最终也还是沿纬线划界。③

---

① 《海洋法公约》第 76 条第 8 款："8. 从测算领海宽度的基线量起二百海里以外大陆架界限的情报应由沿海国提交根据附件 2 在公平地区代表制基础上成立的大陆架界限委员会。委员会应就有关划定大陆架外部界限的事项向沿海国提出建议，沿海国在这些建议的基础上划定的大陆架界限应有确定性和拘束力。"

② Maritime Delimitation in the Indian Ocean（Somalia v. Kenya），Judgement of 12 October 2021，paras. 31-34.

③ Maritime Delimitation in the Indian Ocean（Somalia v. Kenya），Judgement of 12 October 2021，para. 35.

(一) 索马里是否已默认沿纬线延伸的海洋边界

《海洋法公约》第 15 条规定,"两国中任何一国在彼此没有相反协议的情形下"使用中间线,除非"因历史性所有权或其他特殊情况而有必要按照……不同的方法划定两国领海的界限"。《海洋法公约》第 74 条第 1 款①和第 83 条第 1 款②分别对专属经济区和大陆架的划界进行了规定,即"应在……国际法的基础上以协议划定界限"。基于此,国际法院首先指出,各当事国对海上边界的划定可形成书面协议,也可采取其他形式表明"共同理解"(shared understanding)。为证明共识的存在,默许(acquiescence)或默示协议(tacit agreement)应被考虑。国际法院通过回顾缅因湾案(加拿大诉美国)以及陆地、岛屿和海上边界争端案(萨尔瓦多诉洪都拉斯)的判决,认为默许即"相当于通过单边行为表现出来的默许承认,而另一方可能将其解释为同意"。因此,一国在合理的时间内未作出反应,就可能相当于默许。国际法院指明了默许需满足的两个条件,即另一国是否一直保持某一特定行为,持续且公开地表明其意愿或要求,以及默许国在合理而相当长的时间内没有提出异议。国际法院通过对默许国明确和一贯的接受态度的强调,为针对海洋划界的默许或默示协议设定了高门槛。永久性海洋边界的确定是一个非常重要的问题,因此确认默许或默示协议存在的证据必须具有说服力。③

在对证据的审查阶段,国际法院首先审议了肯尼亚提出的示例,随后审查了索马里是否接受了肯尼亚的主张。根据索马里和肯尼亚围绕肯尼亚总统 1979 年 2 月 28 日和 2005 年 6 月 9 日的公告、肯尼亚 2009 年提交的划界案和双方各自的国内法,以及各自在 1979 年至 2014 年期间的其他行为,国际法院认为,没有令人信服的证据表明肯尼亚前后一致地维持其划界主张,索马里的默认也就无从谈起,也没有证据证明索马里一贯地明确接受或以默认的方式接受了肯尼亚提出的划界方法。国际法院最终认定,双方之间没有商定的海洋边界。④

(二) 两国间的海洋划界

国际法院认为,索马里和肯尼亚均为《海洋法公约》缔约方,因此在确定两国之间的海洋边界走向时,必须适用《海洋法公约》的相关条款。

当事双方在诉讼过程中对确定海洋边界的起点达成了一致。依据 1927 年协定及 1933 年换文,国际法院认为,将名为第 29 号主界标或"PB29"的最后永久边界信标与低潮线上的一点连接起来的一条直线作为海洋边界的起点,该条直线向东南方向延

---

① 《海洋法公约》第 74 条第 1 款:"1. 海岸相向或相邻的国家间专属经济区的界限,应在国际法院规约第 38 条所指国际法的基础上以协议划定,以便得到公平解决。"
② 《海洋法公约》第 83 条第 1 款:"1. 海岸相向国或相邻国家间大陆架的界限,应在国际法院规约第 38 条所指国际法的基础上以协议划定,以便得到公平解决。"
③ Maritime Delimitation in the Indian Ocean (Somalia v. Kenya), Judgement of 12 October 2021, paras. 48-52.
④ Maritime Delimitation in the Indian Ocean (Somalia v. Kenya), Judgement of 12 October 2021, paras. 71-89.

伸并垂直于"达累斯萨拉姆海岸线总体方向"。①

国际法院首先援引《海洋法公约》第 15 条②划定了两国之间的领海边界。国际法院考察了两个国家海岸的地理情况，又认定本案不存在条款所述的特殊情况，因此用中间线划定了领海边界。③

国际法院随后转向 200 海里内专属经济区与大陆架的划界问题。国际法院指出，《海洋法公约》第 74 条和第 83 条是划分相关区域界线的依据，但相关规定较为笼统，需要在实践中寻找更多的具体办法以实现条款所要求的公平解决。国际法院回顾了有关海洋划界的相关判例并裁定，划界方法应基于有关两国海岸的地理情况，并利用适合该地理情况的基点构建中间线或等距线。国际法院及其他司法或仲裁机构在适用《海洋法公约》的过程中逐步发展出一套海洋划界的方法，并在黑海海洋划界案（罗马尼亚诉乌克兰案）中得到了确认。具体而言，国际法院分 3 步确定海洋划界线：第一步，将从双方海岸上选择最适当的基点确定临时等距线；第二步，将考虑是否需要根据某些因素调整或改变临时等距线，以实现公平结果；第三步，即最后阶段，将对设想的划界线（即等距线或调整线）进行不成比例检验，即对双方相关海岸的长度比例与双方各自在该界线所划定的相关区域的面积比例之间是否存在明显的不成比例进行测试，以确保不产生不公平的结果。同时，国际法院也强调上述 3 步法并非《海洋法公约》的明确规定，因此其不具有强制性，但如果没有令人信服的因素使其适用显得不适当或不可行，则没有理由偏离这一通常做法。因此在本案中，国际法院采用了标准的 3 步划界法。④

国际法院依照标准划界法，首先确定了当事双方的相关海岸长度和划界区域面积，接着自行选定了合适的基点，从而构建了一条临时等距线。根据两国间的具体情况，国际法院认为仅在双方大陆海岸的坚实土地上设置构建中间线所需的基点是适当的，并给出了为构建中间线而在双方海岸上设置的基点的地理坐标。⑤ 对该条临时边界线，肯尼亚认为不公平，而索马里则认为不存在调整的理由。国际法院针对肯尼亚提出的 5 项需要考虑的特殊情况进行了审议，将其分为地理情况与非地理情况两类，并逐一驳回了其中 3 项非地理情况。针对肯尼亚提出的特定行为因素，即海军巡逻、渔业和海洋科学研究活动以及双方长期的油气特许行为表明双方存在划定海洋边界的事实行为，国际法院指出已经就相关证据材料分析后得出双方不存在海洋划界共识的结论，因此

---

① Maritime Delimitation in the Indian Ocean (Somalia v. Kenya), Judgement of 12 October 2021, paras. 93-98.
② 《海洋法公约》第 15 条："如果两国海岸彼此相向或相邻，两国中任何一国在彼此没有相反协议的情形下，均无权将其领海伸延至一条其每一点都同测算两国中每一国领海宽度的基线上最近各点距离相等的中间线以外。但如因历史性所有权或其他特殊情况而有必要按照与上述规定不同的方法划定两国领海的界限，则不适用上述规定。"
③ Maritime Delimitation in the Indian Ocean (Somalia v. Kenya), Judgement of 12 October 2021, paras. 99-118.
④ Maritime Delimitation in the Indian Ocean (Somalia v. Kenya), Judgement of 12 October 2021, paras. 128-131.
⑤ Maritime Delimitation in the Indian Ocean (Somalia v. Kenya), Judgement of 12 October 2021, paras. 142-146.

不必根据双方所谓的特定行为调整临时等距线；针对肯尼亚提出的安全利益因素，即恐怖主义、海盗等安全威胁应在划界时予以适当考虑，国际法院认为索马里及其海岸附近海域目前的不稳定局势不是永久性的，因此不能作为调整临时等距线的理由；针对肯尼亚提出的对当地人民可能造成毁灭性后果的观点，国际法院根据所掌握的证据认为，不会出现临时等距线剥夺当地人民公平获得自然资源的机会，并因此影响其生活福祉的严重情形，因此不必考虑该项因素。① 就肯尼亚提出的另外两项涉及地理情况的因素，国际法院重点考量了所谓截断效应（the cut-off effect）。国际法院认为应从更广泛的地理结构审查海岸线的凹陷情况，将索马里、肯尼亚和坦桑尼亚的沿海作为一个整体来观察。尽管肯尼亚海岸线体现出来的截断效应不如其他一些案例明显，但其严重程度仍然使对临时等距线作出调整成为合理与必然，因此国际法院决定将临时等距线向北调整，以减轻截断效果，公平解决肯尼亚潜在海域权益被大幅缩减的问题。② 最后，国际法院进行了不成比例测试。国际法院认定肯尼亚相关海岸线长511公里，索马里相关海岸线733公里，两者比例为1∶1.43；属于肯尼亚的相关海域面积约为120455平方公里，属于索马里的相关海域面积约为92389平方公里，两者比例约为1.30∶1。两个比率值不存在任何重大或明显的不成比例性，因此，调整后的临时等距线符合《海洋法公约》的相关规定，实现了公平划界的目的。③

国际法院也对200海里外大陆架划界问题作出了回应。国际法院指出，肯尼亚与索马里都已根据《海洋法公约》第76条第8款④的规定向界限委员会提交了200海里外大陆架界限的议案，但界限委员会尚未就此作出任何建议。两国尚未确立200海里以外大陆架外部界限并不妨碍两国间的海洋划界，也不影响国际法院的管辖权，但只有在界限委员会作出建议后，两国才能根据《海洋法公约》第76条第8款确定其大陆架的外部界限。国际法院得出结论，200海里内外海洋界线的划分均应遵循同样的法则，因此将调整后的临时等距线延伸至两国之间200海里以外的大陆架。⑤

二、肯尼亚是否违反国际法义务的问题⑥

（一）肯尼亚在争议区域擅自采取的行动，是否构成对索马里领海主权以及其在专属经济区和大陆架所享有的主权权利和管辖权的侵犯

国际法院认为，当国家的海洋主张重叠时，如果一国在后来经判决归于另一国的区域内开展的海洋活动是在作出判决前进行的，而且有关区域是两国真诚提出的主张

---

① Maritime Delimitation in the Indian Ocean (Somalia v. Kenya), Judgement of 12 October 2021, paras.147-160.
② Maritime Delimitation in the Indian Ocean (Somalia v. Kenya), Judgement of 12 October 2021, paras.161-174.
③ Maritime Delimitation in the Indian Ocean (Somalia v. Kenya), Judgement of 12 October 2021, paras.175-177.
④ 《海洋法公约》第76条第8款："8. 从测算领海宽度的基线量起200海里以外大陆架界限的情报应由沿海国提交根据附件2在公平地区代表制基础上成立的大陆架界限委员会。委员会应就有关划定大陆架外部界限的事项向沿海国提出建议，沿海国在这些建议的基础上划定的大陆架界限应有确定性和拘束力。"
⑤ Maritime Delimitation in the Indian Ocean (Somalia v. Kenya), Judgement of 12 October 2021, paras.178-197.
⑥ Maritime Delimitation in the Indian Ocean (Somalia v. Kenya), Judgement of 12 October 2021, paras.198-213.

所涉及的对象，则不能将此类活动视为对另一国主权权利的侵犯。索马里指责肯尼亚在全部或部分位于索马里主张作为海洋边界的等距线以北的区域进行或授权进行了勘测和钻探活动，但没有证据表明肯尼亚不是真诚地就有关区域提出主张。因此国际法院认为，肯尼亚的海上活动，包括可能在争议区域内现在归于索马里的部分进行的活动，并未被证实侵犯了索马里主权或主权权利和管辖权。

（二）肯尼亚的活动是否违反《海洋法公约》第 74 条第 3 款和第 83 条第 3 款

根据《海洋法公约》第 74 条第 3 款①和第 83 条第 3 款②，海岸相向或相邻但尚未就专属经济区或大陆架划界达成协议的国家有义务"尽一切努力……在此过渡期间内，不危害或阻碍最后协议的达成"。国际法院首先确认条款提及的"过渡期"是指从海洋划界争端确立之时起，至通过协议或裁断实现最后划界的期间。接着认定双方之间的海洋划界争端始自 2009 年，因此国际法院只需要审查肯尼亚在 2009 年之后开展的活动是否危害或阻碍就海洋边界的划定达成最后协议。

然后，国际法院主要参考了 2007 年海洋划界案（圭亚那诉苏里南）仲裁庭提出的判定标准，即涉及的活动不会导致海洋环境的永久性物理变化，而且没有已确定其具有危害或阻碍就海洋边界的划界达成最终协议。国际法院指出，索马里指责的活动包括将石油开采特许权区块授予私人经营方，以及在这些区块内进行地震和其他勘测。国际法院认为，根据现有证据，无法充分肯定地确认，可能导致争议区域发生永久性物理变化的钻探作业发生在 2009 年之后。国际法院还指出，双方于 2014 年就海洋划界问题进行谈判，肯尼亚于 2016 年暂停在争议区域的活动，并表示愿与索马里达成临时安排。鉴于这些情况，国际法院不能得出肯尼亚违反《海洋法公约》第 74 条第 3 款或第 83 条第 3 款的结论，因此驳回了索马里的赔偿诉求。

【主要法律依据】

《联合国海洋法公约》第 15 条、第 74 条、第 83 条。

【拓展分析】

关于海岸相向或相邻国家间的专属经济区和大陆架的划界问题，《海洋法公约》第 74 条关于专属经济区划界的规定与第 83 条关于大陆架划界的规定在文字表述上是完全一致的。因此，除了《海洋法公约》关于大陆架定义的规定所表明的自然延伸原则，专属经济区和大陆架的划界应当遵循的原则或规则几乎是相同的。在从领海基线量起

---

① 《海洋法公约》第 74 条第 3 款："3. 在达成第 1 款规定的协议以前，有关各国应基于谅解和合作精神，尽一切努力作出实际性的临时安排，并在此过渡期间内，不危害或阻碍最后协议的达成。这种安排应不妨害最后界限的划定。"

② 《海洋法公约》第 83 条第 3 款："3. 在达成第 1 款规定的协议以前，有关各国应基于谅解和合作精神，尽一切努力作出实际性的临时安排，并在此过渡期间内，不危害或阻碍最后协议的达成。这种安排不妨害最后界限的划定。"

超过200海里的情况下，只有大陆架的划界问题，并且主要是有关国家的大陆架与国际海底区域的界限问题，不是相邻或相向国家间的划界问题。这类问题应当通过界限委员会加以解决，不是国与国之间的通常的划界问题。在距领海基线不超过200海里的区域内，专属经济区和大陆架的划界问题通常表现为并行议题。在常态情境下，相邻或相向国家间的专属经济区与大陆架界限应当采取同一划界标准，即形成单一界限。这一点在国际法实践中得到了印证，如国际法院1984年对缅因湾划界案（加拿大诉美国）的裁决及2001年对海洋划界与领土争端案（卡塔尔诉巴林）的裁决中，均采用了单一界限的划界方法。本案亦是如此，国际法院依次采用了4个不同的步骤：第一，确定了相关的海岸线和基线以及权利重叠的确切范围；第二，确定是否存在与海域划界有关的双边协议，特别是默许或默示协议；第三，通过适用临时中间线附带特殊情况考量的规则来划定领海；第四，在200海里内外专属经济区和大陆架的划界问题上，统一适用了标准的3步划界法。

海洋划界是国际法院司法实践最为丰富的领域之一。本案作为国际法院在该领域的较新实践，在以下3个问题上的裁决引人关注。一是在对默许或默示协议基本概念进行解析的基础上，为是否存在肯尼亚的一贯主张与索马里的一贯接受设置了严格的证据标准。因此在今后的案件中，单纯的不抗议，而没有任何表明接受的积极行为，似乎不太可能被认为足以证明对某一海洋或领土划界的接受。另外，国际法院对肯尼亚和索马里的国内法的评估凸显了国内法和国际法之间的重要互动关系。[①] 二是在对划界特殊情况的考量中，基本否定了非地理因素的可参考性，强调地理相关情况的重要地位。亚伯拉罕法官、优素福法官和罗宾森法官在各自的个别意见中对地理意义上将凹陷情形置于更广范围内进行考量的做法提出了批评；薛捍勤法官则在其声明中就划界过程中只考虑地理因素表示遗憾。三是不仅在领海及200海里以内专属经济区与大陆架划界问题上再次适用了标准的3步划界法，还将依据该方法划定的海洋边界线延伸适用于200海里以外的大陆架划界。本案是国际法院第一次就国家间200海里以外大陆架划界作出回应，其体现出来的划界思路延续了早先国际海洋法法庭在2012年孟加拉湾划界案（孟加拉国诉缅甸）和2014年孟加拉湾划界案（孟加拉国诉印度）中的做法，有利于国际司法实践就海洋划界这一重要法律及政治问题统一解决规程，增强日后同类争端解决的可预测性。但多诺霍院长和罗宾森法官在个别意见中对此延伸适用也提出了异议，认为本案双方都未提供太多与200海里以外大陆架有关的证据材料，在尚未明确200海里以外大陆架权利范围的情况下划界，可能难以符合公平解决的目的。

【思考题】

（1）本案中，国际法院如何依据《海洋法公约》中的相关规定划分两国之间的海

---

① 克里斯托夫·萨克：向海的直线：索马里诉肯尼亚印度洋海洋划界争端案判决评析，法眼看南海微信公众号2021年10月26日发文。

洋边界?

(2) 200 海里外大陆架的划界问题应如何解决?

案例二　国际海洋法庭印度洋海洋划界案（毛里求斯诉马尔代夫）

【基本案情】

毛里求斯和马尔代夫均是位于印度洋的岛国，围绕查戈斯群岛（the Chagos Archipelago）的归属存在争议。2019 年 6 月 18 日，毛里求斯依《联合国海洋法公约》（以下简称《海洋法公约》）附件 7，对马尔代夫提出海洋边界仲裁。随后，毛里求斯在 8 月 23 日致函国际海洋法法庭。经法庭协调，两国于 9 月 24 日达成协议，根据《国际海洋法法庭规约》第 15 条第 2 款，将此争端交由特别分庭审理，列为第 28 号案件。

在程序进展层面，随着特别分庭的成立，马尔代夫随即就法庭的管辖权限及案件本身的可受理性提出了 5 条反对意见：（1）强调英国作为查戈斯群岛主权争议的关键涉及方，根据货币黄金案的法律原则[①]，主张特别法庭不具备相应的司法管辖权；（2）指出在明确查戈斯群岛的主权归属前，任何关于两国海洋边界的划定均无法进行，而此类主权争议超出了《海洋法公约》所界定的法庭管辖范围；（3）援引《海洋法公约》第 74 条与第 83 条，强调双方应当优先通过协商来解决海洋划界问题，现实中双方却未履行这一前置条件；（4）鉴于毛里求斯与英国之间的领土争议悬而未决，其与马尔代夫过往的外交互动亦表明此争议尚未形成；（5）认为毛里求斯提起的海洋划界诉讼构成了对程序的滥用，据此主张其诉讼请求不应获得法院的受理。[②]

针对上述异议，特别分庭进行了详尽的审议，并最终于 2021 年 1 月 28 日宣布了裁决结果。特别分庭在审议中表达了以下意见：第一，特别分庭通过认定查戈斯群岛主权争端继续存在从而间接地解决了这一争端；第二，特别分庭认为在评估自身对案件的管辖权时，直接介入并判定查戈斯群岛主权归属的做法，可能超出了仅确认争端是否存在管辖权的审查范畴。基于上述分析，特别分庭断定，其不仅拥有对当前争端的司法管辖权，而且确认该争端具有可受理性，进而裁定马尔代夫先前提出的，关乎案件管辖权与受理条件的所有初步反对意见均未能成立。[③]

在实体方面，争议点集中于查戈斯群岛区域，这一区域不仅是马尔代夫与新加坡

[①] 国际法院在 1954 年意大利诉英国、美国与法国的货币黄金案中，重申了国家同意原则在确立法院管辖权问题上的根本地位，并强调了一项法律原则，即如涉及非争端当事方的第三国利益，且该利益构成国际法院处理当事方间争端的核心事项与关键问题，则在没有该第三方同意的前提下，国际法院不能对争端行使管辖权或当事方的诉求不具有可受理性。

[②] Written Preliminary Objections under Article 294 of the Convention and Article 97 of the Rules of the Tribunal, Submitted by the Maldives on 18 December 2019, paras. 37–106.

[③] ITLOS Dispute Concerning Delimitation of the Maritime Boundary between Mauritius and Maldives in the Indian Ocean (Mauritius v. Maldives), Judgment of 28 January 2021, paras. 351–353.

争议的焦点，同时也涉及毛里求斯与英国之间围绕查戈斯群岛主权长期未解的争端。根据国际法中"陆地统治海洋"的基本原则，查戈斯群岛主权归属的不明状态，直接制约了对毛里求斯与马尔代夫在周边海域界限划分，从而将本案塑造为一个复合性质的争端，其中既包含了领土主权的争议，又涵盖了海洋划界的纷争。① 面对这样一种错综复杂的"混合争议"，特别分庭在解决海洋界线问题的同时，也要考量和处理背后潜藏的领土主权问题。

2023年4月28日，特别分庭对该案实体部分作出判决，对马尔代夫和查戈斯群岛200海里专属经济区和大陆架进行了划分，但拒绝对200海里以外大陆架进行划界。

【主要法律问题】

本案主要涉及两个实体方面的法律问题：第一，在200海里以内的大陆架和专属经济区划界中，查戈斯群岛北部的低潮高地Blenheim Reef能否作为构建等距离线的基点；第二，对毛里求斯在诉讼过程中提出的查戈斯群岛北部200海里以外的大陆架主张，特别分庭是否享有管辖权，以及该主张是否具有可受理性。

一、200海里以内的大陆架和专属经济区划界中的基点确定

（一）初步分析

在该案件的具体争议点中，一个核心议题是马尔代夫是否有权将其从领海基线向外延伸至毛里求斯的200海里的大陆架界限。毛里求斯根据《海洋法公约》第13条"低潮高地"②与第47条"群岛基线"第1款③，提议将Blenheim Reef作为界定临时等距离线的基准点，这一立场并未得到特别分庭的支持。特别分庭在裁决中重申并强调了国际法院及其他国际司法机构长久以来的理念，即出于划定领海基线的需要确定基点与出于海洋划界需要确定基点是两个不同的事项。此外，特别分庭还指出，在司法实践中，极少会出现将基点设定在低潮高地的情况，Blenheim Reef正属于此类地形特征。基于上述考虑，特别分庭在最终划定临时等距离线的过程中，摒弃了将Blenheim Reef作为基点的方案。

特别分庭采用了3步划界法划定200海里以内大陆架和专属经济区（双方均认可应以该方法进行划界，两国的区别仅在于构建临时等距离线是否应考虑Blenheim Reef）。虽然特别分庭在第一步构筑临时等距离线时没有将Blenheim Reef作为基点，但

---

① 高健军. 谁解决了查戈斯群岛的主权争端？"毛里求斯与马尔代夫海洋划界案"初步反对主张判决评析[J]. 国际法研究，2021（05）：6.

② 《海洋法公约》第13条："1. 低潮高地是在低潮时四面环水并高于水面但在高潮时没入水中的自然形成的陆地。如果低潮高地全部或一部与大陆或岛屿的距离不超过领海的宽度，该高地的低潮线可作为测算领海宽度的基线。2. 如果低潮高地全部与大陆或岛屿的距离超过领海的宽度，则该高地没有其自己的领海。"

③ 《海洋法公约》第47条第1款："1. 群岛国可划定连接群岛最外缘各岛和各干礁的最外缘各点的直线群岛基线，但这种基线应包括主要的岛屿和一个区域，在该区域内，水域面积和包括环礁在内的陆地面积的比例应在一比一到九比一。"

在第二步考虑有关情况时认为该低潮高地属于本案的有关情况，决定予以其半效力，调整了临时等距线。[1]

(二) 划界方法

国际司法机构通过长时间以来审理诸多案件形成了常规式划界方法，一般而言，对专属经济区及 200 海里以内大陆架进行划界的方法为"等距离/相关环境方法"（equidistance/relevant circumstances method），除非运用该方法存在不合适或不妥当之处。尽管该方法的适用并非强制性，但其不仅会公平解决绝大多数纠纷，还能给划界过程带来透明度和可预测性。[2]

特别分庭还注意到，在适用"等距离/相关环境方法"进行划界的实践中，国际司法机构发展出 3 步划界法（three-Stage Approach）：第一步，基于当事双方的海岸地理和数学计算，构建临时等距离线；第二步，确定是否存在本阶段需要调整临时距离线的任何相关情况，如有，则对临时等距离线作出调整，以确保达成公平的解决方案；第三步也是最后阶段，检查划界线是否会导致相应海岸线长度比例与分配给各方的海洋区域比例之间产生任何明显的比例失衡。[3]

特别分庭指出，本案中不存在适用"等距离/相关环境方法"会产生不妥当或不合适情形的任何因素，且双方均同意适用该方法及 3 步划界法，因此本案也应适用该方法解决毛里求斯与马尔代夫之间的专属经济区及 200 海里以内大陆架划界争议。[4]

二、有关毛里求斯对查戈斯群岛北部 200 海里以外大陆架主张的管辖权与可受理性问题[5]

就毛里求斯基于查戈斯群岛北部区域提出的 200 海里以外大陆架主张，马尔代夫认为毛里求斯直到 2022 年才向大陆架界限委员会提交涉及该区域的划界案，与 2016 年国际法院在尼加拉瓜 200 海里以外大陆架划界问题案（尼加拉瓜诉哥伦比亚）中确立的规则不相符。国际法院认为，争端当事方请求国际司法机构划定 200 海里以外大陆架边界前，应先向大陆架界限委员会提交划界案。同时，马尔代夫还指出毛里求斯 2021 年向大陆架界限委员会提交的初步信息修正文件超出了规定的期限。

特别分庭立足于 2021 年判决执行条款中界定管辖权的段落，确认其管辖权应该包

---

[1] 廖雪霞：快讯/国际海洋法法庭特别分庭"毛里求斯/马尔代夫印度洋海洋划界案"宣判，国际法学人微信公众号 2023 年 4 月 29 日发文。

[2] ITLOS Dispute Concerning Delimitation of the Maritime Boundary between Mauritius and Maldives in the Indian Ocean (Mauritius v. Maldives), Judgment of 28 April 2023, para. 96.

[3] ITLOS Dispute Concerning Delimitation of the Maritime Boundary between Mauritius and Maldives in the Indian Ocean (Mauritius v. Maldives), Judgment of 28 April 2023, para. 97.

[4] ITLOS Dispute Concerning Delimitation of the Maritime Boundary between Mauritius and Maldives in the Indian Ocean (Mauritius v. Maldives), Judgment of 28 April 2023, para. 98.

[5] ITLOS Dispute Concerning Delimitation of the Maritime Boundary between Mauritius and Maldives in the Indian Ocean (Mauritius v. Maldives), Judgment of 28 April 2023, paras. 280-456.

括 200 海里以外大陆架划界事宜。特别分庭还认为，国际法上的单一大陆架（single continental shelf）概念决定了 200 海里以外大陆架不应被视为一个单独或不同的区域。因此，本案管辖权的范围包括相关区域 200 海里以外大陆架划界争端。

就可受理性而言，特别分庭不认同国际法上存在沿海国应先向大陆架界限委员会提交划界案再向司法机构请求划定 200 海里以外大陆架边界这一规则，且事实上，毛里求斯已经向大陆架界限委员会提交了划界案。特别分庭认为没有必要考虑毛里求斯 2022 年提交大陆架划界案是否符合《海洋法公约》确立的相关法律框架。

虽然特别分庭判定对 200 海里以外大陆架划界享有管辖权，且相关诉求具有可受理性，但特别分庭认为，由于毛里求斯和马尔代夫对该问题存在重大争议，依照 2012 年孟加拉湾划界案（孟加拉国诉缅甸）中国际海洋法法庭提出的"显著不确定性"标准，特别分庭不能就毛里求斯是否享有 200 海里以外大陆架权利问题予以确定，因而不能进行划界。本案中，毛里求斯为证明自己在查戈斯群岛北部享有 200 海里以外大陆架，在诉状和庭审程序中共提出了 3 种不同的论证路径，但这 3 种论证路径都遭到了马尔代夫在法律、事实、证据和证明力等方面的反对。

【主要法律依据】

《联合国海洋法公约》第 13 条、第 47 条、第 74 条、第 76 条、第 83 条。

【拓展分析】

本案的一个关键问题涉及适用于 200 海里以外大陆架权利的"显著不确定性"标准。

根据这一标准，如果对有关区域存在重大不确定性，海洋法法庭将不着手划定 200 海里以外区域的界限。正如海洋法法庭在孟加拉湾划界案（孟加拉国诉缅甸）中所指出的，任何划界的第一步都是确定是否存在应享权利及这些权利是否重叠。因此，特别分庭必须确定双方是否对 200 海里以外的大陆架拥有权利，如果是，再确定它们是否重叠。毛里求斯和马尔代夫都向大陆架界限委员会提交了关于 200 海里以外大陆架的划界案。

采用"显著不确定性"标准深植于两大关键考量之中，旨在维护国际海洋法秩序的和谐与稳定。首先，该标准的采纳旨在预防潜在的冲突，确保大陆架界限委员会与国际海洋法法庭之间的意见一致性。特别分庭强调，这一衡量标准的引入，能够有效减少未来大陆架界限委员会在其建议中与特别法庭或法院裁决结果出现相左的可能性，从而促进了国际法律实践的连贯性和统一性。

其次，这一标准还体现了对"区域"，即国家管辖权范围外的海底、海床及其底土的保护意识。在涉及海洋边界的司法裁决中，国际法院与法庭均谨慎行事，避免划定任何可能侵扰或减损其他沿海国正当权益的界限。通过采纳"显著不确定性"标准，不仅维护了直接涉事国家间的公平正义，也进一步延伸了对全球公域的守护，及其作为人类共同遗产原则下的共享资源属性。这一做法，实质上加固了国际社会对于"区域"内普遍利益和共同继承财产权利的整体保障框架，促进了海洋资源的可持续管理与和平利用。

"显著不确定性"标准在具体适用时产生了两个问题，即适用范围和相关判定标准。

一、审查"显著不确定性"标准的适用范围

针对这一疑问，特别分庭在审理本案中，特地凸显了孟加拉湾划界案的独特性，为理解此问题提供了重要视角。特别法庭的分析表示，当冲突一方对涉及200海里以外大陆架权利的科学证据提出异议，或是这些科学证据本身存在争议、缺失或不确定性较大时可以适用该标准。换言之，科学证据的可靠性与共识缺失成了触发应用"显著不确定性"标准的关键因素，尤其是在大陆架界限委员会尚未给出明确指导的背景下，这种标准的灵活性为处理复杂海洋划界争议提供了法律上的依据与空间。

二、"显著"标准如何判定

在本案中，毛里求斯提出了3条不同的自然延伸路线，以达到一英尺的坡点。正如《大陆架界限委员会科学和技术准则》所述："如果一国能够向委员会证明，其水下陆地领土向其大陆边外缘的自然延伸超过200海里距离标准，其大陆架的外部界限可通过适用第4款至第10款所述的一套复杂规则划定《联合国海洋法公约》第76条。"因此，确定自然延伸至关重要。特别分庭裁定："鉴于存在显著不确定性，特别分庭无法确定毛里求斯对北方查戈斯群岛区域200海里以外大陆架的权利。"然而，特别分庭没有进一步明确评估是否存在"显著"不确定性的标准。要评估是否存在"显著"的不确定性，需要地质学和地貌学方面的专业知识。

首先，海洋法法庭在孟加拉湾划界案（孟加拉国诉缅甸）中提出了"显著不确定性"的初步概念。随后，这一概念在本案的判决中被制定为评估当事方对200海里以外大陆架权利的标准。"显著不确定性"的标准具有双重功能：一是防止大陆架界限委员会和海洋法法庭的观点发生冲突，二是防止对作为人类共同遗产的"区域"造成损害。特别值得注意的是，特别分庭强调，必须保护国际社会在"区域"内的共同利益，使其不受沿海国单方面主张200海里以外大陆架的影响。其次，如果有无可争议的科学证据证明当事方对200海里以外大陆架的权利，则没有余地适用"显著不确定性"标准。因此，从理论上讲，如果争端一方对有关200海里以外大陆架权利的科学证据提出异议，和/或科学证据有争议或不存在，则"显著不确定性"标准可能会发挥作用。最后，评估是否存在"显著不确定性"的标准仍然不太明确。鉴于海洋法法庭不具备评估地质和地貌数据的能力，如果有关数据能够由专家进行评估，则可以更好地提高应用"显著不确定性"标准的客观性。

【思考题】

（1）一国对距基线200海里以外的大陆架的权利是否可以延伸到他国的200海里

界限?

(2) 影响"显著不确定性"适用的因素有哪些?

案例三 菲律宾单方南海仲裁案(菲律宾诉中国)

【基本案情】

2013年1月22日,菲律宾依据《联合国海洋法公约》(以下简称《海洋法公约》)就南海争议向中国提交仲裁书面通知,明确权利要求,仲裁程序启动。此后,临时仲裁庭在常设国际仲裁法院(PCA)登记成立。2月19日,中国以照会形式答复菲律宾,明确拒收通知并退回,坚决采取"不接受、不参与"的态度。至2014年3月30日,菲律宾呈递详尽申诉材料,涵盖15项具体请求,并对仲裁庭管辖权及实体争议做了深度阐述。

2014年12月7日,中国政府正式公布了《关于菲律宾共和国所提南海仲裁案管辖权问题的立场文件》(以下简称《立场文件》),在文中详细阐明了中国在该仲裁案管辖权争议上的官方立场。此文件后被仲裁庭采纳,视为中国方面就管辖权争议提交的正式回应。在中国未参与的情形下,仲裁庭于2015年7月7日至13日,举行了3次关于管辖权和案件可受理性的听证会。至2015年10月29日,仲裁庭选择不直接采纳中国的立场,而是依据菲律宾的论点作出裁判,宣布对菲律宾列出的7项诉求拥有管辖权,同时表明对另外7项关乎实体问题的诉求保有进一步审查的权限,等待案件进入实质性审理阶段。仲裁庭还指示菲律宾需对其中一项诉求进行具体化阐释、范围缩减,并保留对此的管辖权审议。

2015年11月24日至30日,仲裁庭对案件的管辖权与可受理性,以及实体问题等进行了深入审理。菲律宾提交仲裁的核心内容围绕中国在南海区域的海洋权益主张,包括但不限于"断续线"海域内主张的主权权利、管辖权及历史性权利,涉及南海各岛屿、岛礁和岩礁的法律地位及其附带权益,以及中国在南海开展的建设活动与航行行为的合法性。具体而言,菲律宾请求仲裁庭:(1)明确认定中国在南海的海洋权益主张不应超越《海洋法公约》框架所限定的范围;(2)判定中国在"断续线"海域内声称的主权权利、管辖权及历史性权利与《海洋法公约》的规定不符;(3)对南海中众多岛屿、岛礁及岩礁的法律属性及其相应的权利作出法律界定;(4)宣布中国在南海区域内的填海造岛、航行等活动不符合国际法规定。

中国拒绝承认仲裁庭的管辖权,基于以下几点理由:(1)菲律宾所提交仲裁的核心问题实为南海若干岛礁的主权争议,这一问题超出了《海洋法公约》的管辖范畴;(2)中菲双方早前已同意通过谈判途径来解决彼此间的争端,菲律宾单方面采取行动,将争议提交至强制仲裁,此举违反了国际法;(3)即便菲律宾诉求中包含有对《海洋法公约》条款解释或执行的争议,这些争议实质上关联并内嵌于中菲两国间的海域界线划分问题之中，两者不可割裂处理。鉴于此，中国依据《海洋法公约》相关规定，已明确声明排除任何涉及海域划界争议的事项接受仲裁程序。

2016年7月12日，仲裁庭作出所谓最终裁决：首先，认定中国对于"十段线"范围内海域的生物与非生物资源主张的历史性权利缺乏充分的法律基础；其次，关于海域权利与岛礁地位问题，仲裁庭指出南沙群岛不能作为集体生成海域权利；最后，评估中国在南海活动的合法性时，认为中国执法船只拦截菲律宾船只的行为非法，中国还在南海区域造成严重碰撞风险及珊瑚礁生态损害。仲裁庭整体上支持了菲律宾的诉求，但该仲裁结果存在着诸多事实与法律上的谬误。中国政府多次声明，对于菲律宾单方提起的所谓南海仲裁案，仲裁庭没有管辖权，中国不接受、不承认。

【主要法律问题】

一、管辖权问题

（一）仲裁庭错误定性菲律宾诉求

1. 菲律宾诉求的实质是中菲两国的领土和海洋划界问题

探究南海的地理结构表明，中国管辖下的中沙群岛和南沙群岛与菲律宾群岛隔水相望，它们与菲律宾最近的陆地海岸线间距均不超越200海里的范畴。无论从中国维护群岛整体性以确定其海洋权益的视角出发，还是采纳菲律宾提出的将相关岛礁个别审视的策略，均无可避免地揭示出中菲两国在南海区域存在着海洋界限划定的自然基础及复杂的划界情境。这一现状涵盖了两国在大陆架及专属经济区主张上的重叠区域。

中菲两国在南海面临的领土与海洋边界界定问题紧密相连，双方历来倾向于将这类争议概括为一个统一的"领土与管辖权争议"，视作一个不可分割的整体来审视。尽管菲律宾在仲裁过程中极力尝试将这一复合争议"碎片化"，将其重塑为纯粹的海洋权利争议，企图通过这种方式对争议进行解构，但这种策略无法从根本上改变争议的本质。[①] 本质上，菲律宾的诉求触及了南沙群岛若干岛礁及中沙群岛中黄岩岛的领土归属问题，这些均是中菲海洋界限划分不可分割的一环。菲律宾的多方面诉求，虽然表现形式多样，实则共同指向了中菲之间关于陆地领土及海洋边界的更广泛争议，应当作为综合性的争议来处理，而非将其分割为多个独立的小纠纷来分别解决。

2. 仲裁庭错误认定菲律宾诉求与中菲陆地领土和海洋划界问题无关

仲裁庭对于菲律宾诉求与中菲间领土争议无关的判断，构建于主观推测之上，未能准确反映实际情况。仲裁庭为界定菲律宾请求是否蕴含领土主权争议，自行设立了两项评判准则：一是解决菲律宾诉求是否必须以仲裁庭对主权争议的明示或默示性裁决为前提；二是菲律宾的真正意图是否在于增强其在主权纠纷中的地位，或削弱

---

① 马新民，刘洋.《南海仲裁案裁决之批判》评述 [J]. 亚太安全与海洋研究，2019 (01)：28.

中国在南海领土主权主张上的立场。然而，仲裁庭并未公正运用这些自设标准，仅凭菲律宾表面上"未请求仲裁庭直接解决主权问题"的表述，便草率决定菲律宾的诉求未触及其所设定的"先决条件"，忽略了对菲律宾诉求深层次目的和影响的全面考量。

仲裁庭在解析海洋界限划分原则及《海洋法公约》第298条"适用第2节的任择性例外"①时出现偏差，导致其错误地判定菲律宾的请求与海洋界限争议无关。仲裁庭明知中国依据《海洋法公约》第298条，在2006年作出了排除海洋等特定类型争端强制解决的声明，仍不恰当地宣称菲律宾的请求未触及海洋界限划分，因此不受《海洋法公约》规定的争端解决豁免限制，同时强调菲律宾并未直接请求进行划界。这一论断有两个根本性错误：第一，仲裁庭对海洋划界的理解过于狭隘，仅将其视作确定重叠海域最终界限的过程，忽视了在中国与菲律宾的情境下，海洋权利的确立、基于这些权利的海上活动与界限划分之间的内在联系；第二，对"关于划定海洋边界的争端"的解释有误，将其缩小理解为仅指界限划定操作本身的争议。仲裁庭在引用国际法案例及《海洋法公约》第15部分"争端的解决"时，对"关于"一词的应用不当，法律推理薄弱，不当缩小了国家排除声明的适用范围，不当放宽了启动强制仲裁的门槛。

（二）仲裁庭错误裁定菲律宾所提强制仲裁已满足《海洋法公约》规定的前提条件

1. 仲裁庭错误认定中菲之间不存在通过谈判解决争端的协议

仲裁庭注意中菲双边文件及《南海各方行为宣言》（以下简称《宣言》）的谈判解决争端条款，但认为其含有政治性质，非法律约束协议。仲裁庭还误读《海洋法公约》

---

① 《海洋法公约》第298条："1. 一国在签署、批准或加入本公约时，或在其后任何时间，在不妨害根据第1节所产生的义务的情形下，可以书面声明对于下列各类争端的一类或一类以上，不接受第2节规定的一种或一种以上的程序：(a)(1) 关于划定海洋边界的第15条、第74条、第83条在解释或适用上的争端，或涉及历史性海湾或所有权的争端，但如这种争端发生于本公约生效之后，经争端各方谈判仍未能在合理期间内达成协议，则作此声明的国家，经争端任何一方请求，应同意将该事项提交附件5第2节所规定的调解；此外，任何争端如果必然涉及同时审议与大陆或岛屿陆地领土的主权或其他权利有关的任何尚未解决的争端，则不应提交这一程序；(2) 在调解委员会提出其中说明所根据的理由的报告后，争端各方应根据该报告以谈判达成协议；如果谈判未能达成协议，经彼此同意，争端各方应将问题提交第2节所规定的程序之一，除非争端各方另有协议；(3) 本项不适用于争端各方已以一项安排确定解决的任何海洋边界争端，也不适用于按照对争端各方有拘束力的双边或多边协定加以解决的任何争端；(b) 关于军事活动，包括从事非商业服务的政府船只和飞机的军事活动的争端，以及根据第297条第2款和第3款不属法院或法庭管辖的关于行使主权权利或管辖权的法律执行活动的争端；(c) 正由联合国安全理事会执行《联合国宪章》所赋予的职务的争端，但安全理事会决定将该事项从其议程删除或要求争端各方用本公约规定的方法解决该争端者除外。2. 根据第1款作出声明的缔约国，可随时撤回声明，或同意将该声明所排除的争端提交本公约规定的任何程序。3. 根据第1款作出声明的缔约国，应无权对另一缔约国，将属于被除外的一类争端的任何争端，未经该另一缔约国同意，提交本公约的任何程序。4. 如缔约国之一已根据第1款(a)项作出声明，任何其他缔约国可对作出声明的缔约国，将属于被除外一类的任何争端提交这种声明内指明的程序。5. 新的声明，或声明的撤回，对按照本条在法院或法庭进行中的程序并无任何影响，除非争端各方另有协议。6. 根据本条作出的声明和撤回声明的通知，应交存于联合国秘书长，秘书长应将其副本分送各缔约国。"

第281条"争端各方在争端未得到解决时所适用的程序"① 中的"协议"定义及中菲争端解决协议,从中菲双方文件中关于通过协商途径解决争议的内容可以看出,双方均有意创立具有约束力的权利与义务,故而仲裁庭关于中菲间不存在谈判解决争端协议的结论并不正确。

2. 仲裁庭错误认定菲律宾已履行交换意见的义务

仲裁庭在有关管辖权的裁决中认为菲律宾满足了《海洋法公约》第283条"交换意见的义务"② 中的要求,并提出4点理由,但这些理由涉及的南沙群岛、黄岩岛领土争议及"领土和管辖权争议"均不属于仲裁庭界定的《海洋法公约》解释或适用争议范畴。尽管中菲确实就这些议题进行了磋商,但它们超出了《海洋法公约》第283条的范围,因而不能证明菲律宾遵守了交换意见的义务。仲裁庭在认定菲律宾诉求与领土及海洋划界无直接关联的同时,却将两国在这些领域的交流作为已履行交换意见义务的证据,显示出逻辑上的不一致性。

二、可受理性问题

菲律宾多次大幅调整诉求,这是仲裁庭审视可受理性时的关键点。但仲裁庭未能充分审查此问题,草率决定受理,存在失误。根据诉求变动情况及可受理性原则,至少两处新增内容理应被判不可受理,仲裁庭却并未如此判定。菲律宾初次提出的13项诉求聚焦于南海权利争议,后来加入的关于中国违反环保责任及加剧纠纷的指责,既未在原始诉求中出现,性质亦迥异,实质变更了争议核心,按国际准则应视为不可受理。仲裁庭未参考既定国际实践标准,仅简单提及新增诉求与原诉求"有关联",缺乏深入分析,便断定其可受理,所采用的新标准似乎仅需与诉求间存在大致联系,远未达到国际法庭惯常的"隐含于"或"直接源自"原申请的标准。

三、历史性权利问题

(一)仲裁庭错误处理历史性权利与《海洋法公约》的关系

历史性权利主要遵循习惯国际法等一般国际法规则。仲裁庭在历史性权利与《海洋法公约》关系上的误判表现在以下3个方面:第一,认为《海洋法公约》全面覆盖海洋法问题;第二,错误解读《海洋法公约》与一般国际法的相互作用;第三,忽视《海洋法公约》与历史性权利的持续有效性。历史性权利的国际法特征可总结为:在种类上,涵盖主权及低于主权级别的权利;在地域上,遍及各海洋区域;在特性上,因

---

① 《海洋法公约》第281条:"1. 作为有关本公约的解释或适用的争端各方的缔约各国,如已协议用自行选择的和平方法来谋求解决争端,则只有在诉诸这种方法而仍未得到解决以及争端各方间的协议并不排除任何其他程序的情形下,才适用本部分所规定的程序。2. 争端各方如已就时限也达成协议,则只有在该时限届满时才适用第1款。"

② 《海洋法公约》第283条:"1. 如果缔约国之间对本公约的解释或适用发生争端,争端各方应迅速就以谈判或其他和平方法解决争端一事交换意见。2. 如果解决这种争端的程序已经终止,而争端仍未得到解决,或如已达成解决办法,而情况要求就解决办法的实施方式进行协商时,争端各方也应迅速着手交换意见。"

具体情况各异,无统一标准,体现于每例的独特性,受习惯国际法个别评估。[①] 判断一国历史性权利需依据其特定实践、地域历史及地理状况,采取个案分析方法。

(二) 仲裁庭不当否定了中国在南海的历史性权利

仲裁庭分析中国南海历史性权利时分为两步,即权利定性与存在性验证,但均存在谬误。

权利定性偏差体现在3处:依据选择片面、误解中国立场、结论依据不足。存在性验证有误,中国南海活动远超仲裁界定,中国活动包括行政管理、海防强化、海军巡逻等,彰显了中国对南海的管辖事实。仲裁庭忽视丰富史料证据,主观限缩中国活动仅为航行、贸易及渔业,背离史实。

四、中国南沙群岛和中沙群岛的法律地位问题

仲裁庭采纳菲律宾诉求,作出以下系列裁决:将渚碧礁等5块区域定义为低潮高地,不具备领土属性,无领海及经济专属区和大陆架权利;判定黄岩岛等6地特征为岩礁,同样不具备专属经济区或大陆架权利;并扩充裁定南沙群岛内的高潮地物均非完整岛屿,不具备全面海洋权益。

仲裁庭的裁决在事实认定与法律应用上显得极为牵强:第一,其基于对习惯国际法中大陆国远海群岛体系的误解,不当否定了南沙群岛与中沙群岛作为远海群岛的合法法律定位;第二,仲裁庭在评估南沙群岛中若干岛屿时出现偏差,错误解读了《海洋法公约》第121条[②]关于岛屿的规定,并错误地应用了岛屿制度;第三,仲裁庭在处理南沙群岛内的低潮高地问题上也出现谬误,未能准确阐明低潮高地的相关法律规定,错误地进行了法律定性。

五、中国在南海活动的合法性问题

仲裁庭的判决在错误解读海域权利归属及活动属性的基础上,认定中国于南海的活动违背《海洋法公约》精神或构成不法行为,这种结论在事实认定与法律层面上均站不住脚。

(一) 关于黄岩岛海域所谓"中国阻碍菲律宾渔民捕鱼"争议

菲律宾声称中国非法干预了其在黄岩岛的传统捕鱼活动,而仲裁庭对此的支持论据皆存瑕疵:(1) 中国未曾明确黄岩岛领海基线,菲律宾渔民作业区域属于内水范围,内水中沿海国拥有绝对主权,仲裁庭未准确区分领海与内水。(2) 仲裁庭单凭手工捕鱼方式断定菲律宾行为构成"传统捕鱼",忽略了评估"传统"所必需的时间延续性标准,此判定缺乏法律基础。将"传统捕鱼"视作个人权利,仲裁庭此举并无法律支

[①] 中国国际法学会. 南海仲裁案裁决之批判 [M]. 北京:外文出版社,2018:188-209.
[②] 《海洋法公约》第121条:"1. 岛屿是四面环水并在高潮时高于水面的自然形成的陆地区域。2. 除第3款另有规定外,岛屿的领海、毗连区、专属经济区和大陆架应按照本公约适用于其他陆地领土的规定加以确定。3. 不能维持人类居住或其本身的经济生活的岩礁,不应有专属经济区或大陆架。"

撑，《海洋法公约》中唯一提及"传统捕鱼权"的第 51 条明确将其归属为国家权限。
（3）仲裁庭引用的国际先例与菲律宾捕鱼情形不符，以此例证限制领海主权的"其他国际法规则"存在，依据不足。

（二）关于中国在黄岩岛区域对菲律宾船只执行的驱逐行动

仲裁庭判定中国执法船只在 2012 年 4 月 28 日及 5 月 26 日的行动对菲律宾的舰船及人员构成了碰撞危险，违反了 1972 年的《国际海上避碰规则公约》及《海洋法公约》第 94 条①所规定的船旗国义务。仲裁庭的决定主要基于两项根本性误解：首先，对于中国执法船只行为性质的误判，这些行动本质上是对非法侵入中国领海水域的菲律宾船只执行的合法主权维护举措，属于国家执法范畴，并非简单的航行行为。其次，法律适用的混淆，《国际海上避碰规则公约》主要适用于民用航海领域，而不适用于国家执法活动。国际惯例也认可执法机构在必要时采取包括接近、拦截、登船乃至适度使用武力等措施以维护海上秩序。中国执法船只在面临菲律宾船只侵犯主权及抵抗执法的情况下，仅采取了无接触的接近与拦截措施，这不仅完全符合《海洋法公约》及其他国际法规的精神，也是极其克制的做法。

（三）关于中国在南海活动"加剧或扩大"争端的判定

这一结论建立在多处谬误基础之上。其一，误认中国在美济礁的基础设施建设为未经授权在菲律宾声称的专属经济区及大陆架内擅自进行的"人造岛"项目；其二，错误断言中国岛礁建设对海洋生态造成了不可逆转的严重破坏；其三，误解中国在南沙群岛所主张及行使的海洋权利是基于各个地区单独而非群岛整体。鉴于上述前提均被证明不实，基于这些错误假设所得出的结论自然无法在事实与法律层面成立。

---

① 《海洋法公约》第 94 条："1. 每个国家应对悬挂该国旗帜的船舶有效地行使行政、技术及社会事项上的管辖和控制。2. 每个国家特别应：（a）保持一本船舶登记册，载列悬挂该国旗帜的船舶的名称和详细情况，但因体积过小而不在一般接受的国际规章规定范围内的船舶除外；（b）根据其国内法，就有关每艘悬挂该国旗帜的船舶的行政、技术和社会事项，对该船及其船长、高级船员和船员行使管辖权。3. 每个国家对悬挂该国旗帜的船舶，除其他外，应就下列各项采取为保证海上安全所必要的措施：（a）船舶的构造、装备和适航条件；（b）船舶的人员配备、船员的劳动条件和训练，同时考虑到适用的国际文件；（c）信号的使用、通信的维持和碰撞的防止。4. 这种措施应包括为确保下列事项所必要的措施：（a）每艘船舶，在登记前及其后适当的间隔期间，受合格的船舶检验人的检查，并在船上备有船舶安全航行所需要的海图、航海出版物以及航行装备和仪器；（b）每艘船舶都由具备适当资格、特别是具备航海术、航行、通信和海洋工程方面资格的船长和高级船员负责，而且船员的资格和人数与船舶种类、大小、机械和装备都是相称的；（c）船长、高级船员和在适当范围内的船员，充分熟悉并须遵守关于海上生命安全，防止碰撞，防止、减少和控制海洋污染和维持无线电通信所适用的国际规章。5. 每一国家采取第 3 款和第 4 款要求的措施时，须遵守一般接受的国际规章、程序和惯例，并采取为保证这些规章、程序和惯例得到遵行所必要的任何步骤。6. 一个国家如有明确理由相信对某一船舶未行使适当的管辖和管制，可将这项事实通知船旗国。船旗国接到通知后，应对这一事项进行调查，并于适当时采取任何必要行动，以补救这种情况。7. 每一国家对于涉及悬挂该国旗帜的船舶在公海上因海难或航行事故对另一国国民造成死亡或严重伤害，或对另一国的船舶或设施，或海洋环境造成严重损害的每一事件，都应由适当的合格人士一人或数人或在有这种人士在场的情况下进行调查。对于该另一国就任何这种海难或航行事故进行的任何调查，船旗国应与该另一国合作。"

【主要法律依据】

《联合国海洋法公约》第 13 条、第 121 条、第 280 条、第 281 条、第 283 条、第 298 条。

【拓展分析】

历史性权利概念源于国际法庭的判例，展现出高度的灵活性。截至目前，尽管国际法领域尚未就历史性权利构建一个普遍接受的精确界定，但通常理解为它可能涵盖主权层面的历史性水域或历史性财产，同时也能指代那些不具专属性、非排他性，且强度低于主权范畴的权利形式。[①] 我国对于南海的权益声明，其根基深深植根于历史性权利这一关键的法律立场。我们对南海特定海域的权利主张，源于长期的历史活动及主权的连续实施，这些权利主张与国际法框架下关于历史性权利的标准相吻合。

一、历史性权利在国际条约框架下的法律基础

条约法，以其成文、精确和详尽的特点，要求任何纳入其范围内的规范都必须有清晰且具体的条文支持。诸如《领海及毗连区公约》这样的国际条约，不仅确立了历史性海湾在海湾制度中的独特法律地位，而且明确了群岛水域内传统捕鱼权的适用规则。此外，这些条约还阐述了历史性所有权在公约争议解决机制中的特殊法律功能，共同构建了一个稳固的条约法律框架，为历史性权利提供了强有力的法律后盾。

1958 年的《领海及毗连区公约》仅用单一条款触及历史性权利的概念，简略地界定了历史性海湾与历史性所有权在条约法体系中的定位，却未能深入细化这些权利的具体实施细节。虽然该公约未构建起一套全面、体系化的历史性权利框架，但已足以表明，有关历史性权利的基本原则已在国际条约层面得到了承认和确立。《海洋法公约》并未设立一个全面且系统的章节来专门处理历史性权利，而是通过若干分散的条款，在其文本中零星地涵盖了与历史性权利相关的各项规定。

二、历史性权利在国际习惯法框架下的法律基础

历史性权利规则作为一项历经长期沉淀而形成的国际规范，其存在与应用远早于其被正式纳入条约法体系。实际上，在各国实践中，这类权利早已成为国际关系中的既定事实。回溯至 1910 年的北大西洋渔业仲裁案，历史性海湾规则已被仲裁庭明确阐述，这标志着其在国际法律领域早期的显著地位。[②] 在国际实践中，处理历史性权利的条约法依据与国际习惯法根基之间的重叠，通常采用的是并行考量的方法。然而，这并非一种无条件、统一适用于所有场景的机械式应用；相反，其并行运用的方式更多地体现在针对具体案例的灵活调整上，依据国际实践中的多样化而定制解决方案。

[①] 王小军. 南海仲裁裁决之法律谬误分析——历史性权利与岩礁认定 [J]. 浙江大学学报（人文社会科学版），2018, 48 (02)：107.

[②] 李永，张丽娜. 论历史性权利法律基础的二重性 [J]. 河北法学，2018, 36 (02)：65.

三、本案的长期影响

本案本身存在的诸多法理缺陷使所谓的裁决未达到和平解决问题的效果，反而引起了更多争端，部分国家利用本案裁决推进单方行动，加剧了南海问题的复杂性。从目前南海区域局势发展及法律纷争的现实来看，本案裁决对妥善处理相关海域争议问题、维护南海地区和平稳定的负面效应日益显现，且对中国和东盟国家之间的"南海行为准则"磋商程序，以及中国与有关当事国间双边关系的长远健康发展都产生了非常不利的影响。菲律宾、越南等国正试图利用向大陆架界限委员会提交外大陆架划界申请等方式挑战中国的合法权益。

从2016年至今，我国一直秉持"不接受、不参与、不承认"的立场，利用国际国内多个场合表达我方观点。2024年7月11日，华阳海洋研究中心、中国南海研究院和中国国际法学会联合撰写的《南海仲裁案裁决再批驳》就中菲在南海领土问题的起源与本质、管辖权，以及南海仲裁案裁决在历史性权利、大陆国家远海群岛、岛屿制度等问题上的严重谬误等方面进行了再次批驳。

【思考题】

（1）本案对中国的影响是什么？
（2）本案对中国的启示有哪些？

第十一章

空间法

本章知识要点

（1）国际民用航空法律制度；（2）中国航空法律制度。

案例一 保险人代位求偿权纠纷案（甲财产保险北京分公司诉乙国际货运代理南京分公司）

【基本案情】[①]

案外人丙汽车公司从德国购买了一批生产线设备，并就该批设备向甲财产保险北京分公司（以下简称甲财保公司）投保了货物运输一切险。丙汽车公司与乙国际货运代理南京分公司（以下简称乙南京分公司）具有长期合作关系并签订了《进出口货物运输代理服务合同》（以下简称《货代合同》），其第4条第4款中约定"乙方负责将货物从启运地安全完整地运输至目的地"，乙南京分公司负责整批货物的运输管理。《货代合同》另约定，对于因乙南京分公司过错、过失等造成的任何损失，应按照其或者其代理签发的运输单据上所载条款及限额处理。《货代合同》又约定，乙南京分公司赔偿责任承担和责任限额应按照我国有关国际运输的法律规定和所参加国际公约的规定计算，包括但不限于《蒙特利尔公约》等；如相关法律没有规定且双方未约定的，由于乙南京分公司疏忽导致之货损应按照《中国国际货运代理协会标准交易条件》确定赔偿责任和责任限额。此外，《货代合同》约定该合同未提及的条款按当时有效的《中华人民共和国合同法》（以下简称《合同法》）执行。

涉案货物由乙南京分公司于2019年1月3日从德国工厂发运，涉案主空运单记载签发主体为比利时某航空公司，托运人为欧某系统制造德国公司（以下简称欧某德国

[①] 本案案情复杂，参见上海金融法院（2022）沪74民终717号民事判决书，以及上海高院研究室：国际航空货物运输中《蒙特利尔公约》的适用及货代公司法律地位的认定，中国上海司法智库微信公众号2024年4月22日发文。

公司），收货人为上海某物流公司。分空运单签发主体为欧某德国公司，托运人为欧某德国公司，收货人为丙汽车公司，分空运单右下角注明普某德国公司作为缔约承运人。

涉案货物到达浦东机场后被运至某物流公司仓库，1月8日运至丙汽车公司仓库。涉案货物分装在17个箱子内，运输计费总重量为其体积重量，即17714.5千克。丙汽车公司拆箱后发现其中3箱货物受损。某保险公估有限公司分别于2019年1月11日、1月21日进行两次现场勘查，并于同年6月17日以受损货物维修费人民币898481.66元为定损金额出具了《公估报告》。甲财保公司依此赔付丙汽车公司后向乙南京分公司追偿，遭拒付后甲财保公司起诉至法院。

原告甲财保公司诉称，原告作为涉案货物的保险人，依照货物运输保险单向被保险人赔付保险赔款898481.66元，依法取得代位求偿权。涉案货物系在被告运输途中受损，被告需对此承担赔偿责任，故请求法院判令：（1）乙南京分公司赔偿损失人民币898481.66元；（2）乙南京分公司赔偿以898481.66元为基数，自甲财保公司赔付之日起至2019年8月19日按照中国人民银行同期贷款利率计算的利息，以及自2019年8月20日起至乙南京分公司支付之日止按照同期全国银行间同业拆借中心公布的贷款市场报价利率计算的利息；（3）乙南京分公司承担本案所有诉讼费用。

对此，被告乙南京分公司辩称：（1）被告不是适格的诉讼主体，原被告不存在运输合同关系，被告与被保险人丙汽车公司签订的是货运代理服务合同，即委托合同关系，根据被告和被保险人签订的合同约定及《中华人民共和国民法典》（以下简称《民法典》）的规定，被告作为受托人只有在有过错的情况下，才应承担赔偿责任，货损发生在空运期间，不可能由货代的过错导致，所以被告不是适格的诉讼主体；（2）本案实际承运人是比利时某航空公司，另外，欧某德国公司作为航空公司的签单代理，签发了分空运单，所以不论保险人向航空公司索赔还是向签发分空运单的欧某德国公司索赔，都与被告无关；（3）根据原告提供的证据材料，不能证明所诉陈的发生损失的货物是涉案空运单项下损失的货物；（4）在航空运输货损索赔中，承运人还依法享有责任限制的权利，有权按照受损的单件货物重量，按照每公斤17个特别提款权享有责任限制的权利，因本案原告未提供受损货物的装箱单及仓单，被告暂时无法计算承运人的责任限额，但绝非原告主张的金额。

【主要法律问题】

本案主要法律问题包括：第一，关于乙南京分公司的法律地位；第二，《蒙特利尔公约》的适用问题；第三，关于货物实际损失金额和货物损失的赔偿限额。

一、关于乙南京分公司的法律地位

本案中，法院首先根据涉案合同约定，认为乙南京分公司应按照承运人归责原则承担违约责任。《货代合同》第4条第5款第1项约定针对乙南京分公司责任承担应当优先依据《蒙特利尔公约》中关于承运人责任的相关规定予以确定，《货代合同》第4条第4款中约定"乙方负责将货物从启运地安全完整地运输至目的地"等，依据该条款,乙南京分公司负责整批货物的运输管理,因此双方对乙南京分公司的权责约定符合缔约承运人地位,乙南京分公司为缔约承运人。

其次根据主、分运单的记载内容,可认定乙南京分公司系缔约承运人的法律地位。本案中,各方确认并未就本案事故发生的货运交易单独签订除《货代合同》外的其他合同,则各方签订的主、分运单系在本案所涉国际航空货运过程中确定权利义务关系的主要依据。主、分运单记载内容显示,涉案分运单左上角承运人处为乙南京分公司的关联公司普某德国公司名称,右下角位置记载普某德国公司作为缔约承运人,而《货代合同》明确约定乙南京分公司造成的货损应按照"分运单"确定其责任,该运单亦符合该合同条款定义。故认定普某德国公司代理乙南京分公司签发该运单,而某汽车公司知晓该代理关系。

综上,法院认为,乙南京分公司作为独立经营人,委托他人向托运人签发运输单证,履行向收货人交货义务并承担全程运输期间责任,其法律地位为缔约承运人。

二、《蒙特利尔公约》的适用问题

《蒙特利尔公约》于 2005 年 7 月 31 日对我国生效,法院考察了该公约在本案的适用情况。首先,法院认为根据《蒙特利尔公约》第 1 条"本公约适用于所有以航空器运送人员、行李或者货物而收取报酬的国际运输",以及第 55 条"该项国际航空运输在本公约缔约国之间履行,而这些当事国同为其他华沙公约的缔约国,本公约应当优先于国际航空运输所适用的任何规则"等内容,跨境空运过程中产生的争议事项应优先适用《蒙特利尔公约》。本案中,案涉货物从德国航空运输至中国,德国和中国均系《蒙特利尔公约》的缔约国,案涉保险事故系在跨境空运过程中发生的货物损失。其次,法院认为如将乙南京分公司作为缔约承运人,亦符合《蒙特利尔公约》所规定的对缔约承运人货损情况下的责任承担之情形。最后,法院认为根据《蒙特利尔公约》第 55 条之规定,《蒙特利尔公约》优先于国际航空运输所适用的任何规则。且根据涉案《货代合同》双方明确约定适用《蒙特利尔公约》等国际公约,也可佐证《蒙特利尔公约》在本案的适用。

综上,本案所涉事实情形符合《蒙特利尔公约》的适用条件,应适用《蒙特利尔公约》。

三、关于货物实际损失金额和货物损失的赔偿限额

在判决的最后,法院对货物的实际损失金额和赔偿限额作出了认定。由于双方当事人无法确定 3 箱货物的重量,故根据《蒙特利尔公约》第 22 条和第 23 条的规定,依照货物计费重量即体积重量的十七分之三,以每千克 22 个特别提款权,适用一审判决作出之日特别提款权与人民币的汇率,计算乙南京分公司的赔偿限额,总计 612047.50 元。

【主要法律依据】

(1)《蒙特利尔公约》第 1 条、第 22 条、第 23 条、第 55 条。

(2)《中华人民共和国合同法》(已失效)。

【拓展分析】

国际航空运输是国际条约适用最为普遍的领域,以1929年《华沙公约》为核心的华沙体系构成了航空领域的国际法基础,之后《蒙特利尔公约》对其进行了现代化和一体化更新。通过研究《蒙特利尔公约》在我国民商事案件中的适用实践,明晰相应适用标准,具有较强的理论价值和实践意义。

一、《蒙特利尔公约》适用之优先性

从我国的司法实践来看,《蒙特利尔公约》在我国的适用主要有3类情形:一是通过论证符合《蒙特利尔公约》适用范围且公约具有强制适用性,从而适用《蒙特利尔公约》;二是根据《中华人民共和国民用航空法》(以下简称《民用航空法》)第184条的规定,同时符合《蒙特利尔公约》适用条件的,从而适用该公约;三是当事人协议选择中华人民共和国法律作为准据法,或未协议约定但根据《最高人民法院关于适用〈中华人民共和国涉外民事关系法律适用法〉若干问题的解释(一)》第4条,适用中华人民共和国法律,又根据《民用航空法》第184条的规定,同时符合《蒙特利尔公约》适用条件的,从而适用该公约。其中,第二种情况居多。

为统一国际航空运输中的私法规则,避免法律冲突导致跨境运输争端的不确定性,国际航空私法领域国际条约天生具有强制性和排他性。《蒙特利尔公约》的强制性和排他性特点也决定了该公约的优先适用,其优先性主要体现在以下两个方面:

第一,国内法确认其法律适用的优先地位。《民用航空法》第184条和《最高人民法院关于适用〈中华人民共和国涉外民事关系法律适用法〉若干问题的解释(一)》第3条明确表明,包括《蒙特利尔公约》在内的国际民用航空条约在我国具有优先适用地位。在超半数的案件中,法官都是通过"法律适用法—中国法—《中华人民共和国民法通则》(已失效)第142条或《民用航空法》第184第1款—《蒙特利尔公约》"的路径来论证《蒙特利尔公约》的适用。

第二,当事人无法通过意思自治排除其适用。相比华沙体系,《蒙特利尔公约》大幅提高了承运人对旅客赔偿的责任限额,因此实践中常存在双方通过意思自治排除责任限制条款适用,或者另行约定责任限额的情形。然而,《蒙特利尔公约》具有强制性,除第49条规定当事人不得通过特别协议的方式违反《蒙特利尔公约》的规定之外,其第26条和第47条都被认为构成了强制性条款义务,具有优先于当事人意思自治的效力。即该公约第26条和第47条规定,任何旨在免除缔约承运人或者实际承运人责任或者降低责任限额的合同条款均无效。

二、《蒙特利尔公约》语境下对承运人法律地位的识别

从适用范围来看,《蒙特利尔公约》适用于:(1)出发地和目的地都位于缔约国的国际运输;(2)涉及国际航空承运人和旅客、货主之间的争议。司法实践中对于地点

的认定不存在难点，但是对当事人是否属于该公约所称之承运人则是纠纷的争议要点。因为，随着国际贸易和航空运输的蓬勃发展，传统货运代理企业不再仅是货主或航空运输公司的委托代理人，也可以在某些情形下充当缔约承运人的角色，货运代理人和缔约承运人两者的某些权利义务在特定情形下产生重叠，从而带来识别上的困难。因此司法实践中针对货运代理公司是处于货运代理人的法律地位还是缔约承运人的法律地位的判断，已然是关联事实查明、法律适用和国际条约适用的混合型问题。

结合实践操作和理论研究可以看到货运代理人和缔约承运人之间存在区别，主要依据以下几个标准或参考因素：

第一，空运单签发。签发空运单是运输合同的证明，当货运代理公司签发运单时，存在以下3种可能性：第一，主运单上记载的托运人、承运人、航班号与分运单上的一样，托运人是货主，货运代理公司在"托运人或其代理人"处签章，并由承运人在"承运人或其代理人"处签章，则货运代理公司是托运人的代理人；第二，如果主运单与分运单记载的托运人、承运人、收货人等内容一样，货运代理公司在主运单"承运人或其代理人"处签章，则货运代理公司是承运人的代理人；第三，如果分运单与主运单记载的承运人一致，但托运人和收货人均不同，即分运单上如实记载真正的托运人和收货人，而主运单上的托运人和收货人则分别是货运代理公司和其代理人，该种情况下，货运代理公司应为缔约承运人，真正承运该批货物的航空公司为实际承运人。

第二，双方协议约定。通过协议约定的内容来判断货运代理公司的法律地位，如果双方签订的协议中约定货运代理公司承担《蒙特利尔公约》等国际公约或我国《民用航空法》中承运人的相关责任，或者协议约定货运代理公司之义务符合国际惯例中承运人而非货运代理人之义务时，则可以佐证货运代理公司为缔约承运人。然而在商业实践中，货运代理公司作为贸易和运输之间的桥梁，业务环节众多，特别追求高效，因此其与相对人交易时经常出现合同条款约定不明的现象。且为方便实际操作，长期存在合作关系的货主和货运代理公司之间往往以框架协议的方式约束双方权利义务，该类框架协议条款拟定较为粗略，甚至存在相互矛盾的条款。因此一般无法直接通过合同条款确定货运代理公司的实际地位。

第三，协议实际履行。一方当事人实际履行的内容与合同约定的内容不一致，对方明知此事实并认可和接受的，表明双方已以事实行为变更了合同的该项约定。因此在双方协议约定不明的情形下，可根据货运代理公司的实际履行行为判定其实际地位。传统意义上货运代理人的义务只是遵守被代理人的指示，忠实和合理谨慎地选择承运人，辅助安排运输工作，自身并不参与运输。故货运代理公司一旦参与到货运过程中，如占有货物（包括仓储、包装）、使用自己的交通工具（包括车辆、集装箱）或对不同货主货物集运等，则其一般被认定为承运人。此外，就收费方式来说，当货运代理公司按照自身制定的运价表向货主收取固定运费，并赚取其所收运费与向实际承运人所付运费之间的差额，以作为自己的利润来源时，一般会被认定为缔约承运人。相反，由于实践中货运代理人和缔约承运人都有可能按照实际运杂费的比例预先收取费用，故如果货运代理公司通过总包干、一揽子方式向托运人收取费用，则无法判定其为货运代理人还是缔约承运人。

本案中，双方对乙南京分公司的权责约定、涉案空运单的记载及乙南京分公司对于《货代合同》的实际履行情况均表明，乙南京分公司为缔约承运人。

【思考题】

（1）有关空气空间的国际条约包括哪些？我国加入的情况如何？

（2）《蒙特利尔公约》对华沙体系的完善与改进体现在哪里？

（3）如何看待《蒙特利尔公约》大幅提高了承运人对旅客赔偿的责任限额？

案例二　航空运输人身损害责任纠纷案（赵某诉卡塔尔甲航空公司）

【基本案情】

2019年5月28日，谢某乘坐卡塔尔甲航空公司运营的QR871次航班从中国上海飞往卡塔尔多哈，起飞时间系北京时间凌晨0时20分，飞行时长10小时5分。在飞机航行途中，谢某突发心肺衰竭死亡。法院在之后的审理中查明了以下事实：第一，谢某死亡时并没有立即被发现，根据航空公司的自述，其在发现谢某异常时距其死亡已经过了一个半小时；第二，根据卡塔尔国内公信机构出具的多份法医报告，谢某在死亡之前未有任何暴力、拉扯或受伤的迹象，也没有任何酗酒或药物滥用行为。

事故发生后，谢某的妻子赵某作为原告向法院起诉，请求法院判定航空公司承担相应的赔偿责任。法院考察了《蒙特利尔公约》第1条、第2条适用范围的规定，以及当时有效的《中华人民共和国民法通则》第142条的规定，认定由于我国和卡塔尔均为《蒙特利尔公约》的缔约国，本案应优先适用《蒙特利尔公约》的规定，对于《蒙特利尔公约》中未做规定的部分，适用我国国内法的规定。

【主要法律问题】

本案主要涉及3个方面的法律问题：第一，谢某因突发心肺衰竭而死亡的情况可否认定为"事故"；第二，卡塔尔甲航空公司的责任认定问题；第三，死亡赔偿的金额问题。

一、"事故"的认定

《蒙特利尔公约》第17条规定："一、对于因旅客死亡或者身体伤害而产生的损失，只要造成死亡或者伤害的事故是在航空器上或者在上、下航空器的任何操作过程中发生的，承运人应当承担责任。"根据该条，承运人应当对航行中的"事故"承担责任。那么，谢某因突发心肺衰竭而死亡的情况可否认定为"事故"便成为本案最为重要的法律问题。

本案中，法院从4个方面对该问题进行了认定。首先，根据卡塔尔甲航空公司自述，其在发现谢某异常时距离谢某死亡已经经过一个半小时，那么可以推断谢某在死亡之时并未被机组人员及时发现，其在死亡之前有无挣扎或者呼救均不得而知。其次，卡塔尔甲航空公司提供的《医疗事件报告》和《VR信息报告》对于事发经过的描述存在时间上的前后矛盾，《医疗事件报告》称"23：55机组人员拉蒂拉韦通知我们他不能把34H座位的乘客叫醒"，但《VR信息报告》对于事发时间的描述是"上述机组人员在2：57叫醒上述乘客接受餐食服务时发现上述乘客身体冰凉，无脉搏，无呼吸，无反应"。据此，一审法院难以认定卡塔尔甲航空公司在发现谢某死亡时第一时间采取了紧急措施。再次，虽然卡塔尔甲航空公司称同一航班上27D的医生提供了救助，但就此并无该医生的证人证言予以佐证。最后，航班在飞行过程中是否遭遇气流、发生颠簸等特殊情况而导致谢某的死亡，卡塔尔甲航空公司均未说明并举证。由此，一审法院认定卡塔尔甲航空公司应对谢某的死亡承担赔偿责任。

二、卡塔尔甲航空公司的责任

本案中，法院认定卡塔尔甲航空公司应承担损害赔偿责任。关于责任限额问题，法院根据《蒙特利尔公约》第21条作出了认定。该条规定："旅客死亡或者伤害的赔偿：一、对于根据第17条第1款所产生的每名旅客不超过100000特别提款权的损害赔偿，承运人不得免除或者限制其责任……"此条款规定的是最高限额赔偿。在双方当事人就损失进行举证之后，均认可2014年国际民航组织审议通过的对《蒙特利尔公约》责任限额的复审，其中将《蒙特利尔公约》第21条中特别提款权100000的限额提升至113000。《蒙特利尔公约》第23条规定："货币单位的换算。一、本公约中以特别提款权表示各项金额，系指国际货币基金组织确定的特别提款权。在进行司法程序时，各项金额与各国家货币的换算，应当按照判决当日用特别提款权表示的该项货币的价值计算……"法院在国际货币基金组织网站查询，2019年12月24日，人民币对特别提款权的汇率为9.625349：1。

三、死亡赔偿的金额问题

关于损害赔偿的金额，由于《蒙特利尔公约》并未做规定，法院根据我国当时有效的《中华人民共和国侵权责任法》第16条、《最高人民法院关于审理人身损害赔偿案件适用法律若干问题的解释》的相关规定，结合在案证据分别予以确认。

死亡赔偿金按照受诉法院所在地上一年度城镇居民人均可支配收入或者农村居民人均纯收入标准，按20年计算。本案中原告认为谢某的经常居住地在安徽省，因此要求采用较北京更低的安徽省2018年城镇居民人均可支配收入的标准，法院对此主张予以认可。

被扶养人生活费根据扶养人丧失劳动能力程度，按照受诉法院所在地上一年度城镇居民人均消费性支出和农村居民人均年生活消费支出标准计算。被扶养人无劳动能力又无其他生活来源的，计算20年。被扶养人是指受害人依法应当承担扶养义务的未成年人或者丧失劳动能力又无其他生活来源的成年近亲属。被扶养人还有其他扶养人的，赔偿义务人只赔偿受害人依法应当负担的部分。本案中，谢某之子出生于 2016 年 7 月 1 日，赵某按照 2018 年安徽省居民人均消费性支出 21863 元主张谢某之子 15 年的被扶养人生活费。考虑到谢某还有另外一位抚养人赵某，对于该项诉讼请求，法院予以减半判处。

丧葬费按照受诉法院所在地上一年度职工月平均工资标准，以 6 个月总额计算，本案中赵某主张按照 2018 年安徽省平均工资标准计算，法院予以支持。

在精神损害抚慰金方面，因谢某英年早逝，留下年幼的孩子和年迈的父母，确实给赵某等人带来一定的精神痛苦，法院对此酌情判处。

被扶养人教育费尚未实际发生，且不属于《最高人民法院关于审理人身损害赔偿案件适用法律若干问题的解释》第 17 条规定的"其他费用"，法院对于该项诉讼请求不予支持。

法院结合票据对交通费予以判处，结合误工证明和赵某的机票行程单对误工费予以判处。卡塔尔甲航空公司对遗体运回费和住宿费也均认可，法院也予以支持。

【主要法律依据】

(1)《蒙特利尔公约》第 17 条、第 21 条、第 23 条。

(2)《中华人民共和国民法通则》（已失效）第 142 条。

(3)《中华人民共和国侵权责任法》（已失效）第 16 条。

(4)《最高人民法院关于审理人身损害赔偿案件适用法律若干问题的解释》第 17 条、第 18 条、第 27 条、第 28 条、第 29 条。

【拓展分析】

在国际航空旅客运输中，"事故"的认定是承运人承担赔偿责任的前提，《华沙公约》第 17 条和《蒙特利尔公约》第 17 条都对此进行了规定，但两公约并未明确"事故"的定义。华沙公约英文文本所载"事故"表述为"accident"，《布莱克法律词典》将"accident"解释为："一个无意的、不能预见的、不通常发生或不能被合理预见的损害性事件。该事件不能归因于错误、疏忽大意或不当行为。"[①] 与规定承运人对旅客伤亡承担赔偿责任的前提不同，《华沙公约》和《蒙特利尔公约》规定的承运人承担行李灭失与损害责任的前提是"事件"（event or occurrence）的发生。这明显表明上述两公约有意区分"事故"与"事件"这两种原因。

司法实践中，"事故"是由各国法院根据具体情况来认定的。在美国 1985 年法航诉萨克斯案（以下简称萨克斯案）中，美国联邦最高法院将事故定义为"意外的、不可预期的、异常的且与旅客自身无关的事件或情势，不包括旅客自身对常见的、正常

---

① Bryan A. Garner, Black's Law Dictionary, 8th ed, Thomason West, 2004, para.15.

的、可预料的航空器运行的内在反应"[1]。法院在判决书中强调了 3 点：（1）《华沙公约》第 17 条下的"事故"应结合旅客受伤时周边环境情况予以灵活认定；（2）引起旅客受伤的"事件或情势"（event or happening）必须是意外的、不可预期的；（3）事件必须是与旅客自身无关的情势，而非旅客因自身原因在正常飞行过程中的反应。[2] 另外，法院还指出，损害本身不是事故，原告应证明航空承运人的行为是其遭受损害的近因，应就引起损害发生的原因进行分析。[3] 换言之，事故应当是导致旅客受损害的"成因"，而非"损害结果"本身。该标准首次将旅客伤亡这一损害结果与导致旅客伤亡的事故区分开来。该案中"事故"的认定标准随后发展成为美国的法院解释"事故"的权威标准，也在众多缔约国中予以适用。[4]

从以上域外司法实践来看，完全由于旅客身体原因导致损害的情势，不属于"事故"。然而，我国法院并未完全接受这一观点。根据我国的既有判决，中国法院强调承运人在旅客运输中的积极协助、救助义务。若承运人未及时对旅客采取适当救助措施，那么该"事件"就可能被法院认定为"事故"。[5] 早在 2015 年发生的类似案件——张某家属诉法国航空公司案中，法院便认定，在旅客突发疾病而承运人未第一时间给予救助的情况下应承担损害赔偿责任。[6] 至于"因自身原因猝死"的情况可否依公约规定认定为"事故"，该案法官事实上回避了这一问题。相比而言，本案法院并未完全回避这一问题。一方面，法院依然强调积极协助、救助义务，其根据证据、推理认定，卡塔尔甲航空公司未在第一时间发现谢某出现异常并给予救助；另一方面，法院基于卡塔尔甲航空公司未在第一时间发现谢某出现异常，强调不能完全排除谢某在死亡前没有受到外界因素的影响。本案法院的这种做法实则强调承运人对旅客的照管义务，即只要承运人在履行其照管义务上存在瑕疵，则不能认定旅客是"因自身原因猝死"，进而可认定为"事故"，承运人需承担赔偿责任。

需要注意的是，尽管境内外司法实践对于"承运人不能凭借'与旅客自身因素有关'完全免责"这一观点已存在广泛共识，但承运人对旅客的照管义务也应存在限度，毕竟承运人并非旅客的保险人。事实上，承运人无法对所有的急发病症提供及时有效的救助，切忌对其设定过重的义务，迫使承运人通过限制乘客年龄、挑选健康旅客等方式来降低其运输风险。

---

[1] Air France v. Saks，470 U.S. 392 (1985).
[2] Paul S. Dempsey, Aviation Liability Law, 2nd ed, Canada: Lexis Nexis Canada Inc., 2013, para. 536.
[3] 黄力华. 国际航空运输法律制度研究 [M]. 北京：法律出版社，2007：106.
[4] 王嘉珂. 从中国新近案例看航空旅客运输中"事故"的认定：以 2015 年"张某家属诉法国航空公司案"为例 [C] //华东政法大学国际法学学院.《法学前沿》集刊 2023 年第 1 卷：航空法研究文集，2023：104.
[5] 王顿，伍家恺. 新冠疫情下国际航空旅客运输损害赔偿中的"事故"认定 [C] //上海市法学会.《上海法学研究》集刊：2021 年第 17 卷总第 65 卷，2021：8.
[6] 王嘉珂. 从中国新近案例看航空旅客运输中"事故"的认定：以 2015 年"张某家属诉法国航空公司案"为例 [C] //华东政法大学国际法学学院.《法学前沿》集刊 2023 年第 1 卷：航空法研究文集，2023：102-103.

【思考题】

（1）国内外司法实践对于《蒙特利尔公约》中"事故"的认定是怎样的？

（2）在国际旅客运输中，承运人对于"事故"的责任是否应当存在限度？

第十二章

国际环境法

本章知识要点

（1）国际环境法的特点；（2）国际环境法的发展史；（3）国际环境保护的主要内容；（4）《联合国人类环境宣言》的主要规定；（5）《世界自然宪章》的主要规定；（6）《里约环境与发展宣言》的主要规定；（7）国家在保护环境上的责任；（8）《联合国海洋法公约》设置的海洋环境保护制度；（9）保护气候系统的条约体系和原则；（10）保护海洋生物的国际法制度和国家责任。

案例一　南极捕鲸案（澳大利亚诉日本）

【基本案情】

从 20 世纪开始，人们使用火炮和舰船猎捕鲸类，使得鲸类种群数量锐减，导致多个鲸类种群濒临灭绝。与此同时，国际组织和各个国家开始谋求通过国际条约对全球的捕鲸活动进行管制。"二战"后，在美国政府的推动下，15 个主要捕鲸国于 1946 年 12 月 2 日在华盛顿签署了《国际捕鲸管制公约》（International Convention for the Regulation of Whaling，以下简称 ICRW），分别于 1948 年 11 月 10 日和 1951 年 4 月 21 日对澳大利亚和日本生效。[①]

尽管 ICRW 及其附件对商业捕鲸作出了各种限制，但 ICRW 允许缔约国根据第 8 条开展"为科学研究的目的"的捕鲸。国际捕鲸委员会于 1982 年通过"商业捕鲸禁令"，日本当即提出反对。但后迫于其他国家特别是来自美国贸易制裁的压力，日本于 1986 年撤回了其反对意见。随后，"商业捕鲸禁令"对日本发生效力，日本于 1987 年启动了第一个"为科学研究的目的"的捕鲸计划（以下简称 JARPA），该捕鲸计划一直持续到 2004 年至 2005 年捕鲸季。自 2005 年起，日本在 JARPA 的基础上，启动了第二阶段捕鲸研究计划（以下简称 JARPA Ⅱ）。JARPA Ⅱ 是一个没有截止日期的长期捕鲸方

---

① 郭培清. 南大洋鲸的保护 [J]. 海洋世界，2007（10）：58-63.

案，该方案采用致命的方法捕杀南大洋保护区的小须鲸、长须鲸等鲸鱼，并将鲸鱼肉在日本国内进行出售，获得的利润用于支持下一步所谓捕鲸研究计划。

2010年5月31日，澳大利亚以日本的JARPAⅡ继续实施大规模捕鲸计划的行为，违反日本根据ICRW应承担的义务，以及保护海洋哺乳动物和海洋环境的其他国际义务为由对日本提起诉讼。作为提交国际法院管辖的依据，澳大利亚援引了《国际法院规约》第36条第2款①的规定，认为澳大利亚和日本分别于2002年3月22日和2007年7月9日宣布承认国际法院的管辖权是强制性的。

2012年11月20日，新西兰依据《国际法院规约》第63条第2款②，向国际法院书记官处提交了参加该案诉讼的声明。其声称，作为ICRW的缔约方，③与国际法院在诉讼裁决中可能对ICRW的解释有直接利害关系，并表达了对国际法院如何解释ICRW第8条的关注。澳大利亚与日本双方均未正式对新西兰的参诉声明提出反对。在2013年2月13日的命令中，国际法院注意到新西兰符合《国际法院规约》中规定的要求，且不会对澳日双方在本案中的平等地位造成影响，因此认为新西兰的参与诉讼声明是可以接受的。

国际法院于2013年6月26日至7月16日举行了公开听证会。其间，澳大利亚和日本提出了口头辩论，国际法院听取了要求传唤各方的专家的意见。新西兰也就其关注的主题提出了口头意见。口头答辩结束后，当事国提交了最终诉讼意见。

在2014年3月31日作出的判决中，国际法院先裁定其有权受理该案件，驳回了日本的论点，即该争议属于澳大利亚承认国际法院管辖权为强制性的声明中包含的保留范围；然后转向ICRW第8条的解释和适用问题。关于ICRW第8条第1款的解释，国际法院指出，即使捕鲸计划涉及科学研究，根据捕鲸计划捕杀、捕获和处理鲸鱼也不属于第8条的范围，除非这些活动是"为科学研究的目的"。为了确定这一点，特别是确定方案使用的致命方法是否用于科学研究，国际法院考虑了方案设计和实施的要素与其所述科学目标的关系是否合理。关于ICRW第8条第1款的适用，国际法院指出，JARPAⅡ可以被广泛地描述为科学研究，然而当前的证据没有证明该方案的设计和实施与实现其既定目标之间的关系是合理的。国际法院得出结论，根据ICRW第8条第1款，日本授予的与JARPAⅡ有关的捕杀、捕获和处理鲸鱼的特别许可证并非"为科学研究的目的"。

对于澳大利亚有关日本违反了ICRW所附的商业捕鲸禁令计划表中规定的诉求，

---

① 《国际法院规约》第36条第2款："2. 本规约各当事国得随时声明关于具有下列性质之一切法律争端，对于接受同样义务之任何其他国家，承认法院之管辖为当然而具有强制性，不须另订特别协定：（子）条约之解释。（丑）国际法之任何问题。（寅）任何事实之存在，如经确定即属违反国际义务者。（卯）因违反国际义务而应予赔偿之性质及其范围。"

② 《国际法院规约》第63条第2款："2. 受前项通知之国家有参加程序之权；但如该国行使此项权利时，判决中之解释对该国具有同样拘束力。"

③ 新西兰于1949年8月2日交存加入批准书，但在1968年10月3日提出退约声明，自1976年6月15日起，新西兰再次加入ICRW。

国际法院随后转向了日本相关行为可能产生的影响，最后认定，日本基于JARPA II进行的捕杀、捕获和处理长须鲸、座头鲸和南极小须鲸行为，以及在南大洋禁猎区对长须鲸的猎杀、捕获和处理行为，确实违反了援引的规定，即计划表的3项实质性义务——有义务遵守暂行禁令，即为商业目的捕杀各类鲸鱼的总捕获量限额为零（第10条e款）；有义务遵守暂停使用渔业加工船或与渔业加工船相连的鲸鱼船捕获、捕杀和加工处理鲸鱼（小须鲸除外）的规定（第10条d款）；有义务不在南大洋保护区对长须鲸进行商业捕捞（第7条b款）。国际法院随后还考虑了补救措施问题，认为由于JARPA II是一个正在进行的计划，因此日本应当撤销任何现有的与之相关的捕杀、捕获或处理鲸鱼的授权、许可或执照，并避免就该计划根据ICRW第8条第1款授予任何进一步的许可。

【主要法律问题】

本案主要涉及两个方面的法律问题：第一，国际法院是否具有管辖权；第二，日本是否违反了根据ICRW应承担的国际义务。后者则主要涉及对ICRW的解释与适用问题，即日本根据JARPA II展开的捕鲸活动是否符合ICRW第8条规定的"为科学研究的目的"。

一、国际法院的管辖权[①]

澳大利亚援引双方根据《国际法院规约》第36条第2款有关任择管辖条款发表的声明，作为国际法院拥有司法管辖权的依据。日本则对此提出疑问，称争端属于澳大利亚声明中（b）项规定的保留范畴，日方根据对等原则予以援引。澳大利亚的这项保留排除了法院在以下问题上的管辖权："关于海区划界或与海区划界有关的任何争议，包括领海、专属经济区和大陆架，或是关于任何争议区域或与尚未划界的此类海区毗邻区域的开发利用或与之有关的任何争议。"日本据此认为澳大利亚的控诉就是属于后半段的在争议区域的资源开采问题，JARPA II涉及对方提出保留的争议海域，从而排除了国际法院的管辖。澳大利亚对日本的主张予以反驳，认为其保留只适用于澳大利亚，而澳大利亚与日本并没有海洋划界争议，因此该保留并不适用。此外，这项保留同样不涉及ICRW的有效性，JARPA II是一个完全与划界无关的争议事项。

国际法院首先引用石油平台案（英国诉伊朗）的初步反对意见判决认为，当解释一个接受强制管辖权的声明时，必须寻找一种自然和合理的解释，并适当考虑声明作出国的目的和意图。国际法院指出，对任择条款声明保留的解释要从文本考虑，更要同上下文、准备资料等结合起来考虑。澳大利亚的声明与保留事项应作整体理解，结合澳大利亚在提出保留时的目的，可以确定保留适用的前提在于双方之间存在海洋划界争议。[②] 国际法院继而分析了JARPA II是否涉及划界争议区或其毗邻区的开发利用。

[①] Whaling in the Antarctic（Australia v. Japan；New Zeland Intervening），Judgment of 31 March 2014, paras. 30-41.

[②] 何田田. 国际法院"南大洋捕鲸"案评析[J]. 国际法研究，2015（01）：98.

国际法院认为，JARPA Ⅱ 的执行区域包括澳大利亚的管辖海域，但这些海域与日本没有管辖权的联系。根据领土和海洋争端案（尼加拉瓜诉哥伦比亚）确立的"划界是对双方重叠区域的划分"的法理，由于本案双方之间没有重叠的海域，因此并不属于海洋划界或与海洋划界有关的争议。日本虽质疑澳大利亚依据其南极领土而提出的海洋权利主张，但日本并没有提出对于这些区域拥有主权权利。日本对于海洋权利的质疑，没有导致双方对于相关争议海域进行划界。而且，JARPA Ⅱ 的捕鲸区域已经超出了澳大利亚的管辖区域。这些海洋区域的性质和范围对于当前争议无关紧要，重要的是日本的活动是否符合日方根据 ICRW 应承担的义务。因此，国际法院全体一致认为其对本案具有管辖权。

二、日本行为的违法性

国际法院首先回顾了有关捕鲸规制的国际法发展历程以及 ICRW 的自身特性。国际法院指出，ICRW 的前身是 1931 年签订的《日内瓦管制捕鲸公约》以及 1937 年签订的《伦敦管制捕鲸国际协议》。前者禁止捕杀部分种类的鲸鱼，要求缔约国的捕鲸船必须申领捕鲸作业许可证，但没能解决渔获总量的上升问题；后者特别禁止捕捞部分种类的鲸鱼，为不同种类的鲸鱼规定捕鲸季，关闭某些海域禁止捕鲸，对于捕鲸业采取更多管制措施。另外《伦敦管制捕鲸国际协议》还规定，缔约国政府可向国民颁发特别许可证，授权其为科学研究目的而捕杀、捕获和处理鲸鱼。ICRW 不同于以往的相关文书，对于保护鲸鱼种群和管理捕鲸业没有提出实质性规定，相关规定则见于 ICRW 的附则，即商业捕鲸禁令计划表，该计划表是 ICRW 的有机组成部分，由国际捕鲸委员会修订。缔约国如未对修订提出异议，则修订对于该缔约国具有法律约束力。1950 年，国际捕鲸委员会设立了科学委员会，后者根据该计划表第 30 条，负责在缔约国根据 ICRW 第 8 条第 1 款向国民发放以科学研究为目的的特别许可证之前，审查这些许可证并发表评论意见。20 世纪 80 年代中期以来，科学委员会依据国际捕鲸委员会发布或核准的"准则"来审查特别许可证。2005 年日本提出 JARPA Ⅱ 时，将相关适用准则收录在一份文件中，题为"科学许可证提案审查准则"（附件 Y）。现阶段适用的准则载于另一份文件，题为"特别许可证提案的审查过程以及现有和已完成许可证的研究成果"（附件 P）。[1]

国际法院接下来审议了 ICRW 的相关条款和澳大利亚提出的权利主张，以及日本给出的答复，对日本被控行为与 ICRW 及商业捕鲸禁令计划表相关规定的相符性进行了针对性分析。

（一）对 ICRW 第 8 条第 1 款的解释[2]

国际法院接下来解释了 ICRW 第 8 条第 1 款。该条款规定："尽管有本公约的规

---

[1] Whaling in the Antarctic (Australia v. Japan: New Zealand Intervening), Judgment of 31 March 2014, paras. 42-50.
[2] Whaling in the Antarctic (Australia v. Japan: New Zealand Intervening), Judgment of 31 March 2014, paras. 51-97.

定，缔约国政府对本国国民为科学研究的目的而对鲸进行捕获、击杀和加工处理，可按该政府认为适当的限制数量，得发给特别许可证。按本条款的规定对鲸的捕获、击杀和加工处理，均不受本公约的约束。各缔约国政府应将所有发出的上述特别许可证迅速通知委员会。各缔约国政府可在任何时期取消其发出的上述特别许可证。"对于该条款的解释，日本认为应该采用宽泛的解释方法，并强调该条款为缔约国政府提供了决定科研捕鲸的自由。澳大利亚则认为，该条约规定的例外是一个有限制的例外，不能对整个公约的目的和宗旨产生影响。国际法院并未采取双方的意见，其认为：第一，解释应该合乎整个公约的目的和宗旨，并且还要将该条款放到 ICRW 的上下文中进行解释；第二，该条款所提出的"为科学研究的目的"捕鲸，应当是增进人类对鲸类种群认知和理解，从而更好地实现 ICRW 的目标和宗旨。

国际法院首先剖析了 ICRW 第 8 条第 1 款的作用。国际法院指出，第 8 条是 ICRW 的有机组成部分，因而应依据其目标和宗旨来解读，同时还要考虑 ICRW 的其他规定，包括商业捕鲸禁令计划表。但国际法院认为，既然第 8 条第 1 款明确指出，"按本条款的规定对鲸的捕获、击杀和加工处理，均不受本公约的约束"，根据满足第 8 条规定的各项条件的特别许可证开展的捕鲸作业不受上述计划表第 10 条 (e) 款、第 7 条 (b) 款和第 10 条 (d) 款的约束。

国际法院接下来分析了第 8 条与 ICRW 目标和宗旨之间的关系。联系该公约序言部分和上述其他相关条款，国际法院认为，对于第 8 条的限制解释和扩充解释都是站不住脚的。国际法院指出，"为科学研究的目的"的方案应有利于增加科学知识，可以力求实现除保护或可持续利用鲸鱼种群之外的其他目的。国际捕鲸委员会颁布的科学委员会科学许可证提案审查准则也体现了这一点。特别是，最初适用于第二阶段日本鲸鱼研究方案的准则即附件 Y 不仅涉及"促进对于合理管理种群至关重要的信息"的方案，与对于暂停商业捕鲸禁令"进行综合评估"有关的方案，同时还涉及为满足"其他重要研究需要"而开展的方案。现行准则即附件 P 列出了 3 大类目标。除旨在"改善鲸鱼种群的保护和管理"的方案之外，准则还设想了如下方案：旨在"改善其他海洋生物资源或鲸鱼种群赖以生存的生态系统的保护和管理"的方案，以及旨在"检验与海洋生物资源管理没有直接关系的科学假设"的方案。

接下来国际法院讨论了国家颁发特别许可证的权力，并且认为第 8 条赋予 ICRW 缔约国以酌处权，后者可以驳回申领特别许可证的要求，或是可以说明给予特别许可证的各项条件；但是，凭借申请到的特别许可证捕杀、捕获和加工处理鲸鱼的行为是否"为科学研究的目的"，这个问题不能简单地依据该国的看法而定。国际法院之后列出了审查标准，将用于分析根据 ICRW 第 8 条第 1 款授权捕杀、捕获和加工处理鲸鱼的特别许可证的发放情况。国际法院将首先评估这些活动所属的方案是否涉及科学研究；其次在采用致命性方法的问题上，需判定方案的设计和执行工作对于实现其既定目标而言是否合理。

国际法院认为，在适用上述审查标准时，国际法院无意解决科学政策或捕鲸政策问题。国际社会的成员对于适当的鲸鱼和捕鲸政策持有不同观点,但不该由国际法院来消除这些分歧。国际法院的任务仅限于确定颁发给 JARPA Ⅱ 的特别许可证是否在 ICRW 第 8 条第 1 款规定的范围之内。国际法院指出,当事国和参加诉讼国同意,第 8 条第 2 款允许加工处理和出售由于根据第 8 条第 1 款发放的特别许可证捕杀鲸鱼而产生的鲸鱼肉。国际法院认为,出售鲸鱼肉和利用所得收入资助研究工作,仅凭这一点还不足以认定特别许可证不符合第 8 条规定的范围,还需要考虑其他因素,如方案采用致命性取样的范围,从中或许可以看出捕鲸并非"为科学研究的目的"。特别是,缔约国为资助获得特别许可证的研究工作,采用致命性取样的范围不得超出实现方案既定目标所需的合理范围。

国际法院认为,国家在推行某项政策时,往往争取实现多项目标。此外,关于某一方案是否"为科学研究的目的"的客观检测,无法揭示出个别政府官员的用意,而是要看方案的设计和执行工作对于实现其既定研究目标而言是否合理。因此,国际法院认为无论某些政府官员是否怀有除科学研究之外的其他动机,都不能排除这样一条结论,即某项方案是以第 8 条所指的"为科学研究的目的"。另外,假如方案采用致命性取样的范围超出了实现方案既定研究目标所需的合理范围,这些动机不能为给此类方案发放特别许可证作出合理解释。

(二) JARPA Ⅱ 是否符合 ICRW 第 8 条的分析

国际法院接下来说明了 JARPA Ⅱ 及其前身 JARPA,而后分析了 JARPA Ⅱ 的设计和执行工作对于其既定研究目标而言是否合理。

1. 方案说明[①]

国际法院回顾,国际捕鲸委员会在 1982 年修订了 ICRW 计划表,通过了关于暂停商业捕鲸的禁令。日本适时对此项修订提出了异议,并在 1986 年撤销了异议。在随后的捕鲸季,日本开始实施鲸鱼研究方案,日方根据 ICRW 第 8 条第 1 款,为该方案发放了特别许可证。1987 年日本鲸鱼研究方案的研究计划称该方案是"南半球小须鲸研究方案和南极海洋生态系统初步研究方案",目的是估算南半球小须鲸的"种群数量",以便建立"科学基础,解决国际捕鲸委员会面临的"关于"各方对暂停捕鲸持有不同观点的问题"。为此,日本拟议的年度致命性取样数量是在南大洋的两处"管理区"捕杀 825 头南极小须鲸和 50 头抹香鲸。此后,该方案放弃了对于抹香鲸的致命性取样计划,在实施日本鲸鱼研究方案的最初 7 个捕鲸季,南极小须鲸的样本数量减至 300 头。日本解释说,由于决定将样本数量从 825 头减至 300 头,延长了研究时间,使其可以通过较少的样本数量获得准确的研究结果。从 1995 年至 1996 年捕鲸季开始,南极小须鲸的年度最大样本数量升至 400 头,上下浮动 10%。在实施日本鲸鱼研究方案的 18 年

---

① Whaling in the Antarctic (Australia v. Japan: New Zealand Intervening), Judgment of 31 March 2014, paras. 100-126.

里，捕杀南极小须鲸共计6700余头。

2005年3月，日本向科学委员会提交了JARPA Ⅱ，科学委员会于2006年12月对方案进行了最终审查，而日方在此前的2005年11月就启动了这项新的方案。与日本鲸鱼研究方案的情况一样，日本向鲸类研究所发放了JARPA Ⅱ的特别许可证，这家研究所兼基金会成立于1987年，是依据《日本民法》设立的"公益团体"。JARPA Ⅱ计划对3种鲸鱼（南极小须鲸、长须鲸和座头鲸）实施致命性取样，该方案的研究计划说明了方案设计重点，其中包括：（1）4项研究目标（监测南极生态系统，建立鲸类物种的竞争模型和明确今后的管理目标，说明种群结构的时空变化，改善南极小须鲸种群的管理程序）；（2）研究时间和研究地区（JARPA Ⅱ每6年为一个周期，这是一项长期研究计划，没有规定具体的终止日期，实施地区位于商业捕鲸禁令计划表第7条（b）款设立的南大洋保护区）；（3）研究方法和样本数量（综合致命性取样，包括南极小须鲸850头、长须鲸50头和座头鲸50头，以及非致命性方法，即活检取样、卫星标签和鲸鱼目测调查）；（4）对于鲸鱼种群产生的预期效果（研究计划指出，根据当前估算，各物种的计划获取量非常小，不会产生负面影响）。

2. 方案的设计和执行工作对实现目标的合理性

（1）日本采用致命性方法的决定①。

国际法院认为，有证据表明，至少对于JARPA Ⅱ研究人员搜寻的部分数据来说，非致命性办法是不可行的。在此基础上，并且考虑收集到的数据的价值和可靠性如何属于科学观点，国际法院认定，没有理由断定JARPA Ⅱ采用致命性方法本身是不合理的。国际法院深入分析了日方关于在JARPA Ⅱ中采用致命性方法以及使用范围的决定详情。在这个问题上，国际法院提及3项理由说明JARPA Ⅱ的研究计划应包含某些非致命性方法的可行性分析，以此来缩小方案当中计划采用致命性取样的范围：一是国际捕鲸委员会的决议和准则呼吁缔约国考虑能否采用非致命性方法来实现研究目标；二是日本表示，出于科学政策的原因，仅在其认为必要时才采用致命性手段，而且非致命性替代办法并非在所有情况下都符合实际或是切实可行；三是澳大利亚传召的两名专家指出，多项非致命性研究技术近20年来取得显著进展，并说明了其中部分发展及其对于JARPA Ⅱ既定研究目标的潜在适用情况。

国际法院认定，没有证据表明日方在确定JARPA Ⅱ的样本数量时，或是此后在方案始终保持目标样本数量期间，曾经开展关于非致命性方法的可行性或实用性研究，也没有证据表明日方曾就如下问题开展任何研究，能否做到减少致命性取样，同时增加非致命性取样，以此实现JARPA Ⅱ的研究目标。

---

① Whaling in the Antarctic (Australia v. Japan: New Zealand Intervening), Judgment of 31 March 2014, paras. 128-144.

（2）方案采用致命性方法的范围[①]。

国际法院接下来分析了 JARPA Ⅱ 采用致命性方法的范围。国际法院比较了 JARPA Ⅱ 和此前的 JARPA 的样本数量，回顾前者的小须鲸样本数量（850 头，上下浮动 10%）几乎相当于后者末期的小须鲸样本数量的两倍，而且前者为另外两种鲸鱼（长须鲸和座头鲸）设定了样本数量，而后者根本没有将这两种鲸鱼列为致命性取样的目标。国际法院注意到，对比两项研究方案，还可以发现这两项方案在主题、目标和方法上多有重叠之处。日方称 JARPA Ⅱ 的生态系统监测目标和多物种竞争目标有别于此前的方案，为此需要大量增加小须鲸的样本数量，并且需要对另外两种鲸鱼实施致命性取样，但国际法院认为，两项方案的这些相似之处让人对日本的上述说辞产生怀疑。国际法院还提及，日本强调两项方案之间应保持连续性，以此为日本在科学委员会对于此前的日本鲸鱼研究方案的最终审查结果出炉之前就提前启动 JARPA Ⅱ 进行辩解。国际法院指出，日本决定在此前的日本鲸鱼研究方案的最终审查工作完成之前就实施 JARPA Ⅱ 的样本数量，日本对此作出的解释非常牵强，这就使人们认为，JARPA Ⅱ 的样本数量和启动日期的背后，并非仅仅出于科学研究的考虑。

关于确定具体物种的样本数量，国际法院分析了确定样本数量的 5 个步骤，并注意到让有关各方产生争议的相关步骤。在这个问题上，国际法院重申，无意评判 JARPA Ⅱ 的各项目标的科学价值，JARPA Ⅱ 的活动可以被笼统地定性为"科学研究"。关于确定样本数量，国际法院还指出，其无法断定某一变量的特定数值在科学研究方面是否优于其他数值；国际法院旨在评估是否有证据支持如此样本数量对于实现 JARPA Ⅱ 的既定目标而言是合理的。国际法院得出结论认为，总的来说，关于确定具体物种样本数量的各项证据为确定总体样本数量的基本决定提供的分析和理由十分有限。

国际法院比较了样本数量和实际捕获量，注意到 JARPA Ⅱ 的目标样本数量和在执行方案过程中捕杀鲸鱼的实际捕获量之间存在巨大差距。JARPA Ⅱ 在最初的 7 个捕鲸季共捕杀了 18 头长须鲸。其中，在实施方案的第一年里就捕杀了 10 头长须鲸，而当时关于捕获更大型鲸鱼的可行性研究还在进行当中。在随后的几年里，长须鲸的年均捕获量在 0 头至 3 头。JARPA Ⅱ 还没有捕杀过一头座头鲸。日本表示，最初决定在 JARPA Ⅱ 的头两年里不对座头鲸进行取样，此后，日方从 2007 年开始"暂停"对座头鲸进行取样。但国际法院注意到，2007 年之后发放给 JARPA Ⅱ 的许可证依然授权捕获座头鲸。小须鲸的目标样本数量是 850 头，但 JARPA Ⅱ 的实际捕获量逐年变化，2005 年至 2006 年捕鲸季捕获了 853 头小须鲸；随后的几个捕鲸季捕获 450 头左右，2010 年至 2011 年捕鲸季捕获 170 头；2012 年至 2013 年捕鲸季捕获 103 头。

澳大利亚称，目标样本数量和实际捕获量之间的差距削弱了日方坚称 JARPA Ⅱ 是科学研究方案的立场。国际法院分析了澳大利亚的论点，并注意到，JARPA Ⅱ 的执行

[①] Whaling in the Antarctic (Australia v. Japan: New Zealand Intervening), Judgment of 31 March 2014, paras. 145-212.

工作严重背离其方案设计的情况由来已久，但日本对于方案的各项目标和目标样本数量没有做任何修改，每年颁发的特别许可证一直沿用当初的目标和样本数量。国际法院认为，虽然实际捕获量和目标之间存在差距，但日本一直利用 JARPA II 的最初两项目标作为理由，为目标样本数量进行辩护，而且日本明确表示，JARPA II 可以根据极为有限的实际捕获量，实现重大的科学研究成果，这让人进一步怀疑 JARPA II 是否属于科学研究方案。这项证据表明，目标样本数量事实上大于对于实现 JARPA II 的既定目标而言合理的样本数量。长须鲸和座头鲸的实际捕获量在很大程度上（如果并非全然）是出于政治和物流考虑的结果，这进一步削弱了 JARPA II 的各项目标和各物种具体样本数量目标之间的关系，特别是关于对小须鲸进行较大规模杀伤性取样的决定。

（3）方案的设计和执行工作的其他方面[①]。

国际法院接下来分析了 JARPA II 中当事国提请法院关注的其他几项内容。对于 JARPA II 没有确定结束时间的问题，国际法院认为，正如附件 P 指出，对于一项以科学研究为目的的方案，比较恰当的做法是制订"时间框架和过渡性目标"。国际法院分析了 JARPA II 迄今为止取得的有限的科学成果，并注意到该项目的第一个研究阶段（2005—2006 年至 2010—2011 年）已经完成，但日本表示迄今为止，项目成果仅限于两份论文。此外，国际法院注意到这些论文与 JARPA II 的目标无关，而且论文依据的数据来自项目可行性研究期间捕获的小须鲸。JARPA II 从 2005 年开始投入运作，已经捕杀了大约 3600 头小须鲸。因此，国际法院认为这个项目迄今为止取得的科学成果十分有限。关于与其他研究机构的合作，国际法院认为，由于该方案重点关注南极生态系统和该地区的环境变化问题，可能会看到该方案与国内外其他研究机构开展合作的进一步证据。

（4）结论[②]。

国际法院认为，采用致命性取样做法本身对于实现 JARPA II 的研究目标而言，并非不合理。

但是，与此前的日本鲸鱼研究方案相比，JARPA II 对于南极小须鲸的致命性取样范围大幅度扩展，而且方案还包括对另外两种鲸鱼进行致命性取样。国际法院据此认为，JARPA II 的目标样本数量对于实现方案目标而言是不合理的。第一，此前的 JARPA 和 JARPA II 的多项目标相互重叠。而在目标不同的情况下，也没有证据表明这两项方案之间的差异会导致 JARPA II 的研究计划扩大致命性取样的范围。第二，根据日本的计算，长须鲸和座头鲸的样本数量非常少，不足以提供实现 JARPA II 的研究目标所需的必要信息，而且方案设计也显然禁止对长须鲸进行随机取样。第三，各当事国聘请的专家一致认为，小须鲸样本数量的确定程序缺乏透明度。第四，有些证据表明，

---

① Whaling in the Antarctic (Australia v. Japan: New Zealand Intervening), Judgment of 31 March 2014, paras. 213-222.

② Whaling in the Antarctic (Australia v. Japan: New Zealand Intervening), Judgment of 31 March 2014, paras. 228-233.

原本可以调整方案，大大降低样本数量，但日本没有解释为什么没有这样做。国际法院审理的证据还表明，日本丝毫没有关注能否更多地采用非致命性研究方法来实现JARPA II的目标，而且在方案设计工作中，对于资金的考虑，严格的科学标准没有起到重要作用。

国际法院指出，必须结合JARPA II的执行工作，分析该方案设计中存在的这些问题。第一，没有捕获座头鲸，日本从非科学的角度对此作出了解释。第二，长须鲸的捕获量在JARPA II规定的数量中仅占一小部分。第三，除第一个捕鲸季之外，小须鲸的实际捕获量也远远低于年度目标样本数量。虽然研究计划和方案执行工作之间存在这些差距，但日本依然以JARPA II的研究目标（其中最突出的是生态系统研究和建立多物种竞争模型的目标）为理由，为该方案的研究计划规定对3类物种采用致命性取样的做法及其范围进行辩解。对于JARPA II的目标及其方法没有作出任何修改或调整以适应鲸鱼的实际捕获量。鉴于该方案决定对于不同物种的研究周期分别为6年和12年，而且决定彻底放弃对于座头鲸的致命性取样，捕获长须鲸的数量也极少，日本没有解释这些研究目标如何能够持续有效。JARPA II的其他内容也让人怀疑该方案作为科学研究方案的性质，如开放式时间框架、迄今为止有限的科学研究成果、该方案与其他相关研究项目之间明显缺乏合作。

总而言之，国际法院认为JARPA II开展的活动可以被笼统地定性为科学研究，但相关证据没能证明该方案的设计和执行工作对于实现其既定目标而言是合理的。为此，国际法院断定，日本颁发给JARPA II的捕杀、捕获和加工处理鲸鱼的特别许可证不符合ICRW第8条第1款规定的"为科学研究的目的"。

【主要法律依据】

(1)《国际法院规约》第30条、第36条、第63条。
(2)《国际捕鲸管制公约》第7条、第8条、第10条、第13条。

【拓展分析】

从国际司法实践的角度来看，本案涉及的内容相当丰富，管辖权确定过程中对澳大利亚诉权的认可、判决中对于涉及条约的解释与适用逻辑，以及对海洋生物资源保护国际法问题的回应，不仅直接关系到本案当事方之间争议的解决与否，其体现出的裁决倾向也必将对日后环境保护争端的处理产生一定的影响。

一、国际法院对澳大利亚诉权的认可

从事实角度看，日本的JARPA II并没有侵犯澳大利亚在其海域的任何权利，澳大利亚也没有因JARPA II遭受任何物质损失。澳大利亚提起诉讼源于ICRW的每一缔约国在确保其他缔约方遵守条约方面均有相同的利益，其作为受害国以外的国家按照《国家对国际不法行为的责任条款草案》（以下简称《国家责任条款草案》）第48条第

2款①援引日本在ICRW项下的"缔约国间对世义务",请求国际法院宣布日本应立即停止实施JARPAⅡ并撤销相关授权、许可和执照。国际法院最终准许了上述请求。②

所谓"缔约国间对世义务"是与"一般对世义务"同属于对世义务,但彼此有所区别的概念。"一般对世义务"的核心在于对国际社会整体的义务,而"缔约国间的对世义务"则指一缔约国在任何情况下对多边条约的其余所有缔约国所承担的一项义务,鉴于它们的共同价值和对遵守义务的关注,其余所有缔约国有权对违反该义务的行为采取措施。③《国家责任条款草案》第48条第1款④对上述两种义务进行了相应的规定,第48条第2款对国家是否能够依据两种对世义务主张诉权也给出了肯定答案。从第48条名为"受害国以外的国家援引责任"可知,《国家责任条款草案》将对世义务的诉权主体限定为受害国以外的国家。从规则内容来看,该条款与《国家责任条款草案》第42条"一受害国援引责任"互为补充,有利于将各种国际不法行为纳入国际法追责的框架,而不至于因诉权主体不明使不法行为实施国逃脱应有的义务约束。本案中,澳大利亚明确表示其不是作为受害国进行权益主张,而是为了寻求维护共同利益。国际法院的最终判决中虽未涉及此问题,但其对本案管辖权的确认似乎隐含地承认了澳大利亚基于ICRW的诉权。

空气、海洋、土壤等自然环境要素的跨国界特性使国家所承担的保护义务经常不仅局限于一国领土范围内,而更多的是对一定范围内的国家集体或整个国际社会,环境利益的跨国界特性促使国际环境法领域广泛存在对世义务的情形,因此国际法院对澳大利亚诉权的间接认可也有利于日后国际环境争端的有效解决。

二、国际法院的立场与论证

虽然国际社会普遍对日本的野蛮捕鲸行为表示强烈谴责和不满,在科学领域也很少有专家学者对日本的辩驳表示认同,但国际法院在本案中从始至终均保持中立,在裁决的过程表现出了极致的谨慎。作为联合国体系内的主要司法机构,国际法院在不同的诉讼过程中一再表明其主要任务就是处理相关的条约解释和事实认定,对有关科研方案的定义和价值,其不应也不能作出任何论断。

国际法院在严格坚持司法中立、不对有关科学性事实做判断的同时,并没有一味地故步自封,而是以客观而又严谨的推论方法突破了消极审判角色的限制,以更为负责的态度对本案涉及的海洋生物资源保护问题给予了积极回应。

---

① 《国家责任条款草案》第48条第2款:"2. 有权按照第1款援引责任的任何国家可要求责任国:(a)按照第30条的规定,停止国际不法行为,并提供不重复的承诺和保证;和(b)按照前几条中的规定履行向受害国或被违背之义务的受益人提供赔偿的义务。"

② Whaling in the Antarctic (Australia v. Japan: New Zealand Intervening), Judgment of 31 March 2014, paras. 25, 40.

③ 董世杰,鄢攀曲. 国际法上的诉权及其在福岛核污水问题中的运用[J]. 南大法学, 2022 (04): 22-39.

④ 《国家责任条款草案》第48条第1款:"1. 受害国以外的任何国家有权按照第2款在下列情况下对另一国援引责任:(a)被违背的义务是对包括该国在内的一国家集团承担的、为保护该集团的集体利益而确立的义务;或(b)被违背的义务是对整个国际社会承担的义务。"

国际法院对于本案核心问题的分析采取了一种特殊的论证方法，即确立目标、设置条件和反推结论。首先，国际法院确定本案的争议焦点即日本的 JARPA II 与 ICRW 第 8 条第 1 款的相符性。其次，国际法院充分运用《维也纳条约法公约》所确立条约解释的一般规则，依据上下文并参照 ICRW 的目的与宗旨对 ICRW 第 8 条第 1 款进行了解释。国际法院认为，"科学研究"和"为科学研究的目的"二者之间的关系应该是叠加的，即使日本的捕鲸活动内容涉及了科学研究，但如果不是为科学的目的，那也不在 ICRW 第 8 条第 1 款所规定的范围内。因此符合"为科学研究的目的"的科研行为应符合一定的客观标准，且要素条件需累加考量。国际法院按照双方接受的标准分解出"为科学研究的目的"应满足以下 4 个方面的合理性要求，即所捕鲸鱼的致死性方法、JARPA II 样本总量的设计、JARPA II 样本总量与实际捕捞量间的比较以及 JARPA II 设计与实施的其他方面（选择样本的方法、方案实施的实践、方案的科学产出以及与其他研究项目的协调程度等）。再次，国际法院确定裁决的论证逻辑即只要能从以上 4 个方面证明 JARPA II 的设计与实施非正当、不合理，则 JARPA II 的所谓科学研究目的就不成立。从次，国际法院以当事国的主张为依据，着重关注 JARPA II 设计与实施中的关键要素对于达成所称目标是否具有合理性。最后，国际法院确认 JARPA II 涉及的行为不符合"为科学研究的目的"的要求，认定日本的行为应当遵守 ICRW 对非科研捕鲸行为的管制，因而得出最后的结论，即日本违反了 ICRW 项下的义务。

　　然而，国际法院在论证分析时选取的考量要素来自当事双方的共同合意，并没有独立分析应该考虑哪些要素，也没有对争议双方选择的要素再进行评估，这或许是其不对科学本身做判断的立场所致。但如果类似争议中，当事双方对标准存在分歧时该采纳何方观点还是采纳第三方观点呢？对于涉及科学事项的判断标准，专家意见往往是公认的第三方观点来源，但专家如何选取及专家意见如何采纳是国际法院必须先行解决的问题。本案中，依据《国际法院规则》第 57 条[①]和第 65 条[②]，澳大利亚和日本分别选任了不同的专家，专家名单与意见也均按照该规则呈递给对方，在诉讼过程中，当事双方的律师与部分法官也都对专家进行了询问与提问。不过值得注意的是，当双方专家意见一致时，国际法院一般会予以考虑；当双方专家意见存在差异时，国际法院一般不会进行深入分析。[③] 国际法院的此番操作源于其不具备处理科学问题的专业素

[①] 《国际法院规则》第 57 条："在不影响《规则》关于出示文件的规定的情况下，每一当事方应在庭审开始前的足够时间内，向书记官长通报其打算出示或打算要求法院获取的任何证据的信息。来文应载有当事人打算传唤的证人和专家的姓氏、名字、国籍、描述和居住地信息，并大致说明其证据将指向的一个或多个点。还应提供一份副本，以便转交给另一方。"

[②] 《国际法院规则》第 65 条："证人和专家应由院长控制下的各方代理人、律师或辩护人进行审查。院长和法官可向他们提出问题。证人作证前不得出庭。"

[③] 例如，在 JARPA II 收集信息的有效性和价值时，澳大利亚专家质疑通过致死方法收集的年龄数据的可靠性及分析胃内成分的科学价值，考虑到关于目标物种食物的既有信息，日本专家则对此表示异议。国际法院认为相关分歧主要属于科学意见问题，不会判断双方证据孰是孰非。参见宋岩："南极捕鲸案"述评，法律与外交研究中心微信公众号 2018 年 2 月 26 日发文。

养，但环境保护争端的解决往往离不开科学标准的确认与运用。国际法院如仅依据当事方的主张或其提供的专家意见，难免因其偏向性而有失公允，因此国际法院应发挥主动性，通过委任独立的专家提供更为客观可信的专业咨询。

三、国际管制捕鲸公约体系的发展

国际法院对本案的判决作出后，国际捕鲸委员会在第 65 次会议中专门就该判决作出有关捕鲸特别许可的决议。决议中直接采取判决中的论证方法作为认定是否为科研捕鲸的标准。国际捕鲸委员会还要求其下属的科学委员会通过报告对缔约国实施的新的或既存的特别许可方案向国际捕鲸委员会提出建议，同时要求科学委员会考虑和修改现行指南，停止特别许可证的发放。

关于鲸类种群的国际保护，已经形成了以 ICRW 为核心文件并辅以国际捕鲸委员会通过的计划表、决议、指南等一系列文件构成的国际管制捕鲸公约体系。该体系对鲸类种群的保护以及以科研为目的的捕鲸的条件设定了一系列实体性和程序性的原则、规则和规章制度。[①] 当然，国际管制捕鲸公约体系应当进一步完善，首先要明确 ICRW 的宗旨和目标，其次是为"为科学研究的目的"确立具体量化的标准，最后是进一步明确和强化对捕鲸活动的具体监管程序，从科研捕鲸项目实施方案的审批到科研报告的数据产出等各个环节建立全面、有效、科学和系统的监督检查机制，真正实现保护和合理利用的有效平衡。

【思考题】

（1）在国际环境法中各国应当遵循哪些基本原则？
（2）各国在遵守国际环境法的过程中应当注重哪些因素？

案例二　气候变化诉讼案（荷兰环保组织 Urgenda 基金会诉荷兰政府）

【基本案情】

全球变暖所带来的严重影响已成为国际社会共同关注的焦点。非政府环保组织——荷兰 Urgenda 基金会（Urgenda Foundation），对荷兰政府设定的截至 2020 年温室气体的减排目标持批判态度，认为其未能充分体现对气候变化风险的有效应对力度。鉴于此情况，该基金会于 2012 年 11 月致函荷兰时任首相吕特，敦促其实施必要举措，确保荷兰到 2020 年相较于 1990 年温室气体排放量下降 40%，但这一要求遭到了荷兰政府的拒绝。

2013 年 3 月，Urgenda 基金会以其机构名义联合 886 位个人，共同将荷兰基础设施

[①] 王明远，陈予睿. 公海生物资源保护与公海自由的相对化：基于"南极捕鲸案"的分析 [J]. 中州学刊，2018（02）：65-70.

与环境部告上海牙地区法院。原告方主张，荷兰政府拒不提升2020年温室气体减排指标的行为违背了其对荷兰公民应担负的保护责任，构成了违法行为，并请求法院命令荷兰政府必须实现"在1990年的基础上，到2020年温室气体至少减排25%~40%"的目标。2015年6月，海牙地区法院作出裁决，判定荷兰政府必须确保2020年温室气体排放量较1990年至少降低25%。2015年9月，荷兰政府以29项理由对该判决提出上诉，其中包括但不仅限于：案件不可受理，Urgenda基金会声称的、气候变化的严重性，以及海牙地区法院在三权分立中的作用。[①] 海牙上诉法院最终于2018年10月9日作出裁决，驳回了荷兰政府的上诉理由，维持了海牙地区法院的判决。确认荷兰政府在防止危险的气候变化方面没有作出足够的努力，认为荷兰政府未能在2020年底前至少减少25%的温室气体排放，违反了《欧洲人权公约》第2条和第8条规定的注意义务。2019年1月，荷兰政府再次上诉至荷兰最高法院。同年4月，Urgenda基金会向荷兰最高法院提交了书面辩护，概述了气候变化的危险以及国家在2020年之前至少减少25%排放量的责任。荷兰最高法院于2019年5月举行了听证会，9月，独立的司法官员和检察长发表了正式意见，建议荷兰最高法院维持原判。2019年12月20日，荷兰最高法院根据《欧洲人权条约》第2条和第8条维持了这一裁决，Urgenda基金会获得胜诉。

在二审中，海牙上诉法院在判决中指出，《欧洲人权公约》第34条的适用对象是作为受害者的个人向欧洲人权法院提起的个人申诉，而本案系Urgenda基金会向荷兰法院提起诉讼。按照《荷兰王国宪法》的规定，《欧洲人权公约》第2条和第8条可以在本案中直接适用。对于该公约第2条和第8条所涉利益，荷兰政府不仅负有防御性消极义务，也负有采取相应措施的积极义务，包括采取切实措施避免在未来对这些利益造成侵害的义务（以下简称注意义务）。由于气候威胁将使荷兰的当代公民面临遭受生命损失与（或）家庭生活受到影响的严重风险，因此按该公约第2条和第8条的规定，荷兰政府有义务采取措施保护公众避免该种真实威胁。为履行其基本权利的保护义务，国家在保护措施方面应有最低标准。海牙上诉法院认为，要求荷兰政府到2020年至少实现25%的减排目标，与其应负的注意义务相一致，即维持一审判决。

【主要法律问题】

本案的诉讼过程均围绕荷兰政府在温室气体减排方面是否负有注意义务及其是否违反该注意义务构成过失侵权的问题展开，一审与二审采取的论证路径因国际法与国内法的适用而有所不同。

一、荷兰两级法院对国际法与国内法的运用

（一）一审中海牙地区法院对"反射效应"的运用

Urgenda基金会对荷兰政府的指控依据以下3个方面的规则，即《荷兰王国宪法》

---

① 邓颖君译. 里程碑式诉讼：Urgenda基金会挑战荷兰政府应对气候变化不作为，中美法律评论微信公众号2024年3月5日发文。

第 21 条规定的保护和改善环境义务、《欧洲人权公约》第 2 条[①]规定的生命权和第 8 条[②]规定的个人健康权和家庭生活权、《荷兰民法典》第 6 卷第 3 节第 162 条[③]的"不成文注意义务"。此外 Urgenda 基金会认为根据《联合国气候变化框架公约》、《欧盟运作条约》(TFEU)以及国际法无害原则(no harm principle),国家有义务和责任确保本国减排水平,防止气候发生危险变化。一审中,海牙地区法院认为,Urgenda 基金会并非《欧洲人权公约》第 34 条所规定的直接或间接受害者,而该条又不允许申诉主体提起公益诉讼,因而不能直接依据该公约第 2 条和第 8 条获得保护。[④] 然而,在处理国际法与国内法相互作用的问题上,应当假定国家意图履行其国际法律承诺,除非有其他明确的解释或应用方法,否则不应以可能导致国家违背国际法义务的方式来解释或执行国际法规则。[⑤] 这就意味着,在解释和运用国内法中的开放式概念和标准时,应当参照国际法义务,形成国际法义务对国内法的"反射效应"。

海牙地区法院认为,虽然荷兰政府享有制定本国气候变化政策的广泛裁量权,但气候变化对荷兰人民生存环境的影响及气候变化风险具有的全球性特征,促使政府在作出相关决定时应考虑更广范围的利益,其注意义务的判定应考量诸如《联合国气候变化框架公约》与《欧盟运作条约》等的相关规定。法院通过运用"反射效应"原则来间接适用国际法,并最终确立了评判国家是否违反应对气候变化注意义务的基本考量框架与要素。

(二)二审中海牙上诉法院对《欧洲人权公约》的直接援引

海牙上诉法院首先审查了 Urgenda 基金会提出的《欧洲人权公约》第 2 条和第 8 条的适用问题,并阐释了其与地区法院不同的观点。上诉法院认为,《欧洲人权公约》第 34 条适用于个人向欧洲人权法院提出申诉的限制情形,与本案中 Urgenda 基金会向荷兰国内法院提起诉讼完全不同。因此,本案的管辖与审理,应由荷兰法院依据荷兰法

---

① 《欧洲人权公约》第 2 条:"1. 任何人的生存权应当受到法律的保护。不得故意剥夺任何人的生命,但是,法院依法对他所犯的罪行定罪并付诸执行的除外。2. 如果使用武力剥夺生命是迫不得已的情况下,不应当视为与本条的规定相抵触:(1)防卫任何人的非法暴力行为;(2)为执行合法逮捕或者是防止被合法拘留的人脱逃;(3)为镇压暴力或者是叛乱而采取的行动。"

② 《欧洲人权公约》第 8 条:"1. 人人有权享有使自己的私人和家庭生活、住所和通信得到尊重的权利。2. 公共机构不得干预上述权利的行使,但是,依照法律规定的干预以及基于在民主社会中为了国家安全、公共安全或者国家的经济福利的利益考虑,为了防止混乱或者犯罪,为了保护健康或者道德,为了保护他人的权利与自由而有必要进行干预的,不受此限。"

③ 《荷兰民法典》第 6 卷第 3 节第 162 条:"侵权行为的定义:1. 任何人对他人实施可被归责的侵权行为的,应当赔偿该行为使他人遭受的损害。2. 除有正当理由外,下列行为视为侵权行为:侵犯权利、违反义务或有关合理社会行为的不成文法规则的作为或不作为。3. 侵权行为是由行为人的过错或者依法律或公认的准则应由其负责的原因所致的,归责于该行为人。"参见王卫国主译. 荷兰民法典(第 3、5、6 编)[M]. 北京:中国政法大学出版社,2006:203.

④ ECL:NL:RBDHA:2018:2610,para.41.

⑤ ECL:NL:RBDHA:2015:7196,para.4.43.

律进行。① 接着，海牙上诉法院依据《荷兰王国宪法》第93条②的规定，认可了Urgenda基金会根据《欧洲人权公约》第2条和第8条提出申诉的权利，认为上述两项公约条款可以直接作为荷兰法院的裁案依据。

虽然《欧洲人权公约》第2条和第8条本身并不直接涉及气候变化的内容，但是海牙上诉法院指出，该第2条所保护的利益为生命权，包括对生命权产生影响或有产生影响之虞的环境相关事件；第8条也同样适用于与环境相关的情形，前提是如果某一作为或不作为将会对公民的家庭生活和（或）私人生活产生不利影响，且该不利影响达到"最低伤害标准"（the minimum level of severity）。从1992年《联合国气候变化框架公约》缔结开始，气候变化问题已成为全球最大的环境问题，所以应对气候变化当然应包含在该第2条和第8条所保护利益的射程之内。③

二、荷兰政府在温室气体减排方面的注意义务

本案中，荷兰政府被认定在温室气体减排方面确实负有注意义务。海牙地区法院和海牙上诉法院都认为，荷兰政府在制定温室气体排放目标时，必须考虑公民的基本权利，特别是生命权和健康权，这要求政府在处理气候变化问题上采取积极措施，履行其对国民的注意义务。

（一）基于侵权法的逻辑

要判断国家当前的气候政策是否已经体现出适当的谨慎态度，必须审查国家根据客观标准所采取的减排措施在保护人类及其环境免受气候危险变化威胁方面是否充分，同时也应深入探讨国家在行使裁量权方面的合理性。具体而言，在界定国家应对气候变化注意义务的范围时，应综合考虑以下6大因素：气候变化可能造成的损害性质和程度、对此类损害的认知与可预见性、危险气候变化发生的概率、国家的行为（或不作为）性质、采取风险预防措施的难易度以及国家在执行公法义务时的裁量权行使情况。④ 在评价国家裁量权时，还需结合最新的科技知识、可供选择的安全措施及其成本——效益分析等因素。至此，海牙地区法院不仅构建了评价国家在应对气候变化中是否尽到注意义务的分析架构，而且也明确了评估国家是否切实履行应对气候变化注意义务所需的政策和科学基础。同时，海牙地区法院也在《荷兰王国宪法》《联合国气候变化框架公约》及其议定书和《欧盟运作条约》等法律文件的基础上，推导出了关于国家裁量权边界的规则，明确了国家在应对气候变化中应承担的最低注意义务。⑤

借鉴荷兰最高法院于1965年作出的Kelderluik案判决及其后续发展的关于危险性

---

① ECL：NL：RBDHA：2018：2610，para. 35.
② 《荷兰王国宪法》第93条："条约条款及国际机构决定中就其内容对任何人都有约束力的规定，均在公布之后生效。"
③ 张忠利. 应对气候变化诉讼中国家注意义务的司法认定：以"Urgenda Foundation诉荷兰"案为例[J]. 法律适用，2019（18）：105.
④ ECL：NL：RBDHA：2015：7196，para. 4.63.
⑤ ECL：NL：RBDHA：2015：7196，para. 4.52.

过失侵权责任的法学理论，海牙地区法院认为这些理论可以用来界定国家在气候变化领域内的注意义务。在 Kelderluik 案中，荷兰最高法院提出在特定情况下，应要求采取特别的风险预防措施，而非单纯依赖个体对自身环境和状况的充分注意，并界定了判断个体行为是否导致危险状态并由此产生注意义务的四要素：损害的本质和程度、特定行为导致损害的可能性、行为本身的危险性以及采取风险预防措施的适宜性（包括成本、时间和努力程度）。[1] 依据上述标准，当预估损害更为严重、损害发生的可能性更高、特定行为的危险性更大、采取风险预防措施相对容易时，对行为人施加的注意义务就越严格。

海牙地区法院在深入考量《荷兰民法典》第6卷第162条关于一般注意义务的规定基础上，结合了当前气候变化的风险状况、联合国政府间气候变化专门委员会（IPCC）发布的系列科研报告、《联合国气候变化框架公约》及相关协定的精神、荷兰最高法院过去的判例、欧洲法律体系相关规定，以及国际法中的一致性解释原则等因素，得出了荷兰政府原定的2020年温室气体减排目标确实未能满足其对荷兰国民应有的谨慎注意义务，因此构成了过失侵权行为的结论。基于此，海牙地区法院判决荷兰政府需将其2020年的温室气体减排目标上调至至少比1990年水平降低25%。

（二）基于人权法的逻辑

海牙上诉法院在确认了《欧洲人权公约》第2条和第8条与气候变化的关系后，指出为保护公约中规定的私人生活和家庭生活等应受到尊重的权利，国家应采取积极措施保护公民免受由温室气体排放并不断累积而产生的气候变化风险及其可能的严重后果。[2]

海牙上诉法院参照欧洲人权法院既有的司法判例，将评价荷兰政府2020年温室气体减排目标设定行为是否违反注意义务的标准确立为以下国家履行积极义务须满足的条件：一是履行该义务不会给政府造成无法承受或不合比例的负担，即国家只需采取合理的具体行动；二是只有当政府意识到或应意识到存在真实且迫近的威胁或侵害时，国家才有义务采取行动；三是有效的保护要求政府须通过尽早介入以最大限度防止侵害发生；四是尊重政府在保护措施选择方面的"广泛裁量余地"（wide margin of appreciation）。[3]

三、荷兰政府是否违反了注意义务

（一）一审中海牙地区法院的裁决

海牙地区法院在判断荷兰是否违反注意义务时，以前述6项因素为考量范围，分别对荷兰政府的行为进行了评估。

首先，海牙地区法院认为荷兰政府负有采取措施防止气候风险的注意义务。因为

---

[1] Gerrit Van Maanen et al. The Dutch "Cellar Hatch" Judgment as a Landmark Case for Tort Law in Europe [J]. European Review of Private Law, 2008, 16 (05).

[2] ECL：NL：RBDHA：2018：2610, para. 40.

[3] 张忠利. 应对气候变化诉讼中国家注意义务的司法认定：以"Urgenda Foundation 诉荷兰"案为例 [J]. 法律适用, 2019 (18)：105-106.

IPCC 的研究表明，目前各缔约国总的减排努力不能确保 2℃ 温控目标的实现，危险性气候变化的发生概率非常高。若不采取强化减排措施，到 2030 年左右全球温室气体排放会使 2℃ 温控目标根本无法实现，因此应尽早采取减缓气候变化措施。并且到 2007 年荷兰政府已确知全球变暖及其风险。

其次，司法审查过程中对国家行为及其缺失的性质进行了深入评估，结果显示荷兰政府在构建充分有效法律框架以降低本国温室气体排放方面负有较高的审慎注意义务。荷兰政府主张其并非直接排放温室气体的实体，不应被视作全球变暖的主要责任方。然而，海牙地区法院指出，荷兰政府具有调控国内整体温室气体排放水平的能力，其决策与执行均直接影响排放总量，并与第三方的利益息息相关。

最后，海牙地区法院通过评估采取风险防范措施的可行性，认为最新的科技研究成果明确显示采取充分措施应对气候变化是最具效益和效能的做法，国家因此肩负着迅速采取行动减轻气候变化影响的审慎注意义务。尽管双方当事人对于 2030 年和 2050 年分别实现 40% 和 80% 的减排目标并无异议，但荷兰政府曾在 2010 年前承诺到 2020 年实现 30% 的减排目标，之后虽调低了 2020 年的减排目标，但这并不是基于原目标不符合成本效益原则或成本过高。荷兰政府曾声明，只要欧盟设定的 2020 年 30% 的减排目标条件得到满足，荷兰有能力短期实现这一目标。同时，荷兰政府提及碳捕获和储存技术可以作为减缓气候变化的手段，但海牙地区法院认为这项技术仍处于实验阶段，缺乏确凿证据证明其短期内可广泛应用并确保未来成功实施。

综上，海牙地区法院鉴于气候变化可能导致的重大风险，确认荷兰政府在减缓气候变化事务上承担着审慎注意义务，而当前设定的 2020 年 17% 的减排目标并不能展现其为达成 2℃ 气温控制目标所付出的充分且合理的努力。荷兰政府也未曾提出实现 2020 年 25%~40% 减排目标的成本将超出其承受能力，反而承认在当前减排目标的基础上还有加大减排幅度的可能性。[①] 据此，海牙地区法院判定，荷兰政府设定的 2020 年减排目标并未满足其所负有的审慎注意义务。为了维护荷兰政府的行政自由裁量权，海牙地区法院最终仅要求其作出最低程度的减排努力，即到 2020 年至少实现 25% 的减排目标。

（二）海牙上诉法院的二审裁决

海牙上诉法院再次对案件涉及的事实进行了梳理，主要是为了确认温室气体排放与全球变暖之间的关系紧密程度，以及荷兰政府的现有减排目标是否足以体现其依据《欧洲人权公约》第 2 条和第 8 条对荷兰公民担负的保护其免受气候危险变化威胁的注意义务。

海牙上诉法院通过对一系列减排信息与温控目标的衡量，最终认定要求荷兰政府的现有措施不充分，而将 2020 年减排目标减少至 25% 与其应承担的注意义务是相符的。[②]

[①] Lin, Jsw. The First Successful Climate Negligence Case: A Comment on Urgenda Foundation v. The State of the Netherlands (Ministry of Infrastructure and the Environment) [J]. Climate Law, 2015, 5 (01): 65-81.

[②] ECL: NL: RBDHA: 2018: 2610, paras. 47-52.

【主要法律依据】

(1)《荷兰民法典》第6卷第162条。

(2)《欧洲人权公约》第2条、第8条、第34条。

(3)《欧盟运作条约》第191条。

【拓展分析】

本案判决意味着国内法院首次通过司法程序确立了政府在应对气候变化方面对公民具有法律上的注意义务，并要求政府采取更为积极的行动来降低温室气体排放，从而保障公民不受气候变化带来的潜在伤害。本案开创了司法系统介入国家气候变化政策的先河，法院通过判决强调了政府在应对气候变化上有切实的法律义务，必须采取积极行动来履行这些义务，以保障公民的基本权利不受气候变化的影响。本案具有里程碑意义，对之后的环境诉讼产生了实质影响，在气候变化诉讼案（荷兰地球之友等诉荷兰皇家壳牌公司）中，原告将以是否违反注意义务作为衡量相应主体在气候变化方面的责任这一观点延伸至了私营公司。[①]

通过梳理国际环境法中关于气候变化应对的各类公约与议定书所设立的目标及其细化任务，可以清晰认识到各缔约国肩负着积极应对气候变化的国家职责。面对全球性气候变化这一严峻环境问题，个体私权利主体受限于自身力量，无法独立有效地抑制气候变化带来的负面后果。相反，各国政府作为公权力实体，具备推行节能减排、推广可再生能源、降低能源消耗、开发碳汇等一系列缓解气候变化影响的政策措施的能力。尽管荷兰政府在案件中指出其国家温室气体排放总量相对较小，单独一国的行动难以从根本上改变全球气候变暖趋势，但通过参与国际环境立法，如公约、议定书等机制，国际社会得以科学预测全球可承受的温度上升阈值和碳排放限额，并通过国际气候协商进程，将应对气候变化的国际法律义务分配给各个缔约国，从而携手解决全球变暖危机。

环境保护关乎全体民众的基本福祉，尤其对于像荷兰这样的低洼国家，海平面上升这一气候变化直接后果首先威胁到的就是广大民众的生活安全。荷兰政府在气候变化应对方面的消极态度相当于纵容了气候变化问题的恶化，进而对公民的生命权和财产权构成了实际威胁和潜在侵犯。[②] 在本案中，Urgenda基金会协同荷兰公民，基于人权和侵权的法律理由，针对荷兰政府的不作为提起了诉讼，要求政府承担其国际法层面的国家责任，以保障公民的生命权和财产权免受气候变化的伤害。本案中，被告荷兰政府代表着承担积极应对气候变化责任的公权力主体，而原告则代表了享有寻求

---

① 参见本书"第四章 国际法的主体"之"案例二 气候变化诉讼案（荷兰地球之友等诉荷兰皇家壳牌公司）"。

② Verschuuren, Jonathan. The State of the Netherlands v Urgenda Foundation: The Hague Court of Appeal upholds judgment requiring the Netherlands to further reduce its greenhouse gas emissions [J]. Review of European, Comparative & International Environmental Law, 2019, 28 (01).

法律救济以免受气候变化侵害权利的私权利主体。本案是世界首例以民事公益诉讼的方式由法人起诉国家,要求国家提高减排目标并获得胜诉的案例。本案的司法裁判过程,突破了传统侵权法理念的桎梏,凸显了通过缔约国内部侵权法司法制度合并国际人权法共同保护公民环境权益的方式,为以主观权利保护环境权益的司法模式提供了可行性路径,是对解决全球环境问题的一种创新探索和实践。

【思考题】

(1) 国家承担气候变化法律责任的国际法依据是什么？
(2)《欧洲人权公约》在追究国家环境责任方面的作用如何？

案例三　空中除草剂喷洒案（厄瓜多尔诉哥伦比亚）

【基本案情】

哥伦比亚为了打击非法种植古柯和罂粟的毒品贩运者,在与厄瓜多尔的边界地区从空中喷洒有毒除草剂。自 2000 年以来,两国就这一问题进行了多次的谈判和协商,但都没有取得实质性的进展。

2008 年 3 月 31 日,厄瓜多尔针对哥伦比亚向国际法院提起诉讼,争端涉及"哥伦比亚在靠近、位于和跨越其与厄瓜多尔边界的不同地点,从空中喷洒有毒除草剂"的行为。厄瓜多尔认为:"喷药已经对两国边境厄瓜多尔一侧的人民、农作物、动物和自然环境造成了严重损害,而且随着时间的推移,有可能造成进一步的损害。"并且,其已"多次持续努力,通过谈判结束喷洒活动",但"这些谈判被证明是不成功的"。作为国际法院管辖权的依据,厄瓜多尔援引了两国都加入的 1948 年 4 月 30 日《波哥大公约》第 31 条①及 1988 年《联合国禁止非法贩运麻醉药品和精神药物公约》第 32 条②。厄瓜多尔请求国际法院判令哥伦比亚立即采取一切措施,停止在其境内实施但可能沉降到厄

---

① 《波哥大公约》又名《波哥大宪章》《美洲和平解决条约》,由美国和拉丁美洲共 21 个国家于 1948 年 4 月 30 日在波哥大召开的第 9 届泛美会议上通过,1951 年 12 月生效。该公约规定美洲国家组织的任务是:巩固美洲大陆的"和平"与"安全",安排共同行动以对付"侵略";就成员国间发生的政治、法律和经济问题寻求解决办法等。该公约第 31 条规定缔约国必须遵守国际法院的裁决来和平解决缔约国之间的争端问题。

② 《联合国禁止非法贩运麻醉药品和精神药物公约》第 32 条:"1. 如有两个或两个以上缔约国对本公约之解释或适用发生争执,这些缔约国应彼此协商,以期通过谈判、调查、调停、和解、仲裁、诉诸区域机构、司法程序或其自行选择的其他和平方式解决争端。2. 任何此种争端如不能以第 1 款所规定之方式解决者,则应在发生争端的任何一个缔约国提出要求时提交国际法院裁决。3. 如果一第 26 条（c）项所述的区域经济一体化组织为不能以本条第 1 款所规定方式解决之争端的当事方,该组织可通过联合国某一会员国请求理事会征求国际法院根据国际法院规约第 65 条提出咨询意见,此项咨询意见应视为裁决意见。4. 各缔约国在签署或批准、接受或核准本公约或加入本公约时,或各区域经济一体化组织在签署或交存正式确认或加入的一份文书时,可声明其并不认为自己受本条第 2 及第 3 款之约束。其他缔约国对于作出了此项声明的任何缔约国,不应受本条第 2 及第 3 款之约束。5. 根据本条第 4 款规定作出了声明的任何缔约国,可随时通知秘书长撤销该项声明。"

瓜多尔境内的有毒除草剂使用行为；并禁止在厄瓜多尔境内或任何靠近两国边界的地方从空中喷洒此类除草剂。厄瓜多尔在请求书中明确反对"非法麻醉药品的输出和使用"，同时强调，己方提出的问题"只涉及哥伦比亚进行铲除古柯和罂粟非法种植场行动的方法和地点，以及这种行动在厄瓜多尔境内造成的有害影响"。

哥伦比亚在答辩状中否认了厄瓜多尔的指控，认为其喷洒除草剂的行为是合法的、必要的、有效的和安全的，没有对厄瓜多尔造成任何实质性的损害或威胁。哥伦比亚还质疑了国际法院对该案件的管辖权，认为根据《波哥大公约》第6条，该案件应该由双方通过外交途径或其他和平方式解决。

厄瓜多尔代理人在2013年9月12日的信中提及《国际法院规则》第89条①和双方于2013年9月9日达成的《全面和最终解决厄瓜多尔对哥伦比亚的所有诉求的协议》（以下简称2013年9月9日协议），并通知国际法院，厄瓜多尔政府希望终止该案的诉讼程序。哥伦比亚在同一天收到该信件副本后随即致函国际法院，信中表明根据《国际法院规则》第89条第2款，哥伦比亚不反对厄瓜多尔要求终止案件。

根据2013年9月9日协议，哥伦比亚不会在该禁区内进行空中喷洒作业，并设立了一个联合委员会，以确保该禁区外的喷洒作业不会导致除草剂喷洒到厄瓜多尔，而且只要没有喷洒，就提供一个逐步缩小上述禁区宽度的机制。该协议还规定了哥伦比亚喷洒方案的操作参数，记录了两国政府在这方面不断交流信息的协议，并建立了一个争端解决机制。因此，国际法院于2013年9月13日发布命令，记录厄瓜多尔终止诉讼程序，并指示将该案件从国际法院总表中删除。

【主要法律问题】

本案主要涉及两个方面的法律问题：第一，本案是否符合国际法院停止诉讼的条件；第二，本案是否体现尊重国家主权和不损害外国环境原则。

一、本案是否符合国际法院停止诉讼的条件

《国际法院规则》第3章"诉讼案件程序"的D节"附带程序"中，第6分节围绕"停止"程序作出了详细的规定，具体体现在第88条和第89条两款法规之中。

第88条全面阐述了在实质问题终局判决之前的任何时段，不论各当事国是共同还是分别以书面形式通知国际法院其已达成停止诉讼的协议，国际法院均有权发布命令，记录该停止诉讼情况，并指示将相关案件从案件总表中予以删除。若因当事国之间达成争端解决方案而导致诉讼终止，且各当事国同意的情况下，国际法院可在删除案件

---

① 《国际法院规则》第89条："1. 如果在以请求书提起的诉讼过程中，请求国书面通知法院其不会继续进行诉讼，并且如果在书记官处收到此通知之日，被告国尚未在诉讼中采取任何步骤，法院应作出命令，正式记录诉讼的停止，并指示将案件从总表中删除。此命令的副本应由书记官长送交给被告国。2. 如果在收到停止通知时，被告国已经在诉讼中采取了一些步骤，法院应确定一个时限，被告国可以在该时限内说明是否反对停止诉讼。如果在时限届满前未对停止提出异议，则将推定为默许，法院应发出命令，正式记录停止诉讼的情况，并指示将案件从总表中删除。如有异议，诉讼程序应继续进行。3. 如果法院不开庭，院长可行使本条规定的权力。"

命令中记录该解决方案，或明确指出解决方案的具体条件，甚至可将其作为命令附件。此外，即使国际法院未开庭，依据该条款所发布的任何命令也可由院长授权执行。

第 89 条则针对单方面发起诉讼停止的情形进行了专门规定，并细致区分了诉讼进程中两个不同阶段的停止诉讼处理办法。根据第 89 条，若在基于请求书提起的诉讼中，请求国以书面形式告知国际法院决定不再继续诉讼，且在书记官处接收到该通知当日，被告国尚未采取任何诉讼行动，国际法院应下令正式记录诉讼停止，并指示将案件从案件总表中删除，同时书记官长需将命令副本送达给被告国。然而，若在收到停止诉讼通知时，被告国已启动了诉讼程序，国际法院则会设定一个时限，允许被告国在此时限内表明是否反对诉讼停止。若期限截止前未收到反对意见，则视作默认同意，国际法院将发布命令，正式记载诉讼停止，并指令从案件总表中删除该案件。反之，若被告国提出了反对意见，则诉讼将继续进行。最后，同样提及，在国际法院未开庭期间，本条款赋予法院的相关权力可以由院长代为行使。

本案符合《国际法院规则》第 89 条关于一方提起诉讼后停止诉讼程序的规定情境，即厄瓜多尔作为原告单方面对哥伦比亚提起诉讼。哥伦比亚作为被告，不仅已回应诉讼并递交了答辩状和反驳状，而且在双方向国际法院提交书面陈述之后，国际法院正预备自 2013 年 9 月 30 日星期一起启动口头辩论阶段。[①] 因此，本案正处于第 89 条第 2 款所述的"在接到停止通知时，被告国已经在诉讼中采取了一些步骤"的状态，这意味着停止诉讼需要满足法院应确定一个时限，让被告国有机会表明是否反对诉讼停止，若在期限结束之前未表示反对，则视为默认同意的条件。具体而言，在 2013 年 9 月 12 日，厄瓜多尔代理人通过函件表达了终止此案诉讼程序的愿望，该函件迅速送达给了哥伦比亚政府，并且哥伦比亚政府也在同一天向国际法院发送了确认同意停止诉讼的信函。鉴于双方在同一天达成了停止诉讼的共识，国际法院实际上无须再设定等待被告国反馈意见的期限。

截至 2024 年 7 月，国际法院成立以来共处理了包括本案在内的 28 起停止诉讼案件，可见各国选择通过国际法院解决争端并最终以停止诉讼方式终结争端的情况并不罕见。[②] 相比于国际法院处理的从当事方起诉到作出判决的大多数诉讼案件都要经历漫长的诉讼过程，本案在判决时间尚不确定的情况下，通过停止诉讼的方式结案，并达成 2013 年 9 月 9 日协议，对当事各方来说无疑是一个理想且完满的结果。

二、本案是否体现尊重国家主权和不损害外国环境原则

本案中，哥伦比亚政府采取空中喷洒除草剂的方式打击在其国内靠近边境地带非法种植古柯和罂粟作物的活动，这是其依照国际法行使国家主权遏制非法毒品制造源头的一种具体举措，这一做法原则上应得到国际社会的理解与尊重。然而，哥伦比亚

---

① Patel, Bima N. Aerial Herbicide Spraying (Ecuador v. Colombia) [J]. Brill, 2014.
② 根据国际法院官方网站公布的"由附带程序组织的争议案件"中的"停止诉讼"（discontinuance）案例名称统计而得，详见 https://www.icj-cij.org/cases-by-phase。

在行使主权的同时,也必须遵守国际环境法中的基本原则,即尊重他国主权和避免对外国环境造成损害的原则。厄瓜多尔和哥伦比亚双方自愿达成2013年9月9日协议,体现了对国家主权和不损害外国环境原则的尊重。该协议中规定哥伦比亚将在边境特定区域设立空中喷洒作业禁区,以确保在该区域外进行的喷洒作业不会导致除草剂漂流入境厄瓜多尔。同时,只要能确保除草剂不进入厄瓜多尔领土,该协议还设定了逐步缩小该禁飞区域范围的规定。这一系列安排充分体现了尊重国家主权这一国际法基本原则。通过协议,两国建立了一个联合委员会和争端解决机制,以确保协议得到有效执行。这些举措均为尊重国家主权且不损害外国环境这一国际环境法基本原则的具体应用实例,展示了在遵循国际法规的同时,通过灵活务实的双边协议解决跨境环境争端的可能性和有效性。

【主要法律依据】

(1)《波哥大公约》第31条。

(2)《联合国禁止非法贩运麻醉药品和精神药物公约》第32条。

(3)《国际法院规则》第88条、第89条。

【拓展分析】

本案涉及的除草剂主要是草甘膦等成分,厄瓜多尔方面声称这种做法对两国边境地区及厄瓜多尔境内的环境和居民健康造成了负面影响,包括对土壤、水源、农作物以及动植物生态系统的损害。厄瓜多尔于2008年3月31日向国际法院提起诉讼,指控哥伦比亚违反了国际环境法,尤其是未顾及其喷洒行动可能对相邻国家造成的跨界环境损害。厄瓜多尔要求哥伦比亚停止空中喷洒行动,并要求赔偿因喷洒造成的损失。本案最终以和解方式结案,虽然对当事双方而言不失为一种好的选择,但国际法院也错失了一次探讨发生跨界环境损害时国家应如何承担责任具体规则的机会,因为无论是国家主权和不损害外国环境的原则,还是谨慎注意义务,均需要在长期的国际法律争端解决实践过程中,不断得到具体应用和强化。

一国在处理本国环境问题时需要以不损害他国环境为行使主权权利的界限,这也是尊重国家主权国际法原则在国际环境法领域的具体体现,并已逐渐成为国际环境法的基本原则,也是公认的国际习惯法规则。该原则要求国家应采取一切适当措施预防重大跨界损害或减少其发生的风险,以履行谨慎注意义务。虽然该义务在国际法不同领域的内涵与要求不尽相同,但从国际法的实践来看,谨慎注意义务在国际环境法领域的发展最为突出,尤其体现在预防跨界环境损害方面。20世纪60年代以后,随着国际社会对跨界环境损害日益关注,包括1972年《斯德哥尔摩人类环境会议宣言》、1972年《防止倾倒废物和其他物质污染海洋的公约》、1979年《远程越界空气污染公约》、1982年《联合国海洋法公约》、1985年《保护臭氧层维也纳公约》和1992年发布的《里约环境与发展宣言》等国际文件和国际环境条约都对各国应采取预防措施避免对他国环境或国家管辖范围外环境造成损害作出了明确的规定和要求。①

鉴于跨境环境损害时常具有的危险性与不可逆性,谨慎注意义务重在事前预防,国际环境司法判例也多表现为就该义务对国家提出的实体性或程序性义务要求的针对性分析。阿根廷与乌拉圭纸浆厂污染纠纷案是这方面一起典型的国际环境争端案例,争议集中在乌拉圭在乌拉圭河边建造纸浆厂对共享河流及邻国阿根廷环境造成潜在威胁的问题上。阿根廷因担忧该工厂的运行会导致河水污染,对沿岸生态环境、居民健康、农业灌溉和旅游等行业带来负面影响,2006年阿根廷以乌拉圭违反《乌拉圭河章程》为由正式向国际法院提起诉讼,指责乌拉圭没有履行充分咨询和协调行动的义务,给乌拉圭河造成环境污染的极大风险。国际法院虽在初期驳回了阿根廷提出的立即叫停纸浆厂建设的请求,但后期的裁决却对乌拉圭在保护乌拉圭河和预防跨界环境损害方面施加了更高更具体的注意义务。

尊重国家主权和不损害外国环境原则包括互相关联的两方面。一方面重申国家对其自然资源的主权权利;另一方面在肯定国家的领土管辖权的同时,国家不仅对其自己的活动负有责任,而且对其管辖和控制下的任何公共或私人活动也负有责任。② 因此该原则不仅适用于对他国政府行为导致的跨界环境风险,也可就他国自然人或法人的相应行为追究其所属国的国家责任。因此,针对日本东京电力公司将福岛核污染水稀释后排放至太平洋的行为,我国在国际法层面寻求司法救济的核心任务即澄清预防跨界环境损害中国家谨慎注意义务的体现,明确其标准判定的考量因素,并基于此分析日本核污染水排海对其谨慎注意义务的违背。另外值得注意的是,阿根廷与乌拉圭纸浆厂污染纠纷案中,国际法院坚守了"举证责任归于原告"的固有原则,国际法院虽承认风险预防方法在解释和适用相关公约条款时具有合理性,但明确表示,这种方法的应用并不意味着举证责任的转移,同时亦否认了当事双方在举证方面负有相等责任的观点。因此,若我国针对日本核污水排海的行为寻求国际司法救济,应特别注重对于环境损害及因果关系主张和证据的论证与搜集,以应对国际法院等国际司法裁判平台的严格审查标准。

【思考题】

(1) 什么是国际法院的停止诉讼?

(2) 一国在处理环境问题时应如何平衡本国主权权利行使与尊重他国国家主权以不损害外国环境的原则?

---

① 详见《斯德哥尔摩人类环境会议宣言》第21条、《远程越界空气污染公约》序言、《联合国海洋法公约》第194条、《防止倾倒废物和其他物质污染海洋的公约》第1条和第2条、《保护臭氧层维也纳公约》第2条、《里约环境与发展宣言》第2条等。

② 林灿铃. 国际环境法(修订版)[M]. 北京:人民出版社,2004:169.

第十三章

条约法

本章知识要点

（1）条约的生效与暂时适用；（2）条约的解释。

案例一　投资仲裁案（尤科斯诉俄罗斯）

【基本案情】

尤科斯曾经是俄罗斯最大的私营石油公司，主要从事石油和天然气的开采、生产和销售业务。从2003年7月开始，俄罗斯税务部门对尤科斯进行了多次税务稽查，以偷税为由对其采取了逮捕高管、冻结资产和强制拍卖等措施。

2005年2月，尤科斯的3家股东①分别根据《能源宪章条约》（The Energy Charter Treaty，以下简称ECT）第26条第4款b项和《联合国国际贸易法委员会仲裁规则》向俄罗斯提起仲裁，临时仲裁庭在国际常设仲裁法院的管理下进行仲裁。② 申请人主张俄罗斯的行为违反了ECT第10条第1款下的公正公平待遇、构成第13条第1款下的间接征收，共计向俄罗斯政府索赔1142亿美元，国际常设仲裁法院决定将3个案件合并审理。③ 俄罗斯主要以己方虽于1994年签署了ECT但未履行国内批准程序，因而该条约并未对其生效为由，向仲裁庭提出管辖权异议。后俄罗斯总统普京于2009年7月30日签署法案进行国内条约撤约程序，④ 终止了申请加入ECT的进程。仲裁庭于2009年与2014年分别作出关于管辖权的中间裁决与关于赔偿的最终裁决，在程序上驳回俄罗斯提出的管辖权异议，认定对案件享有管辖权；在实体上裁定俄罗斯违反了其在

---

① 分别是胡勒公司（Hulley Enterprises Limited，1997年成立于塞浦路斯）、尤科斯联合公司（Yukos Universal Limited，1997年成立于英属曼岛，全资持有胡勒公司）和威伦特石油公司（Veteran Petroleum Limited，2001年成立于塞浦路斯，系尤科斯设立的养老基金）。
② 案号分别为：PCA Case No. AA 226, PCA Case No. AA 227，以及PCA Case No. AA 228。
③ PCA Case No. AA 227, Interim Award On Jurisdiction And Admissibility, 30 November 2009, para. 11.
④ PCA Case No. AA 227, Interim Award On Jurisdiction And Admissibility, 30 November 2009, para. 135.

ECT 第 13 条第 1 款项下的义务，应向申请人赔偿约 500 亿美元。2016 年 2 月 9 日，俄罗斯向海牙地区法院提出撤销仲裁裁决之诉。2016 年 4 月 20 日，海牙地区法院以仲裁庭不具有管辖权为由裁定撤销上述仲裁裁决。申请人不服，向海牙上诉法院提起上诉，2020 年 2 月 18 日，海牙上诉法院推翻了海牙地区法院的判决，维持原仲裁裁决。2020 年 5 月 15 日，俄罗斯向荷兰最高法院提出上诉，荷兰最高法院审查了欺诈、管辖权、投资和投资者、公共政策等多个具有争议的法律问题，并在欺诈问题上支持了俄罗斯的上诉。2021 年 11 月 5 日，荷兰最高法院撤销了海牙上诉法院的判决，将诉讼程序移交给阿姆斯特丹上诉法院重新进行审理。2024 年 2 月 20 日，阿姆斯特丹上诉法院认为仲裁裁决不应该被撤销，判决要求俄罗斯向尤科斯赔偿约 500 亿美元。

【主要法律问题】

本案涉及程序之管辖权与实体之投资者待遇及征收赔偿两方面的问题，其中俄罗斯仅签署而未受 ECT 实质约束，因此依据 ECT 相关条款组成的仲裁庭对俄罗斯是否有管辖权的问题，成为各方观点差异显著的争议焦点，同时也构成荷兰法院后期撤销仲裁裁决与否的关键事由。ECT 是否适用于俄罗斯的关键是如何按照《维也纳条约法公约（Vienna Convention on the Law of Treaties，以下简称 VCLT）关于条约解释的规则对 ECT 中临时适用机制进行准确的理解与运用，具体包括 ECT 第 45 条第 1 款和第 2 款之间的关系及临时适用 ECT 是否与国内法冲突的问题。

一、ECT 第 45 条第 1 款和第 2 款之间的关系

ECT 第 45 条第 1 款规定，每一签署方同意在条约根据第 44 条的规定对其生效前临时适用本条约，但以不违反本国宪法、法律或法规为条件。ECT 第 45 条第 2 款 a 项规定，任何签署方均有权以书面声明并交存条约保管机构的方式不接受 ECT 的临时适用。事实上，俄罗斯从未作出不予临时适用 ECT 的任何声明。仲裁庭认为，若两者之间如申请人所言属于实体与程序之间的紧密关系，那么签署方就应对临时适用 ECT 与国内法存在冲突向条约保管机构提交声明，否则就不能援引第 1 款中的限制条款主张不临时适用 ECT；若两者之间如被申请方所言彼此独立、互不相关，则尽管签署方没有按照第 2 款 a 项的规定，就第 1 款限制性条件作出声明，依然可以援引第 1 款进行不临时适用的抗辩。仲裁庭依据 VCLT 第 31 条有关条约解释的通则，对 ECT 条文的字面含义进行了解读：首先，ECT 第 45 条的措辞并没有显示出该条第 2 款中的声明行为是该条第 1 款中限制性规定的基础；相反，第 2 款中提及作出声明时，采用了"也许"（may）而非"应该"（shall）一词，表明有关声明是许可性而非强制性的。其次，第 45 条第 2 款开头以"虽然"（notwithstanding）一词衔接上下条款，表明无论第 1 款中的限制性条件是否存在，该款规定的不临时适用声明都可以作出。实践中也存在未作出正式声明的缔约国以与国内法相抵触为由拒绝临时适用 ECT。[1] 最终，仲裁庭认定 ECT 第 45

---

[1] PCA Case No. AA 227, Interim Award On Jurisdiction And Admissibility, 30 November 2009, paras. 97-100.

条第 1 款与第 2 款之间为相互独立的关系，第 2 款并非第 1 款适用的前提。

二、临时适用 ECT 是否与俄罗斯国内法相违背

（一） ECT 第 45 条第 1 款中与国内法冲突的对象范围

鉴于 ECT 第 45 条第 1 款与第 2 款的关系，且俄罗斯并未提出过第 2 款意义上的拒绝临时适用的声明，ECT 能否临时适用于俄罗斯，就取决于该临时适用是否与俄罗斯的国内法相冲突。由于该条款措辞存在一定的模糊性，因此应先明确，与俄罗斯国内法相违背的对象范围究竟是"ECT 部分条款"，还是"ECT 整体"。

双方当事人对此采用了不同的解释方法，申请人采取"全有或全无法"（all-or-nothing approach），主张只有条约临时适用概念与签署方国内法不相一致时，ECT 第 45 条第 1 款的限制性条件才满足；被申请方则采取"拆分法"（piecemeal approach），认为只要 ECT 某一特定规则与签署国国内法不一致，则 ECT 临时适用的限制性条款就发生效力。仲裁庭认为双方当事人都没有合理解释 ECT 第 45 条第 1 款，解释该条款的关键在于短语"该临时适用"（such provisional application）中的"该"（such）究竟应如何理解。根据《布莱克法律词典》，"该"指的是"那、那些；前文刚被提及的"；《韦氏词典》将"该"定义为"之前指出或暗示的性质、特征或程度"。因此，ECT 第 45 条第 1 款中的"该临时适用"是指该条款前文提到的临时适用，即"该条约的临时适用"（the provisional application of this Treaty）。仲裁庭将具体措辞置于上下文特定语境下进行解释，认为临时适用应当指的是 ECT 整体的临时适用，并非部分条款的临时适用。此外，在 ECT 起草者没有明确在条文中说明临时适用仅适用于条约某些特定部分时，根据 ECT 的解释原则无法得出临时适用是指临时适用条约某一部分的结论。[1]

在"临时适用究竟是整体适用，还是部分适用，关键在于对 ECT 第 45 条的理解和解释"这一问题上，海牙地区法院支持了俄罗斯的主张，即俄罗斯只有义务受到 ECT 中不违反俄罗斯国内法的那部分条款的约束。海牙地区法院认为，第 45 条第 1 款中"在一定范围内"（to the extent that）的用语意味着适用的程度、范围或区别，经常被用于表达一项规定只有在后续条件满足的情况下才能适用的意思；而且单纯从条文措辞的通常含义并不能简单得出 ECT 整体或者部分临时适用的结论，对 ECT 第 45 条第 2 款 c 项规定的理解直接关系到第 1 款的适用。第 2 款 c 项规定，签署方即使声明不予临时适用仍然要临时适用本条约第 7 部分，除非该部分的临时适用违反其法律或法规。由此可见，该项规定与"全有或全无法"所坚持的要么全部临时适用、要么不予临时适用的解释不一致，因为该条款规定的部分临时适用恰恰属于"全有"与"全无"之间的中间状态。仲裁庭完全以背离 ECT 第 45 条第 2 款 c 项的方式来解读第 45 条第 1 款，不符合 VCLT 第 31 条"参照上下文"进行解释的基本原则，因此对临时适用中与

---

[1] PCA Case No. AA 227, Interim Award On Jurisdiction And Admissibility, 30 November 2009, paras. 111-115.

国内法冲突对象范围的考虑，俄罗斯的理解更为准确。

在海牙上诉法院看来，无论是投资者的"全有或全无法"还是俄罗斯的"拆分法"都没有完全反映出 ECT 第 45 条限制条款的准确含义，转而采纳了尤科斯在上诉程序中提出的替代解释，即应分别考虑临时适用 ECT 一项或多项条款是否违反俄罗斯法律，在国内法禁止临时适用某项具体条款时，这些具体条款不能被临时适用。另外，在对 ECT 第 45 条进行解释时，海牙上诉法院还着重结合了 ECT 的立法目的和宗旨。海牙上诉法院认为，结合 ECT 的序言和第 2 条（条约的目的）可知，ECT 的立法初衷是在互惠互利的基础上，促进能源领域的长期合作，加快该领域的建设和投资。为了使投资者放心，应该用法律对其进行保护，避免条约生效延迟问题带来的麻烦，因此 ECT 设立了临时适用制度。如果采用"拆分法"对 ECT 第 45 条第 1 款进行解释，否定 ECT 的整体适用，就会导致投资者需要对东道国的国内法进行调研，这便在事实上削弱了临时适用制度的灵活性，也违背了其设立的初衷。此外，由于东道国拥有国内法的解释权，即便投资者进行了必要的调研，在与东道国发生争端时，投资者依旧会处于劣势地位。因此，海牙上诉法院认为，应当从保护投资者，避免东道国滥用解释权这一条约的立法目的出发，支持投资者基于 ECT 对自身权益进行维护的行为。

（二）临时适用机制本身或临时适用 ECT 特定条款是否与俄罗斯国内法相冲突

鉴于对 ECT 第 45 条第 1 款临时适用限制条件所涉范围解释的差异，仲裁庭与荷兰国内各级法院分别对临时适用机制本身及临时适用 ECT 第 26 条有关国际仲裁的规定是否与俄罗斯国内法相冲突进行了分析。

仲裁庭在认可"全有或全无法"的基础上，认为《俄罗斯国际条约法》第 23 条第 1 款"国际条约必须在签订 6 个月之内提交国家杜马批准方可生效"的规定只涉及条约生效，没有关于条约适用的法律规定；而且根据 VCLT 第 27 条"一当事国不得援引其国内法规定为理由而不履行条约"的规定，俄罗斯不得以国内法对条约生效的规定对 ECT 临时适用条款进行任意解释。因此条约的临时适用机制与俄罗斯国内法并不抵触，俄罗斯不能以 ECT 第 45 条第 1 款中的限制性条件为由排除临时适用。仲裁庭继而认定，依据 ECT 第 45 条第 3 款 b 项，俄罗斯对 ECT 的临时适用应从 1994 年签署之时起，直至 2009 年 8 月 20 日其作出不愿成为 ECT 缔约国的声明之日起 60 天后，即 2009 年 10 月 19 日止。在此期间，ETC 的规则应对在俄罗斯境内进行的投资及投资者适用，包括争端解决安排。

海牙地区法院与仲裁庭的观点完全不同，其在支持俄罗斯"拆分法"的基础上，进一步对第 45 条第 1 款的措辞进行了解释。海牙地区法院认为投资者提出的 ECT 的各项规定，只有被俄罗斯国内法明令禁止才构成不兼容的观点太过狭隘，限制条款中"不违反"一词意味着俄罗斯是否受 ECT 临时适用约束的关键，在于 ECT 第 26 条关于国际仲裁的规定是否违反俄罗斯国内法。通过对《俄罗斯外国投资法》《俄罗斯立法基本原则》《俄罗斯国际仲裁法》等国内法的考察，海牙地区法院发现，投资者和俄罗斯政府之间的公法性质的争端必须由国内法院审理，除非国际条约另有规定。ECT 第 26

条有关国际仲裁争端解决方式的规定显然与上述强调国内法院管辖的国内法规定相矛盾,继而触发了 ECT 第 45 条第 1 款限制条款,不应被临时适用。因此,双方当事人之间不存在将本案争端提交国际仲裁的法律基础,海牙地区法院判决仲裁庭对本案没有管辖权,撤销了仲裁裁决的实体部分。

在管辖权问题上,海牙上诉法院根据对 ECT 第 45 条第 1 款的替代解释,认为限制条款仅仅要求涉案争议解决程序不与俄罗斯的国内法相冲突,并不要求 ECT 第 26 条有关国际仲裁的规定与俄罗斯的国内法一致。国内法未明确允许国际仲裁的规定不能阻止国家同意国际仲裁,事实上俄罗斯签订的许多双边投资条约都允许投资者与国家间仲裁。荷兰最高法院支持了海牙上诉法院的上述观点,由于俄罗斯对仲裁庭管辖所依据的 ECT 条款解释错误的上诉理由被荷兰最高法院驳回,则海牙上诉法院对管辖权问题的判决予以最终确定,即仲裁庭对本案享有管辖权。

【主要法律依据】

(1)《能源宪章条约》(ECT) 第 26 条、第 45 条。
(2)《维也纳条约法公约》(VCLT) 第 25 条、第 31 条、第 32 条。

【拓展分析】

本案中围绕仲裁庭管辖权成立与否的争议,充分体现了条约解释规则实践运用的复杂性以及条约临时适用对一国利益的重要影响。

在条约解释方面,本案中当事双方、仲裁庭及海牙各级法院虽然采取的解释方法不尽相同,得出的结论也互有差异,但其对解释材料的选择其实都不外乎 VCLT 第 31 条和第 32 条所确认的传统要素,即条约文本、国家实践和条约的准备工作文件等。仲裁庭对 ECT 第 45 条措辞的"抠字眼"式解释方法无疑是坚持了最具确定性同时也是最为严格的条文解释方法,认为条约措辞最能真实反映缔约国的意图,然而对条文用词通常含义的强调往往可能导致对条约目的与宗旨一定程度上的忽视;海牙地区法院则采用更加灵活的目的解释方法,主张在条文的字面意思之外依据条约目的来探究其含义,最终解释结果无须拘泥于条约的字面意思。可见彼此着力点各不同,而 VCLT 并没有为条约的约文、目的、上下文等解释性要素设定上下等级关系或强制性的先后顺序。[①] 因此解释结果最终要取决于有权解释者给予这些解释性要素何种权重以及与之相关的价值取向的选择。与仲裁庭的"投资者偏好"和扩张管辖权的倾向不同,海牙地区法院给予了东道国更多的尊重,强调仲裁庭拥有管辖权的前提之一是俄罗斯的国内法明确接受(而非不明确反对)国际投资仲裁机制,并在决定 ECT 是否临时适用时谨慎考查该条约的每一个条款(而非将 ECT 作为一个整体)是否与俄罗斯的国内法相冲

---

① 李浩培. 条约法概论 [M]. 北京:法律出版社, 2003:351, 358.

突，以确保临时生效制度的适用是公正合理的。[1] 无论是严格的文义解释还是灵活的目的解释，从方法论的角度来说，两者虽均有局限，但都未背离 VCLT 中的条约解释规则，不存在绝对的孰对孰错。因此破解条约解释难题的关键，在于避免僵化单一的解释，综合运用多种解释要素，找到最具说服力的解释路径。

在条约临时适用方面，VCLT 是目前唯一关于临时适用条款的较为正式的法源，其第 25 条为条约的临时适用构建了基础性的法律框架。本案属于 VCLT 第 25 条第 1 款 a 项规定的情形，即条约或条约之一部分于条约生效前，在条约本身如此规定的情形下临时适用。具体而言，ECT 第 45 条前 3 款有关临时适用的限制性条件、不予临时适用及声明临时适用的例外等规定与本案关系密切。这些规定本身符合缔约自由原则殆无疑义，但这种临时适用却可能遭遇来自国内法的困难，毕竟相当一部分国家并未认可单纯的条约签署行为即发生临时适用的效果。[2] 而本案仲裁庭与后续荷兰部分法院的裁决对管辖权的确认，一方面肯定了国家在条约上签字可能导致条约对其临时适用的国际合法性，另一方面对临时适用是否与国内法相冲突的不同解释也昭示一国可通过国内法方式拒绝条约的临时适用，更好地维护国家权益。我国国内法目前尚无关于临时适用条约的专门规定，不利于我国应对未来可能产生的国际争端，因此有必要制定国内相应法规以降低我国在国际条约缔结过程中临时适用条款可能遇到的风险。

从 2005 年 2 月到 2024 年 2 月，尤科斯和俄罗斯的纠纷经过了国际投资仲裁与国内法院的多重审理，该案也成为有史以来裁定赔偿数额最大的仲裁案件，受到了海内外仲裁界、投资界和司法界的广泛关注。这场旷日持久的拉锯战围绕仲裁裁决在荷兰、美国、英国等国又相继展开了承认与执行诉讼，其最终走向仍需跟踪和观察。

【思考题】

（1）条约的临时适用会带来哪些法律后果？
（2）条约的临时适用在实践中存在哪些困难？

案例二 伊朗若干资产案（伊朗诉美国）

【基本案情】

美国和伊朗两国长期以来一直存在着争端。截至 2024 年 4 月，两国以 1955 年《经济关系和领事权利友好条约》（以下简称《友好条约》）第 21 条第 2 款为管辖权依据向

---

[1] 刘勇．"一带一路"投资风险及其法律应对：以"尤科斯诉俄罗斯案"为视角［J］．环球法律评论，2018，40（01）：182.
[2] 张建．《能源宪章条约》对签署国的临时适用机制研究：以"尤科斯诉俄罗斯"仲裁案为中心的探讨［J］．甘肃政法学院学报，2016（06）：128.

国际法院提起了 5 起争端,①本案为第 4 起。

　　1955 年,美国和伊朗两国在德黑兰签署了《友好条约》,该条约于 1957 年生效。在 1979 年初伊朗革命和 1979 年 11 月 4 日美国驻德黑兰大使馆被占领之后,两国于 1980 年断绝外交关系。1983 年,黎巴嫩贝鲁特美军驻地发生了一起自杀式炸弹袭击,241 名美国军人丧生。美国指控伊朗为幕后黑手,应该为该袭击以及之后的恐怖主义等违法行为负责,但伊朗驳斥了这些指控。随后美国将伊朗列入"恐怖主义支持国"名单,修改《美国外国主权豁免法》,排除名单内国家享有的管辖豁免。遇难者家属及其他相关利益方陆续向美国法院起诉伊朗政府,要求其进行赔偿。但是,由于伊朗在国际法上所享有的豁免权,判决无法得到执行。自 2002 年以来,美国颁布了一系列法案和政令,授权对伊朗政府和伊朗公司有关资产进行冻结,用于执行美国法院判决的赔偿款项。随着伊朗被冻结资产的机构越来越多,其在国际金融领域受到的负面影响愈发明显。2016 年 4 月,美国联邦最高法院作出一项裁决,明确美国政府可以将其冻结的 17.5 亿美元伊朗中央银行资产用于赔偿在"受伊朗支持的"贝鲁特爆炸案及其他恐怖袭击中遇难的美国公民家属,总计 1000 多人。同年 6 月 14 日,伊朗向国际法院提起诉讼,要求美国归还冻结的资产。伊朗提出了 8 项诉讼请求,包括国际法院拥有管辖权,美国对包括伊朗中央银行在内的伊朗公司采取的不承认其独立法律地位、不公平和歧视待遇、没收财产、剥夺其诉诸美国法院的自由及取消包括伊朗中央银行在内的国有公司及其财产的豁免权、未能尊重此类实体获取和处置财产的权利等一系列行为违反了《友好条约》,美国应确保不得根据本案中有争议的行政、立法及司法行为采取任何措施,美国应承认伊朗及其国有公司基于习惯国际法与《友好条约》享有的豁免权,不应限制这些实体向美国或从美国支付或转移资金的行为且不应妨碍商业自由,美国应予以赔偿等。2017 年 5 月 1 日,美国在规定时限内就伊朗诉求的可受理性和国际法院管辖权提出了先决性抗辩意见,对伊朗提出的"国家主权豁免"事项是否属于《友好条约》的范围从而归国际法院管辖提出了疑问,并认为伊朗中央银行不是《友好条约》意义上的公司,因其没有进行商业活动,履行的是国家主权职能。虽然美国于 2018 年 10 月 3 日宣布退出《友好条约》,但国际法院注意到,在伊朗提交申请之日,该条约在双方之间有效,因此对国际法院的管辖权没有影响。2019 年 2 月 13 日,国际法院对美国的初步反对意见作出判决,认定《友好条约》没有赋予国际法院管辖权,以审议伊朗对美国违反主权豁免国际法规则提出的索赔,但认为伊朗中央银行的法律地位问题不具有先决性,应与实体问题一并审理;又由于美国的管辖权抗辩没有涵盖伊朗的全部诉求,因此国际法院认定其具有对伊朗提交的部分请求作出裁判的管辖权,且这些请求可以受理。2022 年 9 月 19 日至 26 日,国际法院就本案举行了多轮听证会,围绕伊朗中央银行是否属于《友好条约》中列明的"公司"范畴及其应享受的保护和

---

① 分别为 1979 年美国驻德黑兰外交和领事人员案、1989 年关于 1988 年 7 月 3 日空中事故案、1992 年石油平台案、2016 年伊朗若干资产案、2018 年被指控违反《友好条约》案。

待遇等实体争议问题，分别听取了伊朗和美国双方的意见。经过数年诉讼，2023 年 3 月 30 日，国际法院对于实质性案情作出判决，裁定美国违反了 1955 年《友好条约》的某些条款规定的义务，应就违反国际义务行为的损害性后果向伊朗进行赔偿。若双方在本裁决作出后的 24 个月内未能就伊朗应获得的赔偿问题达成一致，则任一方均有权请求国际法院介入解决，为此，国际法院将保留本案的后续处理程序。需要明确的是，本裁决所涵盖的赔偿范围仅限于部分伊朗公司资产，而不包括伊朗中央银行被冻结的资金。国际法院裁决再次表示支持美国就伊朗中央银行所受待遇相关主张的管辖权所提的反对意见，相应地认定国际法院对此没有管辖权。国际法院作出的所有判决都是终审判决，不可上诉。如果所涉国家中有一方没有服从判决，则另一方可将此事提交安理会处理。

【主要法律问题】

《友好条约》第 21 条第 2 款规定，缔约国之间关于本条约的解释或适用的任何争端，如不能通过外交手段得到满意的调整，应提交国际法院，除非缔约国同意用其他和平方法解决。作为伊朗提请国际法院管辖的依据，该条款将国际法院的管辖权限定在有关《友好条约》的解释与适用范围内，在当事双方均对《友好条约》没有明确规定国家管辖和执行豁免无异议的前提下，如何将《友好条约》这个管辖权基础与美国可能违反的实体规则——国家及其财产豁免这一习惯国际法之间连接起来成为本案争议的焦点，国际法院能否确认伊朗基于《友好条约》相关条款对美国不承认伊朗中央银行独立法律地位提出的控诉属于《友好条约》的规定范围，从而根据该条约第 21 条第 2 款对该争端具有属事管辖权成为关键问题。国际法院围绕上述相关争议点采取了多种条约解释方法。

一、《友好条约》与国家豁免规则的关联

（一）《友好条约》第 4 条第 2 款是否包含主权豁免的规定

《友好条约》第 4 条第 2 款规定："任何缔约方的国民和公司的财产，包括财产利益，应在另一缔约方领土内获得最持续的保护和安全，并在任何情况下不得低于国际法的要求……"伊朗认为，该条款提及的一般国际法应包括尊重主权豁免的习惯国际法。因为美国侵害了伊朗国家及国有机构根据习惯国际法享有的豁免权，也就违反了《友好条约》第 4 条第 2 款，致使伊朗国民和公司不能获得该条款提及的"最持续的保护和安全"，也不符合"不得低于国际法的要求"的义务规定。因为国际法院对违反该条约的行为有管辖权，因此国际法院有权在第 4 条第 2 款的意义上适用关于豁免的国际法规则。[1] 与之相反，美国认为该条款中"国际法的要求"与任何形式的豁免无关，

---

[1] Certain Iranian Assets (Islamic Republic of Iran v. United States of America), Preliminary Objections, Judgment of 13 February 2019, paras. 53-54.

只是关于东道国对外国人财产的最低待遇；并且，这些保障平等地适用于不享有豁免的私有公司以及享有豁免的国家实体，这更印证了相关条款不可能涉及主权豁免。[①]

国际法院先搁置了伊朗中央银行的性质这一问题，将它假设为一个公司。国际法院依据《维也纳条约法公约》（以下简称 VCLT）第 31 条规定的条约解释方法，结合《友好条约》的目的和宗旨以及上下文来确定一般国际法的范围。第一，国际法院通过考虑《友好条约》的序言和标题的方式来确定其目的和宗旨。如序言所述，缔约方"鼓励双边互利的贸易和投资，密切两国人民之间的经济往来，并规范领事关系"。该条约的标题"经济关系和领事权利友好条约"也没有表明主权豁免属于其目的和宗旨。因此，第 4 条第 2 款不应包括豁免问题。第二，必须在整个第 4 条的范围内理解其第 2 款的规定，因此国际法院依次审查了第 4 条的每一款。国际法院认为，这些规定加在一起清楚地表明，该条的目的是保障从事商业性质活动的自然人和法人的某些权利和给予其最低限度的保护，因此，不能将其解释为通过引用纳入了关于主权豁免的习惯规则。[②]

综上，国际法院认为，第 4 条第 2 款旨在对缔约国之间从事商业活动的自然人与法人的财产给予最低限度的保护，而非基于国家主权平等原则维护国有实体的权益。

（二）国家豁免作为《友好条约》外的规则是否与争端相关

针对伊朗依据《友好条约》相关条款对美国取消伊朗及包括伊朗中央银行在内的伊朗国有公司豁免权提出的指控，伊朗认为，应在考虑国家豁免规则的前提下对相关条款进行全面解释或适用，特别是《友好条约》的第 3 条第 2 款、第 4 条第 1 款以及第 10 条第 1 款。

伊朗指出，在解释《友好条约》的相关条款时，应当根据 VCLT 第 31 条第 3 款 c 项的规定，考虑"适用于当事国间关系之任何有关国际法规则"。对于此处的"有关国际法规则"，伊朗认为不必是针对同一事项，而只要有相关的因素即可；而国家及其财产豁免规则与美国限制伊朗中央银行等实体的诉权、冻结其财产权利等行为存在"相关因素"，因此在解释时应当参考和适用。同时，伊朗还援引国际法院就 2003 年两国间石油平台案的裁决来支持其主张的广义解读方式。[③]

与之相反，美国采用了狭义上的解读。美国认为应考虑 VCLT 第 31 条下的所有解释规则，特别应考虑条约的目的和宗旨。《友好条约》的目的是保护与美国进行商事交往的伊朗个人和伊朗私有公司，这和伊朗政府的行为或者伊朗国有公司的行为几乎无关，更不可能涉及国家及其财产豁免的内容。因此，所谓的"相关国际法规则"不会

---

① Certain Iranian Assets (Islamic Republic of Iran v. United States of America), Preliminary Objections, Judgment of 13 February 2019, para. 55.

② Certain Iranian Assets (Islamic Republic of Iran v. United States of America), Preliminary Objections, Judgment of 13 February 2019, paras. 56–58.

③ 在该案的判决中，国际法院便依据 VCLT 第 31 条第 3 款 c 项的解释规则，拓展了适用法的范围，将《友好条约》本身没有明确规定的"禁止使用武力"的国际法规则纳入审理范围中。

包含国家豁免的内容。

国际法院指出，尽管相关条款的确没有涉及主权豁免，也没有提及一般国际法，但这并不足以将豁免问题排除出相关条款的管辖范围。但伊朗须证明对豁免规则的违反必然能对相关条款所保障的权利产生一定影响，才能使该豁免规则具有相关性。结合相关条款的上下文以及《友好条约》的目的和宗旨，无法从相关条款用语的通常含义中推断出，给予伊朗公司相关条款规定的权益与承担尊重习惯国际法中的豁免义务有关。①

(三) 主权行为是否享有豁免权

该争议涉及《友好条约》第11条第4款，该款规定："缔约国任何一方的企业，包括公司、协会、政府机构和公共控制的机构，如果在缔约国另一方领土内从事商业、工业、航运或其他商业活动，不得为其自身或财产主张或享有豁免，使其免受税收、诉讼、判决执行或私营和受控企业应承担的其他责任。"②

伊朗认为，该款仅将从事工商业行为的公共企业排除在享有"豁免权"之外，其实反而表明对这些企业代表国家行使的"主权行为"应给予豁免，即当国有企业的经营行为是承担具有政府职能的表现时，应将其视为政府的一部分，享受主权豁免。国际法院认为，是否排除从事工商业行为的公共企业享有豁免权背后的隐含意思，即能否对该条款建立在对条约上下文和目的的理解之上进行反向解释。承认国家实体在从事统治活动时根据习惯法享有豁免，与遵守将这种豁免转变为条约义务的效果是两回事，并未得到该条款文本或上下文的支持；根据《友好条约》的目标和宗旨可知，该条款只涉及经济活动，是为了维护在同一市场经营的经济体之间的公平竞争，主权行为与该条款并没有密切联系。关于这一条款将主权豁免纳入《友好条约》的论点不能成立。③

二、伊朗中央银行的独立法律地位

(一) 对商业自由的解释

该争议与获得国际法院支持的美国的部分初步意见相关，涉及《友好条约》第10条第1款。该款规定："两缔约国领土之间应有商业和航行自由。"伊朗认为，需要先确定美国是否尊重了习惯国际法中的主权豁免义务，才能判断其是否尊重了第10条第1款保障的"商业自由"，因为如果主权豁免没有得到遵守，那么商业自由也会遭到破坏。美国则认为，该条款中的"商业自由"只涉及商业及其他相关活动，关于船舶及

---

① Certain Iranian Assets (Islamic Republic of Iran v. United States of America), Preliminary Objections, Judgment of 13 February 2019, para. 70.

② Certain Iranian Assets (Islamic Republic of Iran v. United States of America), Preliminary Objections, Judgment of 13 February 2019, para. 59.

③ Certain Iranian Assets (Islamic Republic of Iran v. United States of America), Preliminary Objections, Judgment of 13 February 2019, para. 70.

其所载货物的待遇与主权豁免的保护无关。①

国际法院回忆了伊朗与美国间的石油平台案先决性抗辩判决中对"商业自由"范围的解释。该案中，国际法院将"商业"解释为不仅包括海上贸易，还包括一般的商业交易；"商业"一词无论在普通意义还是法律意义上，都不仅限于买卖行为，还包含广泛的商业从属行为。② 本案对"商业"的解释不应当偏离石油平台案中对"商业"的解释。但即使对"商业"作广义解释，商业自由也不应包括与缔约方商业无关的行为。因此国际法院认为，认定实施主权行为违反豁免权不会阻碍商业自由，伊朗认定的"美国违反主权豁免"这一事实与《友好条约》没有关系。③

（二）伊朗中央银行等国有企业是否属于《友好条约》中所称的"公司"

该争议主要围绕伊朗中央银行是否属于《友好条约》中载明的"公司"范畴，继而能否享受相应的保护与公平待遇展开。美国认为，伊朗中央银行不是该条约第3条、第4条和第5条意义上的"公司"。因为上述条款对公司的保护仅适用于参与经济竞争、从事商业活动的市场主体，而伊朗中央银行履行的是主权职能，没有从事商业活动。伊朗则认为，其中央银行是相关条款规定的"公司"。因为《友好条约》第3条第1款对"公司"作出了宽泛的界定，只要是根据国内法律体系设立且具有独立法律人格的实体都可被视作公司，而无须考虑其组织架构或资本结构，以及是否进行营利性活动。④

国际法院指出：首先，伊朗中央银行根据1960年《货币和银行法》第10条c项具有独立法律人格；其次，不排除具体实体同时参与商业活动与主权活动的可能性，伊朗中央银行完全由伊朗国家控制这一事实本身不足以否认其符合《友好条约》意义上"公司"的条件。⑤ 但国际法院还认为，确定伊朗中央银行是不是"公司"仍需要根据其活动性质来判断，即应依据第3条第1款的措辞，并结合《友好条约》的上下文及其目的和宗旨进行解释。伊朗认定其中央银行为"公司"的唯一依据是该银行于2002年至2007年购买了在美国金融市场发行的22份非物质化债券的担保权利，并管理这些权利产生的收益。对此国际法院认为，这些行动不足以证明伊朗中央银行在相关时间从事了商业性质的活动。事实上，这些行动仅仅是行使其作为中央银行的主权

---

① Certain Iranian Assets (Islamic Republic of Iran v. United States of America), Preliminary Objections, Judgment of 13 February 2019, paras. 75-77.

② Oil Platforms (Islamic Republic of Iran v. United States of America), Preliminary Objection, Judgment of 1996 (Ⅱ), paras. 45-46.

③ 刘珊. 从"伊朗若干资产"案看国际法院的条约解释方法 [J]. 河北北方学院学报（社会科学版），2021, 37 (03): 64-69.

④ Certain Iranian Assets (Islamic Republic of Iran v. United States of America), Preliminary Objections, Judgment of 13 February 2019, para. 82.

⑤ Certain Iranian Assets (Islamic Republic of Iran v. United States of America), Preliminary Objections, Judgment of 13 February 2019, para. 88.

职能的一种方式，而不是该银行"在主权职能之外"开展的商业活动。① 由于双方特别是伊朗没有提供充分的必要事实证据，国际法院无法确定伊朗中央银行在美国争议措施实施时从事活动的性质是否允许将其定性为《友好条约》中的"公司"。鉴于相关判定要素主要具有事实性，并与案件的实体问题相关，国际法院认为该问题应在实体问题审理阶段予以明确。如前所述，国际法院在对于实质性案情的判决中，支持了美国的反对意见，认定自身没有管辖权来审议该主张。

【主要法律依据】

（1）美国和伊朗《经济关系和领事权利友好条约》第 3 条第 1 款和第 2 款、第 4 条第 1 款和第 2 款、第 5 条、第 10 条第 1 款、第 11 条第 4 款、第 21 条第 2 款。

（2）《维也纳条约法公约》（VCLT）第 31 条、第 32 条。

【拓展分析】

一、国际法院的条约解释路径

在伊朗若干资产案中，在管辖权问题上因对 1955 年《友好条约》相关条款的解释、适用产生的分歧构成国际法院着力的焦点。国际法院通过对《友好条约》第 4 条第 2 款是否包含主权豁免的规定问题的分析，认为即使条约文本提及了一般国际法，也不意味着所有国际法争端都可以纳入条约的适用范围。在这种情况下，仍然需要借助条约解释的方法，考虑条约的目的宗旨，结合上下文，明确一般国际法的具体范围，认定当事方提出争端是不是关于条约解释和适用的争端，从而判断国际法庭是否具有属事管辖权。② 因此国家豁免作为一般国际法原则或习惯国际法，均没有因涉及条约提及一般国际法而被纳入条约解释与适用争端的必然性。但在关于国家豁免作为《友好条约》外的规则是否与争端相关问题上，国际法院又认为，即使涉及的条约没有直接规定与诉求相关的国际法规则，也不必然会导致该诉求与该条约的解释、适用无关，而是应在对与诉求相关国际法规则的违反是否一定影响所涉条约的权利进行分析的基础上，才能进一步判断关于该规则的争端是否可作为条约解释或适用的争端。尽管国际法院对其他规则与条约权利之间的联系问题采取了相对审慎的态度，但其此种认定标准在一定程度上可能会扩大关于某一条约解释和适用争端的范围，因为它错误地混淆了管辖权和可适用法律之间的关系（即《国际法院规约》第 36 条与第 38 条之间的关系）。③ 与此相似，在伊朗与美国之间的石油平台案的判决中，国际法院直接援用了

---

① Certain Iranian Assets (Islamic Republic of Iran v. United States of America), Judgment of 30 March 2023, paras. 49-50.

② 宋岩. 国际法院对关于条约解释和适用争端的认定标准：伊朗诉美国"某些伊朗资产案"先决性抗辩判决评述［J］. 国际法学刊, 2021（01）: 95-112, 156.

③ 宋岩. 国际法院对关于条约解释和适用争端的认定标准：伊朗诉美国"某些伊朗资产案"先决性抗辩判决评述［J］. 国际法学刊, 2021（01）: 95-112, 156.

关于使用武力和自卫的一般规则，将其作为"适用于当事国间关系之任何有关国际法规则"，运用到对 1955 年《友好条约》相关条款的解释中，从而将公约本身没有明确规定的"禁止使用武力"国际法原则纳入审理范围，但却未就该原则与被解释规则间的逻辑关联进行必要的论证。该举措不仅遭到了同案法官的反对，认为法庭"更像是将条约解释概念替换为可适用的法律"，在学术界同样引起了质疑，有学者甚至认为该裁判是有缺陷且极度危险的。①

在关于主权行为是否享有豁免权、对商业自由的解释和中央银行等国有企业是否属于《友好条约》意义上的"公司"问题上，国际法院均着重提及了对该条约目的与宗旨的关注。伊朗意图使用反向解释的方法认定《友好条约》第 11 条第 4 款涵盖国家主权豁免原则，但未获采纳。国际法院的裁决表明，以待解释条款的表面措辞反向推导其可能内涵的意思，不属于 VCLT 条约解释规则确定的方法。本案中，如果法院采纳这种反向解释，有将条约进行扩大解释之嫌。针对后两个问题，国际法院同样采取了文义解释和目的解释相结合的方法。国际法院借助之前在石油平台案中的解释，不仅关注"商业"一词的普通意义，也关注其法律上的定义，无论从哪个方面进行考量，国际法院都认为"商业"不仅包括买卖行为，还包括更为宏观的其他从属行为。同时，国际法院不仅结合上下文对"公司"的定义进行解释，还从该条约的目的和宗旨中进一步考察伊朗中央银行的性质。由此可见，条约的目的解释虽非 VCLT 规定的独立解释方法，具有一定的补充性，但其对文义解释这一条约解释基本方法的矫正作用得到了国际法院的认可。

二、国际法院管辖权范围的扩张之嫌

国际法院通过对所涉条约条款进行广泛解读从而确立对相关争端的管辖权，在一定程度上扩大国际法院的管辖范围，对双边关系可能产生深远影响。2018 年 5 月，美国总统特朗普宣布退出 2015 年签署的伊朗核问题全面协议，并重启一系列对伊朗的制裁。伊朗于 2018 年 7 月向国际法院提起诉讼，指控美国对伊朗及伊朗公司和国民实施的一系列限制性措施违反了 1955 年《友好条约》。在对伊朗提出的以暂停美国制裁为目的的临时措施请求进行回应时，国际法院首先对管辖权进行了分析，驳回了美国提出的该争端事关《伊朗核协议》，与《友好条约》无关的抗辩，认为同一个争端完全可以同时和两个条约相关。至今，伊朗已数次利用 1955 年《友好条约》对美国发难，原本是美国为使本国企业在伊朗免受政治风险而签订的《友好条约》却成为伊朗反向施压的有力武器。美国为逃避国际法院 2018 年 10 月作出的临时措施裁决，宣布退出 1955 年《友好条约》，以期掐断这个国际法上的"问题来源"。

国际法院管辖权范围的确定表面上看是对相关协定中争端解决条款的解释问题，但背后的国家同意原则却使该问题异常敏感。本案中，1955 年《友好条约》没有明确规定国家豁免的习惯法规则，通过对该条约相关条款解释的方式将国家豁免问题纳入

---

① GREEN J. The Oil Platforms Case: An Error in Judgement? [J]. Journal of Conflict and Security Law, 2004 (3): 386.

该条约的适用范围，国际法院的做法有绕过国家同意原则之嫌，是否具有国际法上的合理性值得探讨。本案判决中虽然适用法的规则条款仅是只言片语，却可能对国际关系、国际秩序、国际法未来的发展产生深远影响。国际法院作为联合国最主要的司法机构，如何处理管辖权范围问题关系着其在复杂的国际争端面前，如何沉着地捍卫国际法的效力和尊严，又如何一如既往地守护世界的和平与安全的终极任务。

三、对我国的启示

伊朗和美国之间恩怨纠缠数十载，波及范围甚广，美国多以包括国家豁免立法在内的国内法方式对伊朗，甚至第三国进行制裁，中国企业与公民也数次受到牵连。[①] 因此对伊美两国间的争端，我国应广泛了解争端的来龙去脉，密切关注争端的处理全程，对相关的法律问题予以深入研究，为日后可能的行动积累经验。

从国家实践的角度来看，伊朗的国际法之路对我国有一定的参考价值。即使是美国和伊朗这两个深度敌对的国家之间，也能够运用国际法而不是武力来解决争端，这就是国际法的重要意义。随着国际局势及中国国际角色的变化，中国的国有企业和私营企业在未来的出海过程中很可能会面临和伊朗企业类似的问题，无论是政府还是企业都应学会利用国际法维护自身权益。

【思考题】

（1）VCLT 第 31 条规定的顺序是等级严格的优先级顺序，还是并列关系的顺序？

（2）对同一条款采用不同的解释方法得出不同的结论时，应该从哪些角度考虑最终采纳某一结论？

---

① 前有中兴公司因为出口含有美国技术与零件的产品给伊朗受到美国商务部处罚，后有华为 CFO 孟晚舟因涉伊朗金融欺诈事由在加拿大应美国的要求被逮捕。

第十四章

外交与领事关系法

本章知识要点

（1）外交特权与豁免；（2）领事保护；（3）外交途径解决争端；（4）领事谈判与交涉。

案例一　贾达夫案（印度诉巴基斯坦）

【基本案情】

印度国民贾达夫（Jadhav）因被认为是印度情报机构RAW的间谍，于2016年3月在巴基斯坦被捕。

巴基斯坦方面声称，贾达夫持伪造的印度护照进入巴基斯坦，并参与了多起间谍和恐怖活动。而印度则坚称贾达夫是在伊朗从事商业活动期间被绑架，并被非法转移到巴基斯坦。2017年5月8日，印度就巴基斯坦涉嫌违反1963年4月24日《维也纳领事关系公约》（以下简称《领事关系公约》）向国际法院提起诉讼，认为巴基斯坦"拘留和审判一名印度国民贾达夫先生"且巴基斯坦军事法院于2017年4月将贾达夫判处死刑的行为违反《领事关系公约》的规定。

印度在提出诉请的同一天还提出了指示临时措施的请求，请求国际法院指示巴基斯坦确保在作出最终裁决之前不得执行对贾达夫的死刑，并确保不采取任何可能损害印度或贾达夫参与司法裁决方面合法权利的措施。国际法院随后发布了临时措施，要求巴基斯坦确保贾达夫不被处决，及时告知国际法院其为执行该命令而采取的所有措施，并保持国际法院对此案的管辖权。

2019年2月18日至21日，国际法院就案件实质问题举行了公开听证会。在2019年7月17日的判决中，国际法院先追溯了争端的历史，然后得出结论，指出国际法院有权受理印度提出的巴基斯坦涉嫌违反《领事关系公约》的相关主张，即国际法院对本案具有管辖权。国际法院随后审议了巴基斯坦提出的3项关于案件可受理性的反对意见，这些反对意见的依据是印度涉嫌滥用程序、滥用权利和存在非法行为。国际法

198

院最终得出结论,印度的申请可以受理。

在随后的诉讼中,国际法院审查了双方关于《领事关系公约》第36条的争议。印度声称,巴基斯坦没有将印度国民被捕和拘留的信息进行及时通知,贾达夫没有被告知他根据《领事关系公约》第36条应享有的权利,且印度领事官员在贾达夫被拘留和监禁期间无法与其接触或者通信交流,印度领事官员无法安排法律代表维护贾达夫的权利。巴基斯坦则辩称,根据《领事关系公约》和两国之间的双边协议,间谍和恐怖活动不适用领事探视的规定。

2019年7月,国际法院作出裁决,认定巴基斯坦确实违反了《领事关系公约》关于领事关系的规定;但对于印度提出的废除巴基斯坦军事法庭的裁决并释放贾达夫,巴基斯坦应为将贾达夫安全送回印度提供便利的要求,不予支持。国际法院命令巴基斯坦为贾达夫提供领事探视,并要求重新审视和重审其案件,以确保公正处理,并允许印度领事官员介入。国际法院的决定重申了《领事关系公约》在国际法中的地位及其对国际关系的重要性。

【主要法律问题】

本案主要涉及因贾达夫被拘留、审判而在印度与巴基斯坦之间产生的《领事关系公约》适用问题,具体包括巴基斯坦针对印度国民贾达夫的一系列行为是否违反《领事关系公约》第36条规定的义务,以及该条款项下的救济措施。对此,国际法院首先针对巴基斯坦的抗辩,审查了《领事关系公约》第36条的适用性;在肯定其适用的基础上继而审查巴基斯坦是否遵守了《领事关系公约》第36条关于通知被拘留外国公民所享有的权利和其领事保护的规定,即巴基斯坦是否未能及时通知印度领事机构贾达夫被拘留的事实,以及是否未能告知贾达夫根据该公约所享有的权利;国际法院还讨论了关于贾达夫的公正审判权是否得到保障的情况。

一、《领事关系公约》第36条的适用问题[①]

巴基斯坦就《领事关系公约》某些条款对本案的适用性提出了若干论点。首先,《领事关系公约》第36条不适用于"表面证据确凿的间谍案";其次,习惯国际法适用于领事关系中的间谍案件,并允许各国对《领事关系公约》第30条有关领事探访的条款作出例外规定;最后,本案中,应适用2008年《印度和巴基斯坦领事探访协定》(以下简称2008年协定),而非《领事关系公约》第36条。

国际法院认为,《领事关系公约》第36条并没有将某些类别的人,如间谍嫌疑人排除在适用范围之外;印巴双方均为《领事关系公约》缔约方,因此该公约应适用于双方关系中的当前事项,而不是习惯国际法;2008年协定的任何条款都没有表明双方有意限制《领事关系公约》第36条所保障的权利,且该协定是《领事关系公约》第73条第2款所指的嗣后协定,意在确认、补充、延伸或扩充该文书,因此不能取代

[①] Jadhav (India v. Pakistan), Judgment of 17 July 2019, paras. 68-98.

《领事关系公约》第 36 条规定的义务。因此国际法院得出结论,无论关于贾达夫从事间谍活动的指控如何,《领事关系公约》均应适用于本案。

二、巴基斯坦是否违反《领事关系公约》第 36 条的问题

印度声称巴基斯坦的下列行为违反了《领事关系公约》第 36 条"与派遣国国民通讯及联络"[1]中规定的义务:第一,没有通知贾达夫根据《领事关系公约》第 36 条享有的权利;第二,没有立即将其对贾达夫采取强制措施的事实通知印度;第三,拒绝印度领事官员与贾达夫联系。

关于印度的第一项主张,国际法院回顾了《领事关系公约》第 36 条第 1 款第 2 项中的相关规定,即一国主管当局必须将根据该条款享有的权利通知被拘留的外国国民。因此,国际法院必须确定巴基斯坦主管当局是否根据《领事关系公约》通知了贾达夫其应享有的权利。在这方面,国际法院注意到,巴基斯坦在其书面陈述和口头辩护中一贯坚持认为,《领事关系公约》不适用于涉嫌从事间谍活动的人。国际法院从巴基斯坦的这一立场推断,巴基斯坦没有将其根据《领事关系公约》第 36 条第 1 款第 1 项享有的权利通知有关人员,并得出结论认为,巴基斯坦没有履行该条规定的义务。[2]

关于印度的第二项主张,国际法院同样回顾了《领事关系公约》第 36 条第 1 款第 2 项的规定,即一国应经被实施逮捕或监禁等强制措施的外国国民的请求,将有关情事立即通知该外国领馆;且应将本款规定之权利迅即告知该外国国民本人。国际法院指出,根据上述条款,巴基斯坦有义务通知被拘留者根据该条款规定享有的权利,与被拘留者有权利要求将其被拘留的情况通知派遣国领事馆这两者之间存在着内在的联系。如果巴基斯坦不履行其义务,贾达夫则可能不知道其根据该条款享有的权利,因此就无法提出相应的请求。国际法院接着讨论"迅即告知"的含义并指出,《领事关系公约》的一般含义及其目的和宗旨表明"迅即"应被理解为"在逮捕后立即"。虽然巴基斯坦确实于 2016 年 3 月 25 日将拘留贾达夫一事通知了印度,但从贾达夫被采取措施到巴基斯坦主管当局向印度发出通知之时已经过去了大约 3 周时间,显然违反了"迅即告知"的义务。国际法院的解释强调了这一义务的紧迫性,继而进一步指出,"迅即告知"即及时通知的义务是为了确保被拘留者能在最早的时间内获得其国家的领事保护,从而维护其基本的人权和法律权益。在本案中,巴基斯坦未能履行这一义务,导致了

---

[1] 《领事关系公约》第 36 条:"一、为便于领馆执行其对派遣国国民之职务计:(一)领事官员得自由与派遣国国民通讯及会见。派遣国国民与派遣国领事官员通讯及会见应有同样自由。(二)遇有领馆辖区内有派遣国国民受逮捕或监禁或羁押候审,或受任何其他方式之拘禁之情事,经其本人请求时,接受国主管当局应迅即告知派遣国领馆。受逮捕、监禁、羁押或拘禁之人致领馆之信件亦应由该当局迅予递交。该当局应将本款规定之权利迅即告知当事人。(三)领事官员有权探访受监禁、羁押或拘禁之派遣国国民,与之交谈或通讯,并代聘其法律代表。领事官员并有权探访其辖区内依判决而受监禁、羁押或拘禁之派遣国国民。但如受监禁、羁押或拘禁之国民明示反对为其采取行动时,领事官员应避免采取此种行动。二、本条第一项所称各权利应遵照接受国法律规章行使之,但此项法律规章务须使本条所规定之权利之目的得以充分实现。"

[2] Jadhav (India v. Pakistan), Judgement of 17 July 2019, paras. 100-102.

对贾达夫权利的严重侵犯，包括被剥夺了接触本国领事的机会，这是对其进行有效法律辩护的关键环节。①

国际法院随后审议了印度声称巴基斯坦未允许印度领事当局与贾达夫联系的问题。2016年3月25日，印度曾为此提出了若干请求。2017年3月21日，巴基斯坦主管当局首次对此作出答复：印度是否能通过其领事官员与贾达夫联系，与巴基斯坦提出的协助调查的情况相关，而印度并不配合巴基斯坦主张的协助调查。国际法院认为，任何所谓印度在巴基斯坦的调查过程中不予配合的指控都不能免除巴基斯坦根据《领事关系公约》第36条第1款承担的准予领事探视的义务，也没有其他证据证明巴基斯坦拒绝让印度领事官员与贾达夫联系是合理的。《领事关系公约》第36条第1款第3项规定：领事官员有权探访受监禁、羁押或拘禁之派遣国国民，与之交谈或通信，并代聘其法律代表。领事官员并有权探访其辖区内依判决而受监禁、羁押或拘禁之派遣国国民。但如受监禁、羁押或拘禁之国民明示反对为其采取行动时，领事官员应避免采取此种行动。法院认为，巴基斯坦拒绝印度领事官员与贾达夫联系，违反了《领事关系公约》的上述规定，侵犯了贾达夫被探视的权利、与其国家领事取得联系的权利及领事官员为其代聘律师的权利。法院进一步指出，巴基斯坦拒绝印度领事官员与贾达夫进行接触，这不仅违反了《领事关系公约》的明确规定，也侵犯了贾达夫的辩护权。领事官员的探视和沟通是保障被拘留者能够了解其权利并获得必要法律帮助的基本途径。②

国际法院的裁决要求巴基斯坦为贾达夫提供重新审判的机会，并确保印度领事官员可以参与到这一过程中，以纠正巴基斯坦先前违反《领事关系公约》的行为。这一判决强调了国际法在维护国家间法律义务和保护个人权利方面的重要作用。

三、贾达夫的公正审判权是否得到保障的问题

鉴于巴基斯坦的上述违法行为，国际法院认为，应依据《领事关系公约》第36条，对贾达夫进行适当救济。在口头诉讼中，印度指出，巴基斯坦宪法保障获得公正审判的权利，这是一项基本权利；这一权利是绝对的、不能被剥夺的，所有审判都是据此进行的；如果公正审判没有得到保障，司法审查程序就无法持续进行。国际法院认为，本案的适当补救办法是对贾达夫的定罪和判刑进行复审和复核。国际法院强调，在任何复审和复核中，尊重公平审判原则至关重要，在本案中，对贾达夫的定罪和判刑进行复核和审查至关重要。国际法院认为，《领事关系公约》第36条第1款规定的权利受到侵犯及对公平审判的影响，应在审查和复审程序中得到充分审查和适当处理。在这方面，应特别深入地分析任何潜在的、可能会对证据和贾达夫辩护权产生不利影响的因素，确保有效审查和复审的义务可以通过各种方式履行，巴基斯坦有具体选择哪种方式的决定权。然而，这种选择手段的自由并非没有限制。确保有效审查和复审

---

① Jadhav (India v. Pakistan), Judgement of 17 July 2019, paras. 103-113.
② Jadhav (India v. Pakistan), Judgement of 17 July 2019, paras. 114-119.

的义务是一项结果义务，必须无条件地履行。因此，巴基斯坦必须采取一切措施，确保有效地审查和修改，包括在必要时通过适当的立法措施。①

国际法院最终得出结论，巴基斯坦必须采取必要的复查和复核程序，并保证复查和复核程序的真实有效，对本案中的定罪和判刑进行重新审查和修改，以确保《领事关系公约》第 36 条第 1 款所述权利受到侵犯的后果得到充分重视。

【主要法律依据】

《维也纳领事关系公约》第 36 条。

【拓展分析】

本案是国际法和国际关系领域的一个重要判例，显示了国际法院在解决国家间因领事关系而产生的争端中的关键角色地位，法院判决强调了国家必须遵守其国际义务，尤其是在涉及个人基本权利和国家间外交关系领域。

本案中，国际法院详细解释并运用了《领事关系公约》第 36 条的规定。这一条款的重点在于保障被拘留的外国公民能及时获知自己的领事权利，并通过其本国领事机构获得必要的法律援助。巴基斯坦未能履行《领事关系公约》规定的义务，特别是在通知贾达夫其领事权利、迅速通知印度其被拘留的情况及拒绝印度领事官员与贾达夫联系等方面。

本案同时凸显了公正审判权与领事保护之间的关联。虽然国际法院的主要裁决依据是《领事关系公约》，但其对公正审判权的间接考量也体现了国际人权法的基本原则。公正审判权是国际人权法中的一个核心原则，在《公民权利和政治权利国际公约》等人权条约中得到广泛确认。这一权利保障被告在法律程序中能被公平地对待，有权得到必要的法律辩护。本案中，国际法院虽然未直接裁决公正审判权的问题，但基于印度提出的贾达夫未能得到公正审判从而巴基斯坦违反了国际人权法基本原则的主张，国际法院将贾达夫应享有的公正审判权与其因巴基斯坦违反《领事关系公约》而权益受损应获得补救问题联系在了一起，认为尽管本案涉及国家安全问题，但对当事人应享有的领事保护权利的剥夺直接影响了其获得公正审判的机会。国际法院在裁决中强调，确保审判的公正性是任何法律程序的基石。为纠正巴基斯坦违反《领事关系公约》的行为，国际法院要求巴基斯坦为贾达夫提供重新审判的机会，并确保印度领事官员可以参与到这一过程中。国际法院的这一决定体现了国际法在实际应用中如何强化公正审判的保障。

本案涉及的国际法问题复杂繁多，特别是如何解释和应用《领事关系公约》，以及如何间接处理与公正审判权相关的人权问题尤其值得关注。通过本案的裁决，国际法院不仅强调了领事保护的重要性，也体现了对公正审判权的尊重。

---

① Jadhav (India v. Pakistan), Judgement of 17 July 2019, paras. 125-147.

【思考题】

(1) 在间谍活动指控下，领事保护权的适用范围和限制是什么？

(2) 领事保护权如何保障被拘留者获得公正审判的权利？

(3) 为维护公正审判权，国际法院在本案中是如何解释和应用《领事关系公约》的？

案例二　外交豁免和刑事诉讼案（赤道几内亚诉法国）

【基本案情】

2008年12月2日，"透明国际（法国）"①就部分非洲国家高级官员以及其家庭成员挪用本国公款并以此类钱款在法国投资的行为向巴黎检察官提起诉讼，法国法院受理了该起诉，并于2010年展开调查。受指控对象包括赤道几内亚总统之子，时任赤道几内亚农业林业部部长（2012年5月21日升任赤道几内亚主管国防和国家安全的副总统）的小奥比昂，调查主要针对其在法国获取的不动产，具体包括其拥有的大量高额物品及位于巴黎福煦大街42号的一栋房产。

2011年10月4日，赤道几内亚照会法国，指出该栋房屋属于赤道几内亚国家财产，并且已于多年前被用于执行外交使馆使命，构成外交馆舍的一部分。之后，双方多次就该房屋的地位进行交涉。自2012年2月14日至23日，法国检方对该栋房产进行进一步搜查，并查封了部分财产。2012年2月14日、15日，赤道几内亚再次照会法国，认为法国检方的此次行动违反了《维也纳外交关系公约》（以下简称《外交关系公约》）所规定的保护使馆馆舍不受侵害的义务。2012年7月19日，法官指示扣押该栋房产。2012年7月27日，赤道几内亚通知法国方面，称自该日起，涉案房屋将作为使馆办公场所。2012年8月6日，法国照会赤道几内亚，由于该房屋自2012年7月19日起已经被扣押，因而法国无法认可该房屋自7月27日起作为使馆馆舍。

对此，赤道几内亚于2013年6月13日依据《联合国打击跨国有组织犯罪公约》（以下简称《有组织犯罪公约》）第4条和《外交关系公约》第22条，向国际法院提起对法国的诉讼。一方面，请求国际法院认定法国的行为构成对他国国家主权的侵犯，同时小奥比昂作为赤道几内亚副总统享有刑事豁免权；另一方面，请求国际法院认定法国房产的使馆馆舍地位并给予相应的保护措施。2018年6月6日，国际法院作出了第一份判决，确认了对该案部分争议的管辖权；2020年12月11日，国际法院对本案

---

① 透明国际（Transparency International）即"国际透明组织"，简称TI，是一个非政府、非营利、国际性的民间组织。透明国际于1993年由德国人彼得·艾根创办，总部设在德国柏林，以推动全球反腐败运动为己任，现已成为对腐败问题研究得最权威、最全面和最准确的国际性非政府组织，目前已在90多个国家成立了分会。它的研究结果经常被其他权威国际机构反复引用。

作出了最终判决,驳回了赤道几内亚的诉求。

在法国国内方面,法国检察官也于 2016 年 5 月 23 日向本国法院提交意见书,要求以洗钱、贪污等罪名审理小奥比昂。2017 年 10 月 27 日,巴黎轻罪法院判决小奥比昂犯洗钱罪,并没收在调查期间查获的动产及扣押的房屋。之后,小奥比昂向巴黎上诉法院提出上诉,该法院于 2020 年 2 月 10 日判决,支持没收该房屋的决定。

由于国际法院在第一份判决中已表明其对于本案中小奥比昂作为国家官员在法国被诉的刑事管辖豁免问题无管辖权,随后的争端集中于涉案房屋是否构成赤道几内亚位于法国的使馆馆舍之一并享有《外交关系公约》所赋予的保护,以及法国对该房屋采取的行为是否违反该公约所规定的义务。

【主要法律问题】

赤道几内亚将本案诉至国际法院的主要依据在于《有组织犯罪公约》第 4 条及《外交关系公约》第 22 条第 3 款。

根据《有组织犯罪公约》,赤道几内亚提出了 3 点主张。第一,认为法国违反了《有组织犯罪公约》第 4 条,其司法部门对该案的审理严重侵犯了其国家主权和专属管辖权,而小奥比昂拥有赤道几内亚副总统的身份,理应享有刑事豁免权。第二,认为涉案房屋依据《有组织犯罪公约》第 4 条享有外交豁免权。第三,认为法国对与洗钱罪有关罪行的管辖权,超出了其刑事管辖范围,违反了《有组织犯罪公约》第 4 条、第 6 条和第 15 条规定的义务。[①]

根据《外交关系公约》,赤道几内亚提出了两点主张。首先,认为涉案房屋构成法国赤道几内亚特派团的一部分,因此有权享有《外交关系公约》第 22 条规定的保护。其次,认为法国当局对该建筑采取的行动违反了《外交关系公约》第 22 条规定的义务。国际法院表示,将确定当事各方之间争端是否属于《外交关系公约》的范围,并确定其根据《维也纳外交关系公约关于强制解决争端之任择议定书》(以下简称《任择议定书》)是否有权审理这一问题。[②]

根据赤道几内亚的起诉,国际法院首先分别依据《有组织犯罪公约》和《外交关系公约》审理了其管辖权问题,之后进一步审理了具体争议问题。

一、国际法院是否享有管辖权

(一)依据《有组织犯罪公约》的管辖权问题[③]

1.《有组织犯罪公约》第 35 条

根据《有组织犯罪公约》第 35 条,一个缔约国将争端提交国际法院之前应在合理

[①] Immunities and Criminal Proceedings (Equatorial Guinea v. France), Judgment of 6 July 2018, paras. 48-64.
[②] Immunities and Criminal Proceedings (Equatorial Guinea v. France), Judgment of 6 July 2018, paras. 65-73.
[③] Immunities and Criminal Proceedings (Equatorial Guinea v. France), Judgment of 6 July 2018, paras. 74-119.

的时间内通过谈判解决争端。之后，如果有关缔约国一方请求仲裁，则应在提出仲裁请求后的 6 个月内组织仲裁。在本案中，国际法院认为这些程序性要求已被遵守。

2.《有组织犯罪公约》第 4 条

《有组织犯罪公约》第 4 条规定："一、在履行其根据本公约所承担的义务时，缔约国应恪守各国主权平等和领土完整原则，以及不干涉别国内政原则。二、本公约的任何规定均不赋予缔约国在另一国领土内行使管辖权和履行该另一国本国法律规定的专属于该国当局的职能的权利。"赤道几内亚关于"法国对小奥比昂的指控侵犯了其国家主权"的主张涉及该条的解释及适用，国际法院对此进行了审理。

首先，国际法院认为《有组织犯罪公约》第 4 条第 1 款是对缔约国规定了一项义务，该义务并非独立于其他规定，其目的是确保公约缔约国按照主权平等、领土完整和不干涉其他国家内政事务的原则履行其义务。

其次，国际法院认为《有组织犯罪公约》第 4 条仅指国际法的主权平等原则本身，并不涉及任何其他国际习惯规则。就其通常含义而言，第 4 条第 1 款并未通过提及主权平等强加给各缔约国义务，以符合一般保护主权的众多国际法规则及这些规则的所有限定条件。而从该公约上下文来看，其任何规定都没有明确涉及国家和国家官员的豁免权。法院认为，赤道几内亚提出的对第 4 条的解释，即将有关国家和国家官员豁免的习惯规则作为常规义务纳入该公约，与该公约第 1 条规定的既定目的无关。

据此，国际法院得出结论，根据《有组织犯罪公约》的目的及其上下文，第 4 条并没有纳入有关国家和国家官员豁免的国际习惯规则。因此，本案所涉争端并不涉及《有组织犯罪公约》的适用，从该意义上来看，国际法院没有管辖权。

3.《有组织犯罪公约》第 6 条和第 15 条

此外，国际法院还对赤道几内亚提出的涉及《有组织犯罪公约》的第 3 项主张进行了审理。即法国对小奥比昂关于洗钱等相关罪行采取的措施是否超出了其刑事管辖的范围。

国际法院注意到，《有组织犯罪公约》承认犯罪的定义和相关法律规则和程序是起诉国家的国内法律问题，该公约有助于协调但不指导缔约国在行使其国内管辖权时的行动。因此，缔约国在执行该方面所采取行动的范围是有限的。

之后，国际法院转向法国涉嫌对洗钱罪过度行使管辖权的问题。国际法院注意到，《有组织犯罪公约》第 2 条 h 项将"上游犯罪"定义为"因此产生的收益而可能成为本公约第 6 条所界定罪行的任何罪行"。该公约第 6 条第 2 款规定缔约国有义务"寻求"第 6 条第 1 款规定的关于"范围最广的上游犯罪"的刑事罪行，包括在缔约国管辖范围以外的罪行。该义务受到第 6 条第 2 款 c 项的限制，即在缔约国管辖范围之外所犯的上游犯罪只能与该行为发生国的国内法规定的刑事犯罪行为有关。根据第 6 条采取措施的缔约国的国内法，这种行为也必须构成犯罪。

国际法院注意到，该第 6 条第 2 款 c 项并不涉及任何特定个人是否在国外犯了上述罪行的问题，而是涉及所指控的国外行为根据其发生的国家国内法律是否构成犯罪的问题。国际法院还指出，该第6条第2款c项没有规定在其领土上发生这种罪行的国家的专属管辖权。每一缔约国应采取措施，按照第6条的要求将公约犯罪定罪，包括该缔约国管辖范围内外的"最广泛范围"的上游罪行。每一缔约国也应采取必要的措施，以根据第15条确立其对公约执行的管辖权。这是根据该公约第15条第6款规定的原则，该条规定："在不影响一般国际法准则的情况下，本公约不排除缔约国行使其依据本国法律确立的任何刑事管辖权。"

基于以上分析，国际法院认为，赤道几内亚的指控不属于《有组织犯罪公约》的规定，特别是第6条和第15条。因此，国际法院没有管辖权受理与法国涉嫌管辖权过度扩大有关的争端。

（二）依据《外交关系公约》及《任择议定书》的管辖权问题①

对于涉案馆舍是否构成法国使馆馆舍并根据《外交关系公约》第22条享有相应保护权的问题，赤道几内亚援引了《任择议定书》作为国际法院管辖权的依据。国际法院对此进行了审理。

1. 对影响国际法院管辖权程序性事项的排除

根据《任择议定书》第2条和第3条的规定，因《外交关系公约》的解释或适用而引起的争议，当事方可在一方向另一方提出存在争议的意见后两个月内同意不诉诸国际法院而诉诸仲裁或调解。在该期限届满后，任何一方均可通过申请将争议提交国际法院。在本案中，赤道几内亚建议向法国寻求调解或仲裁，但法国并未表示愿意审议这项建议，而是明确表示不能继续执行这项建议。因此，《任择议定书》的第2条和第3条不影响国际法院根据其第1条可能拥有的任何管辖权。

2. 确定相关争议涉及《外交关系公约》的解释和适用

根据关于对条约解释的习惯国际法规则，国际法院对《外交关系公约》的有关条款进行了分析。国际法院注意到，该公约第1条i项界定了什么是"使馆馆舍"，这是后来在第22条中使用的一个短语。就该公约而言，"用于（外交）使团目的"的建筑物或建筑物的一部分，包括使团团长的住所，均被视为"使团的场所"，无论所有权如何。

接下来国际法院注意到，该公约第22条规定"使馆馆舍"不受侵犯、享有受保护和豁免制度，要求接受国未经使馆馆长同意不得进入"使馆馆舍"，并保护"使馆馆舍"不受接受国官吏对"使馆馆舍"和平的入侵、损害或干扰。该条还保证对"使馆馆舍"、设备及其他财产以及运输工具不予搜查、征用、扣押或强制执行。

在这种情况下，国际法院认为，对于赤道几内亚声称"为其外交使团的目的而使用"的涉案房产是否符合"使馆馆舍"的条件，以及因此是否应根据第22条给予或拒

---

① Immunities and Criminal Proceedings (Equatorial Guinea v. France), Judgment of 6 July 2018, paras. 120-138.

绝给予该建筑物的保护存在不同意见。根据《任择议定书》第1条，可以说争端的这一方面属于《任择议定书》第1条所规定的"因出于《外交关系公约》的解释或适用"。因此，根据《任择议定书》第1条，国际法院对该问题享有管辖权。

二、涉案房产是否构成法国使馆馆舍并受到保护

(一)《外交关系公约》所称使馆馆舍的设立条件与情形[①]

《外交关系公约》第1条第1款规定，使馆馆舍是指"供使馆使用及供使馆馆长寓邸之用之建筑物或建筑物之各部分，以及其所附属之土地，至所有权谁属，则在所不问"。

考察该公约上下文，其第2条规定了"国与国间外交关系及常设使馆之建立，以协议为之"。国际法院认为这并不意味着使馆馆舍的设立仅须派遣国单方的意志便可为之而无须考虑接受国的反对。此外，《外交关系公约》关于使馆外交人员任命及豁免的相关条款表明，该公约试图平衡派遣国与接受国的利益，如该公约第4条规定了使馆馆长人选务必提前获得接受国同意且接受国无须向派遣国说明不予同意之理由，另外《外交关系公约》第7条、第39条、第9条也都体现了这种平衡。与此相对，该公约并未就使馆馆舍设立相关问题提供此类权衡，因而如果允许派遣国单方设立使馆馆舍，将会使接受国面临两难境地，或者违背意愿保护一处非其同意的馆舍，或者断绝外交关系。而即使接受国选择断绝外交关系，该公约第45条也要求其继续尊重并保护使馆馆舍及使馆财产与档案。在国际法院看来，这一情形会使接受国利益受损，并有悖于该公约确保使馆职务有效进行的目标。

从《外交关系公约》的目的来看，为"各国之间友好关系的发展"而要求赋予派遣国及其代表特权与豁免，其目的不在于给予个人利益，而在于确保代表国家之使馆能有效执行职务。该特权与豁免是以接受国的义务存在的，而这样的义务旨在促进友好关系。根据上述理解，国际法院认为，在接受国明确反对的前提下，派遣国的单方意志并不能设立外交使馆馆舍，否则，接受国将会被要求保护其并未同意的使馆馆舍，这不符合"各国之间友好关系的发展"的目的，还可能导致潜在的滥用外交特权与豁免。许多国家的实践也表明，接受国事先同意这一要件是权衡双方利益后赋予接受国的权利。国际法院认为，如果接受国能够对派遣国使馆馆舍的选择表示反对，相关的程序也需要明确。部分国家事先通过立法或者官方指引的方式，规定了对使馆馆舍选择表示认可的程序，还有部分国家结合具体的情况对个案进行裁量。因而，程序的选择并不会影响接受国表示反对的权利。

国际法院同时强调，接受国反对派遣国使馆馆舍设立选择的权利并非不受限制。一方面，接受国的反对必须及时向派遣国作出，且此种反对不应是任意的，另结合《外交关系公约》第47条，此种选择也必须是非歧视性的；另一方面，根据《外交关系公约》第21条，接受国仍旧有义务对派遣国依照接受国法律在其境内置备派遣国使

[①] Immunities and Criminal Proceedings (Equatorial Guinea v. France), Judgment of 11 December 2020, paras.39-75.

馆所需之馆舍提供方便，或协助派遣国以其他方法获得房舍。

综上，国际法院得出结论，当接受国及时、非任意、非歧视地对派遣国指定某一特定屋舍为使馆馆舍之一部分表示反对时，此屋舍并不会取得《外交关系公约》第1条第1款下使馆馆舍的地位。

（二）对涉案房屋的具体分析

对于涉案房屋法律地位的分析，法院先考察了法国是否已经在2011年10月4日到2012年8月6日对赤道几内亚就将该房屋设为使馆馆舍表示反对。其中，2011年10月4日，赤道几内亚首次通知法国该房屋构成使馆馆舍的一部分，而2012年8月6日距该房屋2012年7月19日被扣押时间间隔较短。考察案件事实后，国际法院认为，在2011年10月11日至2012年8月6日，法国持续对赤道几内亚设定该涉案房屋为使馆馆舍明确表示了反对。[①]

然后，法院分析了该项反对是否及时。2011年10月11日，法国明确地告知赤道几内亚不会接受设定该房屋为使馆馆舍的决定，法国此项回复距赤道几内亚首次提出此设立主张不过一周，可称为"迅速的"。在随后两国的沟通中，法国始终作出反对表示。由此，国际法院认为法国的主张符合"及时性"的标准。[②]

关于法国的反对主张是不是非任意的、非歧视的，国际法院考虑了以下事实：当于2011年10月4日收到赤道几内亚关于该房屋为使馆馆舍的告知时，法国对这栋房屋的用途有充分的了解。因而，有充足的理由得出该房屋并非用于或者准备用作使馆馆舍，也因而有充足理由反对赤道几内亚的主张。且当时针对贪腐案件的刑事程序正在进行，法国也有充分理由继续调查工作。若法国接受赤道几内亚的主张而将该房屋视为使馆馆舍，出于使馆馆舍不受侵犯的义务，法国国内的刑事司法程序将会受阻。出于同样的理由，赤道几内亚应当知道法国国内正在进行的调查程序，而该房屋属于被调查的内容之一。上述事实可以合理解释法国在2011年10月11日及此后坚持的反对主张。而以2012年7月27日为节点，无论该房屋是否被用作或者将被用作使馆馆舍，其仍牵涉在法国国内正在进行的司法程序中，法国2012年8月6日的照会证明了这一点。国际法院得出结论，法国反对将该房屋设为使馆馆舍的主张是有依据的，且赤道几内亚有理由知道这一点，因而法国的反对是非任意的。此外，国际法院还认为，《外交关系公约》并未要求接受国在不承认使馆馆舍的设立前需要与派遣国沟通。国际法院考虑的第二点在于法国的反对是不是一贯的。很明显，在法国与赤道几内亚的所有通信中，均认为设立使馆馆舍需要依据两项情况，一是接受国没有反对，二是事实上作为使馆馆舍使用。考虑相关事实，法国始终明确反对将涉案房屋作为使馆馆舍，在2017年3月仍坚持此主张。而就赤道几内亚所主张的，法国曾经承认了赤道几内亚所签发签证的效力及保护该房屋的行为，但国际法院认为这并不能表明法国承认涉案房

---

① Immunities and Criminal Proceedings (Equatorial Guinea v. France), Judgment of 11 December 2020, paras. 76-89.
② Immunities and Criminal Proceedings (Equatorial Guinea v. France), Judgment of 11 December 2020, paras. 90-92.

屋的使馆馆舍的地位。就非歧视性这一要求而言，法国的行为并未与对其他类似情形的处理不同，因而是非歧视的。

最后，国际法院认为法国的反对主张并未导致赤道几内亚在法国境内无使馆馆舍的结果发生。这更加表明了法国行为的非任意性与非歧视性。①

综上，国际法院认为涉案房屋从未获得过使馆馆舍地位。因此，法国也并未违反《外交关系公约》保护使馆馆舍的义务，也就无须承担责任。

【主要法律依据】

(1)《联合国打击跨国有组织犯罪公约》第 4 条、第 6 条、第 15 条。
(2)《维也纳外交关系公约》第 22 条。
(3)《维也纳外交关系公约关于强制解决争端之任择议定书》第 1 条。

【拓展分析】

国家官员外国刑事管辖豁免系指一国特定官员在外国享有不受当地刑事管辖的外交特权，根源于国家主权原则。② 尽管 1961 年《外交关系公约》、1963 年《维也纳领事关系公约》及 1969 年《联合国特别使团公约》对外交代表、领事官员及特别使团成员的特权与豁免作出了规定，但是这些公约没有对国家官员在外国的刑事管辖豁免问题作出一般性规定，也没有对在哪些具体情形之下及哪一部分官员可以享有豁免作出明确规定。迄今为止，国际社会仍然没有一个普遍性的条约对"官员豁免"问题作出全面性的规定。一般认为，国家官员外国刑事管辖豁免的规则存在于习惯国际法中，相关规则存在大量模糊之处，导致国际司法实践在处理相关问题时存在重大困难。因此，国家官员的外国刑事管辖豁免问题成为国际法上的一个重要议题。

关于该议题，以往的判例明确了一些规则。例如，在 2001 年的逮捕令案（刚果诉比利时）中，时任刚果外交部长耶罗迪亚在比利时被起诉，理由是依据比利时 1993 年关于惩治严重违反国际人道法罪行的立法，其涉嫌犯有战争罪和危害人类罪。对此，刚果认为，比利时依据其国内法对耶罗迪亚的逮捕令违反了国际法上关于国家官员享有外国刑事管辖豁免的规则，并影响了其正常的外交活动，遂把比利时告到了国际法院。在该案中，关于一国外交部长所享有的外国刑事豁免权，国际法院明确了两点：一是习惯国际法授予一国外交部长刑事管辖豁免是为了保证他在代表其国家时能够有效地履行其职责，而非为了其私人利益；二是考虑到外交部长在执行一国外交政策方面的重要性，也考虑到一国外交部长的行为会对其代表国和他国关系造成影响，外交部长所享有的国际法地位与国家元首和政府首脑是相同的，因此外交部长在任期间对

---

① Immunities and Criminal Proceedings (Equatorial Guinea v. France), Judgment of 11 December 2020, paras. 93-117.
② 邓华. 国家官员外国刑事管辖豁免问题最新进展述评 [J]. 国际法研究, 2016 (04): 114.

外国的刑事程序享有完全的豁免权,即使是涉嫌犯有严重的国际刑事罪行。[①] 另外,该案法庭还明确了,外国法院无论在任何时候都不能起诉一国外交部长在其任职期间以"官方身份从事的行为",因为在国际法院审理时耶罗迪亚已经从外交部长转任为教育部长,不再属于"三巨头"(国家元首、政府首脑、外交部长)之列,而国际法院依然作出了相关判决。然而,一些国内法院并不支持"三巨头"享有绝对刑事豁免权的观点。著名的皮诺切特案与逮捕令案的案情极为相似,争议点都在于卸任的总统或外交部长对其任职期间所犯国际罪行能否享有豁免特权。英国上议院则认为,一国基于严重的国际罪行行使普遍管辖权时,行为人的官方身份也不能成为豁免的理由,遂判定皮诺切特不享有豁免特权。[②]

本案中,法国司法部门对于小奥比昂的调查始于反腐败组织"透明国际(法国)"递交的证据。事实上,该组织早于2009年10月就非洲国家领导人的腐败行为在法国提起诉讼,但当时法国最高法院作出裁决,表示一个民间社会组织没有起诉外国领导人的资格,并下令停止有关调查。然而,一年后剧情反转,法国最高上诉法庭在2010年11月授权"透明国际(法国)"继续调查包括小奥比昂在内的涉案非洲国家领导人的资产。通过之后的调查,法国司法部门掌握了小奥比昂洗钱、非法购置地产的证据,并于2012年7月13日对小奥比昂发出国际逮捕令。但小奥比昂则否认法国检方对自己的指控,并且指责"透明国际(法国)"释放假消息,意图"帮助富国掠夺赤道几内亚的自然资源"。为抗拒法国的刑事审判,赤道几内亚向国际法院提起诉讼。一方面认为法国的指控涉嫌干预别国内政,违反国家主权原则;另一方面认为小奥比昂作为其国家副总统,享有他国刑事管辖的豁免权,而其豪宅也享有使馆馆舍的法律地位而受国际法保护。经审理,国际法院并未支持赤道几内亚的诉求,尤其是认定其对于法国对小奥比昂的国内刑事管辖没有管辖权,这意味着赤道几内亚试图以外交特权与豁免为由阻止法国继续推进司法程序的尝试未能奏效。可见,本案判决并未支持赤道几内亚滥用外交特权与豁免制度包庇其国内高官的腐败行为,在国际反腐方面也具有积极意义。

相比皮诺切特案和逮捕令案,本案的不同之处在于涉案官员的身份并非"三巨头"之一,其被指控的犯罪也并非所谓的严重的国际刑事罪行。但由于国际法院判定其对于法国对小奥比昂的刑事指控不具有管辖权,因此本案未能深入讨论小奥比昂是否因其身份而享有外国刑事豁免权,未能涉及一些核心问题的讨论,即"三巨头"之外的国家官员是否享有外国刑事豁免权及该豁免权是否存在限度。

针对国家官员的外国刑事管辖豁免问题,联合国国际法委员会做了大量工作,目前取得了一定成果。自2007年联合国国际法委员会将"官员豁免"问题列入其工作方

[①] The Arrest Warrant of 11 April 2000 (Democratic Republic of the Congo v. Belgium), Judgment of 14 February 2002, para. 53.
[②] 朱文奇. 国际法学原理与案例教程 [M]. 3版. 北京:中国人民大学出版社,2014:305.

案以来，官员豁免问题的起源、渊源、范围、例外和程序等得到了充分的讨论。如今，国际法委员会已形成8份报告，并于2022年6月的会议上一读通过了《国家官员的外国刑事管辖豁免草案》。该草案对习惯国际法中的相关规则加以编纂，如对"国家官员""以官方身份实施的行为"作出了定义，明确了"三巨头"——国家元首、政府首脑和外交部长的属人豁免规则、其他国家官员的属事豁免规则，列举了不适用属事豁免的情况，援引豁免的程序性事项等。从该草案所规定的其他国家官员的属事豁免规则来看，本案小奥比昂的行为难以享有外国刑事豁免权。

2024年1月，《中华人民共和国外国国家豁免法》正式生效，该法的出台是我国涉外法治体系进一步完善的重要体现。不过，该法所规范的外国国家豁免制度主要涉及的是针对外国国家及其财产的民事管辖，在国家官员的外国刑事管辖问题方面仍缺乏相关规则的指引。国家官员的外国刑事管辖豁免问题不仅关涉到国家官员能否顺利履行职责，而且关系到国家间的友好关系及国际关系之稳定。尽管《国家官员的外国刑事管辖豁免草案》促进了相关规则的明确，但这些内容仍需经过实践的检验。我国作为联合国安理会成员及尊重国际法和维护国际秩序的负责任大国，国际法关于该议题的发展值得我国持续关注。

【思考题】

(1) 外交关系和领事关系的区别是什么？
(2) 外交人员的特权与豁免和领事官员的特权与豁免有什么区别？

第十五章

国际责任法

本章知识要点

（1）国际责任与国际责任制度；（2）国际不法行为的责任；（3）国际法不加禁止行为造成损害性后果的国际责任。

案例一　乌拉圭河沿岸的纸浆厂案（阿根廷诉乌拉圭）

【基本案情】

1961年4月7日，阿根廷与乌拉圭在蒙得维的亚签订双边条约，旨在确定两国在乌拉圭河沿岸的边界。1975年，阿根廷与乌拉圭达成《乌拉圭河规约》（以下简称《规约》），规定了1961年双边条约第7条中考虑的"河流利用制度"。该规约的目的是建立一套必要的联合机制，使构成两国共同边界的河段得到最佳合理的利用，同时该规约创立了乌拉圭河行政委员会，并建立了相关程序性制度以使各方能够履行自己的义务。

2003年和2004年，乌拉圭先后授权两家外资企业在乌拉圭河边建造纸浆厂。第一家纸浆厂（以下简称CMB纸浆厂）是由一家西班牙公司成立的设计工作室，该纸浆厂本打算建造在乌拉圭河左岸的乌拉圭里奥内格罗部，但由于种种原因最终没能在选定位置建厂。第二家纸浆厂（以下简称Orion纸浆厂）是由两家芬兰公司根据乌拉圭法律成立的项目建造公司，选址在乌拉圭河的左岸，位于CMB纸浆厂选址的下游数公里，同时在弗赖本托斯修建了一个专供Orion纸浆厂使用的港口码头。Orion纸浆厂自2007年11月9日起开始运营。

由于两国间关于乌拉圭河利用与环境保护的争端不断升级，并无法通过谈判达成共识，2006年5月4日，阿根廷向国际法院提交请求书，对乌拉圭提起诉讼，阿根廷在请求书中指控乌拉圭政府不遵守《规约》规定的事先通知和协商程序，单方面批准在乌拉圭河沿岸建两个纸浆厂。阿根廷声称这些纸浆厂对乌拉圭河及其环境构成威胁，可能损害河水的水质，对阿根廷造成重大的跨界损害。在2009年9月29日的听证会上，阿根廷要求国际法院裁定，乌拉圭通过授权建造两个纸浆厂及相关设施的行为违反了《规约》规定的各项义务，应承担相应的国际责任。一方面，应立即停止其国际不法行为，并在法律意义上恢复原貌；另一方面，应对其国际不法行为所造成的损失对阿根廷进行赔偿，并保证今后将不再阻止适用《规约》，特别是该规约第二章设立的协商程序。在 2009 年 10 月 2 日的听证会上，乌拉圭要求国际法院裁定并宣布，驳回阿根廷所提交的请求，肯定乌拉圭按照《规约》的规定继续经营 Orion 纸浆厂的权利。

2010 年 4 月 20 日，国际法院作出判决，一方面认定乌拉圭违反了其根据《规约》第 7 条至第 12 条承担的程序性义务；另一方面认为乌拉圭并未违反其根据《规约》第 35 条、第 36 条和第 41 条承担的实体性义务，驳回各方提出的所有其他主张。

【主要法律问题】

本案主要涉及乌拉圭是否违反《规约》程序性义务和实质性义务的法律问题：第一，乌拉圭是否违反将计划开展的工程告知乌拉圭河行政委员会的义务；第二，乌拉圭是否违反将计划告知阿根廷的义务；第三，双方达成的谅解是否同意偏离《规约》的程序性义务；第四，成立高级别技术小组的协定是否允许乌拉圭偏离其《规约》第 7 条规定的提供信息和通知的义务；第五，乌拉圭是否违反在谈判期限结束后的义务；第六，乌拉圭是否违反《规约》的实质性义务。

一、乌拉圭是否违反将计划开展的工程告知乌拉圭河行政委员会的义务[①]

乌拉圭和阿根廷双方均同意乌拉圭河行政委员会获悉建造两家纸浆厂和在弗赖本托斯建造港口码头的计划，但在应向该委员会提供的信息内容及什么时候提供方面存在不同意见。

国际法院注意到，本案中，乌拉圭没有向乌拉圭河行政委员会提交《规约》第 7 条第 1 款所要求的关于 CMB 纸浆厂和 Orion 纸浆厂的信息，尽管该委员会已数次要求提供关于 CMB 纸浆厂和 Orion 纸浆厂的信息，但乌拉圭仅在 2003 年 5 月 14 日向乌拉圭河行政委员会提供了一份供发布的 CMB 纸浆厂环境影响评估的摘要，除此之外没有向乌拉圭河行政委员会提交任何关于 Orion 纸浆厂的文件。乌拉圭在未遵守《规约》第 7 条第 1 款规定的程序的情况下，分别于 2003 年 10 月 9 日和 2005 年 2 月 14 日，向 CBM 纸浆厂和 Orion 纸浆厂授予了初步环境许可。因此，乌拉圭在没有乌拉圭河行政委员会介入的情况下就该项目环境影响作出决定，从而直接使其国内立法生效。并且乌拉圭批准 Orion 纸浆厂开展建设专供其使用的港口码头及将沿岸用于工业用途，这些项目事先都没有通知乌拉圭河行政委员会。

最终国际法院认为，在为建造每一家纸浆厂和临近 Orion 纸浆厂的港口码头发放初步环境许可之前，乌拉圭没有将计划开展的工程告知乌拉圭河行政委员会的做法，违反了《规约》第 7 条第 1 款规定的义务。

---

① Pulp Mills on the River Uruguay (Argentina v. Uruguay), Judgment of 20 April 2010, paras. 94-111.

二、乌拉圭是否违反将计划告知阿根廷的义务[①]

根据《规约》第 7 条第 2 款、第 3 款的规定，在发放初步环境许可之前，乌拉圭计划开展的两家纸浆厂和港口码头工程，可能对阿根廷造成严重损害，乌拉圭应通过乌拉圭河行政委员会将计划通知阿根廷。但是在本案中，乌拉圭河行政委员会虽对 CMB 纸浆厂和 Orion 纸浆厂的环境影响进行了评估，但乌拉圭在授予这两家纸浆厂的初步环境许可之后才向阿根廷转交这些评估。

最终国际法院认为，乌拉圭未通过乌拉圭河行政委员会将计划通知阿根廷，违反《规约》第 7 条第 2 款、第 3 款规定的义务。

三、双方达成的谅解是否同意偏离《规约》的程序性义务[②]

2004 年 3 月 2 日，乌拉圭和阿根廷外交部长达成谅解，对于特定项目，双方有权根据适当的双边协定，不履行《规约》规定的程序。两国对彼此之间达成谅解的存在没有异议，但他们对该谅解的内容和适用范围持有不同意见，并且双方在该谅解规定的传播信息的程序是否可以替代《规约》第 7 条规定的程序上意见不一致。

首先，乌拉圭主张双方的谅解赋予了其在相关项目方面不履行《规约》程序的权利。对此，国际法院认为乌拉圭一直没有将在双方谅解中同意提交的信息提交给乌拉圭河行政委员会。因此，对于乌拉圭的主张，国际法院不予认可。此外，国际法院还注意到，在达成谅解时只涉及 CMB 纸浆厂，并非如乌拉圭所说的包含 Orion 纸浆厂。

其次，关于双方谅解规定的传播信息的程序是否可以替代《规约》第 7 条规定的程序这一问题，需要在乌拉圭对该谅解所规定程序的遵守的基础上进行讨论，但国际法院认为乌拉圭并未遵守该谅解条款。

综上，国际法院最终认为不能将该谅解视为可以使乌拉圭不必遵守《规约》第 7 条规定的程序性义务的理由。

四、成立高级技术小组的协定是否允许乌拉圭偏离《规约》第 7 条规定的程序性义务[③]

阿根廷和乌拉圭于 2005 年 5 月 5 日达成协议，于 2005 年 5 月 31 日发布新闻稿宣布成立一个高级技术小组。乌拉圭声称，阿根廷同意设立高级技术小组意味着放弃了《规约》规定的其在程序方面享有的其他权利，以及要求乌拉圭对其侵犯这些权利的任何行动负责的可能性，同时同意暂停运作《规约》的程序性条款。但是，设立高级技术小组的目的是使《规约》第 12 条规定的谈判成为可能，以及落实 180 天期限的规定，但这不能被理解为各方同意偏离由该《规约》规定的其他程序性义务。

最终国际法院认为，设立高级技术小组的协定并没有允许乌拉圭偏离《规约》第

[①] Pulp Mills on the River Uruguay (Argentina v. Uruguay), Judgment of 20 April 2010, paras. 112-122.
[②] Pulp Mills on the River Uruguay (Argentina v. Uruguay), Judgment of 20 April 2010, paras. 123-131.
[③] Pulp Mills on the River Uruguay (Argentina v. Uruguay), Judgment of 20 April 2010, paras. 132-150.

7条规定的提供信息和通知的义务，而乌拉圭在谈判时限到期之前批准建造纸浆厂及在弗赖本托斯建造港口码头的做法违反了《规约》第12条规定的谈判义务。因此，乌拉圭构成了对《规约》第7条至第12条规定的整个合作机制的漠视。

五、乌拉圭是否违反在谈判期限结束后的义务[①]

根据《规约》第9条的规定，如果通知阿根廷后，阿根廷没有异议，也未在第8条规定的期限（180天）内作出回应，那么乌拉圭可开展或批准计划的工程。《规约》第12条规定，缔约方若未能在180天内达成协定，那么须遵守第15章所列的程序，即任何一方都可以将关于无法通过直接谈判加以解决的协议和《规约》的解释或适用的任何争端提交给国际法院，但《规约》并没有赋予国际法院最终决定是否批准计划活动的作用。因此，发起计划的国家在谈判期结束后继续开展建造活动须自己承担风险。

根据《规约》第11条，双方之间旨在达成一致意见的谈判须在被通知的一方通过乌拉圭河行政委员会向另一方发出函件后立刻举行，函件应具体说明设立高级技术小组的目的是使《规约》第12条规定的谈判成为可能，以及落实180天期限的规定。据此国际法院认为，在《规约》第12条规定的谈判期限于2006年2月3日到期之后，高级技术小组已经失去其意义，在双方存在争议的情况下，乌拉圭不可开展或批准计划的工程，应当将争端提交国际法院，因此国际法院认为乌拉圭的不当行为不可超越谈判期限，然而事实上乌拉圭在谈判期限到期后没有承担任何"不建造的义务"。

六、乌拉圭是否违反《规约》的实体性义务[②]

阿根廷指控乌拉圭违反了一系列实质性义务，如促进河流最佳和合理的利用义务（《规约》第1条），确保对土壤和林地的管理不损害河流系统及河流水质的义务（《规约》第35条），协调措施以避免生态平衡发生变化的义务（《规约》第36条），防止污染和保护水生环境的义务（《规约》第41条）等。但这些指控均因为阿根廷提供的证据不足或者没有具体规定环境影响评估的范围和内容等原因，未能获得国际法院的支持。

【主要法律依据】

《乌拉圭河规约》第7条、第12条、第35条、第36条、第41条、第60条。

【拓展分析】

国际责任也称国际法律责任，是指国际责任主体对其国际不法行为或损害行为所应承担的法律后果。[③] 国际不法行为责任的构成要件包括行为可归属于国际责任主体的行为及国际不法行为。可归于国际责任主体的行为包括国家的行为和国际组织的行为，

[①] Pulp Mills on the River Uruguay (Argentina v. Uruguay), Judgment of 20 April 2010, paras. 151-158.
[②] Pulp Mills on the River Uruguay (Argentina v. Uruguay), Judgment of 20 April 2010, paras. 169-266.
[③] 李寿平. 现代国际责任法律制度 [M]. 湖北：武汉大学出版社，1999：24.

而国际不法行为则是指国际责任主体所实施的违背国际义务的行为。不论该国际义务的内容为何，这些义务可以来自习惯国际法、条约或其他国际法渊源。在具体案件中，判断是否存在可归责于国际责任主体的行为方面的障碍较少，更多的法律争议在于是否存在相应的国际义务，以及如何明确国际义务的具体内容。

本案中，乌拉圭批准外资企业在乌拉圭河沿岸建设纸浆厂行为引发了阿根廷的不满，出于对河水、环境污染及动植物生态保护的考虑，阿根廷将乌拉圭诉至国际法院，认为乌拉圭一方面违反了《规约》所规定的"事先通知""全面环境评价"等程序性义务，另一方面还违反了《规约》所规定的保护环境、生物多样性等实体性义务。国际法院作出的判决主要包括3个方面的内容：第一，对于纸浆厂的建设，乌拉圭负有事先通知义务；第二，尽管认为乌拉圭在同意建设纸浆厂前应根据《规约》进行环境评估，但国际法院基于乌拉圭国内环境评估及纸浆厂建设后的实际影响，认定其并没有违反《规约》所规定的保护周边环境的实体义务；第三，对于阿根廷的恢复原状和损害赔偿的请求予以驳回。

本案所涉及的第一个特别值得关注的地方在于，"事先通知"这一程序性义务是否包含了"不得建设"的内容。阿根廷认为，"事先通知"意味着在双方争议解决之前，乌拉圭负有不得建设纸浆厂的义务。而乌拉圭则认为，《规约》第7条所规定的"事先通知"义务侧重于是否作出了通知，而非赋予另一方否决权。对此，国际法院认为《规约》并没有规定"不得建设"义务，并认为在纸浆厂建设遭到阿根廷拒绝并且与阿根廷协商未果的情况下，乌拉圭单方面授权建设和运行纸浆厂只要不对阿根廷造成重大损害，不污染乌拉圭河的环境就不违反国际法。"事先通知"义务是基于损害预防的考虑，国际法院也认为，预防原则已成为国际环境法内涵的一部分，而《规约》第7条至第12条关于通知与协商程序设置的目的就在于实现预防原则。而预防原则源于合理注意义务，即各国有义务对其境内发生的可能对他国造成不良影响的行为加以控制。[①]

本案另一个值得关注的地方在于，在《规约》没有明确环境评估具体要求的情况下，如何认定乌拉圭是否履行了该义务。乌拉圭和阿根廷都认可《规约》第41条规定了缔约国的环境评估义务，但对于如何进行环境评估及评估的内容和标准都不明确，双方对此也存在争议。阿根廷认为乌拉圭国内的环境评估达不到国际标准，而乌拉圭则认为工程依据国内法开展，应依据其国内法进行环境评估，且工程最终并没有造成污染，乌拉圭已经履行了《规约》下的环境评估义务。对此，国际法院支持了乌拉圭的观点。一方面，国际法院强调了环境评估作为环境法的重要制度已为许多国家接受，具有习惯国际法的地位；另一方面在国际法没有对环境评估的具体内容作出规定时，可依据国内法进行环境评估。

本案对于乌拉圭是否承担损害赔偿责任的衡量，因其涉及的不法行为涉嫌侵害的

---

① 那力. "乌拉圭河纸浆厂案"判决在环境法上的意义 [J]. 法学, 2013 (3): 81.

是他国环境利益而在行为不法性的判定上呈现出一定的特色,即无论是程序意义上的"事先通知"义务,还是实质意义上的"环境评估"义务,国际法院在对《规约》相关条款进行解释时都需要以相关行为已经或可能对他国造成的环境损害为重要的事实考量因素。在处理一般性的国际不法行为导致的损害赔偿责任问题时,不法行为的认定通常与其造成的实际损害后果密切相关,但环境损害尤其是跨界环境损害的考量不能仅凭已经发生的损害后果,更多的情况下还应考虑潜在的环境威胁。因此有关特定项目建设的"事先通知"与"环境评估"就显得尤为必要,且具体的实施要求与操作标准不能仅停留于行动表面,还应因可能涉及他国环境利益而需要对其设置一定的标准条件,本案中国际法院对双方协商谈判期间乌拉圭应负有"不得建设"义务的肯定即体现了对乌拉圭"事先通知"效果的要求。但本案中,国际法院将环境评估视为国内法自由裁量范围的结论却不利于跨界环境纠纷中国家责任的认定。本案对我国处理以日本核污水排海为代表的跨界环境利益争端也具有一定的启示意义,我国应尽可能地以共同参与的相关条约中的程序性要求为判定对方行为不法性的依据,在环境评估方面更多地从习惯国际法的角度促进跨界损害环境评估符合国际法要求共识的形成,并努力推动对一国国内的评估行为设置具有普遍约束力的国际法标准。[①]

自 1935 年特雷尔冶炼厂案确立先例以来,跨界环境损害国际责任的国际法的发展却相当有限,目前尚未形成一般性国际法规则制度。本案中,国际法院以证据不足为由没有支持阿根廷提出的乌拉圭违反了环境保护实体性义务的诉求,驳回了阿根廷要求乌拉圭应对跨界环境损害进行赔偿的主张。然而在之后的尼加拉瓜在边境地区开展的某些活动纠纷案(哥斯达黎加诉尼加拉瓜)中,国际法院在处理跨界环境损害纠纷时对国家责任的认定体现出与本案不尽相同的判案思路,[②] 不再一味强调本案中坚持的跨界环境损害事先预防制度,转而重申 1935 年特雷尔冶炼厂案确立的"损害赔偿国家责任原则",承认当事国的跨界纯粹环境损害索赔请求。[③]

【思考题】

(1) 什么是国际不法行为,本案中的不法行为是什么?
(2) 本案中国际责任主体的行为是否违背了国际义务?违背了何种国际义务?
(3) 国际法中程序性义务和实质性义务之间的关系是怎样的?

---

① 除却《联合国海洋法公约》《生物多样性公约》等包含有环境评估条款的普遍性国际条约,目前并不存在专门性且具有普遍约束力的跨界环境评估国际公约。联合国环境规划署(UNEP)1987 年发布了一份有关跨界环境评估具体操作规则的指南,即《环境影响评估的目标和原则》,在此基础上,联合国欧洲经济委员会成员国 1991 年缔结了《跨界环境影响评价公约》,但均不具有强制性的法律拘束力。
② 参见本书"第九章 国家领土法 案例二 尼加拉瓜在边境地区开展的某些活动纠纷案(哥斯达黎加诉尼加拉瓜)和在哥斯达黎加沿圣胡安河修建公路纠纷案(尼加拉瓜诉哥斯达黎加)"中的拓展分析部分。
③ 张士昌. 国际法院跨界环境损害救济的"守成"与"创新":哥斯达黎加与尼加拉瓜跨界环境损害纠纷案评析 [J]. 上海师范大学学报(哲学社会科学版),2023,52(02):54.

案例二 刚果（金）境内的武装活动案（刚果（金）诉乌干达）

【基本案情】

1998年至2003年，乌干达在刚果共和国（以下简称"刚果（金）"）境内从事了一系列反政府的军事活动并为刚果（金）境内的非正规部队提供支持，不仅造成对刚果（金）领土的侵略、资源的掠夺，还导致了大量人员伤亡及经济损失。1999年6月23日，刚果（金）向国际法院对乌干达提起诉讼，指控其"公然违反《联合国宪章》和《非洲统一组织宪章》，实施武装侵略行为"。除要求其停止侵略行为外，刚果（金）还要求乌干达对其蓄意破坏和抢劫行为进行赔偿，并归还被掠夺的刚果（金）的国家财产和资源。

具体而言，刚果（金）提出了3项诉求：（1）乌干达从事针对刚果（金）的军事和准军事活动，占领刚果（金）的领土，并积极向在刚果（金）活动的非正规部队提供军事、经济和财政支持，违反了关于不使用武力、和平解决争端、尊重主权和不干涉内政的国际法原则；（2）乌干达对刚果（金）国民实施暴力行为，破坏国民财产，并且未能阻止其控制下的人员实施此类行为，违反了尊重人权的国际法义务，包括在武装冲突期间区分平民和军事目标的义务；（3）乌干达开采刚果（金）的自然资源，掠夺刚果（金）的资产和财富，违反了关于占领规则、尊重对自然资源的主权、人民自决权和不干涉内政的国际法原则。

随后，乌干达提出了3项反诉：（1）刚果（金）对乌干达使用武力，违反了《联合国宪章》第2条第4款；（2）刚果（金）允许攻击乌干达在金沙萨的外交馆舍和人员，违反了外交保护法；（3）刚果（金）违反了1999年《卢萨卡停火协议》的某些内容。在2001年11月发布的命令中，国际法院认为第（1）项和第（2）项索赔构成与刚果（金）索赔相同的"事实综合体"的一部分，因此根据《国际法院规则》第80条可予受理；第（3）项反索赔被认为不可受理，理由是它与刚果（金）索赔的主题没有直接联系。①

本案持续了将近20年，国际法院于2022年2月10日就赔偿问题宣判，裁判乌干达向刚果（金）支付3.25亿美元。2022年判决是国际法院司法活动中关于赔偿问题的最新实践，将国家责任法中与赔偿相关的原则及诉讼中的举证责任和证明标准等规则运用到了极为复杂的东非大湖区武装冲突的国际争端中。

2022年判决是2005年判决的后续，在2005年判决中，国际法院认定乌干达就3类国际不法行为承担国家责任：第一，在刚果（金）领土上的武装活动违反禁止使用武力原则和不干涉内政原则；第二，在刚果（金）境内大规模侵害人权和严重违反国际人道主义法；第三，乌干达对刚果（金）自然资源的掠夺和开发。2005年判决要求

---

① Armed Activities on The Territory of the Congo, Order of 29 November 2001, para. 660.

乌干达就上述 3 类不法行为对刚果（金）进行赔偿，并决定如果双方不能就赔偿问题达成协议，赔偿问题将交由国际法院处理。之后，虽然乌干达和刚果（金）多次谈判，但并未达成协议，谈判于 2015 年 3 月宣告破裂。与双方沟通后，国际法院于 2015 年 7 月 1 日发布命令开启赔偿问题程序。

【主要法律问题】

本案包含两份判决，即 2005 年判决和 2022 年判决。其中，2005 年判决明确了乌干达对刚果（金）行为的国际不法性及因此而产生的国际责任，2022 年判决则明确了乌干达因其国际不法行为应向刚果（金）支付的赔偿金额。

一、乌干达行为国际不法性的认定及其责任

（一）乌干达对刚果（金）领土的入侵[①]

国际法院在审查各方提交的材料后发现，自 1998 年 8 月以来，刚果（金）并未同意乌干达军队在其领土上驻扎，仅有的例外是《罗安达协定》（the Luanda Agreement）中约定的鲁文佐里山脉附近的边境地区。此外，国际法院还驳回了乌干达称其未经刚果（金）同意的使用武力行为是自卫行为的说法，认为并不存在适用自卫的前提条件。事实上，考虑到乌干达的非法军事干预的规模之广和时间之长，国际法院认为乌干达严重违反了《联合国宪章》第 2 条第 4 款中禁止使用武力的规定。国际法院还认定，乌干达向在刚果（金）领土上活动的非正规部队积极地提供军事、后勤、经济和财政支持，违反了国际法中的不得使用武力原则和不干涉内政原则。

（二）乌干达对刚果（金）国民的暴力行为[②]

首先，国际法院在对案件卷宗进行审查之后，认为有足够的证据推定乌干达人民国防军在伊图里（Ituri）对刚果（金）民众实施了杀戮、拷打和其他形式非人道的行为，并且有足够的证据推定乌干达摧毁了村庄和民事建筑，在与其他战斗人员战斗时未保护平民，也没有区分平民和军事目标，还有训练儿童、煽动族裔冲突的行为，在伊图里也未采取措施确保尊重人权和国际人道主义法。

其次，对于乌干达国防军及其军官士兵的作为和不作为可否归因于乌干达的问题，国际法院持肯定态度。国际法院认为，整个国防军作为一个国家机构，其行为显然可归咎于乌干达，而其军官士兵的行为将被视为一个国家机关的行为，并且根据 1907 年《第四海牙公约：陆战法规和惯例》第 3 条及 1949 年《日内瓦公约第一附加议定书》第 91 条所述的既定习惯规则，参与武装冲突的一方应对部队成员的所有行为负责。

综上，国际法院认为，对于乌干达人民国防军及其成员在刚果（金）领土违反国

[①] Armed Activities on the Territory of the Congo (Democratic Republic of the Congo v. Uganda), Judgment of 19 December 2005, paras. 92-165.

[②] Armed Activities on the Territory of the Congo (Democratic Republic of the Congo v. Uganda), Judgment of 9 February 2022, paras. 181-221.

际人权法和国际人道主义法及在伊图里未能履行其占领国义务的行为，乌干达应担负国际责任。

(三) 乌干达对刚果 (金) 资源的开采①

国际法院认为，根据可信和有说服力的证据，乌干达人民国防军的军官和士兵，包括最高级别的军官，参与了对刚果（金）自然资源的掠夺和开采，但军事当局却没有采取任何措施制止这些行为。即便乌干达人民国防军的官兵是违反指令行事或越权行事，乌干达也应对整个乌干达人民国防军的行为及个别士兵和军官的违法行为负责。与此同时，法院也认定，并没有证据证明乌干达方面有针对性开采刚果（金）自然资源的政府政策，也无法证明乌干达进行军事干预就是为了获得刚果（金）的资源。

二、乌干达国际不法行为产生的损害赔偿

2022年判决主要解决一个问题，即赔偿金额的认定。刚果（金）此前从4个方面对乌干达提出了赔偿要求，即人员损害、财产损害、与自然资源有关的损害和宏观经济损害。对此，国际法院首先明确了赔偿应遵循的基本原则或标准，即采取了霍茹夫工厂案确定的标准——对国际不法行为造成的伤害给予充分赔偿；同时明确了联合国国际法委员会《国家对国际不法行为的责任条款草案》（以下简称《国家责任条款草案》）第31条②的习惯国际法地位。国际法院适用这两项标准，为其赔偿评估程序设置了3项步骤：(1) 区分伊图里冲突期间和刚果（金）其他地区的不同情况；(2) 分析乌干达的国际不法行为与刚果（金）所受损害之间的必要因果关系；(3) 审查赔偿的性质、形式和数额。另外，国际法院还强调赔偿不能具有惩罚性质。

(一) 适用于冲突期出现的不同情况的原则和规则③

国际法院认定，乌干达负有国家责任的范围不仅包括其在刚果（金）境内占领的伊图里，还包括伊图里以外的其他地区。国际法院对赔偿范围的地域划分对于行为与损害后果之间的因果关系和举证责任的判断也具有一定的影响。

1. 伊图里内

对乌干达的赔偿范围是否应扩大到第三方在伊图里地区造成的损害，双方持有相反的意见。国际法院指出，虽然国际司法实践确立了"谁主张谁举证"原则，但该原则并非绝对适用于所有情形。本案中，乌干达作为伊图里的占领国，有义务对自行采取行动的反叛团体侵犯人权和违反国际人道主义法的行为保持警惕。所以针对第三方在伊图里地区造成的损害，乌干达如主张免责则需要证明刚果（金）遭受的任何伤害

---

① Armed Activities on the Territory of the Congo (Democratic Republic of the Congo v. Uganda), Judgment of 9 February 2022, paras. 222-250.
② 该条款规定，责任国应对其国际不法行为造成的损害进行充分的赔偿，损害包括物质和精神在内的任何损害。
③ Armed Activities on the Territory of the Congo (Democratic Republic of the Congo v. Uganda), Judgment of 9 February 2022, paras. 73-84.

不是由于其未能履行占领国的法律义务造成的；在没有这方面证据的情况下，乌干达应对这类损害进行赔偿。相应地，涉及乌干达在伊图里占领国角色之外的索赔，刚果（金）则应承担举证责任。

关于自然资源，在2005年判决中，国际法院认为，乌干达作为占领国有义务采取妥善措施防止伊图里地区的私人掠夺、抢夺和开采被占领土自然资源。国际法院认定，乌干达作为伊图里的占领国未能遵守1907年《海牙公约》第43条所规定的关于被占领土所有掠夺、抢夺和开采自然资源行为的义务，并由此担负国际责任。

2. 伊图里外

对伊图里以外发生的损害，国际法院在2005年判决中指出，在伊图里以外的刚果（金）领土上活动的反叛团体不在乌干达的控制之下，所以他们的行为不能归咎于乌干达，乌干达也没有违反上文中提及的警惕义务，所以乌干达不必对此类损害进行赔偿。

(二) 国际不法行为与所受损害之间的因果关系[①]

对于赔偿是仅限于与国际不法行为直接相关的损害，还是也涵盖该行为的间接后果的问题，双方存在分歧。

国际法院认为，在伊图里，包括第三方行为造成的损害，如果乌干达能够就具体损害确证，证明该损害的产生并非源于乌干达未能履行其作为占领国的义务，那么乌干达无须赔偿，否则均有义务赔偿；在伊图里以外发生的损害，乌干达不一定对这些地区进行了有效控制，但其可能向若干反叛团体提供了支持，所以虽然损害是其他国家在刚果（金）境内活动的反叛团体的作为和不作为共同作用的结果，但是这一事实不足以免除乌干达的任何赔偿义务。

综上，应由国际法院决定乌干达的国际不法行为与刚果（金）遭受的各种形式的损害之间是否有足够的、直接确定的因果关系，最终确定乌干达是否有义务对损害承担赔偿责任。

(三) 赔偿的性质、形式和数额[②]

首先，关于赔偿的性质，国际法院强调是补偿性，而非惩罚性。国际法院指出，国际法明确规定"违反约定涉及以适当方式作出赔偿的义务"。《国家责任条款草案》第34条规定："对国际不法行为造成的损害充分赔偿，应按照本章的规定，单独或合并地采取恢复原状、补偿和抵偿的方式。"因此，补偿可能是一种适当的赔偿形式，特别是在实际上不可能恢复原状的情况下。

其次，关于赔偿的标准，国际法院认为，任何赔偿都应尽可能惠及因国际不法行为而遭受损害的所有人。

[①] Armed Activities on the Territory of the Congo (Democratic Republic of the Congo v. Uganda), Judgment of 9 February 2022, paras. 85-98.

[②] Armed Activities on the Territory of the Congo (Democratic Republic of the Congo v. Uganda), Judgment of 9 February 2022, paras. 99-110.

最后，关于如何确定赔偿数额，本案由于争端发生的时间久远，冲突所涉及的损失面较广，举证存在不足，因此赔偿数额的确定存在一定难度。国际法院认为，虽然所造成损害的确切程度存在一定的不确定性，但并不妨碍国际法院确定赔偿数额。在特殊情况下，国际法院可在证据显示的可能性范围内，并考虑公平因素，裁定以总额的形式给予赔偿，尤其是在证据毫无疑问地表明国际不法行为造成了确凿的损害但无法准确评估这种损害的程度或规模的情况下。另外，国际法院对于刚果（金）提出的赔偿数额计算方法与证据，基本都未予认可，而多以联合国人权事务高级专员办公室等联合国机构的报告及法院指定的专家作出的报告为确定赔偿金额的基础。

【主要法律依据】

（1）1907年《海牙公约》第25条、第27条、第28条。

（2）《日内瓦第四公约》（《关于战时保护平民之日内瓦公约》）第27条、第32条、第53条。

（3）《公民权利和政治权利国际公约》第6条第1款、第7条。

（4）1949年《日内瓦公约第一附加议定书》第48条、第51条、第52条、第57条、第58条、第75条第1款和第2款。

（5）《国家对国际不法行为的责任条款草案》第31条、第34条。

【拓展分析】

作为国际法院司法活动中关于赔偿问题的最新实践，本案对于国际责任法的发展具有重要意义。在极为复杂的大型武装冲突中如何认定国家不法行为及其责任，尤其是与赔偿相关的原则的运用问题值得关注。

一、军官士兵不法行为与其所属国家的关系认定

本案中，乌干达国防军及其军官士兵的作为和不作为可否归因于乌干达国家是一个需要解决的法律问题。对此，国际法院援引了1907年《第四海牙公约：陆战法规和惯例》第3条和1949年《日内瓦公约第一附加议定书》第91条，即参与武装冲突的一方应对部队成员的所有行为负责。国际法院认为，根据乌干达士兵的军事地位和职能，他们的行为可归咎于乌干达，而不论他们是否违反命令或超越职权。

二、国际不法行为与所受损害之间的因果关系探讨

根据国际法院的判例，只有在不法行为与请求国遭受的损害（包括物质或精神上的任何类型的所有损害）之间存在充分直接和确定的因果关系的情况下，才能给予赔偿。本案中，国际法院在认定乌干达的国际不法行为直接导致刚果（金）遭受了各种形式的损害的基础上，最终确定乌干达有义务对损害承担赔偿责任。除此之外，对于多个行为体参与的情况下应如何适用法律的问题，刚果（金）称基桑加尼乌干达部队和卢旺达部队之间的冲突引起了损害。国际法院认为，在可归因于两个或多个行为体

的多种原因造成损害的某些情况下，可能要求单一行为体对所受损害进行全额赔偿；在多个行为体的行为造成损害的另一些情况下，则应在这些行为体之间分配造成损害的部分责任。

三、确定赔偿原则和规则的具体做法

第一，国际法院强调主要通过谈判落实赔偿，并且以充分赔偿为标准。在 2022 年判决的前几段中，国际法院对刚果（金）和乌干达之间谈判的失败表示了遗憾，并指出"法院注意到在大多数国际武装冲突的情况下，在某种程度上会出现证据困难。然而，赔偿问题往往通过有关各方之间的谈判得到解决"。之后，国际法院又明确了充分赔偿的标准，且赔偿应是补偿性质而非惩罚性质。第二，赔偿强调公平和相对的举证责任。国际法院肯定了霍茹夫工厂案标准的基本要求，即对国际不法行为造成的伤害给予充分赔偿，即使在所造成损害的确切程度不确定的情况下，国际法院可作为例外，在证据显示的可能性范围内并考虑公平因素，以总金额的形式裁定赔偿。当涉及大规模暴行的索赔问题时，个人索赔囿于证据等客观原因难以确认，创建"总金额"机制似乎是一种方便可行的方法，但任意确定的金额数字与受影响者个体所认知的受损范围之间很可能产生事实、概念，甚至道德方面的脱节。这种将不法行为所造成的众多个人身体及精神上的伤害简化为符号性集合体的做法，极易忽视个人的具体遭遇，与事实不符，是否真的公平令人质疑。

【思考题】

（1）结合本案中国际法院的司法实践，国际不法行为应如何确认？
（2）国际不法行为的责任承担方式与免责事由有哪些？
（3）在多个行为体参与造成损害的情况下，应如何适用法律及如何分配损害责任？

第十六章

国际争端解决法

本章知识要点

(1) 和平解决争端原则；(2) 国际争端的类型与分类；(3) 国际争端解决的方式。

案例一 《消除一切形式种族歧视国际公约》的适用案（格鲁吉亚诉俄罗斯）

【基本案情】

位于格鲁吉亚北部地区的南奥塞梯与俄罗斯接壤，并与俄罗斯保持着十分密切的关系。苏联成立之前，南奥塞梯曾分别于1918年和1920年试图从格鲁吉亚分离出去，成为独立的国家。1921年格鲁吉亚正式成为苏联加盟国之一后，南奥塞梯于1923年成为格鲁吉亚的一个自治州，但整个苏联时期格鲁吉亚与南奥塞梯之间一直纷争不断。1990年南奥塞梯正式宣布独立后，其与格鲁吉亚之间开始了持续两年的冲突，在此期间，俄罗斯参与其中并援助南奥塞梯。1992年，各方经过会谈达成协议，成立了解决冲突的混合监督委员会，由各方组成混合维和部队负责在冲突地区执行维和任务。而南奥塞梯由此在功能上独立于格鲁吉亚，组建了国会和军队、制定了经济政策和教育制度。2004年以来，因格鲁吉亚政府为加强边境管理和打击走私，派遣数百名警察、军人和情报人员及游击队员进入南奥塞梯，从而促使双方局势日渐紧张。2008年，双方的激烈态势达到顶峰，与南奥塞梯一向交好的俄罗斯也加入其中，与格鲁吉亚爆发了严重冲突。

2008年8月12日，格鲁吉亚向国际法院提起诉讼，指控俄罗斯在格鲁吉亚境内和周围地区采取了违反《消除一切形式种族歧视国际公约》（以下简称《公约》）的行动。格鲁吉亚声称俄罗斯通过其国家机关、国家代理人和行使政府权力的其他个人和实体，以及通过在俄罗斯指示、指挥和控制下的南奥塞梯和阿布哈兹分离主义势力和其他代理人，对严重违反其根据《公约》应承担的、包括第2条到第6条的基本义务负责。2008年8月14日，格鲁吉亚提交了一份要求国际法院指示临时措施的请求，以维护其根据《公约》享有的权利，保护其公民免受俄罗斯武装部队与分离主义民兵和外国雇佣军协同行动的暴力歧视行为的伤害。

2008年8月15日，国际法院院长在考虑事态的严重性后，根据《国际法院规则》第74条第4款，紧急呼吁当事各方"采取行动以使法院对临时措施请求可能作出的任何命令产生适当效果"。2008年10月8日至10日，国际法院就临时措施问题举行了公开听证会，随后发布了指示临时措施的命令，同时认定其对本案具有初步管辖权。2009年12月1日，俄罗斯就管辖权提出了4项初步反对意见。2011年4月1日，国际法院驳回了俄罗斯的第1项初步反对意见，肯定了其第2项初步反对意见，裁决国际法院对本案没有管辖权。因此国际法院认为不必再考虑俄罗斯的其他反对意见，且2008年10月15日关于指示临时措施的命令在国际法院作出关于初步反对意见的判决后即告失效。

【主要法律问题】

本案因并未进入实体审理阶段，所以主要涉及的是国际法院的争端解决程序性问题，具体包括临时措施与国际法院的管辖权。

一、临时措施问题

(一) 初步管辖权[①]

如前所述，格鲁吉亚在向国际法院提起诉请两天后即提出指示临时措施的请求。2008年8月25日，因"阿布哈兹和南奥塞梯局势迅速变化"，格鲁吉亚又提交了一份"关于指示临时保护措施的修正请求"。在国际法院举行的相关听证会上，俄罗斯也基于己方立场，表达了其认为国际法院不应采取临时措施的观点。

国际法院在推理之初指出，根据《国际法院规约》，未经国家同意，国际法院不能对国家之间的争端作出裁决。国际法院接着回顾，在收到指示临时措施的请求后，在决定是否指示此类措施之前，国际法院不必最终确认其对案件具有管辖权，除非申请人援引的条款初步看来为国际法院的管辖权提供了依据，否则国际法院不得指示这些临时措施。

国际法院认为，本案中，格鲁吉亚提起诉求的依据是《公约》第22条所载的争端解决条款，因此应审查该条款是否确实为初步管辖权提供了依据，以便根据案情作出裁决，从而允许国际法院在认为情况需要时指示临时措施。

国际法院审查了双方的观点后指出，格鲁吉亚指控的行为与《公约》规定的权利相抵触，即使其中某些指控的行为也可能被包括国际人道主义法在内的其他国际法规则所涵盖，也不妨碍双方之间确实存在涉及《公约》条款解释与适用的争端。这是国际法院具有《公约》第22条项下初步管辖权的一个必要条件。

然后，国际法院转向是否满足《公约》第22条规定的程序条件问题。国际法院指

---

① Application of the International Convention on the Elimination of All Forms of Racial Discrimination (Georgia v. Russian Federation), Summary of the Order of 15 October 2008, paras. 4-5.

出，第22条中的"任何争端……如果不能通过谈判或本公约明确规定的程序解决"的措辞就其通常含义来说，并不意味着在该公约框架内进行正式谈判或诉诸《公约》第22条所述程序构成向国际法院提起诉讼前必须满足的先决条件。然而，国际法院认为，第22条也确实表明，原告方应尝试与被告方就《公约》范围内的问题展开讨论。国际法院指出，从提交的证据材料中可以明显看出，这些问题是在双方之间的接触中提出的，在提交申请之前，这些问题显然没有通过谈判解决。国际法院补充说，在提交申请书前几天向联合国安理会提交的几份陈述中，格鲁吉亚提出了同样的问题，俄罗斯也发表了评论，因此，俄罗斯了解格鲁吉亚在这方面的立场。国际法院进一步指出，在双边或多边背景下没有具体提及《公约》这一事实并不妨碍根据《公约》第22条向法院提起诉讼。因此，只要能够确认双方存在符合《公约》第22条所述的"争端"，国际法院即具备初步管辖权。

（二）指示临时措施的条件

1. 声称的权利与案情之间存在联系①

国际法院指出，其根据《国际法院规约》第41条②指示临时措施的目的是在作出裁决之前维护各方的权利，以确保在司法程序中引起争议的权利不会受到不可挽回的损害。国际法院进一步指出，在考虑此类请求时，必须关注维护法院随后可能裁定属于原告或被告的权利。国际法院补充说，必须在所寻求的临时措施所保护的所谓权利与法院根据案情进行的诉讼之间建立联系。本案中，格鲁吉亚在其指示临时措施的请求中援引并寻求保护的权利，即《公约》第2条③和第5条④规定的权利，与其提起诉讼的案件的案情有充分联系。国际法院进一步补充，在审议格鲁吉亚关于指示临时措

---

① Application of the International Convention on the Elimination of All Forms of Racial Discrimination (Georgia v. Russian Federation), Summary of the Order of 15 October 2008, para. 6.

② 《国际法院规约》第41条："一、法院如认情形有必要时，有权指示当事国应行遵守以保全彼此权利之临时办法。二、在终局判决前，应将此项指示办法立即通知各当事国及安全理事会。"

③ 《公约》第2条："一、缔约国谴责种族歧视并承诺立即以一切适当方法实行消除一切形式种族歧视与促进所有种族间的谅解的政策，又为此目的：（子）缔约国承诺不对人、人群或机关实施种族歧视行为或习例，并确保所有全国性及地方性的公共当局及公共机关均遵守此项义务行事；（丑）缔约国承诺对任何人或组织所施行的种族歧视不予提倡、维护或赞助；（寅）缔约国应采取有效措施对政府及全国性与地方性的政策加以检查，并对任何法律规章足以造成或持续不论存在于何地的种族歧视者，予以修正、废止或宣告无效；（卯）缔约国应以一切适当方法，包括依情况需要制定法律，禁止并终止任何人、任何团体或任何组织所施行的种族歧视；（辰）缔约国承诺于适当情形下鼓励种族混合主义的多种族组织与运动，以及其他消除种族壁垒的方法，并劝阻有加深种族分野趋向的任何事物。"

④ 《公约》第5条："缔约国依本公约第二条所规定的基本义务承诺禁止并消除一切形式种族歧视，保证人人有不分种族、肤色或民族或人种在法律上一律平等的权利，尤得享受下列权利：（子）在法庭上及其他一切司法裁判机关中平等待遇的权利；（丑）人身安全及国家保护的权利以防强暴或身体上的伤害，不问其为政府官员所加抑或任何私人、团体或机关所加；（寅）政治权利，其尤著者为依据普遍平等投票权参与选举——选举与竞选——参加政府以及参加处理任何等级的公务与同等服公务的权利；（卯）其他公民权利，其尤著者为：（辰）经济、社会及文化权利，其尤著者为：（巳）进入或利用任何供公众使用的地方或服务的权利，如交通工具、旅馆、餐馆、咖啡馆、戏院、公园等。"

施的请求时，必须特别关注其所声称的权利。

2. 迫在眉睫的损害风险[1]

国际法院认为，临时措施应被"预先假定不得对司法程序中存在争议的权利造成不可挽回的损害"。只有存在国际法院作出最终裁决之前可能发生损害任何一方权利的紧迫性时，国际法院才会行使这一权力。

国际法院坚称，就其指示临时措施的裁决而言，不需要确定是否存在违反《公约》的行为，而是要确定情况是否需要指示临时措施，以保护《公约》规定的权利。国际法院在分析了双方提交的证据材料后，认为有关《公约》规定的权利，就其性质而言可能会遭受不可挽回的损害。

国际法院意识到南奥塞梯、阿布哈兹和邻近地区的实地局势特殊而复杂，并注意到各方实际控制权力的界限仍然存在不确定性。根据双方所提交的证据材料，国际法院认为，受最近冲突影响地区的格鲁吉亚族人处境非常艰难。同样，由于相关地区持续的紧张局势和冲突没有得到全面解决，南奥塞梯和阿布哈兹人民也处于水深火热之中。国际法院补充说，虽然该地区的难民和境内流离失所者的问题目前正在得到解决，但尚未得到全面解决。

鉴于上述情况，国际法院认为，上述族裔群体所涉权利可能面临受到不可挽回的损害的紧迫风险。

(三) 指示临时措施[2]

国际法院指出，《公约》缔约国应谴责种族歧视，并承诺毫不拖延地采取一切适当手段推行消除一切形式种族歧视的政策。国际法院认为，在已提请其注意的情况下，格鲁吉亚和俄罗斯均存在发生种族歧视行为的严重风险，且无论过去是否曾有任何在法律上可归因于此的行为，两国都负有明确的义务——尽其所能确保今后不再发生种族歧视行为。

为保护《公约》规定的与具体案件争议事项有关的权利，国际法院认为，根据《国际法院规约》，当一方提出临时措施请求时，国际法院并不需要完全依照其请求的内容进行指示。在范围上，国际法院有权指示超出请求内容的措施；在对象上，国际法院既可以指示提出请求或被提出请求的一方，也可以指示双方。本案中，国际法院在审议了格鲁吉亚要求的临时措施内容后，认为其所要指示的措施与之并不相同。根据所收到的证据材料，国际法院认为应指示针对双方的措施，而并非仅针对俄罗斯一方。

国际法院强调，根据《国际法院规约》第41条发出的关于临时措施的命令具有约

---

[1] Application of the International Convention on the Elimination of All Forms of Racial Discrimination (Georgia v. Russian Federation), Summary of the Order of 15 October 2008, para. 6.

[2] Application of the International Convention on the Elimination of All Forms of Racial Discrimination (Georgia v. Russian Federation), Summary of the Order of 15 October 2008, paras. 7-8.

束力，因此产生了双方都必须遵守的国际法律义务。

国际法院最后指出，就指示临时措施的请求作出的决定绝不会预先判断法院处理案件的管辖权问题，也不会预先判断与申请可否受理或案情本身有关的任何问题。

国际法院于 2008 年 10 月 15 日就格鲁吉亚提出的指示临时措施的请求发布了一项指令，提醒双方有义务遵守《公约》规定的义务，并均以 8 票赞成、7 票反对的结果，指示采取以下临时措施：

"A.双方在南奥塞梯和阿布哈兹以及格鲁吉亚邻近地区，应（1）不采取任何针对个人、群体或机构的种族歧视行为；（2）不资助、保护或支持任何个人或组织实行的种族歧视；（3）尽其所能，无论何时何地，不分民族或族裔，确保（i）人身安全，（ii）个人在国家境内自由迁徙和居住的权利，（iii）保护流离失所者和难民的财产；（4）尽其所能确保在其控制或影响下的行政机构和公共机构不从事针对个人、群体或机构的种族歧视行为；

B.双方应为支持当地居民根据《公约》有权享有的权利的人道主义援助提供便利，并不得设置任何障碍；

C.各方应避免采取任何可能损害另一方因法院对案件作出的判决而拥有的权利的行动，或可能加剧或扩大法院审理的争议或使其更难解决的行动；

D.每一当事方应通知法院其遵守上述临时措施的情况。"

二、管辖权问题

格鲁吉亚援引《公约》第 22 条作为国际法院管辖权的依据，即"两个或两个以上缔约国间关于本公约的解释或适用的任何争端不能以谈判或以本公约所明定的程序解决者，除争端各方商定其他解决方式外，应于争端任何一方请求时提请国际法院裁决。"

俄罗斯根据《公约》第 22 条对国际法院的管辖权提出了 4 项初步反对意见。根据第 1 项初步反对意见，双方当事人在格鲁吉亚提起诉状之日对《公约》的解释或适用不存在任何争议。在第 2 项初步反对意见中，俄罗斯指出，《公约》第 22 条有关诉诸国际法院的程序性要求没有得到满足。俄罗斯在其第 3 项初步反对意见中辩称，所指控的不法行为发生在其领土之外，因此国际法院缺乏受理此案的属地管辖权（ratione loci）。最后，根据第 4 项初步反对意见，国际法院可能拥有的任何管辖权仅限于《公约》在双方之间生效后，即 1999 年 7 月 2 日之后发生的情形。国际法院仅对前两项反对意见进行了审议。

（一）是否存在争端

俄罗斯认为，在 2008 年 8 月 12 日格鲁吉亚提交诉状之前，格鲁吉亚和俄罗斯之间就阿布哈兹和南奥塞梯及其周边地区局势不存在解释或适用《公约》的争端，并提出两个论据来支持这一观点。首先，如果在阿布哈兹和南奥塞梯领土上发生任何涉及种族歧视指控的争端，则该争端的一方当事人应为格鲁吉亚，另一方则应为阿布哈兹和南奥塞梯，而不是俄罗斯；其次，即使格鲁吉亚和俄罗斯之间存在争端，任何此类争端也都与《公约》的适用或解释无关。

国际法院从争端的含义、争端存在的证据、相关协议及安理会决议、1999年7月2日《公约》在双方之间生效之前的文件和声明、《公约》在缔约方之间生效后至2008年8月之前的文件和声明，以及2008年8月发生的冲突事件等方面对俄罗斯的反对意见进行了审议。就争端的含义而言，国际法院通过回顾既往判例指出，特定案件中是否存在争端是国际法院"客观裁定"的问题，"必须证明一方的主张得到另一方的积极反对"。国际法院的裁决必须基于对事实的审查。这是一个实质性问题，而不是形式问题。正如法院在其判例法中所承认的那样，可以从一国在需要回应的情况下未对索赔作出回应来推断争端的存在。虽然争端的存在和谈判的进行在原则上是不同的，但谈判可能有助于证明争端的存在并界定其主题。本案中，俄罗斯首先主张，《公约》第22条中的"争端"一词有特殊的含义，其范围没有一般国际法中规定的范围宽泛，因此更难以满足。根据《公约》，在缔约国通过《公约》规定的程序涉及的5阶段步骤明确双方之间的"事项"之前，缔约国之间不被视为存在"争端"。这项主张依据的是《公约》第11至第16条的措辞，以及这些条款对"事项""申诉"和"争端"作出的区分。格鲁吉亚在其递交的书面陈述中驳回了第22条中"争端"一词具有特殊含义的论点。国际法院并不认同俄罗斯的观点，因为第22条前半部分出现的"争端"一词以完全一样的方式出现在《公约》的若干其他仲裁条款中。因此，国际法院认为在涉及本案管辖权之际应使用"争端"一词的一般含义。[①]

就争端存在的证据来看，国际法院随后审查了双方当事人提交的证据，以确定其是否如格鲁吉亚所主张的那样证明了格鲁吉亚在2008年8月12日提交诉状之时已与俄罗斯就《公约》的解释或适用问题产生了争议。国际法院必须确定：（1）该记录是否表明两国之间对某一法律或事实存在分歧；（2）该分歧是否如《公约》第22条所要求的那样涉及对《公约》的解释或适用；（3）该分歧在诉状提交日期之前是否存在。为此，国际法院需要确定格鲁吉亚是否提出此种权利主张及俄罗斯是否积极反对以至双方之间对《公约》第22条存在争议。法院在审议与这些问题的答案有关的证据之前，认为1992年6月至2008年8月，阿布哈兹和南奥塞梯地区确实发生了争端事项。这些争端涉及一系列问题，包括阿布哈兹和南奥塞梯的地位、武装冲突的爆发及据称违反国际人道主义法和侵犯人权等。正是在这种复杂的局势中，格鲁吉亚声称存在但俄罗斯否认的争端才得以确定，且可能涉及多个法律体系并受不同争端解决程序的约束。双方接受了这一观点。双方向国际法院提交了许多文件和声明，国际法院仅审议了具有官方性质的正式文件和声明，即国家行政部门在国际关系中代表国家，并在国际层面代表国家的表态声明等，如双方领导人在消除种族歧视委员会中的发言、双方代表

---

① Application of the International Convention on the Elimination of All Forms of Racial Discrimination (Georgia v. Russian Federation), Judgment of 1 April 2011, paras. 26-30.

在安理会中的表态等。国际法院还对格鲁吉亚加入《公约》之前和之后发布的文件和发表的声明进行了区分。①

国际法院在对其认可的证据材料进行审议后得出结论：（1）1999年之前的文件不能为1999年7月之前存在种族歧视的争端提供任何依据，因为这些文件没有得到格鲁吉亚行政机构的支持，同时，文件的内容主要涉及非法使用武力或阿布哈兹的地位问题，而非种族歧视；（2）1999年到2008年7月，双方对于俄罗斯是否遵守了《公约》项下义务亦没有法律争端；（3）2008年8月7日到12日双方暴力冲突期间，基于双方代表2008年8月10日在安理会的交流、格鲁吉亚在2008年8月9日到11日提出的控诉和俄罗斯外交部长2008年8月12日的回应，关于《公约》的解释与适用争端确实存在。法院指出，格鲁吉亚提交的证据材料表明，在其提交诉状之前的十多年期间，格鲁吉亚不断因可归咎于俄罗斯的非法种族歧视行为向其提出严重关切，这表明两国之间对《公约》管辖范围内的问题长期存在着争端。②

因此，俄罗斯的第1项初步反对意见被驳回。

（二）《公约》第22条中的程序性条件是否已满足

俄罗斯声称，阻止格鲁吉亚向国际法院提起诉讼的理由是未能满足《公约》第22条规定的两项程序性前提条件，即谈判和诉诸《公约》明确规定的程序。格鲁吉亚则坚持认为，《公约》第22条既没有明确规定在国际法院受理案件之前必须进行任何谈判，也没有对诉诸《公约》规定的程序的义务作出任何规定。

国际法院首先对《公约》第22条是否规定了国际法院受理的程序条件问题进行了审议。国际法院运用该条款的一般含义与《公约》制定的准备工作等条约解释要素对条款内容进行了阐释。国际法院认为，从《公约》第22条措辞的一般含义可知，其确立了向国际法院提起诉讼前应满足的先决条件。③ 根据这一结论，国际法院本不必诉诸条约解释的补充方式，然而，国际法院注意到，双方都就《公约》的准备工作文件提出了广泛的论点，并援引这些论点来支持各自对"未解决的争端"这一短语的解释。因此国际法院援引准备工作文件以确认其对《公约》第22条文本的解释。国际法院指出，虽然从《公约》的起草历史中无法得出确切的推论，即谈判或《公约》明确规定的程序是不是诉诸法院的先决条件，但可以确定的是，准备工作文件并没有表明与国际法院通过一般含义解释已经得出的结论不同。④

---

① Application of the International Convention on the Elimination of All Forms of Racial Discrimination (Georgia v. Russian Federation), Judgment of 1 April 2011, paras. 31-39.
② Application of the International Convention on the Elimination of All Forms of Racial Discrimination (Georgia v. Russian Federation), Judgment of 1 April 2011, paras. 40-114.
③ Application of the International Convention on the Elimination of All Forms of Racial Discrimination (Georgia v. Russian Federation), Judgment of 1 April 2011, para. 141.
④ Application of the International Convention on the Elimination of All Forms of Racial Discrimination (Georgia v. Russian Federation), Judgment of 1 April 2011, para. 147.

下一个问题是这些先决条件是否得到了遵守。国际法院首先注意到，格鲁吉亚没有提及其在向国际法院提交申请之前适用或试图适用《公约》所明定的程序，国际法院因此将问题的审查限定于谈判这一先决条件是否得到满足。国际法院首先处理了一系列涉及谈判先决条件性质的问题，即评估谈判的构成，考虑其适当的形式和实质，以及在确定先决条件已经得到满足之前，应该在多大程度上追求这些目标。国际法院指出，谈判不要求争端双方实际达成协议，然而，一旦谈判开始或试图开始，国际法院管辖的前提必须是谈判已告失败或变得徒劳或陷入僵局。在这方面，国际法院的判例概述了确定是否进行了谈判的一般标准，趋势是减少形式主义，承认"会议外交"等。此外，谈判的实质内容必须与争端相关，即有关所涉条约的实质性义务。因此，本案中，国际法院评估格鲁吉亚是否真正试图与俄罗斯进行谈判，以期解决他们之间关于俄罗斯是否遵守了《公约》规定的实质性义务的争端。如果国际法院认定格鲁吉亚确实试图与俄罗斯进行此类谈判，国际法院将审查格鲁吉亚是否尽可能地通过这些谈判以解决争端。[①] 国际法院指出，格鲁吉亚和俄罗斯在有关争端开始之前就已经进行了谈判，但谈判内容并不涉及《公约》，因此与俄罗斯提出的第 2 项初步反对意见无关；2008 年 8 月 9 日双方爆发冲突至 12 日格鲁吉亚提交请求书期间，双方争端确实存在，但没有证据证明双方试图进行过谈判。其中，2008 年 8 月 12 日在莫斯科由俄罗斯外交部长和芬兰外交部长共同举办的新闻发布会记录成为双方争论的焦点。国际法院认为，关于种族清洗的声明和回应只能用来证明与《公约》相关的争端存在，并不能作为双方正在谈判的证据。国际法院得出结论，记录中的事实表明，在 2008 年 8 月 9 日至 8 月 12 日期间，格鲁吉亚没有试图与俄罗斯就《公约》相关事项进行谈判，也就无所谓俄罗斯拒绝谈判之说，因此格鲁吉亚与俄罗斯没有就后者遵守《公约》规定的实质性义务进行谈判。所以，第 22 条所载的两项要求均未得到满足，国际法院无法依据《公约》第 22 条确立对本案的管辖权。因此，俄罗斯的第 2 项初步反对意见得到了支持。[②]

在支持俄罗斯提出的第 2 项初步反对意见之后，国际法院裁定，既不需要考虑也不需要裁决被告方对其管辖权提出的其他反对意见，本案不能继续进行。

【主要法律依据】

(1)《国际法院规约》第 41 条。
(2)《消除一切形式种族歧视国际公约》第 2 条、第 5 条、第 22 条。

[①] Application of the International Convention on the Elimination of All Forms of Racial Discrimination (Georgia v. Russian Federation), Judgment of 1 April 2011, paras. 150-162.

[②] Application of the International Convention on the Elimination of All Forms of Racial Discrimination (Georgia v. Russian Federation), Judgment of 1 April 2011, paras. 163-184.

【拓展分析】

依据《国际法院规约》第41条，国际法院在认为情形有必要时，有权指示当事国采取临时办法以保全彼此权利。但对于何为"情形有必要"，《国际法院规约》与《国际法院规则》都没有明确规定，主要取决于国际法院司法实践中确立的一系列标准。

一般来说，国际法院要发布临时措施命令，需要满足5个条件：（1）国际法院对案件具有初步管辖权；（2）当事国主张的权利合理，至少存在可能性；（3）临时措施和请求保护的权利之间存在关联性；（4）请求保护的权利存在遭受"不可挽回的损害"（irreversible prejudice）或迫在眉睫的损害风险；（5）上述风险是真实的、紧迫的。[①] 在上述条件没有法定化的前提下，国际法院通常会根据不同案例的具体事实与法律基础，对这些条件的主次关系、详尽程度等给予不同的安排。

本案的核心法律争议是依据《公约》判定种族歧视存在与否。国际法院结合本案案情，在决定指示临时措施时主要从初步管辖权、临时措施与请求保护的权利之间的关联性及迫在眉睫的损害风险等方面进行了分析。其中，对初步管辖权的裁断依据的是双方之间存在有关《公约》的争端，且双方已经就争议事项展开谈判。本案中虽然最终指示了临时措施，但支持票与反对票只有1票之差，足见国际法院的法官们对本案中是否有必要指示临时措施存在显著分歧。分歧的主要方面即涉及初步管辖权的确立，持不同意见的法官们对此发表了一个联合声明，认为既然双方间的谈判已经开始，国际法院应该在双方有了谈判结果后再考虑管辖权；虽然本案中双方均未提及向消除种族歧视委员会提交申请，但《公约》第22条明确规定，其他解决方式对国际法院的管辖权而言应该以用尽为前提。[②]

国际法院在涉及人权事项争议的司法实践中，经常被要求指示临时措施。从国际法院角度来看，除非明显缺乏管辖权依据，否则国际法院通常会积极考虑指示临时措施以发挥自身的作用。然而相关人权条约中有关国际法院管辖的前置程序，特别是人权条约机构自身的争端解决安排，应如何与国际法院管辖权进行协调是国际法院日后处理此类争端必然要面对的问题。

从当事方角度来看，临时措施已逐渐作为一种诉讼策略和诉讼技巧被频繁使用，这与临时措施自身的特性不无关联。首先，临时措施的临时性使国际法院在无须对案情实质进行明确裁断的前提下就可以指示临时措施，对于处于紧迫情势下的当事方而言无疑是有效的救济手段；其次，临时措施具有法律拘束力，一旦指示，对另一当事方乃至国际社会都具有一定的影响力。

但临时措施自身"先天不足"的劣势也不容忽视。一是国际法院对发布的命令缺

[①] 王孔祥. 国际法院指示临时措施研究[J]. 武大国际法评论，2022, 6 (04)：106.

[②] Joint dissenting opinion of Vice-President Al-Khasawneh and Judges Ranjeva, Shi, Koroma, Tomka, Bennouna and Skotnikov, paras. 4-5.

乏实在的执行手段，经常是舆论影响大于实际效果；二是临时措施建立在初步管辖权基础之上，一旦后期被推翻，临时措施的拘束力也将随之终止，本案即为典型例证。

在遭遇国际法院的挫折后，格鲁吉亚转而寻求欧洲人权法院（ECHR）的救济。欧洲人权法院不仅确认了对本案的管辖权，还在2014年最终判定俄罗斯违反了《欧洲人权公约》中包括不得非人道对待、自由和安全权利及有效救济权在内的多项规定。就维护自身权益而言，寻求不同争端解决平台应为当事国的固有权利。国际法院虽然是国际社会中最具权威性的司法裁判机构之一，但其受到的制约也最明显，其在管辖权方面也颇为谨慎。因此，国家应尝试多加入不同层级的专门性条约，以获得更多有效的争端解决途径。

【思考题】

(1) 本案中，国际法院如何解决管辖权问题？
(2) 本案中，国际法院如何解决临时措施问题？

案例二　《消除一切形式种族歧视国际公约》的适用案（卡塔尔诉阿联酋）

【基本案情】

2018年6月11日，卡塔尔向国际法院提交请求书，指控阿联酋违反了1965年12月21日通过的《消除一切形式种族歧视国际公约》（以下简称《公约》）。卡塔尔声称，阿联酋自2017年6月5日起颁布并实施了一系列针对卡塔尔人的歧视性措施：首先，禁止卡塔尔国民进入阿联酋或越过其入境点，要求阿联酋境内的卡塔尔居民和访客14天内必须离开阿联酋，阿联酋国民同样不得前往卡塔尔或在卡塔尔境内停留或过境。其次，侵犯了卡塔尔人的多项基本权利，包括婚姻自由的权利、言论和表达自由的权利、获得工作与医疗保障的权利、教育权、财产权、文化权、在司法过程中受到平等对待的权利等。最后，将对卡塔尔表示同情或对阿联酋针对卡塔尔政府采取的措施表示反对均视为可处以监禁和罚款的罪行，允许反对卡塔尔的社交媒体存在并资助其活动，禁止播放卡塔尔公司运营的某些电视频道的节目等。这种侵犯人权的行为直至卡塔尔提起请求时仍然存在，且已经达到种族歧视的程度。同时，为制止阿联酋采取额外措施以侵害卡塔尔国民根据《公约》所享有的基本权利，以及防止争端的继续扩大，卡塔尔还向国际法院提出了关于请示采取临时措施的请求，要求在案件作出最终判决之前，国际法院应采取临时措施保护卡塔尔人根据《公约》享有的权利。

为确定国际法院的管辖权，卡塔尔援引了《国际法院规约》第36条第1款和《公约》第22条。国际法院于2018年6月28日就指示临时措施问题举行了公开听证会。在2018年7月23日发布的命令中，国际法院认为，根据《公约》第22条，只要双方之间的争端与该公约的"解释或适用"有关，国际法院就有权处理此案，并且《国际法院规约》要求其指示临时措施的条件已经得到满足。国际法院在命令的最后指示阿联酋确保"（1）因阿联酋的措施而分离的包括卡塔尔人在内的家庭团聚；（2）受阿联酋措施影响的卡塔尔学生有机会在阿联酋完成学业，或在他们希望的其他地方继续学习并获得其教育记录；（3）允许受阿联酋措施影响的卡塔尔人可以向阿联酋的法庭和其他司法机构寻求救济。"国际法院还命令双方不要采取任何可能加剧或扩大争端或使其更难解决的行动。

2019年3月22日，阿联酋也提请国际法院采取临时措施，以维护其在国际法院审理过程中的程序性权利，以及防止卡塔尔在案件作出最终裁决前进一步加剧或延长双方之间的争端。2019年5月，国际法院就该请求举行了公开听证会。国际法院最后以不能满足《规约》第41条有关指示临时措施的规定为由，于2019年6月14日发布命令驳回了阿联酋提交的关于指示采取临时措施的请求。

2019年4月30日，阿联酋向国际法院提出初步反对意见，要求国际法院在诉讼现阶段基于以下2项初步反对意见作出裁决：（1）国际法院对双方之间的争端缺乏管辖权，因为所指控的行为不在《公约》管辖范围内；（2）卡塔尔未能满足《公约》第22条规定的国际法院受理此案的程序性先决条件。国际法院根据《公约》和《国际法院规约》对以上问题进行审议后，于2021年2月4日作出判决：认可阿联酋提出的第1项初步反对意见，即该争端不属于《公约》的属事管辖范围，因此根据《公约》第22条，国际法院对本案不具有管辖权，也就没有必要审查阿联酋提出的第2项初步反对意见。

值得注意的是，在向国际法院提交诉请之前，卡塔尔曾于2018年3月8日根据《公约》第11条向消除种族歧视委员会（以下简称委员会）提交了两份来文，分别要求阿联酋和沙特阿拉伯采取一切必要步骤，终止其颁布和执行的针对性歧视措施。因此，事实上，委员会先于国际法院对卡塔尔与阿联酋之间有关《公约》适用的纷争予以关注，这给国际法院履行争端解决职能提出了新的挑战。

【主要法律问题】

国际法院通过归纳总结双方的争议问题并审议其是否归属于《公约》的适用范围，作出了其不具有管辖权的最终判决，该过程中还就双方提交的临时措施请求分别给予了不同的裁决。无论是管辖权还是临时措施，都是国际法院在处理国与国之间纷争通常都会面临的关键问题，是了解国际法院争端解决的重要方面。

一、临时措施问题

（一）国际法院就卡塔尔的请求指示了临时措施

国际法院就卡塔尔提起的临时措施请求，分别从初步管辖权、寻求保护的权利和要求采取的措施、不可挽回的损害和紧迫性的风险等方面进行了审议。

1. 初步管辖权

就初步管辖权而言，国际法院分别探讨了是否存在关于《公约》的解释与适用争端,以及是否满足《公约》规定的程序性先决条件两个问题。

国际法院认为,正如所提出的论点和提交的材料所证明的那样,双方对阿联酋自2017年6月5日起采取的措施的性质和范围及这些措施是否与《公约》规定的权利和义务有关的问题存在分歧。国际法院认为,卡塔尔提到的阿联酋采取的限制措施都属于《公约》的属事管辖范围。虽然双方在《公约》第1条第1款中提到的"原籍"一词是否包括基于个人"当前国籍"的歧视问题上存在分歧,但国际法院不需要在诉讼现阶段对该解释问题作出裁断,上述情形足以确定双方之间存在关于《公约》的解释或适用的争端。[①]

关于第一个程序性先决条件——谈判,国际法院首先指出,谈判不同于单纯的抗议或争论,需要一方真正尝试与另一方进行讨论,以期解决争端。在尝试或已经开始谈判的情况下,只有当谈判尝试不成功或谈判失败、无效或陷入僵局时,谈判这一先决条件才得到满足。另外,谈判的主题必须与争端事项有关,而争端事项又必须涉及有关条约所载的实质性义务,谈判这一先决条件才能得到满足。本案中,法院注意到,双方没有质疑卡塔尔代表在包括联合国在内的国际层面,且在阿联酋代表在场的情况下,多次提出与阿联酋2017年6月采取的措施有关的问题。卡塔尔外交大臣在2018年4月25日致阿联酋外交大臣的信中提到,阿联酋自2017年6月5日起采取的措施涉嫌违反《公约》,并表示"有必要进行谈判,以便在不超过两周的时间内处理这些违规行为及其影响"。国际法院认为,卡塔尔在信中表示愿意与阿联酋就后者遵守《公约》规定的实质性义务进行谈判,而阿联酋没有回应正式的谈判邀请,因此国际法院认为,在提交申请时,本案中提出的问题尚未通过谈判解决。[②]

关于第二个程序性先决条件——《公约》明确规定的程序,国际法院指出,根据《公约》第11条第1款,本公约一缔约国如认为另一缔约国未实施本公约的规定,可提请委员会注意此事。国际法院注意到,卡塔尔于2018年3月8日根据《公约》第11条向委员会交存了一份来文。然而,国际法院认为,卡塔尔并不依赖来文来证明国际法院对本案的初步管辖权。尽管双方对于谈判和诉诸《公约》第22条所述的两项先决程序条件是替代关系还是累积关系存在分歧,但国际法院认为,在诉讼的现阶段不需要就这个问题发表声明。[③]

鉴于上述所有情况,国际法院认为,在现阶段,《公约》第22条规定的国际法院受理程序先决条件似乎已经得到满足。

因此国际法院得出结论认为,根据《公约》第22条,只要双方之间的争端涉及

[①] Application of the International Convention on the Elimination of All Forms of Racial Discrimination (Qatar v. United Arab Emirates), Summary of Judgment of 23 July 2018, paras. 1-2.

[②] Application of the International Convention on the Elimination of All Forms of Racial Discrimination (Qatar v. United Arab Emirates), Summary of Judgment of 23 July 2018, paras. 2-3.

[③] Application of the International Convention on the Elimination of All Forms of Racial Discrimination (Qatar v. United Arab Emirates), Summary of Judgment of 23 July 2018, para. 3.

《公约》的"解释或适用"，国际法院就有管辖权处理此案。

2. 寻求保护的权利和要求采取的措施①

国际法院指出，《公约》规定缔约国负有消除一切形式和表现的种族歧视的义务。正如国际法院在过去涉及委员会的案件中所做的那样，尊重个人权利、缔约国在《公约》下的义务和缔约国寻求遵守《公约》的权利之间存在相关性。国际法院注意到，《公约》第2条、第4条、第5条、第6条、第7条旨在保护个人免受种族歧视。因此，只有在《公约》缔约国所申诉的行为似乎构成《公约》第1条所界定的种族歧视行为时，国际法院才能根据指示临时措施的请求，发布相应的命令。

本案中，国际法院指出，根据双方提交的证据，阿联酋于2017年6月5日采取的措施似乎只针对卡塔尔人，而不是居住在阿联酋的其他非本国公民。此外，这些措施针对居住在阿联酋的所有卡塔尔人，而无论其个人情况如何。因此，卡塔尔指控的一些行为似乎可能构成《公约》所定义的种族歧视行为。

然后，国际法院转向所主张的权利与所要求的临时措施之间的联系问题。

国际法院已经认定，至少卡塔尔根据《公约》第5条主张的一些权利是合理的，例如，在享有婚姻权和选择配偶权、受教育权及行动自由权和诉诸司法权等权利方面，据称存在种族歧视。国际法院认为，卡塔尔要求采取的措施不仅旨在结束将卡塔尔人集体驱逐出阿联酋领土的行为，而且旨在保护《公约》第5条所载的其他具体权利。因此，国际法院得出结论认为，寻求保护的权利与卡塔尔要求的临时措施之间存在联系（见国际法院第2018/26号新闻稿）。

3. 不可挽回的损害和紧迫性的风险②

国际法院认为，这些诉讼程序中涉及的某些权利，特别是《公约》第5条（子）、（卯）和（辰）款规定的几项权利，就其性质来看，指控的措施足以对其造成不可挽回的损害。根据双方提交的证据，国际法院认为，2017年6月5日之前居住在阿联酋的卡塔尔人在《公约》第5条规定的权利方面似乎仍然处于弱势地位。在这方面，国际法院认为，在2017年6月5日的声明之后，当时居住在阿联酋的许多卡塔尔人似乎被迫离开居住地而无法返回。国际法院指出，这种情况显然造成了一些后果，且影响似乎一直持续到今天。正如国际法院已经指出的那样，根据具体情况，被迫离开自己居住地而无法返回的个人可能会面临不可挽回的损害的严重风险。

国际法院注意到，阿联酋在口头诉讼中曾表示，在其外交部于2017年6月5日发表声明后，没有根据其移民法发布任何驱逐卡塔尔人的行政命令。尽管如此，国际法院指出，从其收到的证据来看，由于这一声明，卡塔尔人感到有义务离开阿联酋，导

---

① Application of the International Convention on the Elimination of All Forms of Racial Discrimination (Qatar v. United Arab Emirates), Summary of Judgment of 23 July 2018, para. 4.

② Application of the International Convention on the Elimination of All Forms of Racial Discrimination (Qatar v. United Arab Emirates), Summary of Judgment of 23 July 2018, paras. 4-5.

致其上述权利确实受到了损害。此外，鉴于阿联酋尚未采取任何官方措施撤销 2017 年 6 月 5 日的声明，卡塔尔人在阿联酋享有上述权利受到影响的情况保持不变。

因此国际法院认为，阿联酋采取的上述措施可能会对卡塔尔人受《公约》保护的权利造成不可挽回的损害，这是迫在眉睫的风险。

4. 结论与拟采取的临时措施①

根据上述所有考虑，国际法院得出结论认为，《国际法院规约》要求其指示临时措施的条件均已得到满足。国际法院同时提醒阿联酋有义务遵守《公约》规定的义务。在案件最终裁决之前，阿联酋必须根据《公约》规定的义务，确保因阿联酋 2017 年 6 月 5 日采取的措施而分离的包括卡塔尔人在内的家庭团聚；确保受这些措施影响的卡塔尔学生有机会在阿联酋完成学业，或者如果他们想在其他地方继续学习，可以获得教育记录；确保受这些措施影响的卡塔尔人可以诉诸阿联酋的法庭和其他司法机关。

国际法院认为，当其为维护特定权利而指示临时措施时，应考虑所有情况，除了决定采取的具体措施，还有必要指出针对双方的额外措施，以确保双方之间的争端不再继续恶化。

(二) 国际法院驳回了阿联酋提出的指示临时措施的请求

国际法院就阿联酋提起的临时措施请求，分别从初步管辖权、阿联酋请求的措施两方面进行了审议。

1. 初步管辖权②

国际法院认为，只有在初步证据表明其管辖权有依据的情况下，国际法院才可指示采取临时措施。无论指示临时措施的请求是由申请人提出的，还是由根据案情进行诉讼的被告提出的，情况都是如此。国际法院回顾，在 2018 年 7 月 23 日关于本案临时措施的命令中，其得出结论认为，根据《公约》第 22 条，只要双方之间的争端涉及《公约》的"解释或适用"，其就有权处理此案。国际法院认为没有理由在本请求中重新审视其先前的裁决。

2. 阿联酋请求的措施③

国际法院观察到，在诉讼的现阶段，没有必要确定阿联酋希望保护的权利是否存在；考虑到国际法院在本诉讼程序中的初步管辖权基础，只需要决定阿联酋所主张并寻求保护的权利是否合理。因此，这些所谓的权利必须与国际法院根据案情进行的诉讼相关事项有足够的联系。

---

① Application of the International Convention on the Elimination of All Forms of Racial Discrimination (Qatar v. United Arab Emirates), Summary of Judgment of 23 July 2018, para. 5.

② Application of the International Convention on the Elimination of All Forms of Racial Discrimination (Qatar v. United Arab Emirates). Summary of Judgment of 14 June 2019, para. 1.

③ Application of the International Convention on the Elimination of All Forms of Racial Discrimination (Qatar v. United Arab Emirates). Summary of Judgment of 14 June 2019, para. 2.

关于所要求的第 1 项临时措施，即国际法院命令卡塔尔立即撤回其提交委员会的来文，并采取一切必要措施终止该委员会对来文的审议，国际法院认为，这项措施并不涉及《公约》规定的合理权利，而是涉及对《公约》第 22 条争端解决条款的解释，以及其受理同一事项是否允许与委员会程序并行。国际法院在 2018 年 7 月 23 日的命令中已经审查了这一问题，并指出尽管双方对谈判和诉诸《公约》第 22 条所述程序是否构成法院受理前需要满足的替代或累积先决条件存在分歧，但其认为，在诉讼的现阶段，并不需要就这个问题发表声明。在本案诉讼的现阶段，国际法院认为没有任何理由偏离这些观点。

关于所要求的第 2 项措施，即卡塔尔立即停止阻碍阿联酋协助卡塔尔公民的努力，包括在其领土上取消对卡塔尔公民申请返回阿联酋许可证的网站的屏蔽，国际法院认为，这项措施涉及卡塔尔据称对阿联酋执行 2018 年 7 月 23 日命令中所述临时措施造成的障碍，不涉及阿联酋根据《公约》享有的合理权利。正如国际法院已经指出的那样："法院应在对案情的判决中评估当事方遵守临时措施的情况。"

由于所要求的前两项临时措施与在案件最终裁决之前根据《公约》保护阿联酋的合理权利无关，国际法院认为没有必要审查指示临时措施所需的其他条件。

阿联酋要求的第 3 项和第 4 项临时措施涉及不加剧争端。在这方面，国际法院回顾，旨在防止争端恶化或扩大的措施只能作为保护各方权利的具体措施的补充。关于该请求，国际法院认定不满足指示具体临时措施的条件，因此不能仅就不加剧争端的问题指示措施。国际法院还回顾，其已在 2018 年 7 月 23 日的命令中表示，双方"应避免采取任何可能加剧或扩大法院争端或使其更难解决的行动"，这一措施对双方仍具有约束力。

3. 结论①

根据上述情况，国际法院得出结论认为，阿联酋的请求不符合《国际法院规约》第 41 条规定的指示临时措施的条件。国际法院还强调，其决定不预先判断自身处理案情的管辖权问题、与申请可否受理有关的任何问题或在案情阶段决定的任何问题。卡塔尔和阿联酋政府就这些问题提出论点的权利不受影响。

二、属事管辖权与可受理性问题

卡塔尔提起诉求依据的是《公约》第 22 条，该条款对于国际法院行使管辖权设置了两项条件，一是争端必须与《公约》的解释与适用有关，二是《公约》规定的程序性前提条件必须得到满足。本案中，国际法院只审查了第一项条件，即符合《公约》要求的争端是否存在。

国际法院在审查请求书及双方当事国的书面和口头诉状后，以请求国提出的各项

---

① Application of the International Convention on the Elimination of All Forms of Racial Discrimination (Qatar v. United Arab Emirates). Summary of Judgment of 14 June 2019, paras. 2–3.

主张所依据的事实为基础，总结了 3 个主要的法律问题：一是就阿联酋采取的旅行禁令和驱逐令而言，《公约》第 1 条第 1 款中"原籍"一词的语义是否应包括当前国籍；二是阿联酋对某些卡塔尔媒体公司采取的措施是否属于《公约》的范围；三是阿联酋针对卡塔尔采取的措施是不是基于"原籍"而对卡塔尔人实施的"间接歧视"。

（一）"原籍"语义是否应包括当前国籍

卡塔尔认为，在《公约》第 1 条①第 1 款关于种族歧视的定义中，"原籍"一词包括当前的国籍，因此卡塔尔申诉的措施属于《公约》的范围。阿联酋辩称，"原籍"一词不包括当前的国籍，《公约》也不禁止卡塔尔在本案中所指责的基于卡塔尔公民目前国籍的区别对待。

国际法院通过采用《维也纳条约法公约》第 31 条和第 32 条有关条约解释的规则，就其文本，结合《公约》上下文及其目的和宗旨，并参考准备工作文件，以及审查委员会和地区人权法院的做法，对"原籍"一词进行了深度解读。

国际法院认为，这里的"原籍"或"人种"，特别指代了个体出生时所固有的、与特定民族或族群相联系的属性；而国籍具有法律属性，由国家法律赋予，因而具有可变性，即一个人在其一生中可能会改变其国籍。这一点与种族、肤色和世系等出生时就确定下来的不可变特征形成鲜明对比。然后国际法院指出，《公约》第 1 条第 1 款的上下文，特别是第 1 条第 2 款和第 3 款的规定支持将"原籍"一词的一般含义解释为不包括当前国籍。虽然根据第 3 款，《公约》绝不影响有关国籍、公民身份或归化的立法，条件是此类立法不歧视任何特定国籍；但第 2 款规定，公民和非公民之间的任何"区别、排斥、限制或优惠"都不属于《公约》的范围。国际法院随后审查了《公约》的目的和宗旨。国际法院经常参考《公约》的序言来确定其目的和宗旨。本案中，《公约》是在 20 世纪 60 年代非殖民化运动的背景下起草的，1960 年 12 月 14 日第 1514（XV）号决议②的通过是这一运动的一个决定性时刻。《公约》序言强调"任何基于种族差异的优越论在科学上都是错误的，在道德上都是应受谴责的，在社会上是不公正和危险的，在任何地方，无论在理论上还是在实践中，种族歧视都是没有道理的"，这表明《公约》的目的和宗旨即消除基于人类出生时的真实或感知特征采取的对人类的一切形式和表现的种族歧视。《公约》谴责任何通过援引一个社会群体优于另一个社会群体来使种族歧视合法化的企图。因此，《公约》显然不是为了涵盖基于国籍不同而产

---

① 《公约》第 1 条："一、本公约称'种族歧视'者，谓基于种族、肤色、世系或原籍或人种的任何区别、排斥、限制或优惠，其目的或效果为取消或损害政治、经济、社会、文化或公共生活任何其他方面人权及基本自由在平等地位上的承认、享受或行使。二、本公约不适用于缔约国对公民与非公民间所作的区别、排斥、限制或优惠。三、本公约不得解释为对缔约国关于国籍、公民身份或归化的法律规定有任何影响，但以此种规定不歧视任一籍民为限。四、专为使若干须予必要保护的种族或民族团体或个人获得充分进展而采取的特别措施以期确保此等团体或个人同等享受或行使人权及基本自由者，不得视为种族歧视，但此等措施的后果须不致在不同种族团体间保持各别行使的权利，且此等措施不得于所定目的达成后继续实行。"

② 联合国大会 1960 年 12 月 14 日通过的《关于准许殖民地国家及民族独立之宣言》。

生的人与人之间的每一种区别。基于国籍的区别对待很常见,并反映在大多数缔约国的立法中。因此,《公约》第1条第1款中的"原籍"一词,按照其通常含义,结合其上下文和《公约》的目的和宗旨,不包括当前国籍。①

根据上述结论,国际法院认为无须诉诸补充解释手段。然而考虑到双方都对《公约》的准备工作文件进行了详细分析,以及国际法院在认为适当时通过参考准备工作文件确认其对相关文本的解释的做法,国际法院审查了《公约》的准备工作文件。国际法院回顾,《公约》的起草分为3个阶段:首先作为防止歧视及保护少数小组委员会工作的一部分,其次由人权委员会起草,最后在联合国大会第三委员会内完成。国际法院认为,各草案中所载的种族歧视定义表明,起草者确实考虑了民族血统和国籍之间的差异。因此国际法院认为,整个准备工作文件确认,《公约》第1条第1款中的"原籍"一词不包括当前国籍。②

国际法院接下来审议了委员会的惯例。国际法院注意到,委员会在其第30号一般性建议中认为:"根据《公约》的目的和宗旨判断,如果基于公民身份或移民身份的区别待遇并非基于合法目的,且与实现此目的不相称,则此类区别对待将构成歧视。"③

最后,国际法院注意到,双方在书面和口头诉状中都提到了区域人权法院判例中的有关观点。国际法院指出,区域人权法院判例所依据的区域人权文书涉及尊重人权,对受益人一视同仁。这些公约的相关规定以1948年12月10日《世界人权宣言》第2条为蓝本。虽然这些法律文书都提到"国籍",但其目的是确保对人权和基本自由的广泛保护。因此,区域人权法院基于这些法律文书的判例对《公约》中"原籍"一词的解释帮助不大。④

国际法院最后得出结论,认为《公约》第1条第1款中的"原籍"不包括当前国籍。因此,卡塔尔在本案中作为其第一项申诉的一部分所请求的措施,是基于其公民的当前国籍,不属于《公约》的范围。

(二) 阿联酋对某些卡塔尔媒体公司采取的措施是否属于《公约》的范围⑤

针对卡塔尔提出的第二项诉求,即阿联酋对某些媒体公司采取的措施侵犯了卡塔尔人的意见和言论自由权,国际法院认定只需审查卡塔尔认为以种族歧视方式对某些卡塔尔媒体公司采取的措施是否属于《公约》的范围。

---

① Application of the International Convention on the Elimination of All Forms of Racial Discrimination (Qatar v. United Arab Emirates), Judgment of 4 February 2021, paras. 78-88.

② Application of the International Convention on the Elimination of All Forms of Racial Discrimination (Qatar v. United Arab Emirates), Judgment of 4 February 2021, paras. 89-97.

③ Application of the International Convention on the Elimination of All Forms of Racial Discrimination (Qatar v. United Arab Emirates), Judgment of 4 February 2021, paras. 98-101.

④ Application of the International Convention on the Elimination of All Forms of Racial Discrimination (Qatar v. United Arab Emirates), Judgment of 4 February 2021, paras. 102-104.

⑤ Application of the International Convention on the Elimination of All Forms of Racial Discrimination (Qatar v. United Arab Emirates), Judgment of 4 February 2021, paras. 106-108.

经过对《公约》各项实质性规则，特别是序言、第 1 条第 4 款、第 4 条（子）项①、第 14 条第 1 款②等文本及《公约》宗旨的深入解析，结合《公约》的上下文，国际法院认为，《公约》的保护对象明确限定为个人与群体。据此，国际法院进一步指出，卡塔尔媒体公司属于"机关"（institutions），该词代表个人或群体的集体机构或协会，与《公约》所定义的个人或群体存在本质区别。因此，国际法院认为《公约》的适用范围不能扩展至卡塔尔媒体公司。

（三）阿联酋对卡塔尔籍人员采取的"间接歧视"措施是否属于《公约》的调整范围③

国际法院回顾，卡塔尔主张"驱逐令"和"旅行禁令"及阿联酋采取的其他措施的目的和效果是在历史文化意义上"间接歧视"属于卡塔尔原籍的人，即在卡塔尔出生或承袭卡塔尔传统之人，包括其配偶、子女和与卡塔尔有其他联系的人。阿联酋则认为，本案中不存在"间接歧视"。

国际法院指出，由前述判决已经认定，卡塔尔第一项主张中的"驱逐令"和"旅行禁令"不属于《公约》的调整范围，因为这些措施都是基于卡塔尔公民的当前国籍，不符合《公约》第 1 条第 1 款中的"原籍"的含义。

然后，国际法院转向卡塔尔所称的这些措施和任何其他措施，假如其目的或效果使某些人因卡塔尔的出身而遭受歧视，该情形是否可被归类为"间接歧视"及这种做法是否属于《公约》所规定的管辖范围。

国际法院指出，根据《公约》第 1 条第 1 款对种族歧视的定义，如果一项限制措施的"目的或效果为取消或损害政治、经济、社会、文化或公共生活任何其他方面人权及基本自由在平等地位上的承认、享受或行使"，则构成种族歧视。因此，《公约》禁止一切形式和表现的种族歧视，无论种族歧视产生于特定限制措施的目的还是效果。尽管阿联酋针对卡塔尔当前国籍的措施可能对出生于卡塔尔的个人、具有卡塔尔血统的人或者那些居住在阿联酋的卡塔尔公民及其家庭成员带来间接或衍生的影响，但这些影响并不构成《公约》定义下的种族歧视。国际法院认为，卡塔尔所申诉的各种措施，无论从目的还是从效果上看，都不会对具有卡塔尔国籍的卡塔尔人造成基于原籍

---

① 《公约》第 4 条（子）项："缔约国对于一切宣传及一切组织，凡以某一种族或属于某一肤色或人种的人群具有优越性的思想或理论为根据者，或试图辩护或提倡任何形式的种族仇恨及歧视者，概予谴责，并承诺立即采取旨在根除对此种歧视的一切煽动或歧视行为的积极措施，又为此目的，在充分顾及世界人权宣言所载原则及本公约第五条明文规定的权利的条件下，除其他事项外……（子）应宣告凡传播以种族优越或仇恨为根据的思想，煽动种族歧视，对任何种族或属于另一肤色或人种的人群实施强暴行为或煽动此种行为，以及对种族主义者的活动给予任何协助者，包括筹供经费在内，概为犯罪行为，依法惩处。"

② 《公约》第 14 款第 1 款："一、缔约国得随时声明承认委员会有权接受并审查在其管辖下自称为该缔约国侵犯本公约所载任何权利行为受害者的个人或个人联名提出的来文。本文所指为未曾发表此种声明的缔约国时，委员会不得接受。"

③ Application of the International Convention on the Elimination of All Forms of Racial Discrimination (Qatar v. United Arab Emirates), Judgment of 4 February 2021, paras. 109–113.

的区别对待。国际法院还指出，批评一国或其政策的声明不能被定性为《公约》意义范围内的种族歧视。因此，国际法院认为，即使卡塔尔所控诉的支持其"间接歧视"主张的措施得到了事实的证明，这些措施也不能构成《公约》意义上的种族歧视。

鉴于上述情况，国际法院于2021年2月4日公布判决：支持阿联酋提出的第1项初步反对意见，主张根据《公约》第22条，国际法院在本案中不具有属事管辖权；同时认为没有必要审查阿联酋提出的第2项初步反对意见。国际法院裁定其无管辖权受理卡塔尔提交的申请。

【主要法律依据】

《消除一切形式种族歧视公约》第1条、第4条（子）项、第5条、第6条、第7条、第14条第1款、第22条。

【拓展分析】

一、国际法院审议管辖权与临时措施的逻辑

与《消除一切形式种族歧视国际公约》的适用案（格鲁吉亚诉俄罗斯）相同，本案也是围绕这一公约展开，卡塔尔作为原告，也与格鲁吉亚一样在提起诉请之时就提起了指示临时措施的请求。本案中国际法院对管辖权与临时措施问题的审议遵循与格鲁吉亚诉俄罗斯案大体一致的思路，逻辑推理更为清晰。

（一）国际法院审议临时措施的逻辑

国际法院首先指出，只有在申请人提起诉请的法律依据被视为是为其管辖权提供了初步依据的情况下，其才可以指示临时措施，但不必以明确的方式确信其对案件的案情具有管辖权。在本案中，卡塔尔主要依据的是《公约》第22条。因此，国际法院必须首先审议这些条款是否为其行使管辖权提供了初步依据，使其能够在满足其他必要条件的情况下指示临时措施。

就初步管辖权问题而言，主要涉及《公约》第22条规定的存在"有关《公约》的解释与适用"争端这一实质性条件，以及根据《公约》第22条，提交国际法院的争端必须满足"不能通过谈判或本公约明确规定的程序解决"这一程序性先决条件。国际法院不认为双方就《公约》第1条有关种族歧视措辞的理解差异会影响本案的管辖权，也不认为在初步管辖权阶段就需要对这一实质性争议作出明确裁断。对谈判这一先决性程序要件的审查，需要从形式与实质两方面进行审议。形式即不能只是单纯的争议，而要有具体的交锋；实质即争议事项需与条约有关。至于《公约》规定的其他程序，国际法院在此阶段并没有对卡塔尔一方在诉诸国际法院之前已经提请委员会处理此项争议的事实给予过多关注，只是指出卡塔尔"不依赖来文证明对本案的初步管辖权"。此外《公约》第22条规定，只有在争端任何一方未同意另一种解决方式的情况下，才能应争端任何一方的请求将争端提交国际法院。国际法院注意到，双方均未

辩称已同意另一种解决方式。

在审议临时措施是否应该指示时，国际法院分别从提请方寻求保护的权利是否适当，即是否属于《公约》保护的范围，权利与要求采取的措施之间是否有关联，以及现实情形是否存在不可挽回的损害和紧迫性的风险等方面对证据材料进行了分析。

（二）国际法院审议管辖权的逻辑

本案在管辖权问题上的核心争议表现为所涉措施是否可归于国际法院的属事管辖权。如前所述，对于阿联酋采取的措施本质上是否符合《公约》有关种族歧视的规定，国际法院主要就卡塔尔与阿联酋双方在3个具体问题上的争议进行了审理：一是种族歧视定义中"原籍"一词是否包括现有国籍；二是《公约》的保护对象是否包括卡塔尔的媒体公司；三是卡塔尔描述的对卡塔尔原籍人的"间接歧视"措施是否可归于《公约》范围内。本质上看，3个问题都是条约解释问题，前两个问题涉及对《公约》具体条款措辞的理解，后一个问题则涉及对《公约》有关种族歧视规定的整体理解。一方面，国际法院运用《维也纳条约法公约》第31条、第32条所述的解释要素，从《公约》的上下文并结合《公约》的目的和宗旨对相关措辞进行了严格的解释；另一方面，国际法院注重对所涉"间接歧视"措施的目的与效果进行阐释，强调了主观意图对判定种族歧视成立的重要作用。国际法院在本案中的推理凸显了其对"种族歧视"概念的限缩性把握。

二、国际法院诉讼与《公约》规定的国家间机制的关系

卡塔尔与阿联酋之间积怨已久。本案涉及的阿联酋2017年6月5日发布的针对卡塔尔的声明实为阿联酋对"卡塔尔支持、资助和接待恐怖主义活动团体""卡塔尔未遵守《利雅得协定》""卡塔尔继续宣传伊斯兰国和基地组织的意识形态"等的回应，且发布声明当天，阿联酋就宣布与卡塔尔断交。两国之间的纷争也是发生于2017年至2021年"卡塔尔外交危机"的一部分。[1] 如前所述，卡塔尔在诉诸国际法院之前就同一事项先向委员会提交了来文，如何看待委员会的处理程序及结果，这似乎成了国际法院履行其司法裁决职能绕不开的问题。然而国际法院在本案中既没有在程序上对两者可能的关联有任何论断，也没有在实体问题上与委员会保持协调一致。

---

[1] 2017年6月5日，巴林、沙特阿拉伯、阿拉伯联合酋长国、埃及、也门、利比亚6国及南亚的马尔代夫、非洲的毛里求斯指责卡塔尔支持恐怖主义活动并破坏地区安全局势，分别宣布与卡塔尔断绝外交关系，造成中东地区近年来最严重的外交危机。2017年8月23日，乍得外交部也发布公告，宣布乍得与卡塔尔断绝外交关系。危机过程中，沙特阿拉伯、阿联酋、巴林和埃及关闭了往来卡塔尔的所有陆海空交通通道。上述中东4国与卡塔尔就彼此之间的航空限制争议诉诸国际民航组织与国际法院。[参见本书"第六章 国际组织法 案例二 国际民用航空组织理事会管辖权案（巴林、埃及、沙特和阿联酋四国诉卡塔尔）"] 2021年1月，第41届海湾阿拉伯国家合作委员会首脑会议在沙特阿拉伯欧拉举行，与会各国共同签署了《欧拉宣言》，随后沙特、阿联酋、巴林、埃及宣布与卡塔尔恢复全面外交关系，结束了2017年以来对卡塔尔的空中、陆地和海上封锁，恢复同卡塔尔开放领空和陆海边界。

（一）委员会就本案涉及争议事项的处理过程与结果

2019年8月29日委员会在第99届会议上作出决定，根据《公约》第11条①，委员会就卡塔尔针对阿联酋和沙特阿拉伯的申请具有管辖权并可受理。2020年2月，两个特设和解委员会由委员会主席任命成立并开始运作以解决卡塔尔的申诉。随后两个特设和解委员会举行了各种会议，以选举主席、制定程序规则并讨论这些申诉。2021年《欧拉宣言》发布后，卡塔尔向秘书处递交了两份普通照会，请求暂停国家间程序。阿联酋与沙特阿拉伯也分别于2021年1月27日和2月2日同意暂停程序。2021年3月5日，两个特设和解委员会举行了一次联合在线会议，决定在《欧拉宣言》通过一年内，任何有关缔约国均可通过秘书处通知特设和解委员会，是希望恢复程序还是继续暂停。2022年1月11日，卡塔尔通知委员会，与阿联酋在《欧拉宣言》框架下的双边会谈正在进行中，并要求暂停双方之间的程序，直至另行通知。2022年1月26日，阿联酋通知委员会，鉴于《欧拉宣言》缔结后一年期限已过，任何一方均未表达恢复程序的愿望，阿联酋要求终止程序。2022年12月23日，卡塔尔也请求终止该案。2023年1月26日，委员会注意到两个当事缔约国均要求终止程序，决定结束其工作。②

（二）本案中委员会与国际法院的不同论断及问题

卡塔尔提请委员会处理的申请是《公约》第11条规定的国家间来文程序第一次被启用，委员会宣布拥有管辖权且可受理此申请又是国家间来文程序在实践中的进一步发展。基于当事双方提交的答辩意见，委员会对管辖权的审议围绕两个问题展开：一是《公约》第1条中的"原籍"是否包含现有国籍的问题，委员会对此态度鲜明，认为"这个问题提出了属事管辖权的初步问题。这不影响委员会的管辖权，在处理来文可否受理的问题时将予以研究"；③二是管辖权仅及于当前和进行中的违约行为，不包括过去行为的判断问题，委员会认为，所涉问题关系到来文中提及的基本事实而且预设结论认为申请国的指称并不反映当前现实，应与来文的案情一并审理。委员会对来文可否受理的审议分别从用尽国内补救办法、程序同时进行、委员会属事管辖权（关于国籍问题）3个方面进行审议。首先，因双方对《公约》第11条第3款有关用尽国

---

① 《公约》第11条："一、本公约一缔约国如认为另一缔约国未实施本公约的规定，得将此事通知委员会注意。委员会应将此项通知转知关系缔约国。收文国应于三个月内，向委员会提出书面说明或声明，以解释此事，如已采取补救办法并说明所采办法。二、如此事于收文国收到第一次通知后六个月内，当事双方未能由双边谈判或双方可以采取的其他程序，达成双方满意的解决，双方均有权以分别通知委员会及对方的方法，再将此事提出委员会。三、委员会对于根据本条第二款规定提出委员会的事项，应先确实查明依照公认的国际法原则，凡对此事可以运用的国内补救办法皆已用尽后，始得处理。但补救办法的实施拖延过久时不在此列。四、委员会对于收受的任何事项，得请关系缔约国供给任何其他有关资料。五、本条引起的任何事项正由委员会审议时，关系缔约国有权遣派代表一人于该事项审议期间参加委员会的讨论，但无投票权。"

② OHCHR, Decision of the *ad hoc* Conciliation Commission on the termination of the proceedings concerning the inter-state communication Qatar v. the United Arab Emirates.

③ 《关于委员会对卡塔尔提交的针对阿拉伯联合酋长国的国家间来文的管辖权的决定》，CERD/C/99/3，2020年6月18日，第11页。

内补救方法的要求存在理解差异，委员会认为这些事实要素只能在审查来文案情的阶段加以核实。此外，委员会认为，在一般政策和做法得以施行的情况下，不要求用尽国内补救办法。其次，对答辩方提出的委员会与国际法院诉讼程序并行的问题，委员会认为，《公约》第 22 条中"谈判"和"本公约所明确规定的程序"之间的"或"字清楚表明，缔约国可以在该条款包含的备选方案中作出选择。此外，委员会作为一个有权通过不具有约束力的建议的专家监督机构，不能确定关于未决原则①或"选定一个方向"原则②是否适用。委员会不认为"平行程序"会损害程序的公正性和当事方之间的平等权利，因为当事双方在两个机构都享有平等的程序权利。最后，虽然委员会也认可《公约》第 1 条中"原籍"一词不同于国籍，但委员会更关注嗣后实践的发展。一方面，委员会一再呼吁缔约国处理因非公民国籍而受到歧视的情况，认为《公约》措辞并非将对非公民的任何关切排除在外；另一方面，委员会强调依据关于歧视非公民问题的第 30 号一般性建议，对非公民的区别对待如果缺乏合法目的并以不相称的方式实施，则也构成歧视。③

很显然，委员会对管辖权和可受理性问题的结论与国际法院的论断并不一致，尤其表现在对《公约》措辞的解释上，对此国际法院没有给出太多解释。另外，如前所述，国际法院并没有对阿联酋初步反对意见中涉及的与委员会国家间来文程序关系进行具体审议，因此尚难以对国际法院的态度进行判定。但国际法院在对临时措施所需的初步管辖权进行判定时，注意到卡塔尔之前已经开启来文程序，却认为这并非卡塔尔在国际法院层面获得初步管辖权的依据，似乎也隐含表明了国际法院认为两者不相冲突的意思。

从本质来看，国际法院作为联合国的主要司法机关，其裁决具有司法强制力；《公约》规定的国家间机制是人权条约规定的机构程序，作出的"建议"或"报告"，不具有法律拘束力。因此两者同作为缔约国解决争端的方式手段本应互不影响。然而，实践中两者如对同一个问题作出不同论断，尤其是关涉到《公约》的核心内容时，形式上的平行难以消弭实质上的差异可能带来的对于维护国际法律秩序的隐患，因此有法官建议"可以在委员会就卡塔尔的来文作出最后结论之前，暂停其诉讼程序"。④

国际争端解决机制之间的衔接协调是国际法治发展中不可忽视的关键问题，本案所体现出来的人权条约国家间机制与国际法院诉讼之间的互动问题还有待实践的进一步发展，海洋权益、环境保护等其他类型的国际性专门机构与国际法院争端解决安排之间也可能出现类似问题。我国作为国际关系的重要参与者，应密切关注这一方面的

---

① 未决原则，即在某一司法机构审理案件而未最终判决时，禁止将同一争端提交与该司法机构程序相冲突的其他司法机构审理。

② "选定一个方向"原则，即一旦争端方选取了确定的争端解决程序，就不能够再次选取其他争端解决机构裁决争端。

③ 《关于卡塔尔提交的针对阿拉伯联合酋长国的国家间来文可否受理的决定》，CERD/C/99/4，2020 年 4 月 21 日，第 9-11 页。

④ 《关于卡塔尔提交的针对阿拉伯联合酋长国的国家间来文可否受理的决定》，CERD/C/99/4，2020 年 4 月 21 日，第 11 页。

实践与理论进展，也应为国际争端解决法治建设积极贡献力量。

【思考题】

（1）国际法院在审议管辖权与临时措施时的基本考量是什么？

（2）国际法院与人权条约机构争端解决安排间的关系应如何协调？

案例三 违反对巴勒斯坦被占领土某些国际义务（临时措施）案（尼加拉瓜诉德国）

【基本案情】

"巴以冲突"具有极其复杂的历史背景与政治因素，早已超越了当事双方之间的争端，在国际社会中已形成不同国家和团体的政治和法律博弈。除直接当事方以外，其他国家的立场和行动也对冲突产生着深刻的影响。

2024年4月8日，国际法院在荷兰海牙就尼加拉瓜针对德国为以色列提供军事援助涉嫌"种族灭绝"的诉讼举行首次听证会。该案件的原告为尼加拉瓜，被告为德国。尼加拉瓜方面要求国际法院在评估此案时实施紧急临时措施，其中包括命令德国"立即暂停对以色列的援助，特别是军事援助"和"撤销暂停向近东救济工程处提供资金的决定"等。

尼加拉瓜向国际法院起诉德国的原因是其认为德国支持以色列在加沙地带针对哈马斯的行动违背了其基于国际法所应承担的义务，尤其是强行法义务。尼加拉瓜认为德国的相关行为构成了对国际强行法规则的严重违反，具体表现为：（1）未能履行预防灭种的义务：违背了其基于《防止及惩治灭绝种族罪公约》（以下简称《灭种罪公约》）所承担的预防和惩治义务；（2）未能履行国际人道法义务：未能确保在任何情形下都尊重国际人道法基本规则的义务；（3）协助维持以色列对巴勒斯坦的军事占领：因向以色列提供援助或协助，违背了德国基于一般国际法的其他强制性规范所承担的义务。

对于尼加拉瓜方面的指控，德国外交部的一般与特别国际法问题代表塔尼亚·冯·乌斯拉尔·格莱兴（Tania von Uslar-Gleichen）在听证会后向媒体表示，尼加拉瓜的发言存在严重偏见。德国政府发言人沃尔夫冈·布埃希纳（Wolfgang Buechner）也回应称："我们注意到尼加拉瓜的诉讼，并否认这些不合理的指控。"

以色列不是尼加拉瓜与德国之间争端的当事方，因此不会出席听证会。由于该案件仍在审理中，具体的判决结果和相关细节尚未公布。

此外，以色列民政管理局已将位于约旦河西岸约12.7平方公里的巴勒斯坦土地列为"国有土地"。此举引发外界普遍担忧，还引起美国亲以色列议员的"谴责"。以色列非政府组织"现在就和平"（Peace Now）指出，这是以色列30多年来在约旦河西岸进行的最大规模土地侵占，可能让加沙局势进一步恶化。

【主要法律问题】

根据目前本案的审理结果,主要涉及两个问题:第一,由于尼加拉瓜和德国均非巴以冲突的当事方,国际法院是否拥有对本案的管辖权;第二,根据当时该案的情势,国际法院是否需要指令对德国的临时措施。

一、国际法院是否拥有对本案的管辖权[①]

尼加拉瓜认为,国际法院的管辖权建立在两国皆接受的《国际法院规约》第36条第2款的强制管辖权和《灭种罪公约》第9条的基础之上。

德国则认为国际法院对此案不具有管辖权。一方面,本案不存在争端。尼加拉瓜在向德国递交普通照会的短短17日后,未经预先通告即启动了司法程序,此举引发了德国方面的质疑。德国方面主张,仅凭一位政府代表在例行新闻发布场合的简短言论,不足以构成争端存在的确凿依据;另一方面,本案的核心议题还交织着对以色列在加沙地带行动性质的评估,这意味着对以色列行为的法律定性,构成了对德国责任判定不可或缺的前提条件。鉴于以色列并未作为直接当事方参与本案审理,尼加拉瓜单方面对德国提起诉讼的行为,被德国视为违背了国际司法实践中所确立的货币黄金案原则[②]之精神,即相关争议应全面、公正地考量所有相关方的立场与行为。

国际法院认为,本案未明显缺乏管辖权,且在临时措施程序中作出的决定绝不妨碍其处理案件实质问题的管辖权,也不妨碍其处理该案的可受理性或与案件有关的任何问题。

本案中,尼加拉瓜起诉德国的行为逻辑较有特色。无论是从《灭种罪公约》的角度来看,还是从1949年《日内瓦公约》等的相关规定来看,尼加拉瓜的起诉行为均表明,其在严肃地对待自身基于相关国际法规则所承担的义务。例如,就《灭种罪公约》而言,根据该公约第1条的规定和国际法院对此规定解释的相关法理,所有公约当事国都需要承担积极作为的预防义务和惩治义务。一旦灭绝种族行为发生,无论该行为发生在哪里,只要属于该公约当事国,即有立即预防和惩治灭种行为的义务。国家需要在自身力所能及的范围内积极采取措施去预防和惩治。国家如果不采取措施,主张不干涉,不作为本身就构成了其对基于该公约第1条所承担义务的违背。因此,从尼加拉瓜行为的背后逻辑来看,其起诉行为无疑是值得高度重视和特别肯定的,尼加拉瓜的行为正从另一个维度印证着国际法在过去20多年中所发生的最重要发展和转型。

[①] Alleged Breaches of Certain International Obligations in respect of the Occupied Palestinian Territory (Nicaragua v. Germany), Summary of Request for the indication of provisional measures, paras. 1-2.

[②] 货币黄金案原则是在国际法院的司法实践中确立的,用于处理涉及第三方国际责任的重要原则。根据该原则,如果第三方的法律利益构成争端的主题事项,且处理该主题事项的管辖权未获得第三方的同意,争端当事方或争端解决机构可以排除管辖权。

二、当前是否需要对德国采取临时措施①

尼加拉瓜认为，德国违反了《灭种罪公约》、1949 年《日内瓦公约》及其附加议定书所规定的义务，以及"国际人道法不可违背的原则"和其他一般国际法准则。在 2024 年 4 月 8 日的公开听证会上，尼加拉瓜还概括性地补充了德国违反《消除一切形式种族歧视国际公约》的主张。

尼加拉瓜指出，自 2023 年 10 月以来，巴勒斯坦人民面临种族灭绝的公认风险，尤其是处于加沙地带的人群。德国向以色列提供政治、财政和军事资助，并停止向联合国近东巴勒斯坦难民救济和工程处提供资金，这是在为种族灭绝罪行提供便利，而且无论如何没有履行尽一切可能防止种族灭绝罪行的义务。在 2024 年 4 月 8 日的公开听证会上，尼加拉瓜继续补充了一国的行为会对第三国产生独立义务的论点，同时指出以色列并非在行使自卫权，而是在实施种族灭绝。德国必须为注意义务上的疏忽和自己的行为承担责任。因此，尼加拉瓜请求国际法院在就案件的案情作出决定之前，作为极端紧急事项，对德国采取临时措施。

德国提出，其对以色列的安全负有特殊的历史责任。根据国际法，以色列有权针对哈马斯进行自卫。同时，德国有责任提醒以色列，即使在行使其自卫权时也要适用国际人道法。尼加拉瓜严重歪曲了德国向以色列出口军备的数量和用途，包括以出口武器和其他军事装备的形式。德国对外出口军事设备制度建立在一个健全的法律框架之上，该框架会逐案评估出口许可申请，并确保遵守国家法律和德国的国际义务。在国际法层面，德国出口军事装备受 2013 年 4 月 2 日《武器贸易条约》（Arms Trade Treaty）和 2008 年 12 月 8 日欧洲理事会第 2008/944/CFSP 号《共同立场》（Common Position）的约束，后者界定了管制军事技术和设备出口的共同规则。在国内法层面，德国已就"战争武器"（kriegswaffen）和"其他军事装备"（sonstige rüstungsgüter）作出区分，两类装备的出口适用内容不同但同样严格的许可证制度。自冲突开始以来，德国对以色列的军事装备出口总额急剧下降。2023 年 10 月 7 日以后颁发的许可证 98% 不涉及"战争武器"，而是涉及"其他军事装备"。其中 25% 以上的军事装备最终将重新进口并供德国武装部队使用。批准出口的 80% 是在 2023 年 10 月批准的。出口许可证的申请由不同的部委根据比国际法更为严格的条件进行审查。在"战争武器"方面，德国只向以色列颁发了 4 份"战争武器"出口许可证，两份用于训练弹药，一份用于测试，以及一份"3000 件便携式反坦克武器"。在临时措施的构成要件方面，德国从缺乏合理性（plausibility）、不存在无法弥补的损害和迫在眉睫的危险等方面进行了不能下达临时措施命令的论证。因此，德国请求国际法院拒绝尼加拉瓜提出的指示临时措施的请求。

经公开听证会后，国际法院以仅 1 名专案法官表示反对的投票结果，裁定本案并

---

① Alleged Breaches of Certain International Obligations in respect of the Occupied Palestinian Territory (Nicaragua v. Germany), Summary of Request for the indication of provisional measures, paras. 3-4.

不需要指示临时措施。德国声称其：(1) 已履行《灭种罪公约》的义务，采取一切合理手段对以色列施加影响，以改善加沙形势、提供人道主义援助；(2) 不认为根据《日内瓦公约》一国有义务完全不向战争中的国家提供军援；(3) 已采取措施防止装备被用于尼加拉瓜所述的行为，且认为没有证据表明军援助长了这些行为；(4) 自 23 年 11 月以来批准的军援大幅下降，且自 2023 年 10 月 7 日以来批准的 98% 是"其他军事装备"而非"战争武器"。

国际法院认为，对近东救济工程处的资助是自愿的。国际法院于 2024 年 4 月 30 日以 15:1 的决定当前并不需要指示任何临时措施。国际法院亦驳回德国的请求，决定不将本案从候审案件中移除。

【主要法律依据】

(1)《国际法院规约》第 36 条第 2 款。
(2)《防止和惩治灭绝种族罪公约》第 1 条、第 9 条。

【拓展分析】

从规范角度来看，在根据《灭种罪公约》提起的案件中，本案是第一个指控一国对种族灭绝行为的援助，而非实施行为本身的案件。鉴于德国不是唯一向以色列提供财政援助和军事武器的国家，因此，此案的研究意义重大。

本案在国际法院内部也引起了不小争议。国际法院副院长塞布廷（Sebutinde）与岩泽雄司（Iwasawa Yuji）法官就临时措施的标准和初步管辖权问题发表了单独意见，克利夫兰（Cleveland）法官和特拉迪（Tladi）法官就临时措施命令发表了声明，专案法官哈苏奈（Al-Khasawneh）也发表了异议意见。

就本案中的管辖权问题而言，塞布廷副院长认为国际法院应谨慎考虑管辖权问题，尼加拉瓜并未证明两国间确有争端，且在未能评估以色列行为合法性的前提下，国际法院在本案中不应具有管辖权；哈苏奈法官则明确表示货币黄金案原则不应适用于本案，因为一旦适用，德国必然要在种族灭绝行为完全完成后才能承担国家责任，这显然是不合理的。本案中，尼加拉瓜必然面对货币黄金案原则这一管辖权上的障碍。双方针对该原则的适用产生了较大的争议。普遍认为货币黄金案原则的适用需要满足以下条件：(1) 涉及非案件当事方的权利或利益。当争端的解决需要涉及非案件当事方的权利或利益时，这些权利或利益必须被充分考虑。如果非案件当事方的权利或利益构成解决争端的基础和前提，那么国际司法机构在行使管辖权时必须获得第三方的同意。(2) 管辖权与可受理性的审查。在国际司法实践中，国际司法机构在受理案件时，会首先审查案件是否涉及非案件当事方的权利或利益，以及这些权利或利益是否构成解决争端的基础和前提。如果答案是肯定的，那么国际司法机构将不得不考虑货币黄金案原则的适用，并可能因此拒绝行使管辖权或认定当事方的诉求不具有可受理性。(3) 平衡管辖权与保护第三方利益。货币黄金案原则体现了国际司法机构在行使管辖权与保护非案件当事方利益之间的平衡。国际司法机构在解决争端时,既要确保自身管辖权的正当行使,又要避免侵犯非案件当事方的合法权益。[1]

就临时措施问题来看,塞布廷副院长对本案中国际法院没有详细论证临时措施适用标准,而只是笼统地提及案件情况的做法表示遗憾。岩泽雄司法官在总结之前司法实践中已经形成的指示临时措施须满足的条件基础上,指出初步管辖权、欲保护权益合法及其与临时措施之间的关联、无法弥补的损害及迫在眉睫的风险等条件之间是累积关系,欠缺任何一项条件都不能认为已经存在采取临时措施的必要情形。而本案中涉及德国的被诉行为似乎并不满足紧迫性的要件,因为如国际法院已经调查清楚的事实显示,德国管理军事装备出口的法律制度是完备且具有明显约束力的。克利夫兰法官在声明中主要就防止种族灭绝方面的适当注意义务进行了强调,认为德国的行为目前并不构成确实和迫在眉睫的危险。特拉迪法官对临时措施的适用提出了不同观点。他认为之前已经形成的临时措施适用标准之间可能会存在矛盾的情况,只强调了指示临时措施与之后申请方是否可能获得成功的关联性与是否存在紧迫而又不可挽回的损害风险这两个条件,并认为本案使德国之后再向以色列出口军事装备时不得不更加谨慎地考虑可能造成的人道主义风险。哈苏奈法官也对国际法院没有指示临时措施的做法表示反对,认为与之前的司法实践不相符。[2]

值得注意的是,国际法院在命令中并没有明确拒绝指示临时措施,而是采用了"没有必要"的措辞,[3]可见国际法院在临时措施问题上还留有余地,且其并未裁决对本案不具有管辖权,也没有将案件从列表中清除,这一系列做法使本案的后续发展颇为令人关注。另外,2023年12月29日,南非就以色列在加沙的行为向国际法院提交了一份长达84页的诉状,指责以色列违反了《灭种罪公约》。国际法院如何处理南非控诉案必然影响着本案的进展,如何认定以色列在加沙地带的袭击行为,不仅对国际法院管辖权构成挑战,而且对临时措施及涉及灭绝种族实质问题的认定具有关键作用。正如本章前两个案例所示,国际法院也必将像处理解释与适用《消除一些形式种族歧视国际公约》争议问题一样,在涉及《灭种罪公约》的这一系列案例中,逐渐形成有关管辖权和临时措施等的常规做法与适用标准。

【思考题】

(1) 国际法院指示采取临时措施的条件是什么?
(2) 国际法院在处理此类案件时应遵循哪些原则和标准?

---

[1] 徐奇. 货币黄金案原则在国际司法实践中的可适用性问题研究 [J]. 武大国际法评论, 2019, 3 (06): 51-71.

[2] Alleged Breaches of Certain International Obligations in respect of the Occupied Palestinian Territory (Nicaragua v. Germany), Summary of Request for the indication of provisional measures, paras. 5-7.

[3] 此处原文为:"Finds that the circumstances, as they now present themselves to the Court, are not such as to require the exercise of its power under Article 41 of the Statute to indicate provisional measures."

第十七章

国际刑法

本章知识要点

（1）国际犯罪定义；（2）纽伦堡和东京审判；（3）卢旺达和前南斯拉夫问题国际刑事法庭；（4）国际刑事法院（ICC）。

案例一　国际刑事法院马赫迪破坏文化遗产罪案（检察官诉马赫迪）

【基本案情】

马赫迪是来自马里的激进武装组织"伊斯兰捍卫者"（Ansar Eddine）在廷巴克图的机构负责人，并与廷巴克图伊斯兰法院的工作有关联。他在2012年马里北部冲突期间，涉嫌指挥破坏了10处位于廷巴克图的具有极高历史和文化价值的伊斯兰教圣地。这些圣地包括西迪·玛哈茂德·本·阿里·穆罕默德陵墓（Sidi Mahamoud Ben Omar Mohamed Aquit Mausoleum）和15世纪的清真寺阿斯基亚大清真寺（Timbuktu's Sidi Yahya Mosque）等。

2015年9月18日，国际刑事法院（International Criminal Court，ICC）第一预审分庭对马赫迪发出了逮捕令，指控其在非国际性武装冲突中故意破坏具有历史意义和宗教性质的建筑，这种行为构成了战争罪。马赫迪就在当月自愿向国际刑事法院自首，并在随后的庭审中承认了自己的罪行，是第一个被告认罪的国际刑事法院案件。

审判于2016年8月22日至24日进行。在马赫迪自认其罪后，检方出示了证据并传唤了3名证人。受害者的法律代表和辩方于2016年8月24日向法官陈述了他们的意见。2016年9月27日，国际刑事法院第八审判分庭作出裁决，一致认定马赫迪犯有破坏文化遗产的战争罪，判处他9年监禁。这是国际刑事法院首次对仅破坏文化遗产就被判定为战争罪的案件，强调了保护文化遗产的重要性，尤其是在冲突情况下。2021年11月25日，上诉分庭的一个由3名法官组成的小组决定将马赫迪的监禁刑期减少2年。该判决的执行完成日期定于2022年9月18日。

2017年8月17日，第八审判分庭发布了一项赔偿令，裁定马赫迪应承担270万欧元的赔偿责任。鉴于马赫迪贫困，分庭鼓励受害者信托基金（the Trust Fund for Victims）补充赔偿金，并指示该基金于2018年2月16日前提交实施计划草案，包括目标、成果和必要活动。受害者的法律代表和辩方可在收到通知后30天内对计划草案提出任何意见。在分庭批准后，受害者信托基金将确定实施赔偿的具体内容，供分庭最终批准。2018年3月8日，上诉分庭在很大程度上确认了本案的赔偿令。①

【主要法律问题】

本案是国际刑事法院处理的文化遗产第一案，具有重要的里程碑意义。本案主要涉及破坏文化遗产作为战争罪的认定。

一、文化遗产犯罪管辖权方面的问题

2001年阿富汗塔利班炸毁巴米扬大佛事件，因并非发生在战争状态下，所以这一震惊世界的对世界文化遗产的严重破坏行为不属于国际刑事法院的管辖范围。2003年伊拉克战争中文物被大规模劫掠的情形，尽管发生在战争时期，但劫掠者并非交战双方，而是暴民，因此也不归国际刑事法院管辖。这些事例表明国际刑事法院的管辖范围狭窄，凸显了国际刑事法院在文化遗产犯罪管辖权上的局限性。本案正是这一国际法领域内文化遗产保护问题的典型反映，指出了当前国际法律框架在应对非战时及非交战方导致的文化遗产犯罪方面的不足。

分庭首先根据《国际刑事法院罗马规约》（以下简称《罗马规约》）的相关条款，确立了其对被告在2012年6月11日至2012年6月30日于马里境内所犯战争罪行的司法管辖权。

具体而言，分庭依据《罗马规约》第8条有关战争罪的规定，确认了自身对战争罪的属事管辖权，该条第1款规定："特别是作为一项计划或政策的一部分所实施的行为，或作为在大规模实施这些犯罪中所实施的行为。"结合控方提供的证据，包括马里国防部文档及联合国和媒体机构收集的资料，可以明确的是自2012年1月起，马里境内发生了持续性的区域性武装冲突，包括"伊斯兰捍卫者"在内的多个本地武装组织在马里北部地区开展暴力行动，本案涉及的破坏行为就属于这些暴力行动的一部分。

同时，分庭也援引《罗马规约》第11条②，明确了对于在本规约生效后成为缔约国的国家，国际刑事法院仅对规约生效后发生的犯罪行为行使管辖权，除非该国已依据《罗马规约》第12条第3款③提交了接受法院管辖的声明。马里于1998年6月17

---

① The Prosecutor v. Ahmad Al Faqi Al Mahdi, ICC-01/12-01/15, Case Information Sheet, para. 2.
② 《罗马规约》第11条："属时管辖权（一）本法院仅对本规约生效后实施的犯罪具有管辖权。（二）对于在本规约生效后成为缔约国的国家，本法院只能对在本规约对该国生效后实施的犯罪行使管辖权，除非该国已根据第十二条第三款提交声明。"
③ 《罗马规约》第12条第3款："（三）如果根据第二款的规定，需要得到一个非本规约缔约国的国家接受本法院的管辖权，该国可以向书记官长提交声明，接受本法院对有关犯罪行使管辖权。该接受国应依照本规约第九编规定，不拖延并无例外地与本法院合作。"

日签署了《罗马规约》，2000 年 8 月 16 日批准了该条约。本案中，马赫迪被指控的行为发生于 2012 年，显然属于《罗马规约》对马里生效之后发生的行为，因此法庭具有属事管辖权。

此外，分庭还根据《罗马规约》第 12 条第 2 款的规定，确认了其在特定情况下的属人管辖权，即当有关行为发生在本规约缔约国或已接受国际刑事法院管辖权的国家境内时，国际刑事法院即有权行使管辖权。

二、马赫迪的行为构成战争罪

本案中，由于国际刑事法院检察官仅对马赫迪提起了一项战争罪指控，即《罗马规约》第 8 条第 2 款第 5 项第 4 目，法庭也仅就该条款项下的战争罪进行了分析。

（一）马里境内存在非国际性武装冲突

根据证人证词和视频资料，2012 年 4 月至 2013 年 1 月，"伊斯兰北非盖达组织"与"伊斯兰捍卫者"在廷巴克图城击退了马里政府军，实施联合控制，建立了包含伊斯兰警察、法庭、赫斯巴哈（宗教警察部队）及媒体机构的行政政权。这种联合控制使其有资格成为非国际性武装冲突中的一方主体。另外，没有能够证明外国介入马里该次武装冲突的证据，因此，分庭认定该武装冲突的非国际性特质。①

（二）被破坏的文化遗产具有特定的文化价值

廷巴克图是马里的文化遗产中心，是马里悠久历史的鲜活见证，承载着传播伊斯兰宗教和文化的作用，承载着当地人民的情感寄托与精神归依。而且这些遗迹均已被联合国教科文组织列为世界文化遗产，依据 1972 年《保护世界文化和自然遗产公约》的规定，应受到严格的保护。②

（三）马赫迪具有明确的主观意图与客观的破坏行为

分庭认为，该等破坏行为具有明显的宗教动机。鉴于马赫迪在此案件中的核心作用及其在廷巴克图城行政架构中的显著地位，结合相关证据，分庭法院裁定其为宗教事务领域的权威学者与专家，对廷巴克图地区的宗教事务拥有深刻的见解和显著的影响力。他明知这些陵墓和清真寺对于当地人民的重要性，还通过写文章、宣讲等方式对其表示蔑视，并扬言要进行破坏。2012 年 4 月初，马赫迪自主创建了名为"赫斯巴哈"的组织，随后该组织首任领导者的职位由阿布·齐德（AbouZeid）担任。"赫斯巴哈"的宗旨明确为"防范恶行，倡导善举，监督道德实践"，并以此为依据，将摧毁表达对坟墓、死亡敬拜的建筑作为其主要任务，其中即涵盖了本案中受损的 10 处文化遗产。证据明确表明，这些建筑物因其宗教和历史意义而被精心选择为攻击目标，攻击

---

① The Prosecutor v. Ahmad Al Faqi Al Mahdi, ICC-01/12-01/15-171, Judgment and Sentence of 27 September, 2016, paras. 49-50.

② The Prosecutor v. Ahmad Al Faqi Al Mahdi, ICC-01/12-01/15-171, Judgment and Sentence of 27 September, 2016, para. 81.

者对其破坏行为具有明确的故意性。

控方通过一系列证据，包括毁坏历史建筑的录像、目击者证词、遗迹毁坏前后的卫星对比图像、马里政府官方文件、专家评估意见、媒体新闻报道及国际机构的声明和报告，有力证明了针对10处历史宗教遗迹的破坏行为。调查结果显示，参与破坏的个人持有武器，并使用包括丁字镐、铁条等多种工具，对文化遗迹造成了全面或极严重的损害。这些受损的文化遗迹在廷巴克图城居民的生活中占据重要地位，其损坏行为严重侵犯了当地民众的文化和宗教信仰。马赫迪与"伊斯兰北非盖达组织"和"伊斯兰捍卫者"两个组织的核心领导层保持紧密关联，他不仅参与了两个组织的会议，更与高层领导如阿布·齐德、伊亚德·加利（Iyad Ag Ghaly）等进行了会面，并在这两个组织中享有崇高的地位。本案中，马赫迪作为周五破坏行动前布道的创作者，负责确定遗迹破坏的次序，制定破坏策略，并发布破坏指令。他与其他领导层共同拥有对破坏行动的控制权与领导权。在行动执行过程中，他动用了与其有密切关联的"赫巴斯"（Hesbah）力量，监督破坏行动的进展；负责收集、购买和分发所需工具；亲临所有袭击地点提供指导与精神支持；至少亲自参与了5起导致文化遗迹受损的袭击；受命与媒体沟通，解释破坏活动的合理性。尽管在破坏过程中他一度产生过停止的念头，但经与其他领导人商议后，最终选择继续。① 由此，分庭最终认定马赫迪对破坏行动拥有指挥控制权，并全面参与了破坏行动的执行过程。

根据《罗马规约》第8条第2款第5项的规定，战争罪包括"故意指令攻击专用于宗教、教育、艺术、科学或慈善事业的建筑物、历史纪念物、医院和伤病人员收容所，除非这些地方是军事目标"。基于上述分析，分庭认为马赫迪违反了该条款，构成战争罪。

（四）马赫迪承担相应的刑事责任

《罗马规约》第77条明确指出"有期徒刑的刑期上限为30年"。鉴于马赫迪在庭上承认罪行，并事先与检方达成协调，分庭最终依据《罗马规约》相关条款，对其处以9年监禁。特别值得一提的是，此次判决是国际刑事法院首次援引《罗马规约》第65条关于认罪程序的规定进行裁决。

三、受害人的确认及赔偿

在赔偿令中，分庭将本案的受害人确认为3类：廷巴克图的居民、马里的人民和国际社会全体成员。很显然，因为马赫迪破坏行为的对象位于廷巴克图，廷巴克图的居民当为本案的直接受害人；又因为这种破坏行为性质特别严重，因此影响了整个马里乃至国际社会的全体人民。② 分庭指出，文化遗产不仅本身具有重要性，对整个人类

---

① The Prosecutor v. Ahmad Al Faqi Al Mahdi, ICC-01/12-01/15-171, Judgment and Sentence of 27 September, 2016, para. 40.

② The Prosecutor v. Ahmad Al Faqi Al Mahdi, ICC-01/12-01/15-171, Judgment and Sentence of 27 September, 2016, para. 46.

也非常重要。它代表的不仅是财产本身,更是作为一个群体、民族和国家的共同记忆和身份认同。对文化遗产的袭击不仅破坏了其有形结构,更削弱了当地群体与这些珍贵文化遗产之间的联系和认同。[1]

经过审议,分庭确定了以下几种赔偿方式:首先是金钱赔偿。鉴于马赫迪本人经济能力有限,且联合国教科文组织已经修复了部分遗址,赔偿数额定为 270 万欧元。[2] 显然这个数额象征意义大于实际作用。另外,分庭还命令马赫迪分别向马里国家及国际社会全体(由联合国教科文组织作为接受代表)各支付 1 欧元的象征性赔偿。[3] 其次是非金钱赔偿。分庭指出,最佳的赔偿方式就是承诺对已经修复的文化遗产不再发动攻击。[4] 另外,非金钱赔偿还包括道歉。分庭命令书记官处"将马赫迪的道歉视频剪辑后发布在法院官网,并将相应的笔录翻译成廷巴克图的主要语言"[5]。分庭还建议采取其他"象征性措施,例如追悼,纪念或宽恕仪式"[6]。

【主要法律依据】

《罗马规约》第 8 条、第 25 条、第 65 条。

【拓展分析】

马赫迪案作为国际刑事法院对破坏历史和宗教遗产案件的首例判决,凸显了以往国际法在处理文化遗产破坏行为时的不足。在此之前,对于此类行为的制裁主要依赖于公共舆论压力、技术援助和资金激励等软性手段,缺乏针对严重破坏行为的明确惩罚措施,因此本案对于国际法的发展具有重要意义。

在国际刑事法院之前,纽伦堡审判与前南斯拉夫问题国际刑事法庭(以下简称前南刑庭)、卢旺达国际刑事法庭(以下简称卢旺达刑庭)都已经有将文化遗产破坏行为纳入战争罪的司法实践。但纽伦堡审判针对的破坏行为的范围远远超出了文化遗产,法庭在审判的时候并没有对文化遗产进行特别关注,而是统一在公私财产的框架下进行了阐述和判决。[7] 前南刑庭规约和卢旺达刑庭规约在纽伦堡审判初步尝试的基础上,设置了专门针对文化遗产的战争罪条款,[8] 且在司法实践中从客观行为与主观心理方面

---

[1] The Prosecutor v. Ahmad Al Faqi Al Mahdi, ICC-01/12-01/15, Reparations Order of 17 August, 2017, paras. 16-19.
[2] The Prosecutor v. Ahmad Al Faqi Al Mahdi, ICC-01/12-01/15, Reparations Order of 17 August, 2017, para. 134.
[3] The Prosecutor v. Ahmad Al Faqi Al Mahdi, ICC-01/12-01/15, Reparations Order of 17 August, 2017, paras. 106-107.
[4] The Prosecutor v. Ahmad Al Faqi Al Mahdi, ICC-01/12-01/15, Reparations Order of 17 August, 2017, para. 67.
[5] The Prosecutor v. Ahmad Al Faqi Al Mahdi, ICC-01/12-01/15, Reparations Order of 17 August, 2017, para. 71.
[6] The Prosecutor v. Ahmad Al Faqi Al Mahdi, ICC-01/12-01/15, Reparations Order of 17 August, 2017, para. 90.
[7] 刘珊. 国际刑法视角下惩治破坏文化遗产行为的规则与实践研究 [D]. 上海:华东政法大学,2021:63.
[8] 例如,前南刑庭规约第 3 条第 4 款是违反战争法和惯例,夺取、摧毁或损坏文化遗产的行为;第 3 条第 2、3、5 款是违反战争法和惯例,摧毁城市或农村及其中的建筑物,劫掠公私财产的行为。

确立了破坏文化遗产构成战争罪的要件，为相应的习惯国际法规则的形成起到了关键作用，但两个刑庭无论是规则还是实践都有不同之处，且都局限于一定的区域内，因此对于更广地域范围的文化遗产破坏行为无法以战争罪予以惩处。

《罗马规约》在很大程度上吸收了前南刑庭和卢旺达刑庭的规则与实践，并通过本案在具体司法实践领域有了更多的突破。首先，本案对战争罪的指控全部依据的是破坏特定文化遗产的行为，确立了毁坏文化遗产行为可以单独以战争罪论处；其次，本案中分庭通过对文化遗产本身的重要性及具有"突出的普遍价值"的世界遗产的强调，确认了文化遗产的普世价值，从而为文化遗产提供更完善的国际法保护奠定了坚实基础；再次，本案对3类受害人的确认凸显了文化遗产的人权价值，有利于国际社会形成破坏文化遗产是严重的国际罪行的共识；最后，本案为受害人提供了多样丰富的赔偿方式，如前文提及的象征性赔偿与承诺不再犯。

本案确立了破坏文化遗产在一定情形下可以构成战争罪，加强了国际社会对文化遗产保护的关注和力度，本案也显示出国际刑事法院在追究个人刑事责任和维护国际和平与安全方面扮演着重要角色。

然而就文化遗产保护而言，本案还存在定罪名义单一、文化遗产保护范围有限、国际社会作为受害人的法理不清等问题，如何在国际刑法范围内更有效地保护文化遗产、惩治有意毁坏行为、确保受害人的权益等，还需要更多的实践以完善文化遗产保护的国际刑法规则。

【思考题】

（1）本案凸显了哪些关于文化及历史遗迹在冲突中的脆弱性和重要性的教训？

（2）国际刑事法院如何界定"在非国际性武装冲突中破坏文化遗产"构成战争罪？

案例二　约旦拒绝按照国际刑事法院请求协助逮捕和移交巴希尔上诉案（检察官诉巴希尔）

【基本案情】

2005年3月31日，联合国安全理事会（以下简称安理会）通过了第1593号决议，决定将苏丹达尔富尔情势提交给国际刑事法院，同时要求苏丹政府与国际刑事法院和检察官充分合作并提供任何必要的协助。2009年3月4日，应检察官的请求，国际刑事法院第一预审分庭向苏丹总统巴希尔发出第一份逮捕令。2010年7月12日，又向巴希尔发出了第二份逮捕令，增加了灭绝种族罪指控。这两份逮捕令连同请求逮捕和移交的文件一起都发给了《国际刑事法院罗马规约》（以下简称《罗马规约》）的所有缔约国，包括约旦。这是国际刑事法院首次针对在任国家元首采取行动，但因执行力不足及多方阻力，逮捕令未执行。

由于约旦没有逮捕和移交在约旦参加阿盟峰会的巴希尔，2017 年 12 月 11 日，国际刑事法院第二预审分庭作出决定，认为约旦没有履行《罗马规约》的义务，决定将约旦不与国际刑事法院合作的情况提交给缔约国大会和安理会。约旦政府随后上诉，提出涉及预审分庭适用法律错误且滥用自由裁量权方面的 3 项理由。2019 年 5 月 6 日，国际刑事法院上诉分庭在巴希尔案中就约旦的上诉作出判决，一致维持第二预审分庭在 2017 年 12 月 11 日作出的判决，再次确认约旦的不移交行为违反了《罗马规约》，但判决第二预审分庭把约旦不与国际刑事法院合作的情况提交缔约国大会和安理会的决定是错误的，因为第二预审分庭错误地认为约旦没有与国际刑事法院先行协商。①

【主要法律问题】

上诉分庭主要就两个问题进行了分析：第一，约旦不逮捕巴希尔是否违反了其在《罗马规约》下的义务；第二，是否应将此违反事项提交至缔约国大会和安理会。

一、约旦不逮捕巴希尔是否违反了其在《罗马规约》下的义务

该问题的本质是巴希尔作为国家元首是否在国际刑事法院享有豁免权，根据《罗马规约》第 27 条第 2 款，个人基于官方身份所享有的国内法或国际法赋予的豁免不会影响国际刑事法院的管辖权，缔约国有义务配合国际刑事法院执行逮捕令。然而本案有一个不能忽视的特殊背景，即苏丹不是国际刑事法院的缔约国，因此还应考虑《罗马规约》第 98 条"在放弃豁免权和同意移交方面的合作"条款。②

根据《罗马规约》第 98 条第 1 款，如果被请求执行国际刑事法院的一项移交或协助请求，则意味着该被请求国将违背其承担的对第三国个人或财产的国家或外交豁免义务，国际刑事法院须首先取得该第三国的合作，由该第三国放弃本应享有的豁免权。预审分庭在强调《罗马规约》第 27 条第 2 款的基础上，还提及本案是由安理会提交情势而发起的事实，认为安理会第 1593 号决议足以赋予苏丹有如同《罗马规约》缔约国一样的、与国际刑事法院合作的义务。③ 因此，预审分庭的观点是巴希尔不能主张国家元首豁免，国际刑事法院也就没有必要按照《罗马规约》第 98 条第 1 款的规定主动寻求第三国（苏丹）放弃其豁免权了。根据《罗马规约》第 98 条第 2 款，如果被请求国执行国际刑事法院的移交请求，将违背其依照国际协定承担的义务，且根据这些义务，

---

① The Prosecutor v. Omar Hassan Ahmad Al-Bashir, ICC-02/05-01/09 OA2, Judgment in the Jordan Referral re Al-Bashir Appeal, 6 May 2019, paras. 206-207.

② 《罗马规约》第 98 条："在放弃豁免权和同意移交方面的合作 （一）如果被请求国执行本法院的一项移交或协助请求，该国将违背对第三国的个人或财产的国家或外交豁免权所承担的国际法义务，则本法院不得提出该项请求，除非本法院能够首先取得该第三国的合作，由该第三国放弃豁免权。（二）如果被请求国执行本法院的一项移交请求，该国将违背依国际协定承担的义务，而根据这些义务，向本法院移交人员须得到该人派遣国的同意，则本法院不得提出该移交请求，除非本法院能够首先取得该人派遣国的合作，由该派遣国同意移交。"

③ Decision under article 87 (7) of the Rome Statute on the non-compliance by Jordan with the request by the Court for the arrest and surrender of Omar Al-Bashir, 11 December 2017, ICC-02/05-01/09-309, paras. 35-39.

向国际刑事法院移交人员应得到派遣国的同意，则国际刑事法院须首先取得该派遣国的合作。预审法庭注意到了1953年《阿拉伯国家联盟特权与豁免公约》（以下简称1953年《公约》），该公约也承认其规定了阿拉伯国家联盟的一些特权与豁免，但并不确定苏丹是不是该公约的缔约国，且不认为《罗马规约》第98条第2款适用于该公约。

对预审分庭的上述论断，约旦在上诉中进行了总结并提出反对，具体包括：《罗马规约》第27条第2款没有排除适用第98条、第98条没有为缔约国构建权利、第98条第2款应适用于1953年《公约》、安理会第1593号决议不能成为约旦不遵守对巴希尔的豁免义务的理由。

上诉分庭首先对约旦的上诉问题进行了明确，确认约旦的上诉理由主要针对的是国家元首豁免对国际刑事法院请求缔约国逮捕和移交《罗马规约》非缔约国、但由安理会提交情势且依照第1593号决议要求其与国际刑事法院充分合作的国家的元首的情形适用与否的问题。[1] 上诉分庭采取的论证路径与预审分庭并无实质不同，但上诉分庭同时还就预审分庭没有涉及的《罗马规约》第27条第2款是不是习惯法问题进行了阐释，因为其认为这一问题与约旦的上诉有关。

（一）《罗马规约》第27条第2款反映了习惯国际法

就《罗马规约》第27条第2款是否反映了习惯国际法而言，上诉分庭先指明了该条款的直接含义，即国际刑事法院在对国家元首行使管辖权时，后者不能主张国家元首豁免权，且国家元首也不能依据国家元首豁免阻止国际刑事法院对其启动调查或对其发布逮捕令。[2] 而后上诉分庭援引《纽伦堡军事国际法庭宪章》第7条、1946年12月11日联合国大会决议、国际法委员会通过的《纽伦堡原则宣言》第3条等一系列国际法文件，认为"没有国家实践和法律确信可以证明存在针对国际性司法机构的国家元首豁免的习惯国际法"，"习惯国际法中并不存在一项国家元首在国际性司法机构行使管辖权方面享有豁免的规则"。同时，上诉分庭还提出了一个非常重要的观点，即国家元首不能在国际性司法机构管辖时主张豁免，不仅意味着国际性司法机构可以纵向对其发出逮捕令和予以审判，还适用于国际性司法机构要求一国将另一国国家元首逮捕和移交时的国家间横向关系。[3]

上诉分庭详细阐释了第27条第2款对缔约国在纵向与横向两个方面的影响。在纵向方面，根据《罗马规约》第86条，缔约国有义务按照本规约的规定与国际刑事法院充分合作；根据《罗马规约》第89条，国际刑事法院有权要求缔约国逮捕和移交被发

---

[1] The Prosecutor v. Omar Hassan Ahmad Al-Bashir, ICC-02/05-01/09 OA2, Judgment in the Jordan Referral re Al-Bashir Appeal, 6 May 2019, para. 96.

[2] The Prosecutor v. Omar Hassan Ahmad Al-Bashir, ICC-02/05-01/09 OA2, Judgment in the Jordan Referral re Al-Bashir Appeal, 6 May 2019, paras. 101-103.

[3] The Prosecutor v. Omar Hassan Ahmad Al-Bashir, ICC-02/05-01/09 OA2, Judgment in the Jordan Referral re Al-Bashir Appeal, 6 May 2019, paras. 113-114.

布逮捕令的人员。上诉分庭强调解释缔约国充分合作的义务时，应将《罗马规约》的宗旨和目的考虑在内，义务范围应及于整个《罗马规约》。上诉分庭基于《罗马规约》第86条的规定，认为第27条第2款有关法院管辖权的规定和第98条有关逮捕和移交的规定虽然在规约的不同部分，但缔约国应从整体上理解条款规则，主动协调条款之间可能产生的任何冲突。因此最佳选择就是将第27条第2款视为习惯法，且将其适用范围解读为不仅包括不能以豁免权对抗国际性司法机构的管辖权，还包括不能以豁免权对抗国际性司法机构提出的逮捕和移交要求。上诉分庭将其中的逻辑表述如下：国际刑事法院对个人行使管辖权需要依靠国家之间的合作来执行逮捕令，但如果国家能够以豁免为理由不逮捕、不移交，则缔约国与国际刑事法院充分合作的义务要求将无法实现，最终的结果可能是国际刑事法院将因为违反第27条第2款实质含义的所谓豁免而无法真正行使管辖权。① 在横向方面，约旦认为第27条第2款只涉及国际刑事法院对缔约国的义务要求，上诉分庭则认为该条款要求缔约国不能主张豁免对抗管辖权的目的并非在本国内起诉国家元首，而是协助国际刑事法院行使管辖权。②

（二）安理会第1593号决议对巴希尔豁免权的影响

上诉分庭反驳了约旦认为安理会提交情势并不影响苏丹与国际刑事法院关系的上诉理由，指出既然《罗马规约》第13条第2款③规定国际刑事法院可根据安理会提交情势而启动管辖权，那么这一合法的管辖权应按照《罗马规约》的规定具体行使，因此该规约有关合作的规则也应得到遵守。④《罗马规约》本身对缔约国与非缔约国的合作义务都有明确规定，前者主要体现为第86条，后者则主要表现为第87条第5款。第87条第5款第1项规定，国际刑事法院可以邀请任何非缔约国根据特别安排、与该国达成的协议或任何其他适当的依据，按照《罗马规约》第9编"国际合作和司法协助"的规定提供协助。本案中，安理会第1593号决议可以看作是国际刑事法院与非缔约国苏丹之间建立联系的适当依据。安理会第1593号决议对国际刑事法院是管辖权确立的基础，也是安理会维护国际和平与安全的一种具体手段，因此该决议对所有联合国会员国都具有拘束力，包括苏丹。该决议是苏丹应当与国际刑事法院和检察官合作的依据。上诉分庭据此认为苏丹比非缔约国承担的义务还要多，《联合国宪章》第25条要求会员国履行安理会决议的规定也成为苏丹配合国际刑事法院的具体法律依据。苏丹为遵行安理会第1593号决议就需要与国际刑事法院充分合作，这意味着对苏丹应适用

---

① The Prosecutor v. Omar Hassan Ahmad Al-Bashir, ICC-02/05-01/09 OA2, Judgment in the Jordan Referral re Al-Bashir Appeal, 6 May 2019, para. 122.

② The Prosecutor v. Omar Hassan Ahmad Al-Bashir, ICC-02/05-01/09 OA2, Judgment in the Jordan Referral re Al-Bashir Appeal, 6 May 2019, para. 127.

③ 《罗马规约》第13条第2款："行使管辖权。2. 安全理事会根据《联合国宪章》第七章行事，向检察官提交显示一项或多项犯罪已经发生的情势。"

④ The Prosecutor v. Omar Hassan Ahmad Al-Bashir, ICC-02/05-01/09 OA2, Judgment in the Jordan Referral re Al-Bashir Appeal, 6 May 2019, para. 135.

的是缔约国的合作制度，而不是《罗马规约》第87条第5款有关非缔约国合作的规则，因为后者对于一个在法律意义上有义务与国际刑事法院合作的国家来说显然是不恰当的。① 前述对《罗马规约》第27条第2款义务范围的解释也应适用于苏丹，苏丹因此不能在面对国际刑事法院管辖时主张国家元首豁免。

(三)《罗马规约》第27条第2款与第98条的关系

正如约旦所述，《罗马规约》第98条第1款确实是"避免冲突条款"（conflict-avoidance rule），通过为国际刑事法院寻求避免冲突设置程序要件，以确保缔约国不因遵守《罗马规约》而违反向第三国承担的义务。然而，该第98条第1款没有为豁免存在的推定提供依据，它只是对国际刑事法院提出了一项程序要求，要求国际刑事法院考虑是否存在任何国际法义务，并在特定情况下适用于被请求国。在这种情况下，预审分庭认定不适用这种义务是正确的。②

既然基于《罗马规约》第27条第2款和安理会第1593号决议，巴希尔在国际刑事法院管辖权面前并不享有豁免，那么依据《罗马规约》第98条第1款要求的先行获得苏丹对豁免的放弃也就不再需要。③

(四) 约旦违反了《罗马规约》有关逮捕和移交的义务规定

上诉分庭在认可预审分庭结论的基础上指出，《罗马规约》第98条第1款虽然是以国际法院自身为规制对象，但并非说当存在该条款设置的国际刑事法院不可以请求合作的条件时，被请求国就可以单方面决定不执行国际刑事法院的逮捕和移交请求，否则《罗马规约》第97条与国际刑事法院磋商的规则就将无用武之地。④ 另外，第98条第2款也没有为约旦不履行逮捕和移交请求提供法律依据，因为该条款不涉及豁免，而是就接受国与派遣国之间的协议关系作出的认定，典型例证即部队地位协议，强调派遣国部队在接受国领土上的地位。⑤ 上诉分庭还注意到，苏丹和约旦都是《防止及惩治灭绝种族罪公约》的缔约国，因此苏丹和约旦都负有预防和惩治种族灭绝罪的义务，而巴希尔就涉嫌犯有灭绝种族罪。因此基于该公约，约旦也有义务逮捕和移交巴希

---

① The Prosecutor v. Omar Hassan Ahmad Al-Bashir, ICC-02/05-01/09 OA2, Judgment in the Jordan Referral re Al-Bashir Appeal, 6 May 2019, para.141.

② The Prosecutor v. Omar Hassan Ahmad Al-Bashir, ICC-02/05-01/09 OA2, Judgment in the Jordan Referral re Al-Bashir Appeal, 6 May 2019, para.131.

③ The Prosecutor v. Omar Hassan Ahmad Al-Bashir, ICC-02/05-01/09 OA2, Judgment in the Jordan Referral re Al-Bashir Appeal, 6 May 2019, para.144.

④ The Prosecutor v. Omar Hassan Ahmad Al-Bashir, ICC-02/05-01/09 OA2, Judgment in the Jordan Referral re Al-Bashir Appeal, 6 May 2019, para.152.

⑤ The Prosecutor v. Omar Hassan Ahmad Al-Bashir, ICC-02/05-01/09 OA2, Judgment in the Jordan Referral re Al-Bashir Appeal, 6 May 2019, para.159.

尔。① 基于上述原因，上诉分庭认定约旦没有遵守《罗马规约》第 86 条②规定的缔约国应与国际刑事法院合作的义务要求。

二、是否应将此违反事项提交至缔约国大会与安理会

约旦在上诉中提出，预审分庭将其不逮捕、不移交行为提交缔约国大会和安理会的行为是武断的，是对权力的滥用。上诉分庭以 3 票赞成、2 票反对的结果认为，预审分庭以约旦未向国际法院寻求协商为由将其不履行行为提交给缔约国大会和安理会是错误的。但持不同意见的法官认为，提交至缔约国大会与安理会本身不是对约旦的惩罚，也不是对约旦的制裁，而是对加强缔约国与国际刑事法院合作的督促，以实现《罗马规约》的目标与宗旨。

【主要法律依据】

《国际刑事法院罗马规约》第 27 条、第 98 条。

【拓展分析】

自纽伦堡和东京审判以来，国家官员在国际法庭和外国国内法院面前的刑事管辖豁免一直是国际刑法中的一个重要课题。③ 国际刑事司法实践的发展使官员身份无关性原则逐渐成为广泛共识，但其适用范围因为以条约为基础的国际法庭管辖权是否适用于非缔约国的问题还存在争议。

本案的核心问题是非《罗马规约》缔约国苏丹领导人巴希尔可否以豁免权对抗国际刑事法院的管辖权。本案只是国际刑事法院有关巴希尔案多个预审分庭作出的多个判决中最新的一个，因为自从国际刑事法院对苏丹元首巴希尔发出逮捕令以来，他多次到访《罗马规约》缔约国，包括马拉维、刚果（金）、乌干达、吉布提、南非和约旦，而这些国家都对与国际刑事法院合作持消极态度。这些判决在巴希尔是否应该享有豁免权这一点上结论一致，即巴希尔无论在国际刑事法院还是在《罗马规约》缔约国国内法院均不享有刑事管辖豁免权，但这些判决采取的论证路径有所差异。总结而言，预审分庭大体采取了两种不同的论证路径：一是 2011 年马拉维案中的习惯国际法思路，具体而言，预审分庭没有否认国家元首刑事豁免权的习惯法地位，但认为习惯法已经发展出了一个豁免权的例外，即当被告在国际性司法机构因国际犯罪被起诉时，不能援引豁免权作为免于逮捕和审判的理由。因此《罗马规约》第 27 条第 2 款的规定不仅是条约意义上的规则，也是习惯国际法规则，因而也对非缔约国苏丹适用。针对

---

① The Prosecutor v. Omar Hassan Ahmad Al-Bashir, ICC-02/05-01/09 OA2, Judgment in the Jordan Referral re Al-Bashir Appeal, 6 May 2019, para.161.

② 《罗马规约》第 86 条："一般合作义务。缔约国应依照本规约的规定，在本法院调查和起诉本法院管辖权内的犯罪方面同本法院充分合作。"

③ 朱利江，国家官员外国刑事管辖豁免的最新发展——评"巴希尔案"约旦上诉判决［J］. 国际法学刊，2019（01）：143.

约旦不履行行为，预审分庭本没有涉及习惯国际法问题，但上诉分庭却特意增加了这一部分，与马拉维案之后一些预审分庭摒弃这一思路的做法不同。二是以安理会第1593号决议为依据的安理会决议路径，不同的预审分庭在具体解读安理会第1593号决议时，侧重点也有所区分。本案中上诉分庭延续了预审分庭的思路，与2017年南非案中预审分庭的推理逻辑一致，即安理会第1593号决议对苏丹的影响是赋予其与《罗马规约》缔约国一样的地位，因此《罗马规约》第27条第2款所规定的不能以豁免权对抗国际刑事法院管辖权的内容也适用于苏丹，鉴于苏丹不能主张国家元首的豁免权，那么《罗马规约》第98条第1款要求的应先获得苏丹对豁免的放弃也就不再需要了。这是一种凭借安理会决议而将非缔约国置于相当于缔约国地位的思路。另外一种以安理会决议为依据的思路以2014年刚果（金）案为代表，认为安理会第1593号决议中"苏丹政府应当全力合作并且依照本决议为本法院和检察官提供任何必要的援助"的表述，意味着苏丹履行了《罗马规约》第98条第1款中"第三国放弃豁免权"的要求，从而为国际刑事法院行使管辖权扫清了障碍。这是一种以默示方式放弃巴希尔本应享有的国家元首豁免权的思路。

国际刑事法院强化自身管辖权，加强国际社会对国际罪行惩处的初衷无可厚非，但其作为国际性司法机构必须在国际法框架下运行，对于包括《罗马规约》在内的国际法规则的解释与适用应逻辑严谨。本案中上诉分庭的推理路径并非无可指摘，具体表现为：首先，就习惯国际法的论证方式来看，所谓国家实践和法律确信还缺乏令人信服的证据支持，尤其是在非洲诸国已经多次明确强调国家元首或政府首脑在国际审判中应享有刑事豁免权的背景下。事实上，纽伦堡审判和东京审判是建立在德国与日本的战败以及无条件投降的基础之上，前南斯拉夫问题国际刑事法庭、卢旺达国际刑事法庭则是在联合国安理会决议下建立的，当事国或因战败丧失了豁免权或因"无条件"投降主动放弃了豁免权，或因安理会决议以及《联合国宪章》第25条（联合国会员国有义务履行安理会决议）而失去豁免权，而未必是因为审判是"国际性的"，或者涉及"国际犯罪"。① 另外，《罗马规约》第27条第2款如果被当作习惯国际法，无论对缔约国还是对非缔约国，豁免均不能对抗国际刑事法院管辖权，那么《罗马规约》第98条第1款规定的意义何在？其次，就安理会决议路径来看，默示放弃思路体现出来的《罗马规约》非缔约国因为安理会决议要求的合作内容就自动放弃豁免的结论似乎也存在问题，决议是要求一国应该合作，与该国自动放弃豁免是否能画等号，特别是在该国没有作出任何明确表示的情况下。"等同于缔约国"的思路所体现出来的安理会决议意味着非缔约国承担与缔约国一样义务的结论也有武断之嫌。

从国际刑事法院的既有实践可以看出，国家元首豁免权的习惯国际法地位并没有因为国际刑事法院的管辖权而被彻底剥夺。对于《罗马规约》缔约国来说，其基于条约义务在国际刑事法院合法行使管辖权的范围内放弃豁免权；对于《罗马规约》非缔

---

① 毛晓：巴希尔在国际刑事法院为什么不享有豁免权？国际法促进中心公众号2017年7月13日发文。

约国来说，其在多大程度上丧失基于习惯法享有的属人豁免权，亦或者说因为国际罪行在多大程度上可以剥夺其属事豁免权，这些问题的解答还有待理论与实践的进一步发展。然而，可以肯定的是，《罗马规约》非缔约国并不能完全脱离于这一条约体系。

我国尚未加入《罗马规约》，但无论是基于对自身权益的保护，还是出于对打击跨国犯罪的需要，都有必要对国际刑事法院的司法实践及其所反映的国际刑法的发展保持密切关注。在国际层面，寻找合适的时机与国际刑事法院进行必要的合作，提高我国在国际刑法领域的话语权；在国内层面，从实体法到程序法对我国的刑事法制进行完善，特别需注重在立法技术层面避免国际刑事法院对我国可能的滥权管辖。

【思考题】

（1）如何看待国家官员在国际法庭和外国法院的刑事管辖豁免权？

（2）如何评价国际刑事法院在本案中的论证思路？

参考文献

一、著作教材

[1] 李浩培. 条约法概论［M］. 北京：法律出版社，2003.

[2] 李寿平. 现代国际责任法律制度［M］. 武汉：武汉大学出版社，1999.

[3] 黄力华. 国际航空运输法律制度研究［M］. 北京：法律出版社，2007.

[4] 王世洲. 现代国际刑法学原理［M］. 北京：中国人民公安大学出版社，2009.

[5] 朱文奇. 国际法学原理与案例教程（第三版）［M］. 北京：中国人民大学出版社，2014.

[6] 王勇. 理论与实践双重视角下完善我国条约司法适用制度研究［M］. 北京：九州出版社，2016.

[7] 李英，刘玉红. 国际法案例教学教程［M］. 北京：知识产权出版社，2017.

[8] 中国国际法学会. 南海仲裁案裁决之批判［M］. 北京：外文出版社，2018.

[9] 刘晓蜜，赵虎敬，赵东，等. 国际法案例教程［M］. 北京：中国民主法制出版社，2019.

[10] 林灿铃. 国际环境法案例解析［M］. 北京：中国政法大学出版社，2021.

[11] 曾炜，胡建国. 国际法理论与案例教程［M］. 武汉：武汉大学出版社，2021.

[12] 国际公法学编写组. 国际公法学［M］. 3版. 北京：高等教育出版社，2022.

[13] 何志鹏. 国际法要论［M］. 3版. 北京：北京大学出版社，2023.

[14] 朱文奇，国际法与国际争端解决［M］. 北京：中国人民大学出版社，2023.

二、期刊论文

（一）中文期刊论文

[1] 邹克渊. 捕鲸的国际管制［J］. 中外法学，1994（06）：50-54.

[2] 郭玉军，甘勇. 美国法院的"长臂管辖权"：兼论确立国际民事案件管辖权的合理性原则［J］. 比较法研究，2000（03）：266-276.

[3] 何其生. 中国的非方便法院原则［J］. 武汉大学学报（人文社会科学版），2000（05）：641-644.

[4] 郭明磊，刘朝晖. 美国法院长臂管辖权在Internet案件中的扩张［J］. 河北法学，2001

(01)：130-132.

[5] 李伟芳．航空承运人航班延误的法律分析［J］．政治与法律，2004（06）：98-101.

[6] 肖军．对海外投资的外交保护：国际法院关于迪亚洛案（初步反对意见）的判决评析［J］．武大国际法评论，2008（02）：338-350.

[7] 王秀梅．白礁岛、中岩礁和南礁案的国际法解读［J］．东南亚研究，2009（01）：19-25.

[8] 黄德明，黄赟琴．从白礁岛案看领土取得的有效控制原则［J］．暨南学报（哲学社会科学版），2009，31（05）：33-41.

[9] 王梦平．缅甸罗兴亚族问题简介［J］．国际资料信息，2009（07）：9-12，19.

[10] 刘丹，夏霁．从国际法院2010年"南极捕鲸案"看规制捕鲸的国际法［J］．武大国际法评论，2012，15（01）：293-313.

[11] 兰花．跨界水资源利用的事先通知义务：乌拉圭河纸浆厂案为视角［J］．中国地质大学学报（社会科学版），2011，11（02）：44-49.

[12] 宋岩．国际法院在领土争端中对有效控制规则的最新适用：评2012年尼加拉瓜诉哥伦比亚"领土和海洋争端案"［J］．国际论坛，2013，15（02）：48-54，80-81.

[13] 那力．"乌拉圭河纸浆厂案"判决在环境法上的意义［J］．法学，2013（03）：79-86.

[14] 黄风．"或引渡或起诉"法律问题研究［J］．中国法学，2013（03）：180-191.

[15] 许军珂．当事人意思自治原则对法院适用国际条约的影响［J］．法学，2014（02）：39-47.

[16] 杜开林，彭锐．中国公民在中国领域外犯罪的管辖与审判［J］．人民司法，2014（22）：21-26.

[17] 何田田．国际法院"南大洋捕鲸"案评析［J］．国际法研究，2015（01）：95-109.

[18] 甘勇．论美国国际民事诉讼中的"商业活动管辖权"［J］．国际法研究，2016（04）：97-113.

[19] 张建．《能源宪章条约》对签署国的临时适用机制研究：以"尤科斯诉俄罗斯"仲裁案为中心的探讨［J］．甘肃政法学院学报，2016（06）：127-136，147.

[20] 陈宇，杨翠柏．论《能源法》环境保护价值及实现进路：以完善企业环境责任规范为视角［J］．西南大学学报（社会科学版），2016，42（03）：52-59.

[21] 邓华．国家官员外国刑事管辖豁免问题最新进展述评［J］．国际法研究，2016，(04)：114-128.

[22] 王虎华．国际法渊源的定义［J］．法学，2017（01）：3-19.

[23] 凌岩．被害人参加国际刑事法院诉讼的方式［J］．国际法研究，2017（04）：109-128.

[24] 刘勇．"一带一路"投资风险及其法律应对：以"尤科斯诉俄罗斯案"为视角［J］．环球法律评论，2018，40（01）：175-192.

[25] 宋岩．国家同意原则对国际法院行使咨询管辖权的限制：兼论"查戈斯群岛咨询意见案"的管辖权问题［J］．国际法研究，2018（01）：3-13.

[26] 王明远, 陈予睿. 公海生物资源保护与公海自由的相对化：基于"南极捕鲸案"的分析 [J]. 中州学刊, 2018 (02)：65-70.

[27] 王淑敏, 朱晓晗. "查戈斯群岛咨询意见案"的国际法问题研究 [J]. 大连海事大学学报（社会科学版），2018, 17 (03)：9-12.

[28] 王凌波. 论联合国维和行动之不法行为归因性：以欧洲人权法院 Behrami/Saramati 案为视角 [J]. 东北农业大学学报（社会科学版），2018, 16 (01)：71-79.

[29] 葛淼. 全球化下的国际法主体扩张论 [J]. 政法学刊, 2018, 35 (06)：38-44.

[30] 马新民, 刘洋. 《南海仲裁案裁决之批判》评述 [J]. 亚太安全与海洋研究, 2019 (01)：25-50, 4-5.

[31] 朱利江. 国家官员外国刑事管辖豁免的最新发展：评"巴希尔案"约旦上诉判决 [J]. 国际法学刊, 2019 (01)：133-147, 169.

[32] 刘瑛. 论《联合国国际货物销售合同公约》在中国法院的适用 [J]. 法律科学（西北政法大学学报），2019, 37 (03)：191-201.

[33] 王佳. 国际法院查戈斯群岛咨询意见案述评 [J]. 大连海事大学学报（社会科学版），2019 (04)：12-18.

[34] 肖永平. "长臂管辖权"的法理分析与对策研究 [J]. 中国法学, 2019 (06)：39-65.

[35] 徐奇. 货币黄金案原则在国际司法实践中的可适用性问题研究 [J]. 武大国际法评论, 2019, 3 (06)：51-71.

[36] 张忠利. 应对气候变化诉讼中国家注意义务的司法认定：以"Urgenda Foundation 诉荷兰"案为例 [J]. 法律适用, 2019 (18)：99-111.

[37] 李旻. 从保护性管辖原则审视美国的长臂管辖权：以孟晚舟案为例 [J]. 河北青年管理干部学院学报, 2020, 32 (02)：70-77.

[38] 朱利江. 在能动与克制之间："查戈斯群岛案"中的国际司法政策探析 [J]. 当代法学, 2020, 34 (2)：140-151.

[39] 谢海霞. 《蒙特利尔公约》在我国法院适用的实证分析 [J]. 经贸法律评论, 2020 (02)：33-46.

[40] 杨柳. 孟晚舟案的基本法律问题："人格混同""长臂管辖权"和"双重犯罪" [J]. 中共杭州市委党校学报, 2020 (04)：90-96.

[41] 廖雪霞. "对国际社会整体的义务"与国际法院的管辖：以"冈比亚诉缅甸违反《防止及惩治灭绝种族罪公约》案"为切入点 [J]. 国际法研究, 2020 (06)：26-42.

[42] 夏菡. 非殖民化进程中的民族自决权：基于对查戈斯群岛咨询意见案的分析 [J]. 国际关系与国际法学刊, 2020 (09)：200-223.

[43] 龚柏华, 丁伯韬. 中国政府在美国被诉引用主权豁免抗辩的法律探析 [J]. 上海政法学院学报（法治论丛），2020, 35 (06)：1-18.

[44] 周亚光. 国际民用航空组织争端解决机制司法化改革论析 [J]. 法律科学（西北政法大学学报），2020, 38 (01)：152-160.

[45] 宋岩. 国际法院对关于条约解释和适用争端的认定标准：伊朗诉美国"某些伊朗资

产案"先决性抗辩判决评述［J］. 国际法学刊, 2021（01）：95-112, 156.

［46］王璐瑶. 国际民航组织理事会之"司法职能"辨析：以"卡塔尔案"为例［J］. 中国法学教育研究, 2021（01）：215-232.

［47］许冰冰. 基于保护性管辖原则审视长臂管辖权：以孟晚舟事件为例［J］. 广西质量监督导报, 2021（06）：250-251.

［48］张鹿苹. 国际民用航空争端解决机制的改革路径及中国贡献［J］. 江汉论坛, 2021（12）：121-126.

［49］刘珊. 从"伊朗若干资产"案看国际法院的条约解释方法［J］. 河北北方学院学报（社会科学版）, 2021, 37（03）：64-69.

［50］王頔, 伍家恺. 新冠疫情下国际航空旅客运输损害赔偿中的"事故"认定［C］//上海市法学会.《上海法学研究》集刊：2021年第17卷总第65卷, 2021.

［51］张普. 国际民商事条约在我国法院的可适用性及其适用模式［J］. 河南财经政法大学报, 2022, 37（01）：105-116.

［52］王金鹏. 跨界环境损害预防中的国家勤勉尽责义务刍议［J］. 甘肃政法大学学报, 2022（02）：119-131.

［53］杜中华. 以人权法强化公司气候侵权责任的失败尝试？对荷兰皇家壳牌公司案的批判性研究［J］. 人权研究, 2022（03）：36-57.

［54］黄惠康. 坚定维护"平等者间无管辖权"的国际法治原则：美国联邦法院驳回密苏里州滥诉中国案裁决述评［J］. 国际经济法学刊, 2022（04）：1-24.

［55］王孔祥. 国际法院指示临时措施研究［J］. 武大国际法评论, 2022, 6（04）：101-122.

［56］李庆明. 中国在美国法院的主权豁免诉讼述评［J］. 国际法研究, 2022（05）：3-28.

［57］杜中华. 让跨国公司为气候变化负责：评"地球之友等诉荷兰皇家壳牌案"［J］. 法理：法哲学、法学方法论与人工智能, 2022, 08（01）：393-403, 412-413.

［58］张士昌. 国际法院跨界环境损害救济的"守成"与"创新"：哥斯达黎加与尼加拉瓜跨界环境损害纠纷案评析［J］. 上海师范大学学报（哲学社会科学版）, 2023, 52（02）：54-66.

［59］江河, 谢宝仪. 国家主权豁免的法理基础和外交实践：以"密苏里州诉中国案"为视域［J］. 国际经济法学刊, 2023（03）：1-15.

［60］马新民. 当前国际法形势与中国外交条法工作［J］. 国际法学刊, 2023（04）：1-41, 155.

［61］郝海青, 朱甜. 气候变化诉讼语境下中国能源企业环境责任探究：以"荷兰皇家壳牌集团案"为切入点［J］. 重庆理工大学学报（社会科学）, 2023, 37（02）：137-146.

［62］王立君. 国际法基本范畴的再认识：基于系统论的反思［J］. 江西社会科学, 2023, 43（11）：132-149.

［63］彭志杰. 论ICERD中国家间机制与国际法院诉讼的衔接关系：以卡塔尔诉阿联酋案为视角［C］//上海法学会. 上海法学研究集刊, 2023（03）：97-106.

［64］王嘉珂. 从中国新近案例看航空旅客运输中"事故"的认定：以 2015 年"张某家属诉法国航空公司案"为例［C］//华东政法大学国际法学学院.《法学前沿》集刊 2023 年第 1 卷：航空法研究文集，2023.

［65］刘敬东. 精准适用国际条约的典范：评胡某诉海南航空控股股份有限公司航空旅客运输合同纠纷案［J］. 中国审判，2024（1）：22-23.

［66］冯宇轩，王震. 对于"长臂管辖权"和"双重犯罪原则"的反制路径研究：以孟晚舟事件为例［J］. 甘肃开放大学学报，2024（02）：62-67.

［67］郭镇源. 涉外民事诉讼管辖权中的适当联系原则：理论阐释与适用路径［J］. 国际法研究，2024（02）：127-142.

［68］刘冰玉，汤希灵. 以跨国公司为被告的气候变化诉讼困境与归责路径探究［J］. 学习与探索，2024（03）：156-167.

［69］杨之易，李滨. 国际刑事法院被害人信托基金的赔偿功能研究［J］. 华北水利水电大学学报（社会科学版），2024，40（03）：90-98.

（二）外文期刊论文

［1］Green J. The Oil Platforms Case：An Error in Judgement？［J］. Journal of Conflict and Security Law，2004（3）.

［2］Davis Brown. The Role of the United Nations in Peacekeeping and Truce-Monitor：What are the Applicable Norms［J］. Review Belge de Droit Internationale，1994（2）.

［3］Gerrit Van Maanen et al. The Dutch "Cellar Hatch" Judgment as a Landmark Case for Tort Law in Europea［J］. European Review of Private Law，2008，16（05）.

［4］David Kennedy. The Move to Institutions［J］. Cardozo Law Review，1987，8（5）.

［5］Lin，Jsw. The First Successful Climate Negligence Case：A Comment on Urgenda Foundation v. The State of the Netherlands（Ministry of Infrastructure and the Environment）［J］. Climate Law，2015，5（1）.

［6］Verschuuren，Jonathan. The State of the Netherlands v Urgenda Foundation：The Hague Court of Appeal upholds judgment requiring the Netherlands to further reduce its greenhouse gas emissions［J］. Review of European，Comparative & International Environmental Law，2019，28（1）.

［7］United Nations Conference on Contracts for the International Sale of Goods，Vienna，10 March-11 April 1980，Official Records，Documents of the Conference and Summary Records of the Plenary Meetings and of the Meetings of the Main Committee（1981）.

［8］Paul Larkin. Suing China Over Covid-19，100 B. U. L. Rev. Onilne 91，100（2020）.

［9］Patel，Bima N. Aerial Herbicide Spraying（Ecuador v. Colombia）［J］. Brill，2014.

［10］Owie U. Application of the International Convention on the Elimination of All Forms of Racial Discrimination（Qatar v. United Arab Emirates）：So Far，So Good？［J］. Arab Law Quarterly，2020.

三、学位论文

[1] 姬中辉. 俄罗斯与挪威巴伦支海海洋划界研究［D］. 上海：上海社会科学院，2015.

[2] 潘永建. 跨国公司环境责任的法律规制研究［D］. 上海：上海交通大学，2017.

[3] 郭旭阳. 联合国维和行动中不法行为的归责原则［D］. 北京：外交学院，2017.

[4] 李思润. 北极海域海洋保护区的法律制度分析与构想［D］. 上海：上海交通大学，2022.

[5] 刘珊. 国际刑法视角下惩治破坏文化遗产行为的规则与实践研究［D］. 上海：华东政法大学，2021.

四、司法文书

（一）中国法院裁判文书

[1]（2005）浦民一（民）初字第 12164 号。

[2]（2006）沪一中民一（民）终字第 609 号。

[3]（2013）通中刑初字第 0027 号。

[4]（2014）苏刑三终字第 0017 号。

[5]（2016）浙 0303 民初 4047 号。

[6]（2017）浙 0303 民初 441 号。

[7]（2018）最高法民再 368 号。

[8]（2019）渝 0192 民初 16677 号。

[9]（2022）京 04 民初 294 号。

（二）国际法院裁判文书与咨询意见

[1] Question of the Delimitation of the Continental Shelf between Nicaragua and Colombia beyond 200 nautical miles from the Nicaraguan Coast（Nicaragua v. Colombia），Judgment of 13 July 2003.

[2] Application of the Convention on the Prevention and Punishment of the Crime of Genocide（The Gambia v. Myanmar），Judgment of 22 July 2022.

[3] Military And Paramilitary Activities in and against Nicaragua（Nicaragua v. United States of America），Judgement Of 27 June 1986.

[4] Legal Consequence of the Separation of the Chagos Archipelago from Mauritius in 1965, Advisory Opinion of February 25，2019.

[5] Bahrain，Egypt and United Arab Emirates v. Qatar，Judgment of 14 July 2020.

[6] Questions Relating to the Obligation to Prosecute or Extradite（Belgium v. Senegal），Judgment of 20 July 2012.

[7] Ahmadou Sadio Diallo（Republic of Guinea v Democratic Republic of the Congo），Judgment of 24 May 2007.

[8] Application of the International Convention for the Suppression of the Financing of Terrorism and of the International Convention on the Elimination of All Forms of Racial Discrimination (Ukraine v. Russian Federation), Judgment of 8 November 2019.

[9] Application of the International Convention for the Suppression of the Financing of Terrorism and of the International Convention on the Elimination of All Forms of Racial Discrimination (Ukraine v. Russian Federation), Judgment of 31 January 2024.

[10] Frontier Dispute (Burkina Faso v. Niger), Judgment Of 16 April 2013.

[11] Certain Activities Carried Out by Nicaragua in the Border Area (Costa Rica v. Nicaragua) and construction of a Road in Costa Rica along the San Juan River (Nicaragua v. Costa Rica), Judgment of 16 December 2015.

[12] Certain Activities Carried Out by Nicaragua in the Border Area (Costa Rica v. Nicaragua) and construction of a Road in Costa Rica along the San Juan River (Nicaragua v. Costa Rica), Judgment of 2 February 2018.

[13] Sovereignty over Pedra Branca/Pulau Batu Puteh, Middle Rocks and South Ledge (Malaysia v. Singapore), Judgment of 23 May 2008.

[14] Maritime Delimitation in the Indian Ocean (Somalia v. Kenya), Judgement of 12 October 2021.

[15] Whaling in the Antarctic (Australia v. Japan: New Zealand Intervening), Judgment of 31 March 2014.

[16] Case concerning Aerial Herbicide Spraying (Ecuador v. Colombia), Order of 13 September 2013.

[17] Certain Iranian Assets (Islamic Republic of Iran v. United States of America), Preliminary Objections, Judgment of 13 February 2019.

[18] Certain Iranian Assets (Islamic Republic of Iran v. United States of America), Judgment of 30 March 2023.

[19] Jadhav (India v. Pakistan), Judgment of 17 July 2019.

[20] Immunities and Criminal Proceedings (Equatorial Guinea v. France), Judgment of 6 July 2018.

[21] Pulp Mills on the River Uruguay (Argentina v. Uruguay), Judgment of 20 April 2010.

[22] Armed Activities on the Territory of the Congo (Democratic Republic of the Congo v. Uganda), Judgment of 19 December 2005.

[23] Armed Activities on the Territory of the Congo (Democratic Republic of the Congo v. Uganda), Judgment of 9 February 2022.

[24] Application of the International Convention on the Elimination of All Forms of Racial Discrimination (Georgia v. Russian Federation), Order of 15 October 2008.

[25] Application of the International Convention on the Elimination of All Forms of Racial Discrimination (Georgia v. Russian Federation), Judgment of 1 April 2011.

[26] Joint dissenting opinion of Vice-President Al-Khasawneh and Judges Ranjeva, Shi, Koroma, Tomka, Bennouna and Skotnikov.

[27] Application of the International Convention on the Elimination of All Forms of Racial Discrimination (Qatar v. United Arab Emirates), Judgment of 23 July 2018.

[28] Alleged Breaches of Certain International Obligations in respect of the Occupied Palestinian Territory (Nicaragua v. Germany), Summary of Request for the indication of provisional measures.

[29] Application of the International Convention on the Elimination of All Forms of Racial Discrimination (Qatar v. United Arab Emirates). Summary of Judgment of 14 June 2019.

[30] Application of the International Convention on the Elimination of All Forms of Racial Discrimination (Qatar v. United Arab Emirates), Judgment of 4 February 2021.

(三) 其他国际性司法机构裁判文书

[1] The Prosecutor v. Bosco Ntaganda, ICC-01/04-02/06-2442, Sentencing Judgment of 7 November 2019.

[2] The Prosecutor v. Bosco Ntaganda, ICC-01/04-02/06-2359, Judgment of 8 July 2019.

[3] ICC Judgment on the Prosecutor's appeal against the decision of the Pre-Trial Chamber I entitled "Decision on the Prosecutor's Application for Warrants of Arrest, Article 58", ICC-01/04, 13 July 2006.

[4] The Prosecutor v. Bosco Ntaganda, ICC-01/04-02/06-449, Decision on victims' participation in trial proceedings, 6 February 2015.

[5] European Court of Human Rights (ECtHR), Behrami and Behrami v. France, Application Number 71412/01, Grand Chamber Decision, 2 May 2007.

[6] PCA Case No. AA 227, Interim Award On Jurisdiction And Admissibility, 30 November 2009.

[7] ITLOS Dispute Concerning Delimitation of the Maritime Boundary between Mauritius and Maldives in the Indian Ocean (Mauritius v. Maldives), Judgment of 28 January 2021.

[8] ITLOS Dispute Concerning Delimitation of the Maritime Boundary between Mauritius and Maldives in the Indian Ocean (Mauritius v. Maldives), Judgment of 28 April 2023.

[9] The Prosecutor v. Ahmad Al Faqi Al Mahdi, ICC-01/12-01/15-171, Judgment and Sentence of 27 September, 2016.

[10] The Prosecutor v. Ahmad Al Faqi Al Mahdi, ICC-01/12-01/15, Reparations Order of 17 August, 2017.

[11] The Prosecutor v. Omar Hassan Ahmad Al-Bashir, ICC-02/05-01/09 OA2, Judgment in the Jordan Referral re Al-Bashir Appeal, 6 May 2019.

(四) 外国裁判文书

[1] Milieudefensie et al. v. Royal Dutch Shell plc., Case No. C/09/571932/HA ZA 19-379.

[2] Case：1：20-cv-00099-SNLJ Doc.#：34 Filed：10/15/21 and Doc.#51，Filed：02/14/22.

[3] Case：1：20-cv-00099-SNLJ Doc.#：15-3 Filed：09/25/20.

[4] Case：1：20-cv-00099-SNLJ，Memorandum and Order，Doc，61，and Order of Dismissal，Doc.62，Filed：07/08/22.

[5] Case：1：20-cv-00099 Doc.#：1 Filed：04/21/20，para.40.

[6] Case：1：20-cv-00099-SNLJ Doc，#：61 Filed：07/08/22 Page：38 of 38 Page ID #：2439.

[7] Ruling on Double Criminality，United States v. Meng 2020BCSC 785，May 27，2020.

[8] ECL：NL：RBDHA：2015：7196.

[9] ECL：NL：RBDHA：2018：2610.

五、国际组织或机构官网

[1] 联合国国际法院官网，https：//icj-cij.org/。

[2] 国际刑事法院官网，https：//www.icc-cpi.int/。

[3] 国际海洋法庭官网，https：//itlos.org/。

[4] 国际常设仲裁法院官网，https：//pca-cpa.org/。

[5] 欧洲人权法院官网，https：//www.echr.coe.int/。

[6] 联合国人权事务高级专员办公室，https：//www.ohchr.org/。

[7] 联合国大陆架界限委员会，https：//www.un.org/depts/los/clcs_new/clcs_home.htm/。

六、专业微信公众号

[1] 国际法促进中心。

[2] 国际法律与政策。

[3] 国际法大视野。

[4] 法眼看南海。

[5] 国际法学人。

[6] 法律竞赛。